CLASSES PRÉPARATOIRES
AUX GRANDES ÉCOLES COMMERCIALES
1er CYCLE UNIVERSITAIRE

W0387194

100 FICHES DE CULTURE GÉNÉRALE

Histoire de la pensée

Bréal
1, rue de Rome - 93561 ROSNY Cedex

LES AUTEURS

Dominique Bourdin
Agrégée de philosophie
Professeur en classe préparatoire HEC

Gilbert Guislain
DEA de philosophie politique
Ancien élève de l'ENS Saint-Cloud
Professeur en classe préparatoire

Paul Jacopin
Agrégé de lettres classiques
Professeur en classe préparatoire

Jean-Marie Nicolle
Agrégé de philosophie
Professeur en classe préparatoire

Geneviève Winter
Agrégée de lettres classiques
Professeur en classe préparatoire

avec la participation de Christophe Picard
Maître de conférences en histoire médiévale

CRÉDITS PHOTOGRAPHIQUES

p. 49 : *Moïse seul*, Michel-Ange, 1513 - Photographie Bulloz.
p. 91 : *Louis Pasteur*, Edelfelt, 1885, Paris, musée d'Orsay - photo Roger-Viollet.
p. 127 : *Métier à étoffes unies*, Diderot : « L'*Encyclopédie* », 1772 - photo Lauros-Giraudon.
p. 161 : Wolinski, 1980.
p. 195 : *Narcisse*, Edgar Muller, Salon 1908 - photo ND-Viollet.
p. 261 : *La Vue de Delft*, Vermeer, 1661, La Haye, Mauritshuit - photo Giraudon.

Tous droits de traduction, d'adaptation et de reproduction par tous procédés réservés pour tous pays.

La loi du 11 mars 1957 n'autorisant, aux termes des alinéas 2 et 3 de l'article 41 d'une part, que les « copies ou reproductions strictement réservées à l'usage privé du copiste et non destinées à une utilisation collective », et d'autre part, que les analyses et les courtes citations dans un but d'exemple et d'illustration, « toute représentation oureproduction intégrale, ou partielle, faite sans le consentement de l'auteur ou de ses ayants droit ou ayants cause, est illicite » (alinéa 1er de l'article 40).

Cette représentation ou reproduction, par quelque procédé que ce soit, constituerait donc une contrefaçon sanctionnée par les articles 425 et suivants du Code Pénal.

Les droits d'auteur d'usage sont d'ores et déjà réservés en notre comptabilité aux auteurs des œuvres publiées dans cet ouvrage, qui malgré nos efforts, n'auraient pu être joints.

ISBN : 2 84291 679 4

DANGER
LE PHOTOCOPILLAGE TUE LE LIVRE

« Le logo ci-contre mérite une explication. Son objet est d'alerter le lecteur sur la menace que représente pour l'avenir de l'écrit tout particulièrement dans le domaine des sciences humaines et sociales (ou de sciences, techniques, médecine ; ou de droit ; ou d'enseignement), le développement massif du **photocopillage**.

Le code de la propriété intellectuelle du 1er juillet 1992 interdit en effet expressément la photocopie à usage collectif sans autorisation des ayants droit. Or, cette pratique s'est généralisée dans les établissements d'enseignement supérieur, provoquant une baisse brutale des achats de livres, au point que la possibilité même pour les auteurs de créer des œuvres nouvelles et de les faire éditer correctement est aujourd'hui menacée.

Nous rappelons donc que toute reproduction, partielle ou totale, du présent ouvrage est interdite sans autorisation de l'auteur, de son éditeur ou du Centre français d'exploitation du droit de copie (CFC, 3, rue d'Hautefeuille, 75006 Paris) ».

© Bréal 1995
Toute reproduction même partielle interdite.
Dépôt légal Juillet 1995
ISBN : 2 85394 776 9

AVANT-PROPOS

Cet ouvrage propose 100 fiches de culture générale correspondant **au nouveau programme d'histoire de la pensée** des classes préparatoires commerciales.

L'objectif des ces ***100 fiches est de fournir*** en une synthèse claire et structurée les points de repères et les éléments de réflexion indispensables à la compréhension des thèmes retenus.

La structure de ces fiches en plan détaillé facilite l'acquisition des notions fondamentales et permet de suivre au fil des articulations les problématiques et les informations mises en avant.

Une bibliographie, proposée au terme de chaque fiche, indique les ouvrages de référence pour qui souhaite approfondir la réflexion et poursuivre le débat engagé.

Les auteurs, enseignants en classe préparatoire, ont veillé à traiter les notions essentielles de chaque partie du programme, afin de fournir sur chaque point un panorama aussi exhaustif que possible. Les renvois d'une fiche à l'autre, lorsque la proximité des thèmes l'impose ou le permet, aident à comprendre les bifurcations ou les filiations qui jalonnent l'histoire de la pensée.

Ces 100 fiches ont été conçues en complémentarité avec les ***100 textes de culture générale***, les lecteurs pourront ainsi retrouver les passages essentiels de l'œuvre des philosophes retenus.

Cet ouvrage s'adresse bien entendu aux étudiants des classes préparatoires commerciales mais aussi à tous ceux qui désirent dépasser la simple compilation de connaissances pour se repérer dans l'histoire de la pensée.

Sommaire

Partie I : L'héritage de la pensée grecque et latine
Coordination : Paul Jacopin
Ouverture : « Mais qui donc est européen ? » *Variété* I, *La crise de l'esprit*, P. Valéry

Partie II : Les apports du judaïsme, du christianisme et de l'islam à la pensée occidentale
Coordination : Paul Jacopin
Ouverture : *Moïse*, Michel-Ange

Partie III : Les étapes de la constitution des sciences exactes et des sciences de l'homme
Coordination : Jean-Marie Nicolle
Ouverture : Pasteur et la science humaine - *Louis Pasteur*, Edelfelt

Partie IV : L'essor technologique et l'idée de progrès

Coordination : Dominique Bourdin

Ouverture : L'art de la soie - planche XXXI, l'*Encyclopédie* de Diderot et d'Alembert

Partie V : La société, le droit et l'État modernes

Coordination : Dominique Bourdin

Ouverture : Le pour et le contre - *C'est dur d'être patron*, G. Wolinski

Partie VI : Les figures du Moi et la question du sujet depuis la Renaissance

Coordination : Jean-Marie Nicolle

Ouverture : Narcisse et le sujet moderne - *Narcisse*, E. Muller

Partie VII : les Lumières et leur destin

Coordination : Gilbert Guislain

Ouverture : Le bonheur bourgeois - *L'Idée de bonheur dans la littérature et la pensée françaises au XVIIIe siècle*, R. Mauzi

PARTIE I

L'HÉRITAGE DE LA PENSÉE GRECQUE ET LATINE

L'HÉRITAGE ANTIQUE

Dans de nombreux textes de ***Variété, P. Valéry****, en même temps qu'il se penche fasciné sur la ruine des civilisations, fait ressortir les permanences, en Occident, et dans les pays qu'il a marqués de sa culture, des valeurs dont il voit l'origine dans un triple héritage : celui de la grèce, celui de Rome et celui du christianisme.*

Je considérerai comme européens tous les peuples qui ont subi au cours de l'histoire les trois influences que je vais vous dire.

La première est celle de Rome. Partout où l'Empire romain a dominé, et partout où sa puissance s'est fait sentir ; et même partout où l'Empire a été l'objet de crainte, d'admiration et d'envie ; partout où le poids du glaive romain s'est fait sentir ; partout où la majesté des institutions et des lois, où l'appareil et la dignité de la magistrature ont été reconnus, copiés, parfois même bizarrement singés, - là est quelque chose d'européen. Rome est le modèle éternel de la puissance organisée et stable.

Je ne sais pas les raisons de ce grand triomphe, il est inutile de les chercher maintenant, comme il est oiseux de se demander ce que l'Europe fût devenue si elle ne fût devenue romaine.

Mais le fait nous importe seul, le fait de l'empreinte étonnamment durable qu'a laissée, sur tant de races et de générations, ce pouvoir superstitieux et raisonné, ce pouvoir curieusement imprégné d'esprit juridique, d'esprit militaire, d'esprit religieux, d'esprit formaliste, qui a le premier imposé aux peuples conquis les bienfaits de la tolérance et de la bonne administration.

Vint ensuite le christianisme. Vous savez comme il s'est peu à peu répandu dans l'espace même de la conquête romaine. Si l'on excepte le Nouveau Monde, qui n'a pas été christianisé, tant que peuplé par des chrétiens ; si l'on excepte la Russie, qui a ignoré dans sa plus grande partie la loi romaine et l'empire de César, on voit que l'étendue de la religion du Christ coïncide encore aujourd'hui presque exactement avec celle du domaine de l'autorité impériale. Ces deux conquêtes, si différentes, ont cependant une sorte de ressemblance entre elles, et cette ressemblance nous importe. La politique des Romains, qui s'est faite toujours plus souple et plus ingénieuse, et de qui la souplesse et la facilité croissaient avec la faiblesse du pouvoir central, c'est-à-dire avec la surface et l'héterogénéité de l'Empire, a introduit dans le système de domination des peuples par un peuple une nouveauté très remarquable.

De même que la Ville par Excellence finit par admettre dans son sein presque toutes les croyances, par naturaliser les dieux les plus éloignés et les plus hétéroclites, et les cultes les plus divers, - le gouvernement impérial, conscient du prestige qui s'attachait au nom romain, ne craignit pas de conférer la cité romaine, le titre et les privilèges du civis romanus, à des hommes de toutes races et de toutes langues. Ainsi, par le fait de la même Rome, les dieux cessent d'être attachés à une tribu, à une localité, à une montagne, à un temple ou à une ville, pour devenir universels, et en quelque sorte communs ; - et d'autre part, la race, la langue et la qualité de vainqueur ou de vaincu, de conquérant ou de conquis, le cèdent à une condition juridique et politique uniforme qui n'est inaccessible à personne. L'empereur lui-même peut être un Gaulois, un Sarmate, un Syrien, et il peut sacrifier à des dieux très étrangers... C'est une immense nouveauté politique.

Mais le christianisme, à la parole de saint Pierre, quoique l'une des très rares religions qui fussent mal vues à Rome, le christianisme, issu de la nation juive, s'étend de son côté aux gentils de toute race ; il leur confère par le baptême la dignité nouvelle de chrétien comme Rome conférait à ses ennemis de la veille la cité romaine. Il s'étend peu à peu dans le lit de la puissance latine, il épouse les formes de l'empire. Il en adopte même les divisions administratives (civitas au ve siècle désigne la ville épiscopale). Il prend tout ce qu'il peut à Rome, il y fixe sa capitale et non point à Jérusalem. Il lui emprunte son langage. Un même homme né à Bordeaux peut être citoyen romain et même magistrat, il peut être évêque de la. religion nouvelle. Le même Gaulois, qui est préfet impérial, écrit en pur latin de belles hymnes à la gloire du fils de Dieu qui est né juif et sujet d'Hérode. Voici déjà un Européen presque achevé. Un droit commun, un dieu commun ; le même droit et le même dieu ; un seul juge pour le temps, un seul Juge dans l'éternité.

Mais, tandis que la conquête romaine n'avait saisi que l'homme politique et n'avait régi les esprits que dans leurs habitudes extérieures, la conquête chrétienne vise et atteint progressivement le profond de la conscience.

Je ne veux même pas essayer de mesurer les modifications extraordinaires que la religion du Christ a imposées à cette conscience qu'il fallait rendre universelle. Je ne veux même pas tenter de vous exposer comment la formation de l'Européen en a été singulièrement influencée. Je suis contraint de ne me mouvoir qu'à la surface des choses, et d'ailleurs les effets du christianisme sont bien connus.

Je vous rappelle seulement quelques-uns des caractères de son action ; et d'abord il apporte une morale subjective, et surtout il impose l'unification de la morale. Cette nouvelle unité se juxtapose à l'unité juridique que le droit romain avait apportée ; l'analyse, des deux côtés, tente à unifier les prescriptions.

Allons plus avant.

La nouvelle religion exige l'examen de soi-même. On peut dire qu'elle fait connaître aux hommes de l'Occident cette vie intérieure que les Indous pratiquent à leur manière depuis des siècles déjà ; que les mystiques d'Alexandrie avaient aussi, à leur manière, reconnue, ressentie et approfondie.

Le christianisme propose à l'esprit les problèmes les plus subtils, les plus importants et même les plus féconds. Qu'il s'agisse de la valeur des témoignages ; de la critique des textes, des sources et des garanties de la connaissance ; qu'il s'agisse de la distinction de la raison ou de la foi, de l'opposition qui se déclare entre elles, de l'antagonisme entre la foi et les actes et les œuvres ; qu'il s'agisse de la liberté, de la servitude, de la grâce ; qu'il s'agisse des pouvoirs spirituel et matériel et de leur mutuel conflit, de l'égalité des hommes, des conditions des femmes, - que sais-je encore ? - le christianisme éduque, excite, fait agir et réagir des millions d'esprits pendant une suite de siècles.

Toutefois nous ne sommes pas encore des Européens accomplis. Il manque quelque chose à notre figure ; il y manque cette merveilleuse modification à laquelle nous devons non point le sentiment de l'ordre public et le culte de la cité et de la justice temporelle ; et non point la profondeur de nos âmes, l'idéalité absolue et le sens d'une éternelle justice ; mais il nous manque cette action subtile et puissante à quoi nous devons le meilleur de notre intelligence, la finesse, la solidité de notre savoir, — comme nous lui devons la netteté, la pureté et la distinction de nos arts et de notre littérature ; c'est de la Grèce que nous vinrent ces vertus.

Il faut encore admirer à cette occasion le rôle de l'Empire romain. Il a conquis pour être conquis. Pénétré par la Grèce, pénétré par le christianisme, il leur a offert un champ immense, pacifié et organisé ; il a préparé l'emplacement et modelé le moule dans lequel l'idée chrétienne et la pensée grecque devaient se couler et se combiner si curieusement entre elles.

Ce que nous devons à la Grèce est peut-être ce qui nous a distingués le plus profondément du reste de l'humanité. Nous lui devons la discipline de l'Esprit, l'exemple extraordinaire de la perfection dans tous les ordres. Nous lui devons une méthode de penser qui tend à rapporter toutes choses à l'homme, à l'homme complet ; l'homme se devient à soi-même le système de références auquel toutes choses doivent enfin pouvoir s'appliquer. Il doit donc de développer toutes les parties de son être et les maintenir dans une harmonie aussi claire, et même aussi apparente qu'il est possible. Il doit développer son corps et son esprit. Quant à l'esprit même, il se défendra de ses excès, de ses rêveries, de sa production vague et purement imaginaire, par une critique et une analyse minutieuses de ses jugements, par une division rationnelle de ses fonctions, par la régulation des formes.

De cette discipline la science devait sortir. Notre science, c'est-à-dire le produit le plus caractéristique, la gloire la plus certaine et la plus personnelle de notre esprit. L'Europe est avant tout la créatrice de la science. Il y a eu des arts de tous pays, il n'y eut de véritables sciences que d'Europe.

Sans doute, il existait, avant la Grèce, en Egypte et en Chaldée, une sorte de science dont certains résultats peuvent sembler encore remarquables ; mais c'était une science impure qui se confondait tantôt avec la technique de quelque métier, qui comportait d'autres fois des préoccupations infiniment peu scientifiques. L'observation a toujours existé. Le raisonnement a toujours été employé. Mais ces éléments essentiels n'ont de prix et n'obtiennent de succès régulier que si d'autres facteurs ne viennent pas en vicier l'usage. Pour construire notre science il a fallu qu'un modèle relativement parfait lui fût proposé, qu'une première œuvre lui fût offerte comme Idéal, qui présentât toutes les précisions, toutes les garanties, toutes les beautés, toutes les solidités, et qui définît une fois pour toutes le concept même de science comme construction pure et séparée de tout souci autre que celui de l'édifice lui-même.

La géométrie grecque a été ce modèle incorruptible, non seulement modèle proposé à toute connaissance qui vise à son état parfait, mais encore modèle incomparable des qualités les plus typiques de l'intellect européen. Je ne pense jamais à l'art classique que je ne prenne invinciblement pour exemple le monument de la géométrie grecque. La construction de ce monument a demandé les dons les plus rares et les plus ordinairement incompatibles. Les hommes qui l'ont bâti étaient de durs et pénétrants ouvriers, des penseurs profonds, mais des artistes d'une finesse et d'un sentiment exquis de la perfection.

Songez à la subtilité et à la volonté qu'il leur a fallu pour accomplir l'ajustement si délicat, si improbable, du langage commun au raisonnement précis ; songez aux analyses qu'ils ont faites d'opérations motrices et visuelles très composées ; et comme ils ont bien réussi dans la correspondance nette de ces opérations avec les propriétés linguistiques et grammaticales. Ils se sont fiés à la parole et à ses combinaisons pour les conduire sûrement dans l'espace. Sans doute, cet espace est devenu une pluralité d'espaces ; sans doute s'est-il singulièrement enrichi, et sans doute cette géométrie, qui semblait si rigoureuse jadis a laissé voir bien des défauts dans son cristal. Nous l'avons examinée de si près que là où les Grecs voyaient un axiome, nous en comptons une douzaine.

A chacun de ces postulats qu'ils avaient introduits, nous savons qu'on en peut substituer quelques autres, et obtenir une géométrie cohérente et parfois physiquement utilisable.

Mais songez à la nouveauté que fut cette forme presque solennelle et qui est dans son dessin géréral si belle et si pure. Songez à cette magnifique division des moments de l'Esprit, à cet ordre merveilleux où chaque acte de la raison est nettement placé, nettement séparé des autres ; cela fait penser à la structure des temples, machine statique dont les éléments sont tous visibles et dont tous déclarent leur fonction.

Valéry, P., « Mais qui donc est européen ? », Variété I, La crise de l'esprit, *Paris 1978, Gallimard, Coll. Idées.*

FICHE 1

LA CITÉ GRECQUE ET LA CITÉ ROMAINE

La cité grecque et la cité romaine sont les deux modèles antiques essentiels, à l'origine de la culture européenne, du point de vue des valeurs politiques, juridiques, de l'imaginaire et des représentations.

1. Genèse de la Grèce classique

A ~ Raison et discours

- Au Ve siècle avant notre ère, sont posées les **prémices de la démocratie** : l'extension de la citoyenneté au nombre restreint des hommes libres, la faculté de délibérer et de déterminer les lois. La raison, le discours (*logos*), la loi l'emportent sur le mythe.
- Hérodote et Thucydide, l'auteur de *La Guerre du Péloponnèse*, affirment un certain rationalisme historique. La raison semble s'imposer dans la démarche philosophique et politique. Le *logos* exprime un ordre rationnel, capable d'intellectualiser le monde, de le rendre intelligible, du point de vue platonicien.

B ~ Idéologie de la cité et pratique démocratique naissante

- Pour les Grecs, l'homme est chez lui dans l'univers, il réalise ses virtualités au sein de la réalité organique de la cité, expression du cosmos, circulaire selon Jean-Pierre Vernant. L'idée de l'homme comme microcosme réapparaîtra au XVIe siècle. La justice, la culture, les lois sont l'expression de l'ordre naturel.
- Selon les fondements institutionnels de la démocratie naissante, les citoyens **libres** et **égaux** devant la loi (*nomos*), doivent accéder également aux fonctions publiques, délibérer et s'exprimer librement (*isegoria*), discuter et voter les lois, élire les magistrats. Tous doivent effectivement participer. Le pouvoir réside dans le *demos* actif. Périclès avait rappelé aux Athéniens qu'un homme ne se mêlant pas de politique est un inutile. Dracon, Solon au VIIe siècle, puis Périclès au VIe siècle furent les initiateurs de ce système ; on se réunit sur l'*agora*, on forme la *boulé*, assemblée délibérative. Le pouvoir doit être **partagé**, **contrôlé**, les décisions publiques conformes aux lois souveraines. Pour Finley, dans *Démocratie antique et démocratie moderne*, c'est une première expérience de démocratie directe. La démocratie locale sera aussi pratiquée par les peuples nordiques, celtiques et germaniques.
- L'exercice de la responsabilité politique n'est pas indifférent à la condition économique de chacun. Les plus démunis sont indemnisés, les activités politiques ne doivent générer en théorie aucun profit. Les citoyens aisés mais non corrompus par la richesse sont, selon Aristote, les mieux qualifiés pour l'exercice du politique. Dans l'esprit démocratique, le pouvoir ne saurait être confisqué par des « experts ».

2. Platon, les sophistes et la démocratie

- Platon et les sophistes contestent la démocratie selon des points de vue distincts. Pour les sophistes, la loi ne possède qu'un caractère formel, la justice est injuste. Ils préfèrent une philosophie de la nature comme mouvement et désordre, ce qui justifie la force.
- Après une période de prospérité (450-430 av. J.-C.) Platon est contemporain du déclin de la cité et dresse un constat d'échec : « Tous les régimes existants sont, à mon avis, mauvais » (*République*, livre VII). L'opinion, qui règne en démocratie, est, pour lui, synonyme de désordre et d'incompétence. « Comment la masse pourrait-elle conduire la cité dans le droit chemin? » (Euripide). Expression de l'intérêt sensible et divers, l'opinion ne saurait, en droit, faire la loi. D'où la critique de la démocratie. Platon conteste aussi les sophistes qui excluent tout consensus et tout ordre. Il veut rendre la loi et le discours politique légitimes. La loi n'est pas pour lui une simple convention : elle doit exprimer la vérité. L'opinion doit être formée et éclairée – l'éducation est un thème platonicien. Un pouvoir éclairé et conseillé, soucieux de justice et de raison, serait un bon idéal politique, à défaut des philosophes-rois. Cet idéal sera repris par Érasme. Une élite philosophique, spécialiste de l'Universel, détachée de l'intérêt matériel, de l'opinion, doit donc se tourner vers la raison et la vérité, déterminer les meilleures fins. Cette « compétence », cet idéalisme se distinguent totalement tant d'un « communisme primitif » que de la technocratie gestionnaire contemporaine.

3. La cité romaine : structures politiques

A ~ *Senatus populusque romanus*

- À l'origine, Rome connaît un système de type familial : elle est dominée par les *gentes* de ses divers villages. Or, peu à peu, les *gentes* primitives vont devenir un peuple (*populus*). Le mythe fondateur situe l'origine de Rome en 753 av. J.-C., créée par Remus et Romulus. Il était interdit de pénétrer armé dans ce périmètre sacré, où le droit et l'humanité devaient l'emporter sur la force. *Urbs* désigne la ville, mot voisin d'*orbis*.
- La structure sociale suit la tripartition indo-européenne : pour la fonction souveraine, les rois-prêtres, puis les guerriers, enfin, les paysans, citoyens à part entière (*Quirites*). Vers 530, le roi Servius Tullius s'attache à confier aux plus aisés, ou du moins aux petits propriétaires, les charges militaires, en écartant les plus démunis. D'où le sens moderne du substantif *classis*, originellement levée de troupes.
- La monarchie achevée, Rome traverse une grave crise politique qui durera jusqu'à la fin du IVe siècle et dont seront issues tant les magistratures que les libertés républicaines. Le patriciat, composé par les cent premières familles installées et ensuite indéfiniment accrues, forme une aristocratie terrienne. Les patriciens forment une véritable caste endogamique et les autres citoyens forment le peuple (*populus*), concept distinct du sénat. La plèbe se veut *populus* en accord avec les patriciens.
- La cité romaine réalise cet idéal antique : entente des paysans et des soldats, des chefs et de la multitude, primat de la vertu sur l'argent, intégration totale du *populus*, éminence des deux notions de citoyen et de magistrat. Le sénat était une assemblée de vénérables dignitaires, chefs des grandes familles, *optimates* et

patres conscripti. Les sénateurs avaient pour mission de sauvegarder les lois traditionnelles, d'exercer une tutelle sur l'assemblée des curies en ratifiant leurs actes, de « protéger le peuple » par l'exercice de la vertu et de la modération. Les *populares* leur opposèrent un idéal d'égalité sociale. À l'époque monarchique, les organes du pouvoir comprenaient les *Comices curiates,* ou assemblées du peuple, dominés par les patriciens. Avec la République, les tribuns de la plèbe défendent les revendications populaires. Une opposition politique classique se fera plus tard entre les défenseurs du prolétariat urbain et les conservateurs, en faveur de la vie rurale et de la propriété moyenne.

B ~ Équilibre des pouvoirs

- Ainsi que l'explique Polybe, auteur d'une *Histoire romaine*, Rome possède la meilleure Constitution possible. Trois types de pouvoirs y coexistent : les uns, issus de la monarchie, reviennent aux consuls ; d'autres sont accordés à l'oligarchie sénatoriale ; enfin, les garanties démocratiques sont préservées, puisque le peuple élit les magistrats et peut aussi voter des lois ou annuler les décisions du sénat. À Rome, l'unité du *populus* avait transcendé les divisions et les conflits de classe.
- C'est à cette Constitution mixte que Rome devait sa force. Polybe (201-120 av. J.-C.) influença ceux qui étaient en quête d'une théorie du meilleur gouvernement.
- Après la République, le régime suivant : l'Empire avec Octave-Auguste, après des années de guerres civiles et de triumvirats, semble inspiré par l'idéal de Cicéron. Mais en fait, il concentre, personnalise, puis divinise le pouvoir, limite les libertés républicaines.

4. Civisme, exercice du politique et valeurs morales

Les structures politiques de la cité romaine ne sauraient être dissociées d'un ensemble de valeurs morales. Polybe définit le but de la politique : acquérir vertu et sagesse. Il établit la distinction privé-public, essentielle au droit romain. Il est favorable à une combinaison équilibrée des institutions, capable de résister au déclin souvent redouté et évoqué par Platon et Aristote, dans leur typologie des pouvoirs.

A ~ Cicéron et l'idéal du *princeps*

- Des valeurs morales sont indispensables à l'exercice du civisme. L'engagement politique permet-il de réaliser le bonheur et d'atteindre la paix de l'âme ?

  Incontestable et fondamental est le rôle de Cicéron (106-43 av. J.-C.), auteur de *De Republica*, *De Legibus*, *De officiis*, pour la philosophie politique à Rome. Initialement « homme nouveau », hostile à l'aristocratie, Cicéron affiche ensuite un certain conservatisme antipopuliste, craignant le despotisme populaire, l'ochlocratie, le règne de la « populace ». Proche des stoïciens, il croit en l'existence de la « loi naturelle ». Par elle, l'homme est lié à la divinité et les hommes sont liés entre eux, comme s'ils appartenaient à la même cité, *cosmopolis*, l'Univers.
- Un autre thème capital est celui de la *respublica* : la « chose publique » est le bien du peuple, une communauté liée à une même loi (*juris consensu*) et par les mêmes intérêts (*utilitatis communione*). Toute démocratie dépend d'un équilibre

entre la *libertas* du peuple, le pouvoir des magistrats (*potestas*), l'*auctoritas* des « gens de bien », l'autorité morale de ce qui « fait autorité ».

- Vers l'an 50, la République étant menacée, Cicéron s'interroge sur la façon de la sauver : il appelle de ses vœux la présence et l'arbitrage du meilleur citoyen, le *princeps* sage et modéré, tuteur et défenseur de la chose publique. Comme les stoïciens, Cicéron affirme que le sage doit pratiquer le repos le moins possible et respecter le devoir d'engagement, en suivant la vertu et en exerçant une volonté droite.
- Jouer un rôle dans la vie publique est un devoir moral et permet d'exercer le meilleur de soi-même, avec le *Cursus honorum*. Le meilleur citoyen, unissant compétence et autorité, est le philosophe-roi. Le but de l'État est de promouvoir une vie heureuse dans la cité. De même, Sénèque, avant de réfléchir sur l'abstention à l'époque de Néron, recommande vivement l'engagement.

B ~ Scepticisme et *otium*

- Inversement, dans son poème *De Natura rerum*, Lucrèce (99-55 av. J.-C.) insiste sur la concorde, ainsi que sur le mépris des ambitions et de la cupidité, qui engendrent la discorde. Les grands de ce monde suscitent l'envie (*invidia*). Cela constitue, pour les épicuriens, une bonne raison de rechercher la retraite, le désengagement, le loisir studieux (*otium*), de redouter l'exercice du politique, souvent artificiel et superficiel.
- Lucrèce conteste l'idée d'une sociabilité naturelle, s'opposant ainsi à Aristote. Un certain scepticisme nominaliste détache les épicuriens de la cité, ordre naturel selon les stoïciens, Aristote et Cicéron. Même un stoïcien comme l'empereur Marc Aurèle mettait en garde contre les représentations fallacieuses du pouvoir, source de dépendance et d'aliénation.

Le droit romain permettra de fonder la légitimité de l'État-nation en France. Mais Rome a aussi légué un certain idéal : la vertu et le désintéressement des hommes de bien, la politique comme devoir moral, le sens de la justice, valeurs reprises et idéalisées par Rousseau dans le *Discours sur les sciences et les arts*, avec la prosopopée de Fabricius. La Révolution reprit le modèle romain du civisme et les formes esthétiques antiques. L'universalisme romain, distinct des cités grecques, unités particularisées, permit un modèle de civilisation et d'intégration en Méditerranée. L'impérialisme sera repris avec la modernité du fascisme italien.

La morale stoïcienne inspirera nombre de figures littéraires, comme dans l'héroïsme cornélien. L'éloquence, le genre oratoire, les références à l'histoire romaine seront déterminants dans les humanités classiques. Au pouvoir pour mille ans (de 753 av. J.-C. à 410 apr. J.-C.), Rome fut enfin la référence emblématique de la méditation sur l'apogée et le déclin des Empires, pour Du Bellay ou Montesquieu, par exemple.

Bibliographie

Michel, A., *Histoire des doctrines politiques à Rome*, Paris 1971, Puf, Que sais-je ? n° 1442.
Dautry, J., et Maisani, O., *Guide romain antique*, Paris 1966, Hachette.

▶ Voir Partie I - texte 1 : *Les Origines de la pensée grecque*, IV, J. -P. Vernant ; texte 2 : *Histoire romaine*, Tite-Live ; texte 3 : *La Politique*, Aristote.

FICHE 2

L'IMPERIUM ROMANUM

1. Rome

A ~ L'imperium

- La notion d'*imperium* est aussi ancienne que Rome elle-même. Elle désigne une force ordonnatrice, capable de faire aboutir les projets, d'agir sur la réel. C'est d'abord le pouvoir de Jupiter Capitolin, le premier parmi les dieux, et celui-ci le délègue, dans la Rome primitive, aux rois, et après eux, aux plus importants des magistrats, les consuls et les préteurs. S'il prend une forme juridique, droit de juger, droit de réunir le peuple et de convoquer le sénat, il conserve son efficience divine et sa dimension religieuse.
- Mais il ne saurait remettre en cause la liberté du peuple romain, protégé par ses lois et pas ses droits (voir texte 2), qui seul conserve la *majestas*, dont on pourrait trouver l'équivalent, certes anachronique, dans la notion moderne de souveraineté.
- C'est sur cette notion d'*imperium* que reposera le nouveau pouvoir qui se met en place à partir de César et d'Auguste, à qui est attribué, comme à leurs successeurs, un *imperium majus*, pouvoir décerné à vie.

B ~ *L'imperator*

- L'*imperium* confère également un pouvoir militaire, le droit de lever et de conduire les armées. Le soldat doit à son chef, revêtu d'une puissance de nature divine, une obéissance absolue. Il y a donc entre le soldat romain et son chef un lien personnel et religieux dont les généraux sauront tirer le meilleur avantage.
- Le titre d'*imperator* fut d'abord réservé à Jupiter. Il fut pour la première fois décerné, par acclamation de ses troupes, à Scipion l'Africain, en 209 av. J. - C., après ses victoires en Espagne. La victoire est perçue comme un signe des dieux en faveur d'un homme qu'ils protègent, dont ils assurent la *felicitas*, mot qu'on traduirait approximativement par « chance », et qui implique la capacité d'un protégé des dieux à assurer à ceux qui le suivent la réussite et la prospérité.

  Le sénat accordera à César le droit de faire du titre d'*imperator* son prénom. Ce n'est que deux siècles plus tard que le mot deviendra un nom commun, et sera utilisé pour désigner l'empereur.

C ~ L'empire

- C'est sur ce pouvoir à la fois religieux et charismatique, fondé sur un lien particulier avec les dieux et avec le peuple, que se bâtira le régime nouveau que nous appelons l'Empire romain. Après que César eut été tenté par le titre de roi, Octave comprit qu'il convenait de respecter les traditions et que l'idéologie républicaine lui fournissait les moyens d'instaurer un pouvoir incontesté sans bouleverser les institutions.

■ Elles demeurèrent donc en place. Octave ne fut jamais que *princeps*, le premier des Romains, premier du sénat, uni au peuple par un lien d'allégeance dont l'efficacité tenait à l'incertitude de ses limites.

2. Le monde

A ~ Les provinces

■ L'*imperium romanum* désigne aussi le pouvoir que Rome va étendre progressivement dans tout le bassin méditerranéen et jusqu'aux limites du monde connu. L'autorité est exercée dans les provinces au nom du peuple romain par des magistrats au sortir de leur charge, proconsuls ou propréteurs, qui voient donc leur *imperium* prorogé dans les territoires qu'ils administrent.

■ Cette extension de la puissance romaine, obtenue par la force des armes, n'est jamais, cependant, présentée comme une conquête. Le plus souvent Rome intervient sous prétexte de rétablir l'ordre sur un territoire troublé par des luttes intestines ou pour protéger un peuple menacé par un ennemi extérieur.

■ Il ne faut pas se dissimuler la brutalité de la conquête et l'exploitation des territoires conquis ; il n'en reste pas moins que Rome ne se propose jamais de détruire l'ennemi vaincu, à l'exception notable de Carthage, mais de l'intégrer à un *imperium*, garant de prospérité, d'ordre et de paix. Soumise à Rome, la province conquise est, théoriquement du moins, à l'abri de l'arbitraire d'un tyran, ou de l'agression d'une armée étrangère. Elle conserve ses institutions, ses usages, ses dieux. L'uniformisation ne se fera que progressivement.

B ~ La *Pax Romana*

■ C'est à partir de là que se construira l'image idéalisée d'un monde pacifié. Il n'y a pas là seulement propagande et illusion. Pendant près de deux siècles, le monde romain vivra dans la paix civile, et sans connaître d'invasions.

■ L'image qui prévaudra sera surtout celle d'un monde unifié. Dans le domaine du droit par exemple, un travail considérable fut accompli, au IIe siècle, par des jurisconsultes, le plus souvent d'inspiration stoïcienne, à l'initiative de l'empereur Hadrien. L'œuvre se prolongera jusqu'au règne de Justinien, au VIe siècle, et la rédaction du *Digeste*, œuvre capitale dans la civilisation européenne, fondement du droit moderne.

■ Quelle qu'ait été la réalité du monde romain, l'Europe vivra pendant plus d'un millénaire dans la nostalgie de cette unité. Rêve d'unité linguistique, qui sera encore celui des humanistes de la Renaissance, d'unité religieuse, qui se brisera définitivement avec la Réforme, d'unité politique enfin à travers la prétention à maintenir l'héritage des Césars au profit du kaiser et du Saint Empire romain germanique.

Bibliographie

Grimal, P., *L'Empire romain*, Paris 1993, Le Livre de poche, Coll. références.

▶ Voir Partie I - texte 2 : « L'institution de la république », *Histoire romaine*, Tite-Live.

FICHE 3

LA RHÉTORIQUE

La rhétorique est l'art de parler en public, c'est-à-dire de persuader, devenu l'art de bien parler et de bien écrire, avec une grande attention portée à la composition, au choix des moyens, au style et aux effets du discours.

Au cours de l'Antiquité, s'élaborent de multiples règles d'abord empiriques, systématisées par Aristote (384-322) dans sa Rhétorique *et sa* Poétique.

1. La rhétorique antique

A ~ Son importance à Athènes et à Rome

■ Athènes

Le rôle des orateurs est essentiel dans la constitution démocratique d'Athènes : tout y dépend du **peuple** (constitué par les hommes libres, catégorie dont sont exclus les femmes, les esclaves et les étrangers), mais celui-ci décide par son vote, en fonction des discours qui l'ont persuadé. Dans les diverses assemblées, devant les tribunaux (où chacun assure sa défense sans l'aide d'un avocat), la **parole** est souveraine. Pour tout citoyen désireux de tenir sa place dans la vie publique, et à plus forte raison pour tout ambitieux, l'éloquence est une aptitude indispensable.

« Ce qu'implique le système de la cité, écrit Jean-Pierre Vernant, c'est d'abord une extrême prééminence de la parole sur tous les autres instruments du pouvoir. Elle devient l'outil politique par excellence, la clé de toute autorité dans l'État, le moyen de commandement et de domination sur autrui. (...) La parole n'est plus le mot rituel, la formule juste, mais le débat contradictoire, la discussion, l'argumentation. » (Voir texte 1.)

■ Rome

À Rome, l'importance du droit et le rôle des tribunaux confèrent toujours une place décisive à la rhétorique – ou **éloquence** : il suffit de rappeler les célèbres plaidoiries de Cicéron, *Les Catilinaires* (63 avant J.C.), qui dénoncent un complot politique ou *Les Verrines* (70 avant J.-C.), qui s'en prennent à la corruption du préteur Verrès.

Mais les Romains jouent également un rôle essentiel dans la systématisation et la formulation des règles rhétoriques qui prolongent les réflexions des grammairiens. C'est ainsi que l'œuvre de Quintilien (qui vécut de 30 à 100 après J.-C. environ) garde son influence bien au-delà de l'empire romain, dans la mise en place de l'enseignement médiéval et classique.

B ~ Place de la rhétorique dans l'enseignement en Grèce

■ L'organisation de l'enseignement

Conduit à l'école par un esclave (le pédagogue), l'enfant y reçoit les leçons du **grammatiste** pour apprendre à lire, à compter, à réciter des recueils de maximes en vers, des chants de *L'Iliade* et de *L'Odyssée* d'Homère, de *La Théogonie* d'Hésiode et des *Tragiques*. Au IVe siècle, s'y ajoutent le dessin et la géométrie.

Musique et **gymnastique** sont les deux autres enseignements fondamentaux. Certains jeunes gens riches complètent cette formation en apprenant l'éloquence et la politique avec les **rhéteurs** ou les **sophistes**, ou en fréquentant les **philosophes**.

■ Rhéteurs et sophistes

Jusqu'au milieu du Ve siècle, c'est par la pratique des affaires et l'exemple des prédécesseurs que l'on acquiert l'indispensable formation à la parole. Mais à cette date, les rhéteurs et les sophistes se mirent à tenir des écoles d'éloquence, fréquentées par les fils des familles riches. La rhétorique et la sophistique apparurent à la fois comme une forme d'enseignement supérieur et une préparation à la vie publique.

Si les rhéteurs appartiennent à la cité et ajoutent à leur enseignement la composition de discours pour les particuliers cités au tribunal (fonction de logographes), la sophistique caractérise les cinquante dernières années du Ve siècle. Elle ne désigne pas une doctrine, mais une manière d'enseigner. « Les sophistes sont des professeurs, qui vont de ville en ville chercher leur auditoire et qui, pour un prix convenu, apprennent à leurs élèves, soit en des leçons d'apparat (des sortes de conférences), soit en une série de cours, les méthodes pour faire triompher une thèse, quelle qu'elle soit. À la recherche et à la publication de la vérité est substituée la recherche du succès, fondé sur l'art de convaincre, de persuader, de séduire » (E. Bréhier, *Histoire de la philosophie*, I, p 71-72).

En tout cas, c'est cette image des sophistes, brillante mais accusatrice, que nous laisse notamment Platon, accréditant l'idée de leur indifférence à la vérité et de leur recherche exclusive de pouvoir et de succès. En fait, les fragments qui nous restent des plus célèbres sophistes, Gorgias ou Protagoras, conduisent à des appréciations plus nuancées.

■ Gorgias

Intéressons-nous donc à titre d'exemple à Gorgias, de Leontium – où il naît entre 485 et 480. En 427, sa cité le charge de demander secours aux Athéniens contre Syracuse, et il plaide brillamment la cause de sa patrie devant l'assemblée du peuple. L'art de persuader l'emporte à ses yeux sur tous les autres, et il excelle à développer sur chaque sujet, aussi bien son éloge que sa critique (thèse et antithèse). Son style personnel et brillant suscite éloge et imitation. Il est connu comme un improvisateur extrêmement brillant, qui peut parler à la demande sur n'importe quel sujet, mais c'est aussi un homme qui a le souci du bon usage de la technique qu'il enseigne. Il y voit une forme authentique d'éducation intellectuelle et morale. C'est donc un personnage de premier plan et de grande compétence, qui gagne à son enseignement plusieurs Athéniens de haut rang, comme Critias (brillant chef du parti oligarchique, l'un des Trente installés au pouvoir par les Spartiates victorieux puis renversés par les Athéniens), Alcibiade (le fameux général et homme politique du parti démocratique qui fut aussi disciple de Socrate et souleva les passions, et parfois le scandale de ses contemporains) ainsi que l'historien Thucydide. Il parcourt la Grèce, enseigne en Thessalie, forme entre autres Isocrate, qui fondera à Athènes une école d'éloquence, concurrente de l'Académie créée par Platon : lorsque Platon fait discuter entre eux Socrate et Gorgias, c'est sa propre rivalité avec Isocrate, à la génération suivante, qui est aussi sous-jacente.

Gorgias intervient devant tous les Grecs à Delphes et à Olympie, lieux de grands rassemblements panhelléniques, il exhorte les cités grecques à s'unir au lieu de se déchirer, et à tourner leurs luttes contre les menaces des Barbares (c'est-à-dire des non-Grecs). Une statue en or massif lui fut consacrée à Olympie.

Il nous reste de lui quelques œuvres, comme l'*Éloge d'Hélène* – qui défend Hélène de Troie et fait l'éloge paradoxal de l'adultère – et divers fragments. Cela suffit pour apprécier un esprit puissant, et pas seulement brillant, qui critique la conception de l'être de Parménide et montre l'importance de la notion de non-être (« l'être est ; le non-être n'est pas » écrit Parménide ; mais alors quelle est la réalité de ce dont on parle sans que cela existe ? Cette question a préoccupé Platon aussi bien que Gorgias). Pour sa part, Gorgias s'interroge sur la possibilité de la connaissance, souligne la passivité de l'âme réceptrice du langage, élabore une réflexion sur le temps comme moment opportun, bonne ocasion (en grec : *kaïros*). Certains commentateurs évoquent une parenté entre la pensée de Gorgias et les positions que soutiendra Nietzsche au XIXe siècle, du fait de la conception relativiste des valeurs que manifeste l'œuvre de Gorgias.

2. Les règles rhétoriques

A ~ Les règles traditionnelles

■ Les genres

La rhétorique ancienne distingue trois genres :
- judiciaire : accuser ou défendre ;
- délibératif : persuader ou dissuader ;
- démonstratif: louer ou blâmer.

■ Les parties du discours

Tout discours doit s'élaborer en cinq parties, qui sont, selon leur dénomination latine traditionnelle
- l'*inventio*, ou recherche des idées ;
- la *dispositio*, ou organisation des matériaux ;
- l'*élocutio* ou recherche de la forme, et le recours aux figures de style ;
- la *memoria*, mémorisation intégrale du texte (le discours n'est ni improvisé ni aidé de notes) ;
- la *pronunciatio*, ou action, qui concerne l'usage efficace de la voix, des gestes et du corps.

■ Les styles et les figures

On distingue traditionnellement trois styles :
- simple ou bas, pour la poésie bucolique ;
- moyen ou tempéré, pour le romanesque ou l'enseignement ;
- relevé (ou grave, ou sublime), pour l'épopée, la tragédie, les genres historiques.

Les figures de style sont le répertoire des moyens qui peuvent produire un effet dans le discours en s'écartant de ce que dirait la parole ordinaire. Elles distinguent le style « orné ».

- L'ornement facile utilise les figures de grammaire : inversion, ellipse, répétition, etc., ou les figures de pensée comme l'hyperbole (insistance par l'exagération), la litote (dire moins pour faire sentir plus), etc.
- L'ornement difficile recourt aux figures de mot, ou **tropes** : métaphore, allégorie, antiphrase, euphémisme, synecdoque (l'image prend la partie pour le tout, ou la matière pour l'objet), métonymie (c'est la contiguïté spatiale ou logique qui explique le transfert de sens d'un terme sur un autre)...

B ~ Permanence et renouveaux de la rhétorique

- Dans l'enseignement

  Jusqu'au XXe siècle, la classe de rhétorique (notre première actuelle) précédait la classe de philosophie : il s'agissait d'apprendre les moyens d'expression et les figures du discours pour pouvoir aborder les problèmes de la pensée. Nos méthodologies de la dissertation, du commentaire, de la fiche de lecture ou de l'exposé en sont des formes assouplies.

  Le développement des techniques d'expression et des formations à la communication n'est guère autre chose qu'une nouvelle forme de rhétorique.

- Rhétorique générale et lectures rhétoriques

  La linguistique des discours voit également certains de ses courants travailler à revaloriser la rhétorique, pour développer une rhétorique moderne, éclairée par la logique (Groupe μ), tandis que les études littéraires de textes anciens sont devenues plus attentives aux structures rhétoriques des corpus qu'elles étudient.

Bibliographie

Romeyer - Dherbey, G., *Les Sophistes*, Paris 1985, Puf, Que sais-je ?

Werner, J., *Paideaia. La Formation de l'homme grec*, Paris 1964, Gallimard, livre 2, chapitre 3, pp. 333-381.

Les Sophistes, Fragments et témoignages, Paris 1969, Puf, Collection Sup, Traduct. et présent. J.-P. Dumont.

▶ Voir Partie I - texte 1 : « L'univers spirituel de la cité », *Les Origines de la pensée grecque*, J.-P. Vernant.

FICHE 4

LA NAISSANCE DE LA PHILOSOPHIE

La philosophie occidentale prend naissance au V*e* *siècle av. J.-C., à Athènes, en Grèce. Athènes était à l'époque une* Polis, *une cité-État autonome par rapport aux autres cités. La philosophie est contemporaine de la démocratie ; en effet, on y trouve la réalisation de trois principes : – le droit à la parole, alors que le régime monarchique antérieur cultivait le secret et le silence ; – l'apparition du domaine public : toute affaire d'État doit être connue du peuple ; les lois sont gravées et affichées en public, à l'opposé de l'arbitraire dans les régimes tyranniques ; – les citoyens sont égaux et disposent d'une voix à chaque vote. Ne sont considérés comme citoyens, cependant, que les hommes libres, notion dont sont exclus les femmes, les esclaves et les métèques (les étrangers).*

Dans ce nouveau contexte politique, le logos *– terme polysémique que l'on peut traduire par parole, discours, raisonnement, étude, etc. – va prendre une place prééminente ; il faut savoir argumenter face à l'assemblée du peuple pour faire admettre son point de vue ; vont apparaître des spécialistes du* logos, *les sophistes, grands orateurs et professeurs d'art oratoire. Parmi eux, le célèbre Gorgias compare les discours à des philtres magiques, capables d'agir à volonté sur les âmes. Socrate invente la philosophie en réaction contre les techniques trompeuses des sophistes ; un* ***sophisme*** *est en effet un raisonnement faux qui a l'apparence de la vérité.*

1. Le personnage de Socrate (464-399 av. J.-C.)

A ~ Son portrait

- Père de la philosophie, Socrate n'a écrit aucune œuvre ; c'est son disciple Platon qui, d'après ses notes, nous a transmis les dialogues de son maître avec les sophistes. Socrate peut être décrit comme une contradiction vivante. Physiquement, il était laid mais on lui reconnaissait une grande beauté morale ; il était juste, intègre, courageux. Matériellement, il était pauvre ; né d'un père sculpteur et d'une mère sage-femme, il ne subvenait guère aux besoins de son épouse et de ses trois fils, préférant vivre ici et là chez ceux qui l'invitaient pour discuter avec lui.
- Cependant, on considérait qu'il était riche en sagesse, à tel point que des rois voulaient envoyer leurs fils en éducation auprès de lui. Paradoxalement, cette sagesse se résumait à une formule d'ignorance : « Je sais que je ne sais rien. » Comment en était-il arrivé à cette conclusion ?

B ~ Sa vocation

- Socrate avait été désigné par l'oracle de la Pythie, à Delphes, comme l'homme le plus sage du monde. Cherchant à comprendre ce que cela signifiait, il avait mené une enquête auprès d'hommes parmi les plus célèbres pour leur sagesse à son époque, à savoir les sophistes. Il s'était aperçu qu'il pouvait les mettre en contradiction avec eux-mêmes. Ces sages étaient pris dans une illusion de savoir et ignoraient leur propre ignorance, alors que lui, Socrate, savait qu'il ne savait rien ; son ignorance étant une ignorance consciente d'elle-même, il pouvait se dire plus sage que ceux qui ignoraient leur ignorance. C'est pourquoi sa sagesse n'est pas la possession d'un savoir, mais seulement une recherche, un amour de la sagesse (*philosophia*).

- À partir de cette découverte, Socrate n'a plus fait, durant sa vie, que discuter avec les sophistes sur tous les sujets pour leur révéler les limites de leur savoir. Fatalement, il devait se faire des ennemis qui, s'étant coalisés contre lui, l'ont accusé devant un tribunal et ont obtenu sa condamnation à mort. Tous ces faits nous sont rapportés dans l'*Apologie de Socrate* de Platon.

2. La théorie des idées de Platon (428-348 av. J.-C.)

A ~ La philosophie

- Platon, déjà influencé par Pythagore et Parménide, a poursuivi l'œuvre de Socrate en approfondissant ses principes ; derrière toute apparence sensible, derrière toute opinion, il y a une réalité plus essentielle. L'« Allégorie de la caverne » (voir texte 4) nous présente la démarche d'un prisonnier qui se libère progressivement et douloureusement de ses opinions pour atteindre la vérité ; l'**opinion** est toujours un terme péjoratif en philosophie : c'est une affirmation immédiate prononcée sans réflexion et non justifiée par un raisonnement. L'opinion est, sauf par chance, une erreur. Il faut donc la détruire pour se tourner vers la vérité stable des Idées.
- Dans l'« Allégorie de la caverne », la démarche du héros suit quatre étapes : il passe des ombres aux objets portés, causes des ombres ; puis, sortant de la caverne, il passe des objets extérieurs au Soleil, origine de tout ce qui existe. À chaque étape, le prisonnier souffre ; il doit se détourner de ce qu'il tenait pour vrai, afin de reconnaître une nouvelle vérité, qu'il distingue encore mal. Finalement, il ne se satisfait pas de la contemplation heureuse de la vérité, mais il redescend auprès de ses anciens compagnons pour leur apprendre ce qu'il a découvert. Ceux-ci le reçoivent mal, se moquent de lui, refusent son enseignement et le tuent.
- Le philosophe, de même, doit passer des images (ou représentations sensibles) des choses aux objets matériels, issus de la nature ou du travail humain ; puis, sortant du sensible, il doit accéder à l'intelligible et passer des Idées à la contemplation du principe absolu de toutes choses, l'Un-Bien. Ayant eu la révélation du véritable ordre du monde, il se fait un devoir de répandre sa vérité, mais il est incompris.

B ~ Les idées

- On peut illustrer cette théorie des Idées par l'exemple des trois lits. Le lit existe sous trois espèces : – les images de lits, c'est-à-dire les représentations peintes, les souvenirs, les images visuelles de lits ; – les lits matériels, fabriqués dans différentes matières, dont les images ne sont que des imitations ; – enfin, l'idée de lit, son essence, c'est-à-dire la définition intellectuelle de ce qu'est un lit, dont les lits matériels ne sont aussi que des imitations. Chaque niveau inférieur est donc une copie de la réalité supérieure, et chaque niveau supérieur est cause de son imitation inférieure. Mais au-delà de l'idée de lit, il existe de multiples idées, plus ou moins abstraites (par exemple, les idées de maison, d'homme, de liberté, etc.). Toutes ces idées ne sont elles-mêmes que des imitations de l'idée de toutes les idées, à savoir l'Un-Bien.
- Cette structure hiérarchique de l'être se double d'une hiérarchie des modes de connaissance. L'opinion, le plus bas degré de la connaissance, se contente

d'identifier une image en la rapportant à un objet. La science, et notamment la démarche mathématique, s'élève des objets aux Idées en suivant la méthode hypothético-déductive. Mais c'est la dialectique philosophique qui va le plus loin, en dépassant les Idées vers le principe anhypothétique de l'Un-Bien.

C ~ La dialectique

- Platon a mis en scène l'activité philosophique de Socrate dans des dialogues. Ces discussions ne se déroulent pas sans un ordre strict. Une introduction sert à présenter Socrate et ses interlocuteurs, à préciser le sujet de la discussion sous forme d'une question (par exemple, la vertu peut-elle s'enseigner ?) et à départager les rôles, Socrate étant généralement le questionneur, et les sophistes étant les répondants. Puis, une première partie du dialogue consiste à détruire les opinions successivement proposées par l'interlocuteur de Socrate. Celui-ci, par des questions portant sur les définitions, la logique du raisonnement, etc., cherche à montrer que le sophiste se contredit. Ce travail négatif se poursuit tant que le sophiste prétend avoir des réponses ; il s'arrête lorsque, à bout de ressources (l'aporie), le sophiste déclare forfait et avoue son ignorance. À ce moment précis, Socrate estime que son interlocuteur est purifié de ses opinions.
- Il est alors possible de passer à un second temps positif, durant lequel on va chercher ensemble une bonne réponse à la question du dialogue. Socrate utilise la technique de la **maïeutique** (l'accouchement des Idées), car, selon lui, la vérité se trouve enfouie dans l'âme du sophiste sans qu'il le sache. La vérité est voilée par l'oubli (vérité : *a-léthèia*, le non-oubli) et il faut la faire surgir par des questions appropriées. L'accord sur une même réponse (*homologia*) est signe qu'on a trouvé cette vérité à la fin du dialogue.

3. La métaphysique d'Aristote (384-322 av. J.-C.)

A ~ Sa méthode

- Aristote a suivi pendant vingt ans les cours de Platon à l'Académie ; il en est le disciple critique, car tout en reprenant l'idéal d'un savoir vrai, il remet en cause la théorie des Idées de son maître. Un tableau de Raphaël, *L'École d'Athènes* (1510), représente très symboliquement Platon pointant son index vers le ciel et Aristote montrant de sa main la Terre. En effet, le souci d'Aristote est de rendre compte de la réalité en devenir, non pas à partir des Idées pour redescendre vers les choses, mais à partir de l'observation des choses pour, peu à peu, en dégager la connaissance totale.
- Aussi sa méthode est-elle radicalement différente de celle de son maître.
  - Pour Platon, les essences existent par elles-mêmes et nous sont données par la connaissance. Pour Aristote, les essences ne sont pas données : il faut les construire à partir de l'observation sensible ; elles sont le produit d'un travail de l'esprit.
  - Pour Platon, la démarche dialectique se compose d'une ascension vers le Bien par rupture avec les opinions, puis d'une descente vers la réalité pour en rendre compte au moyen des Idées. Pour Aristote, la démarche dialectique commence par une discussion des opinions sur les objets ; on oppose les arguments et les critiques pour obtenir un savoir nouveau ; la dialectique est une mise à l'épreuve d'un jugement. Appliquée à des objets physiques, elle est inductive : on part des objets sensibles pour s'élever peu à peu, grâce à des classements et à des généralisations progressives, vers les concepts. Aristote accorde la place

prépondérante à l'observation. Il fonde l'histoire naturelle ou étude descriptive des êtres vivants.

– Pour Platon, seules les choses immuables (par exemple, les astres) sont dignes d'une connaissance, le reste n'étant qu'apparences changeantes. Aristote, au contraire, institue une science du devenir ; l'intelligibilité est immanente au sensible. À l'exigence platonicienne d'immuabilité, il substitue l'exigence de nécessité : tout ce qui est nécessaire (ce qui ne peut pas ne pas être) est connaissable.

B ~ Ses concepts

- Après la connaissance de la nature (physique), Aristote crée la science de l'être en tant qu'être (la métaphysique) ; il s'agit d'y chercher les causes premières de l'être en tant qu'être. Il pose Dieu comme premier moteur de l'univers, acte pur, immobile et parfait. Cette définition de Dieu sera reprise par la théologie médiévale. Puis il définit les concepts fondamentaux qui vont former le lexique philosophique pendant des siècles.
- La **substance** désigne ce qui ne peut être affirmé d'autre chose, ce qui est en soi, le sujet logique des affirmations, ce sans quoi les autres qualités d'un être ne peuvent tenir. Toute substance est soit matière, soit forme. La **matière** est ce dont est fait l'objet avant qu'il reçoive sa forme (par exemple, le bois d'une sculpture) ; c'est une simple puissance que la forme actualisera. La **forme** est ce qui, dans un objet, le rend intelligible et lui donne son universalité (par exemple, la forme du chien est ce qui fait que tout chien est un chien). La forme échappe au devenir ; la forme est acte. L'**acte** est le fait d'exister comme être totalement réalisé et achevé. La **puissance** est ce qui n'est pas encore en acte, le simple possible, ce qui peut recevoir une forme (par exemple, tout homme est en puissance musicien, mais seul celui qui a appris la musique et qui en joue est musicien en acte). La substance s'oppose à l'accident ; l'**accident** est une qualité secondaire d'une chose, telle que si on la lui retire, cela ne change rien à sa substance (par exemple, la couleur des cheveux d'un homme est un accident).
- La philosophie de Platon ne permettait pas de penser le devenir ; en effet, Platon avait repris à son compte le principe de non-contradiction posé par Parménide dans sa formule : « L'être est ; le non-être n'est pas ». Aristote sort de cette impasse grâce à un intermédiaire, l'être en puissance. La distinction entre l'acte et la puissance n'est pas simplement logique : elle est une distinction ontologique, une division dans l'être même.

Bibliographie

Platon, *Apologie de Socrate*, Paris 1965, Garnier-Flammarion.
Vernant, J.-P., *Les Origines de la pensée grecque*, Paris 1983, Puf, Coll. Quadrige.

▶ Voir Partie I - texte 3 : « L'homme, animal politique », *La Politique*, Aristote ; texte 4 : « Allégorie de la caverne», *La République*, Platon.

FICHE 5

LES MORALES ANTIQUES

On ne doit pas confondre la morale avec l'éthique. La **morale** *est la science du Bien et du Mal. Elle énonce les règles concernant les actions permises ou défendues dans la conduite quotidienne en fonction de valeurs de référence (la religion, l'éducation, le sentiment...). Les règles morales sont relatives à leur contexte social et historique.*

*L'****éthique*** *est la science des fins : partant d'une analyse des fondements de la morale, c'est elle qui fixe les fins ultimes de l'action humaine. Par exemple, Aristote, dans son* Éthique de Nicomaque, *propose le bonheur comme fin dernière de l'existence. L'éthique est donc au-dessus de la morale puisqu'elle en fixe les valeurs de référence.*

1. La maîtrise de soi

A ~ L'ordre intérieur

- Dans l'Antiquité grecque, la première règle de conduite de soi est de se bien maîtriser, c'est-à-dire de conquérir sa liberté intérieure. L'âme est ordonnée en trois parties : la raison *(nous)*, qui permet d'atteindre la sagesse ; le cœur *(thumos),* qui donne le courage et l'enthousiasme ; et les désirs *(épithumia),* qui doivent être tempérés chez le sage. La raison doit dominer le cœur, qui doit dominer les désirs. L'ordre hiérarchique de l'âme, s'il est réalisé par l'individu, donnera le bonheur dans l'accord avec soi-même.
- C'est pourquoi les Grecs condamnent toute démesure, tout excès *(hubris)* dans la conduite individuelle. Leur devise favorite était : « Rien de trop. » Tout excès est générateur de conflit et de violence. Dans *les Perses* d'Eschyle, Xerxès commet la faute de vouloir dépasser les forces humaines en jetant un pont sur le bras de mer de l'Hellespont. Emporté par la passion de la conquête, il ne mesure plus les limites auxquelles il doit se plier, et il est puni par les dieux. L'idéal de tout Grec est l'autosuffisance, l'autarcie *(autarkia)*, car elle est la condition de la liberté. Pour se suffire à soi-même, à l'échelle économique de la Cité comme à l'échelle individuelle du sage, il faut être uni et non pas divisé.

B ~ Un exemple

- On peut illustrer cet impératif de la maîtrise de soi par l'exemple, difficile à comprendre aujourd'hui, de la pédérastie (de *pais*, l'enfant, et *erastia*, l'amour). Il s'agit de la relation amoureuse entre un adulte et un jeune adolescent. Platon en parle notamment dans *le Banquet*. Selon Michel Foucault (voir l'*Usage des plaisirs* au chapitre IV), dans la pédérastie antique, il ne s'agit ni d'homosexualité puisque celle-ci concerne deux adultes, ni de tolérance pour une perversion de quelques adultes, mais bien d'une véritable institution éducative. Le jeune aimé est soumis à une épreuve de séduction par son amant. Il doit montrer de la réserve, ne pas céder trop facilement. L'amour joue finalement un rôle éphémère qui disparaît dès les premiers signes de virilité. Au-delà, il doit faire place à l'amitié *(la philia)*, à la protection de l'amant qui durera toute la vie. Ce qui est en cause, c'est l'image sociale du garçon, futur homme responsable. Il sera jugé d'après son comportement à l'adolescence. Les Grecs sont très pudiques sur les détails de leur sexualité, mais on sait qu'ils condamnaient sévèrement la prostitution masculine. Celui qui s'est prostitué ne pourra plus exercer aucune magistrature, aucune fonction officielle. Celui qui s'est vendu une fois risque en effet de trahir sa patrie. Il faut avoir prouvé que l'on était maître de soi.

■ La morale antique a évolué. Le IVe siècle av. J.-C. est une période angoissante pour les Grecs. La mort précoce d'Alexandre le Grand donne lieu à des divisions sanglantes entre ses généraux. Son empire est rapidement disloqué. Athènes faisant l'objet de multiples convoitises est prise et reprise plusieurs fois. Les riches vivent dans le luxe et s'ennuient tandis que le plus grand nombre vit dans le dénuement. L'esprit religieux envahit la sphère politique : on divinise le moindre tyran. Après la splendeur du siècle de Périclès (Ve siècle av. J.-C.), l'homme grec est désemparé et aspire à une nouvelle sagesse. L'épicurisme et le stoïcisme proposent deux morales qui vont avoir beaucoup de succès.

2. L'ÉPICURISME

A ~ La connaissance

■ Épicure (341-270 av. J.-C.) fonde son école, le « Jardin », à Athènes. Il aurait écrit 300 œuvres, dont il ne nous reste que trois lettres (à Hérodote, à Pythoclès, à Ménécée). Lucrèce (98-55 av. J.-C.), poète latin, est un fervent admirateur d'Épicure. Il reprend sa philosophie dans son vaste poème, *De la nature des choses.*

■ Nos sens sont la source de la connaissance ; les sensations sont des contacts directs avec les objets. Cependant, nos sens produisent des illusions. Comment s'y fier ? Épicure répond que ce ne sont pas les sensations qui sont fausses, mais les opinions que nous y ajoutons. Par exemple, si nous craignons la mort, c'est parce que nous ne la connaissons pas vraiment. Quand nous sommes vivants, nous ne pouvons pas la sentir, et lorsque nous serons morts, nous ne sentirons plus rien. La mort n'est rien pour nous ; il n'y a pas à en avoir peur. Il faut nous débarrasser de nos opinions fausses à son sujet.

■ De même, si nous craignons les dieux, c'est parce que nous nous en faisons une représentation fausse à travers les mythes. Pour Épicure, les dieux existent, habitent des intermondes. Ils sont immortels et bienheureux, mais ils ne s'occupent pas des hommes. Ils ne jouent aucun rôle dans le monde des hommes qu'ils n'ont pas créé et il n'y a pas à en avoir peur.

La connaissance exacte du monde et la connaissance de soi sont les meilleurs remèdes à l'angoisse. Épicure, reprenant le matérialisme de Démocrite (Ve siècle av. J.-C.) conçoit le monde comme constitué d'atomes et de vide ; tout y est matériel ; aucune force cachée n'y agit mystérieusement.

B ~ La morale

- L'homme subit deux affections : le plaisir, qui traduit un accord avec la nature ; la douleur, qui traduit un désaccord avec la nature. Il faut vivre en harmonie avec la nature. Donc, le bonheur consiste à vivre dans le plaisir, c'est-à-dire dans l'absence de douleurs corporelles et l'absence de troubles de l'âme (l'ataraxie). Le plaisir est, bien sûr, obtenu par la satisfaction des désirs, mais il est essentiellement défini comme un repos, une quiétude, et non comme une jouissance. En effet, tout plaisir n'est pas bon à prendre. Il faut le calculer à partir de la classification des désirs (voir texte 5) :
  - Les désirs naturels et nécessaires. Simples, élémentaires, ils doivent être satisfaits pour vivre (la faim et la soif, par exemple) et n'exigent pas beaucoup de peine pour leur satisfaction.
  - Les désirs naturels non nécessaires. Plus variés, plus recherchés (comme le désir d'une nourriture raffinée), ils réclament davantage d'efforts et sont à satisfaire exceptionnellement.
  - Les désirs non naturels non nécessaires. Artificiels, produits de la vie sociale (comme le désir des honneurs, des richesses, de la gloire), ils ne doivent jamais être satisfaits. « Vis caché », conseillait Épicure. Il faut se détourner de la vie publique pour éviter tout conflit, toute dépendance, et s'entourer simplement d'amis.
- Contrairement à l'image scandaleuse de l'épicurisme au Moyen Âge (on parlait de « pourceaux d'Épicure »), la morale épicurienne réclame une ascèse (une vie exigeante, dans l'abstinence). C'est un hédonisme rigoureux (l'hédonisme est la théorie qui fait du plaisir le principe de la vie morale). L'épicurisme aspire principalement à l'**ataraxie**.

3. LE STOÏCISME

A ~ La connaissance

- Zénon de Citium (335-264 av. J.-C.) et Chrysippe (280-206 av. J.-C.) enseignaient sous un portique (*stoa*, d'où le terme stoïcisme). Il ne nous reste que quelques fragments écrits de cet enseignement. Sénèque (4 av. J.-C. - 65 apr. J.-C.), Épictète (50-130 apr. J.-C.) et l'empereur Marc-Aurèle (121-180 apr. J.-C.) ont repris cette philosophie.
- Toute connaissance nous vient des sens et produit dans l'âme des représentations qui sont comme les empreintes des sensations. Mais il faut distinguer les représentations compréhensives qui sont objectives et évidentes, des représentations non compréhensives qui sont sans objet (comme le rêve) et qui sont fausses et confuses. Connaître consiste donc à faire le partage entre les représentations. Ce qui nous trouble, ce ne sont pas les choses mêmes, mais les représentations que nous nous en faisons et que nous pouvons modifier, autrement dit, les opinions. Dès que nous sommes maîtres de nos représentations, nous sommes libres, nous sommes maîtres de notre vie.
- Le bonheur est accessible à condition de juger correctement les limites de nos pouvoirs. Nous ne pouvons rien contre les choses qui ne dépendent pas de nous – le corps, les richesses, la réputation, les honneurs – qu'il faut donc accepter comme elles sont ; il faut se soumettre à l'ordre du monde, et même le vouloir pour vivre en harmonie avec la nature (voir texte 6).

  Mais nous pouvons changer les choses qui dépendent de nous, comme les passions (la douleur, la crainte, le désir, le plaisir) qui sont des maladies de l'âme. Par un effort de volonté, en modifiant les représentations que nous nous donnons de ces passions, nous pouvons les maîtriser. La sagesse stoïcienne consiste donc en un bon usage des représentations. C'est une morale volontariste et intellectualiste. Le **volontarisme** pose la supériorité de la volonté sur les sentiments, les désirs et les représentations : « Qui veut peut. » L'**intellectualisme** privilégie la pensée conceptuelle dans l'explication des autres activités du psychisme.

B ~ La morale

- À côté de la référence traditionnelle aux dieux de la mythologie, on trouve chez les stoïciens le mot « Dieu ». Il ne s'agit pas du créateur du monde. Dieu désigne une notion générale. C'est un principe d'ordre, c'est la raison qui anime la nature. Ce Dieu est immanent au monde. Il s'agit d'un panthéisme. De ce fait, comme l'homme est doué de raison, l'homme est dit parent de Dieu, et même fils de Dieu.

  L'effet de la raison divine s'appelle le **destin**. Ce terme ne désigne pas un événement tragique et incontournable comme dans le mythe d'Œdipe, mais il signifie un ordre, une force divine, de nature intangible, qui préside à l'organisation du tout. On parle aussi de providence divine, c'est-à-dire de l'action par laquelle Dieu exerce son gouvernement sur le monde.
- Cependant, le stoïcisme n'est pas un fatalisme. Pour les stoïciens, l'homme dispose d'une liberté intérieure absolue. Cette liberté s'exerce dans la façon de réagir aux événements. La révolte ou la résignation n'ont aucun sens ; notre attitude doit se régler sur les causes des événements, selon qu'elles dépendent de nous ou qu'elles n'en dépendent pas. Tout est affaire de jugement. Alors que l'ignorance nous paralyse, savoir juger nous donne une véritable puissance d'action.

  Les stoïciens ne refusent pas l'action politique. Ils s'y engagent avec courage et lucidité. L'éducation stoïcienne apprend la véritable discipline de l'action et permet l'efficacité. Cette sagesse confère une acuité du jugement sur les limites de notre pouvoir.

L'épicurisme a rencontré un grand succès à son époque et s'est étendu à Alexandrie et à Rome. Mais le christianisme l'a brutalement rejeté. En effet, l'épicurisme ne promet aucune vie après la mort (l'âme matérielle est mortelle) et son matérialisme fondamental est inacceptable pour une doctrine religieuse. L'épicurisme reparaît au XVIe siècle, chez Montaigne, pour une courte période.

Le Dieu stoïcien s'oppose au Dieu chrétien en ce qu'il fait corps avec la nature. C'est un panthéisme. L'idée de péché originel n'y a pas sa place puisque tout ce qui est naturel est bon. Cependant, toute la morale stoïcienne s'accorde parfaitement avec le christianisme (le détachement du corps, la confiance dans la volonté, l'acceptation de l'ordre divin). Cette morale a été reprise par les Pères de l'Église et participe au fonds de la morale chrétienne.

Bibliographie

Brun, J., *L'Épicurisme*, Paris 1974, Puf, Que sais-je ? n° 810.
Foucault, M., *L'Usage des plaisirs*, Paris 1984, Gallimard.
Rodis-Lewis, G., *La Morale stoïcienne*, Paris 1970, Puf.

▶ Voir Partie I - texte 5 : « La doctrine des plaisirs », *Lettre à Ménécée*, Épicure ; texte 6 : « La liberté du stoïcien », *Manuel*, Épictète.

FICHE 6

ATRIDES ET LABDACIDES

On ne peut en si peu d'espace retracer toute l'histoire de ces deux familles. Notre propos sera donc plus simplement de situer un certain nombre de personnages qui jouent un rôle essentiel et que l'on retrouve dans un très grand nombre de tragédies antiques, aussi bien que dans la littérature moderne.

1. Les Atrides

A ~ Transgressions

- Les Atrides tirent leur nom d'Atrée, roi de Mycènes, fils de Pélops et petit-fils de Tantale. C'est à celui-ci que remontent les premières transgressions, qui feront peser sur sa descendance la colère des dieux. Tantale, roi de Lydie, était le fils de Zeus et d'une nymphe. Invité à la table des dieux, il leur déroba le nectar et l'ambroisie, et leur fit manger la chair de son propre fils Pélops. Après ce double crime – l'appropriation par un mortel de la nourriture divine et le banquet cannibale où il a voulu souiller les dieux –, Tantale fut condamné à se consumer éternellement (ayant goûté la nourriture des dieux il était devenu immortel) de faim et de soif devant une nourriture qui se dérobait devant lui.
- Pélops, ressuscité par les dieux, s'enfuit en Grèce, où il donna son nom au Péloponnèse. Il eut deux fils jumeaux, Atrée et Thyeste, à qui une haine mutuelle allait inspirer des crimes monstrueux, renouvelant ainsi la malédiction pesant sur leur race. Recueillis par le roi de Mycènes les deux frères se disputèrent à sa mort sa succession. Atrée, devenu roi, feignit de vouloir se réconcilier avec son frère. Thyeste se vit offrir un ragoût fait de la chair de ses propres enfants. Il s'enfuit en maudissant son frère, il viola ensuite sa propre sœur, la prêtresse Pélopia, dont il eut un fils, Égisthe, qu'il chargea de le venger et qui tua Atrée.

B ~ Vengeances

- Le fils d'Atrée, Agamemnon, devient roi d'Argos. Après le rapt d'Hélène, la femme de son frère Ménélas, il prend la tête des armées grecques, mais pour obtenir des dieux des vents favorables au départ de la flotte, il accepte de sacrifier sa fille Iphigénie. Après son départ, sa femme Clytemnestre installe près d'elle et sur le trône Égisthe. Les deux amants assassinent Agamemnon à son retour.
- Oreste, son fils, le venge en assassinant à son tour Égisthe et sa propre mère. Poursuivi par les Érynies, déesses de la vengeance, Oreste se réfugia à Athènes, où, devant le tribunal de l'Aréopage, grâce à l'intervention d'Apollon et d'Athéna, il fut acquitté.

C ~ L'ordre de, la cité

- Sacrilèges, cannibalisme, parricides, l'histoire des Atrides porte à son point extrême l'*ubris*, la démesure qui habite les héros tragiques. Dans la fureur qui anime les dieux et les hommes, on voit le pouvoir être l'enjeu des combats les plus féroces, des crimes les plus monstrueux. Le sang étant le prix du sang, les héros sont pris dans l'engrenage de la vengeance, dont on ne voit pas quelle puissance les fera sortir.

- Eschyle dans la trilogie qu'il consacre aux Atrides, *Agamemnon*, *Les Choéphores, Les Euménides*, met en scène le dénouement : grâce à l'aide des dieux olympiens, la loi de la cité se substitue aux forces obscures de la vengeance. La part des dieux est respectée, Oreste doit subir les rites de purification, les Érynies recevront à Athènes un culte. (voir Partie I - fiche 7)

  « Ainsi, conclut le poète, s'achève l'accord du Destin avec Zeus dont l'œil voit tout. »

2. Les Labdacides

A ~ La fondation de Thèbes

- Parti à la recherche de sa sœur Europe, enlevée par Zeus, Cadmos arriva sur le site de Thèbes, où il dut d'abord tuer un dragon. Sur l'ordre d'Athéna, il sema les dents du monstre, qui donnèrent naissance à des géants, les Spartoï, qui commencèrent par s'entre-tuer.
- Avec les cinq survivants, Cadmos construisit les murs de la cité. De son épouse Harmonie, il eut de nombreux enfants, dont Agavé, qui épousa Echion, un des Spartoï, Sémélé, la mère de Dionysos (voir Partie I – fiche 8), et Polydoros, père de Labdacos, qui lui succédèrent sur le trône de Thèbes.

B ~ Œdipe

- Laïos, fils de Labdacos, épousa Jocaste, qui descendait d'Agavé. L'oracle de Delphes leur ayant prédit que leur fils tuerait son père et épouserait sa mère, ils voulurent tuer l'enfant à sa naissance. Mais l'homme chargé de la besogne abandonna l'enfant dans la montagne après lui avoir percé les chevilles et les avoir liées avec une lanière. Recueilli par le roi de Corinthe, il reçut le nom d'Œdipe, « pied enflé ».
- Le roi l'éleva comme son propre fils. Averti par un esprit malveillant qu'il était un enfant trouvé, Œdipe alla consulter l'oracle qui se contenta de lui répéter la prophétie. Pour ne pas tuer le roi qu'il considérait toujours comme son père, Œdipe s'enfuit. Sur son chemin, il rencontra un homme monté sur un char, qui refusa de lui céder le passage. Dans la querelle qui s'ensuivit, il tua l'homme qu'il ne savait pas être son père.
- Parvenu aux portes de Thèbes, il affronta la Sphinx, monstre féminin au corps de lion, qui dévorait les voyageurs qui ne pouvaient résoudre son énigme : « Quel est l'animal qui marche sur quatre pattes le matin, sur deux pattes à midi, et sur trois pattes le soir ? » « C'est l'homme », répondit Œdipe. Le monstre se précipita alors du haut d'un rocher. Accueilli comme un libérateur, Œdipe se vit offrir par les Thébains le trône devenu vacant et la main de Jocaste, dont il eut quatre enfants, Étéocle et Polynice, Antigone et Ismène.

C ~ Le massacre final

- Bien des années plus tard, une peste s'abattit sur la ville. L'oracle interrogé répondit qu'il fallait expulser de la ville le meurtrier de Laïos. Œdipe en prit l'engagement. Lorsqu'au terme de son enquête la vérité fut révélée, Jocaste se pendit avec sa ceinture. Œdipe se creva les yeux et, chassé par ses fils, il quitta Thèbes, guidé par Antigone. Il trouva asile en Attique, auprès de Thésée.
- Étéocle et Polynice se disputèrent le trône de leur père. Il fut convenu qu'ils régneraient alternativement. Mais, au terme de la première période, Étéocle refusa de céder le pouvoir. Dans l'affrontement qui s'ensuivit les deux frères s'entre-tuèrent. Créon, le frère de Jocaste, devenu roi, décréta qu'Étéocle recevrait les honneurs funèbres et que Polynice resterait sans sépulture. Antigone refusa de se plier à cet ordre sacrilège et accomplit sur le cadavre de son frère les rites funéraires. Créon la fit enterrer vive. Ainsi moururent les derniers des Labdacides.

D ~ L'homme et le temps

- Sans vouloir retracer ici l'ensemble des interprétations qui ont été proposées du mythe d'Œdipe, on peut mettre en évidence trois points principaux. D'abord, la question de l'origine, qui est la question même que pose le récit mythique, puisque c'est ce que ne peut saisir la pensée logique. Claude Lévi-Strauss a mis en évidence l'importance, tout au long de l'histoire des Labdacides, des **figures chtoniennes**, depuis la naissance des Spartoï jusqu'au Sphinx. Puisque le même naît du même (le fils naît du père), mais aussi du même et de l'autre (la différence des sexes : l'enfant naît du père et de la mère), comment penser l'origine première ? Seul le récit mythique permet de le figurer.

  Pris dans la linéarité du temps, l'homme est celui qui prend la place de son père, mais qui doit ensuite mourir et laisser la place à son fils. L'histoire d'Œdipe peut alors être lue comme une **tentative de dénégation** de cette succession des générations : épousant sa mère, ayant d'elle des enfants, Œdipe occupe **simultanément** toutes les places. Il est Œdipe, fils de Laïos et père d'Étéocle et de Polynice. Mais, époux de Jocaste, il est aussi à la même place que son père, et, fils de Jocaste, il est aussi à la même place que ses enfants. Comme le dit J.-P. Darmon, dans le mythe d'Œdipe, « le temps patine ».

E ~ La condition de l'homme

- Œdipe est, enfin, la **figure tragique** par excellence. La prédiction initiale n'a pas ici une simple fonction ornementale : elle est l'élément qui fait fonctionner l'engrenage. C'est pour échapper à la malédiction que les personnages posent les actes par lesquels peut s'accomplir la décision des dieux. C'est pour ne pas faire le mal, que Laïos et Jocaste abandonnent leur enfant, qu'Œdipe quitte ses parents adoptifs, rendant ainsi possible l'accomplissement de ce qui les rendra monstrueux et pour quoi ils seront punis.
- La condition humaine apparaît ainsi comme une sinistre machination de la malignité des dieux. L'invention de la tragédie représente une étape essentielle dans la **représentation de la personne humaine** : debout, face au public, personnage singulier mettant tout en œuvre pour percer le secret de son histoire, l'Œdipe de Sophocle n'est pas seulement un personnage tragique, il est l'homme même.

Bibliographie

Eschyle, *Agamemnon, Les Choéphores, Les Euménides*, Paris 1961, Budé, Les Belles Lettres. Trad. P. Mazon.

Sophocle, *Œdipe-Roi, Antigone, Œdipe à Colone*, Paris 1960, Budé, Les Belles Lettres. Trad. P. Mazon.

Dictionnaire des mythologies, sous la direction d'Y. Bonnefoy, Paris 1981, Flammarion.

Vernant, J.-P. et Vidal-Naquet, P., *Œdipe et ses mythes*, Paris 1988, Éditions Complexe.

Lévi-Strauss, Cl., *Anthropologie structurale*, chap. XI, *La Structure des mythes*, Paris 1958, Plon.

FICHE 7

APOLLON

« Nul autant qu'Apollon n'a d'arts en sa main. Il a dans son lot et l'archer et l'aède, car l'arc est son bien, et le chant aussi. À lui prophétesses et devins ; et de Phoibos aussi les médecins tiennent la science de retarder la mort... C'est sur les pas de Phoibos qu'on trace l'enceinte des cités ; Phoibos se plaît à leur établissement, et sa main en bâtit les fondements » (Callimaque, Hymne à Apollon).

1. La place d'Apollon dans la mythologie

A ~ Les récits

- Léto fut aimée de Zeus et engendra deux jumeaux. Mais poursuivie par la colère d'Héra, elle ne trouvait aucune terre pour l'accueillir. Elle trouva enfin une terre flottante, et là, au pied d'un palmier, elle mit au monde Apollon et Artémis. L'île se fixa alors, reçut le nom de Délos, la Brillante, et devint une des terres les plus fertiles de la mer Égée. Apollon fut confié à la déesse Thémis, la Justice, et devenu le plus beau des adolescents, il parcourut le monde, portant l'arc et la lyre que lui avait offerts son père.
- Il parvint à Delphes, au pied du mont Parnasse, où il retrouva le serpent Python, qu'Héra avait demandé à la déesse Terre d'enfanter pour poursuivre Léto. Pénétrant dans le temple où la Terre rendait ses oracles, il tua le serpent de ses flèches, et substitua ses oracles à ceux de la Terre.

B ~ Les sanctuaires

- Au centre de l'archipel des Cyclades, Délos est le plus important des sanctuaires du dieu. Il fut le centre religieux de l'empire athénien. On y célébrait des jeux, dont la légende attribuait la fondation à Thésée, roi d'Athènes et unificateur de l'Attique.
- Delphes, où le dieu tua le serpent, est le grand sanctuaire oraculaire où les cités grecques comme les citoyens, et même les barbares, venaient consulter la Pythie avant de prendre toute décision importante. Le long de la Voie sacrée, qui monte au temple d'Apollon, se dressaient des chapelles votives, et les Trésors des principales villes grecques, placés sous la protection du dieu. La Pythie rendait son oracle dans le temple d'Apollon, près de l'*omphalos*, le nombril, pierre sacrée que l'on tenait pour le centre du monde. Un collège de prêtres était chargé d'interpréter les formules obscures délivrées par la Pythie dans son délire prophétique. À l'entrée du temple, on lisait la formule fameuse : *« Gnôthi séauton »*, « Connais-toi toi-même », qui, avant de devenir une des maximes premières de la sagesse grecque, invitait les fidèles à prendre conscience de l'aveuglement de l'homme face à la clairvoyance divine, de leur humanité face à la splendeur de la divinité.

2. Richesse et diversité de la figure apollinienne

A ~ L'archer

- Apollon est à la fois bienfaisant et terrifiant. Armé de son arc, il parcourt le monde pour vaincre les monstres. Éternellement jeune, il est le modèle du *kouros*, du jeune homme dont la plus ancienne statuaire a fixé l'image idéale.
- Mais sa colère est redoutable. Ses flèches peuvent se retourner contre les hommes qui lui ont déplu. Le premier chant de *L'Iliade* montre ainsi « le dieu à l'arc d'argent » descendant des cimes de l'Olympe. « Les flèches sonnent sur l'épaule du dieu courroucé, au moment où il s'ébranle et s'en va, pareil à la nuit (...) » Et ses traits répandent l'épidémie et la mort sur les animaux et sur les hommes.
- Si la maladie est la conséquence d'une souillure ou d'une faute, Apollon est aussi celui qui révèle aux hommes, par l'intermédiaire des oracles, la cause du fléau, et qui permet donc de l'écarter. Il est le père d'Asclépios, dieu guérisseur. Il est enfin Phoibos, le Pur, le Purificateur, celui qui enseigne les rites à accomplir pour que soient restaurés la santé, l'ordre et la paix.

B ~ La lyre

- Apollon est le maître de la Vérité, inspirant à la fois les devins et les poètes. Sa parole est claire. On l'appelle pourtant Loxias, l'Oblique. Mais si les hommes ne comprennent pas toujours ceux qu'il possède, poètes et devins, c'est qu'ils ne sont pas eux-mêmes à la hauteur de cette Vérité.
- Conducteur des Muses, Musagète, Apollon est la divinité tutélaire des arts : poésie, musique, danse sont les formes sensibles de l'harmonie dont il révèle les secrets aux hommes qu'il inspire, comme il préside en tant que dieu solaire à la régularité du mouvement des astres.
- « Le Maître qui est à Delphes, dit Héraclite, ne parle pas, ne cache pas, mais il signifie. » La Vérité apollinienne n'est pas à recevoir passivement. La parole prophétique ou la parole poétique sont comme des défis que le dieu lance à l'intelligence des hommes pour les inviter à y chercher une révélation qui est à la fois donnée par le dieu et à trouver par les hommes, dans une quête inépuisable du sens.

C ~ L'ordre de la cité

- Cet ordre du monde, dont Apollon est le garant, le fait aussi présider à l'ordre de la Cité. C'est sous l'autorité d'Apollon que se résout à la fin de la *Trilogie* d'Eschyle la série des conflits, des meurtres et des vengeances. En même temps qu'il y apparaît comme le Purificateur, il institue la Justice et l'ordre de la cité pour permettre aux hommes de sortir du cycle sauvage de la vengeance.
- C'est pourquoi Auguste en fera la divinité tutélaire de son règne. A la fin des guerres civiles, il lui fait élever un temple près de sa résidence, célébrant ainsi le retour à la paix civile, l'union du monde grec et du monde latin, la prédominance de l'esprit et de la raison sur la force des armes.

Bibliographie

Bonnefoy, Y. (sous la direction de), *Dictionnaire des mythologies*, Paris 1981, Flammarion.

FICHE 8

DIONYSOS

1. Les séquences essentielles du mythe

A ~ Naissance

■ Zeus, sous les traits d'un jeune homme, séduisit la fille du roi de Thèbes, Sémélé. Héra, l'épouse légitime du roi des dieux, voulut se venger et, prenant l'apparence d'une vieille femme, elle vint à la rencontre de Sémélé. Comme celle-ci assurait que son amant était Zeus lui-même, elle prétendit la mettre en garde et elle lui recommanda de demander à son séducteur de lui donner la preuve de sa divinité. Zeus fut donc contraint de se révéler à Sémélé, comme le dit Ovide, « dans la grandeur et la gloire dont il est environné, quand la hautaine Junon le reçoit sur son sein ». Mais les mortels ne peuvent supporter la vision des dieux, et Sémélé fut instantanément réduite en cendres. Zeus recueillit alors l'enfant que portait Sémélé, et le cousant dans sa cuisse il le porta jusqu'au terme. Ainsi naquit Dionysos, de la cuisse de Zeus.

B ~ Errances

■ Poursuivi par la colère d'Héra, l'enfant dut être caché. Sa jeunesse est décrite comme une perpétuelle errance qui le mène jusqu'aux limites du monde connu. Adolescent d'une beauté merveilleuse, « à la belle chevelure bleue », – dit l'hymne homérique –, il parcourait le monde accompagné de son cortège de Silènes, de Satyres et de Bacchantes, porté par un char tiré par des tigres, apportant aux terres qu'il traversait la fertilité, enseignant aux hommes l'art du vin.

C ~ Retour à Thèbes

■ Il revint finalement à Thèbes, où régnait Penthée, fils d'Agavé, la sœur de Sémélé. Malgré les conseils du devin Tirésias, le roi refusa d'accueillir ce nouveau dieu, dont l'arrivée perturbait l'ordre de la cité. Cependant toutes les femmes quittaient la ville pour aller célébrer dans les montagnes le nouveau culte. Penthée décida de se déguiser en femme et se cacha dans un arbre pour espionner la fête bacchique. Mais possédées par le dieu, les femmes le prirent pour une bête féroce, et, se jetant sur lui, le mirent en pièces. En cortège elles revinrent à Thèbes, Agavé portant à bout de bras la tête de son fils.

2. Le dieu sauvage

A ~ La virulence de la nature

■ Dionysos est associé à la vigne. Mais il n'est pas seulement le dieu du vin. La vigne représente d'abord ces plantes parasites dont la vitalité exubérante est une menace pour leurs supports. Lorsque Penthée refuse d'accueillir Dionysos, la vigne et le lierre se mettent à proliférer, brisent les marbres, font s'écrouler les maisons. L'image de Dionysos est liée à cette fécondité de la nature, à la fois gage de fertilité et menace pour un monde cultivé et maîtrisé par l'homme.

- À l'arrivée du dieu, l'ordre établi est menacé jusque dans ses fondements. Rien de plus significatif à cet égard que les images d'orgies où les fidèles dépècent les animaux sauvages et en mangent la chair crue : ce qui est ici subverti, c'est le rite du sacrifice, fondateur de l'ordre de la cité ; c'est la civilisation elle-même (voir Partie IV – fiche 34, Prométhée et Orphée).
- Dans la fête bacchique, on voit s'effacer les séparations qui garantissent l'ordre du monde, entre les animaux et les hommes (les Bacchantes allaitent les petits des animaux), entre les hommes et les dieux, puisque le dieu lui-même se mêle à la troupe de ses fidèles. La végétation sauvage envahit la ville, elle la détruit, mais elle est la vie même. Ce monde de la sauvagerie et de la bestialité est aussi un monde de l'abondance retrouvée, d'une jouissance immédiate de la générosité de la nature, un âge d'or retrouvé.

B ~ Le dieu du désordre

- Bien qu'il soit grec, partout Dionysos est présenté comme un dieu « étranger ». Dès l'époque mycénienne, les Grecs honoraient Dionysos, mais toujours il a été présenté comme le dieu « qui venait d'ailleurs », qui surgissait dans la cité pour en remettre en cause l'harmonie et les certitudes. Telle est bien sa fonction.
- À son appel les femmes quittent le foyer, les esclaves se mêlent aux hommes libres, les étrangers aux citoyens. Si l'on connaît des sanctuaires situés à l'intérieur des villes, le plus souvent le culte se célèbre en dehors des murs, dans les montagnes, les grottes, les forêts restées sauvages.
- Dans la tragédie d'Euripide, *les Bacchantes*, Tirésias met en garde Penthée. Dans une cité qui se règle selon la raison, il faut savoir laisser une place au désordre. Celui-là est vraiment fou qui ne sait pas faire la part de la déraison,.

C ~ Le théâtre et l'illusion

- Dionysos est le dieu de l'ivresse, de la démence et de l'illusion, le dieu des masques. À Athènes, lors des Grandes Dionysies, avaient lieu les concours de tragédies. La fête rassemblait toute la population, tous sexes et toutes classes confondus. L'autel du dieu était dressé au centre de l'*orchestra*, où chantait et dansait le chœur, au son de l'*aulos*, le hautbois au son enivrant, à l'opposé de la lyre apollinienne qui suscitait le calme et l'harmonie. Là, le poème tragique invitait les spectateurs à déchirer le voile des apparences, à s'interroger sur l'évidence d'un ordre établi ».
- Dionysos est un dieu singulier. Il est le seul qui, né d'une mortelle, soit reconnu comme un dieu à part entière. À la fois dieu et homme, promettant à ses fidèles un salut qui passe par une expérience mystique d'union avec la divinité, et non par l'observance des cultes civiques, en lui se dessinent les traits du Dieu d'une religion à venir.

Bibliographie

Ovide, Les Métamorphoses, livre III, Paris 1980, Budé, Les Belles Lettres. Trad. G. Lafaye.

▶ Voir Partie I - texte 7 : Les Bacchantes, Euripide.

FICHE 9

DE LA TRAGÉDIE GRECQUE AU TRAGIQUE OCCIDENTAL

L'héritage de la tragédie grecque dans notre pensée ne saurait se limiter à celui d'une forme esthétique. On ne peut l'appréhender sans mettre en relation la fortune exceptionnelle du théâtre tragique à deux moments de l'Histoire et le sentiment du tragique défini sur le mode métaphysique au XIX*e siècle, remis en question de nos jours : une façon particulière d'être au monde.*

1. L'ÉNIGME GRECQUE

A ~ Un moment privilégié (Ve siècle av. J.-C.)

- La tragédie grecque est d'abord un spectacle dont le cérémonial hante encore vingt siècles de théâtre en Occident. Son étymologie controversée – le « chant du bouc » – renvoie aux rites religieux archaïques et sacrificiels du culte de Dionysos, dieu chthonien des profondeurs et du délire orgiaque autant que de la gaieté festive de la vigne et du vin, auquel s'adressait le dithyrambe. De cette œuvre chorale selon Aristote, naît la représentation théâtrale ; le récit devient progressivement un jeu à trois acteurs masqués. Le dialogue entre les acteurs alterne avec le discours lyrique et commentatif d'un chœur évoluant dans un espace déterminé.
- Le cadre de la tragédie grecque est celui de la cité d'Athènes, politique autant que géographique : le spectacle, à dimension religieuse, a partie liée avec la démocratie. La représentation tragique est une fête biannuelle, officielle, commandée, organisée et financée par la cité-État. Pendant trois jours, la collectivité se resserre en assistant à une compétition entre les auteurs tragiques qui s'opposent sur des sujets mythiques empruntés à un vieux fonds connu de tous ; le vainqueur est couronné de laurier.
- Le temps de la tragédie – quatre-vingts ans à peine – coïncide avec la naissance et l'âge d'or de la démocratie. C'est un « tyran » au sens ancien du terme, c'est-à-dire l'homme d'un pouvoir fort opposant à l'aristocratie autrefois dominante une légitimité issue du peuple, qui instaure le spectacle tragique vers 534 en se saisissant du prétexte. Les trois grands poètes tragiques – Eschyle, Sophocle et Euripide – semblent signer du diamant de leur œuvre la montée, l'apogée et la chute du régime, du temps glorieux des victoires de Marathon et Salamine à la défaite de l'impérialisme athénien (404).

B ~ Une fonction problématique

- La dimension cathartique. La tragédie grecque inscrit probablement dans le symbolique le renoncement à la société violente dont les textes homériques portent le témoignage, et peut-être au sacrifice humain. La fable assure la transition entre les deux mondes en ressassant les malheurs d'un héros – Œdipe, Antigone, les Atrides – enraciné dans l'univers mythique des origines qui concentre sur lui la colère des dieux pour avoir transgressé par « hybris » c'est-à-dire, par démesure, à la suite de Prométhée, les limites de la condition humaine et défié les dieux. Le spectacle tragique déroule sous les yeux des spectateurs, avertis d'avance parce qu'ils connaissent l'issue de la légende, la mécanique qui transforme en destin catastrophique prédéterminé des actes en apparence librement choisis par le héros et « purge » les spectateurs de leurs passions. La *catharsis* ou purgation vécue individuellement par le spectateur permet à Aristote de justifier dans sa *Poétique*, alors que la tragédie est en déclin, à la fois son contenu violent, sorte de thérapeutique psychologique, et son rôle civique de régulateur des ambitions politiques.

- L'essence du tragique grec est pourtant difficile à déterminer. C'est un moment où se posent à l'homme sur ses actes des questions qui appellent toujours deux réponses et font de lui un être divisé : liberté ou déterminisme de ses choix, lucidité ou aveuglement sur l'issue du conflit, origine de la « faute tragique ». L'inscription historique de la tragédie au moment où la Grèce passe d'une culture mythique à une culture politique, où le droit n'est pas encore fixé – l'*hybris,* la démesure contre les dieux, va devenir un délit contre la démocratie –, situe bien le héros tragique entre deux mondes. Formellement d'ailleurs, les deux niveaux de la représentation – l'*orchestra* où évolue le chœur, la *skênê* devant laquelle jouent les personnages – soulignent cette division qui en recouvre d'autres : tension entre l'appartenance aristocratique des héros et leur caractère ordinaire selon Aristote, coexistence d'une voix lyrique débitant des lieux communs transcendés par la poésie et d'une voix parlée exprimant un débat majeur pour les personnages, structure de renversement qui transforme le sujet en objet, le succès en catastrophe, le bonheur en malheur, on pourrait multiplier les exemples. Œdipe-roi, instigateur d'une enquête, va en devenir l'objet et le coupable, Créon, vainqueur d'Antigone sur le plan politique, est terrassé sur le plan privé par le double suicide des siens.
- La récurrence de cette dualité mise en évidence par des travaux récents qui ont le mérite d'éclairer à la fois la forme et le fond de la tragédie n'exclut pas une évolution des rapports de l'humain à ce qui le transcende dans l'œuvre des trois grands poètes tragiques. On a souvent remarqué que dans l'œuvre d'Eschyle, le plus ancien, l'immanence du pouvoir divin prompt à condamner tout empiétement sur son territoire limite le débat tandis que la représentation où le chœur joue un rôle essentiel utilise sur le mode hiératique la main de l'homme comme exécuteur de la sentence divine. C'est un commandement d'outre-tombe qui transforme Électre et Oreste en meurtriers de leur mère. La faute tragique chez Sophocle est laïcisée en délit juridique et politique. Le héros résiste à son sort avant de l'assumer avec hauteur à l'intérieur d'une action beaucoup plus complexe dont la dramaturgie accélère les rebondissements. Complètement désacralisé, à l'horizon d'une guerre interminable qui met fin à l'impérialisme athénien, le monde tragique d'Euripide déserté par le dieux est celui des passions humaines, quotidiennes et triviales.

2. De la mémoire à la reconstruction de la tragédie

A ~ L'imprégnation formelle

- Par un paradoxe qui est loin d'être le seul, la tragédie grecque, conçue pour être jouée une seule fois, a survécu à l'état de modèle lacunaire – quelques dizaines d'œuvres d'environ quinze cent vers – constamment sollicité pour constituer un genre littéraire très codé, source d'interminables débats ouverts par la *Poétique* d'Aristote. Entre le moment où elle cesse d'être un spectacle vivant et celui où la Renaissance (en 1585 à Vicence) cherche à la ressusciter, la forme tragique est régulièrement copiée et réadaptée.

■ Utilisée par Sénèque dans la violence de la Rome néronienne comme illustration emphatique de la philosophie et de la morale stoïciennes à la mode, la tragédie romaine tisse une part de l'intertexte shakespearien : extraits par la Renaissance du conservatoire médiéval, les textes tragiques alimentent les recherches formelles de poètes comme Jodelle. Un calviniste comme Théodore de Bèze christianise les sujets pour utiliser la forme à des fins morales ou didactiques plus qu'esthétiques. La mémoire de la tragédie réduite à la recherche du pathétique, à la déploration du *fatum* vise beaucoup plus à la recréation d'une forme spectaculaire adaptée au goût des sociétés qui la reçoivent qu'à la redécouverte de la fonction tragique confondue avec la notion de « divertissement élevé ».

B ~ Les ambiguïtés de la tragédie classique

■ Considéré comme le deuxième « moment » de la tragédie, l'âge classique a probablement vu resurgir la conscience et le débat tragiques là où il attendait seulement que soit amené à la perfection un spectacle destiné au « plaisir » des grands, selon le mot de Racine, et susceptible de les amener à « une tristesse majestueuse » en accord avec la rigidité absolutiste figée dans le spectaculaire.

■ Il est clair, en effet, que le discours galant de la passion amoureuse magnifié par l'alexandrin et l'importance excessive accordée aux lois du genre recouvrent dans cette étonnante résurrection une exigence plus profonde. Comme au ve siècle, la tragédie classique est le lieu d'un débat sur l'homme où se muent en expérience les philosophies et les morales d'une époque. Comme en Grèce, le thème du destin et le poids qu'il représente expriment une double interrogation métaphysique et politique. Dans l'œuvre de Corneille, le dépassement stoïcien et l'optimisme chrétien qui donnent à la morale glorieuse de l'aristocratie héritière de la féodalité une fin rédemptrice semblent incompatibles avec la nécessité tragique d'une culpabilité sans origine clairement identifiée. Mais le dénouement heureux ou héroïque du *Cid* ou de *Polyeucte* ne doit pas dissimuler la dimension fondamentalement pessimiste de la politique cornélienne : l'action individuelle aboutit immanquablement à la destruction du héros. Le huis clos racinien, quant à lui, transforme en enfer des passions privées où se défont les cœurs, les âmes et les corps, dans un monde marqué par la vanité de l'action politique sur fond d'absolutisme, et désolé par l'impitoyable déterminisme janséniste qui rabaisse l'homme à tous les niveaux.

3. De la tragédie au tragique

A ~ Le refus hégélien du tragique

■ Le XIXe siècle marque un tournant dans l'appréhension et la représentation du tragique. Le philosophe allemand Hegel le problématise et les poètes romantiques français en liquident la forme esthétique.

■ A l'intérieur d'une dialectique de l'Histoire, influencée par la Révolution française, Hegel revisite la tragédie grecque en recentrant le débat sur les rapports entre l'individu et la collectivité. Dans la constitution d'un « Savoir absolu » la tragédie apparaît comme un moment « d'incompatibilité » entre l'individu prisonnier de son passé familial et la puissance publique, l'État, responsable du bien commun. Dans la dialectique hégélienne, le destin n'est plus une puissance aveugle mais une dynamique rationnelle appelée à résoudre le conflit dans une totalité. La lecture contemporaine d'une tragédie comme *Antigone* et du conflit entre Antigone et Créon en est considérablement influencée ; la réhabilitation obligée de Créon qu'un Anouilh amplifiera au XXe siècle après la Seconde Guerre mondiale va de pair avec le dépassement du tragique théorisé par Hegel dans la *Phénoménologie de l'esprit* (1807) et *L'Esthétique* (1840).

- Attaché dans ses *Remarques* aux seuls héros de Sophocle, Œdipe et Antigone, le poète Hölderlin voit dans le tragique grec le lieu et le moment énigmatiques où l'humain se sépare du divin. Le célèbre *commos*, plainte lyrique conjointe d'Antigone allant à la mort et du chœur qui l'accompagne, est perçu comme un « dépassionnement », une « intimité distante » avec les dieux.

B ~ Le tragique contemporain

- Préfigurant toute une série d'interrogations sur la « mort du tragique » (Steiner) ou son « retour » cyclique (Domenach), Nietzsche, dans *La Naissance de la tragédie,* voit dans la dualité chœur-personnages non pas un conflit ou une incompatibilité, mais l'affirmation multiple dans l'ivresse tragique d'aspirations contradictoires, un éclatement du principe d'individuation au service de la vie.
- Dégradée dans le langage courant par une confusion avec le « dramatique » ou le « pathétique », la notion contemporaine de tragique est apparemment très éloignée de ses origines grecques. Elle semble absente du théâtre, mais la conscience tragique d'une culpabilité sans cause habite la pensée et le roman au XXe siècle. Les héros tragiques semblent loin de la scène mais les personnages de Kafka, le Meursault ou le Clamence de Camus ont partie liée avec le tragique, comme ceux de Ionesco ou de Beckett, quoique et peut-être parce que ils en récusent la solennité cérémonielle pour la convertir en épuisement de l'être.
- L'héritage de la tragédie grecque est donc celui d'un rapport divisé, séparé de l'homme à ce qui le transcende dans une liturgie de la souffrance ordinaire, qui se transforme parfois en sérénité.

Bibliographie

Sophocle, *Tragédies*, introd. de P. Vidal-Naquet, Paris 1973, Gallimard, Coll. Folio.

Vernant, J.-P., Vidal-Naquet, P., *Mythe et tragédie en Grèce ancienne*, Paris1972, Maspero, Coll. La Découverte.

Romilly de , J., *La Tragédie grecque*, Paris 1982, Puf, Coll. Quadrige.

Nietzsche, *La Naissance de la tragédie*, J.-L. Nancy, Paris 1977, Gallimard, Coll. Folio. Trad. M. Haar, P. Lacoue-Labarthe.

▶ Voir Partie I - texte 7 : *Les Bacchantes* , Euripide ; texte 8 : *Antigone*, Sophocle ; texte 9 : *Esthétique*, G.-W. Hegel ; texte 10 : « La tragédie, un moment clé de la démocratie », *Mythe et tragédie en Grèce ancienne*, J.-P. Vernant, P. Vidal-Naquet.

FICHE 10

LA LECTURE MODERNE DES MYTHES : DE L'ÉQUIVOQUE À L'INTERPRÉTATION

Contrastée, polémique, la lecture contemporaine des mythes reflète leur statut ambigu et paradoxal. Avant d'être redécouverts par les chercheurs comme objets d'étude, les récits mythiques étaient assimilés à l'héritage d'une sorte d'enfance du monde, propre à divertir les enfants grâce à des multiples réécritures, amputées de leur dimension monstrueuse. Les sciences humaines ont proposé de nouveaux outils d'interprétation.

1. Les données du problème

A ~ Une définition improbable

- Qu'est-ce qui distingue un mythe d'un conte ou d'une légende héroïco-fantastique ? Un étonnant paradoxe qui a traversé les siècles : nourris d'aventures merveilleuses et fantastiques totalement invraisemblables, les scénarios mythiques s'imposent comme des vérités. Aucun repère historique ne permet de fixer avec précision l'apparition de Thésée, d'Œdipe ou d'Héraclès. Pourtant ces héros, dont la dimension humaine l'emporte généralement sur le sceau divin qui les marque, sont, dès les récits homériques, acceptés sans discussion par la collectivité qui trouve dans leur expérience des normes de conduite admirables ou blâmables.
- La fable mythique est un lieu de passage entre la civilisation de l'oral et celle de l'écrit. Anonymes et parlés à l'origine, les mythes survivent dans la littérature. Si les conditions d'écriture de l'épopée homérique sont encore floues, les tragédies grecques puis les romans sont signés par un créateur qui s'approprie la part du mythe qui lui convient.
- De [ces] « histoire [s] simple [s] et frappante [s] d'où émerge « un nombre infini de situations analogues et de relations constantes », les sciences humaines ont cherché à retrouver le matériau originel, cette parole fondatrice, ce *muthos* préexistant au *logos* selon une tradition fortement enracinée qui fait du discours mythique une sorte d'embryon bâtard et folklorique du discours rationnel. Que signifient donc ces situations répétitives, ces mystères souvent monstrueux sacralisés et répétés depuis le fond des âges ?

B ~ Les divergences essentielles

- L'état actuel des travaux permet de distinguer dans l'interprétation du mythe deux familles de pensée nettement distinctes quoique schématiquement établies.

  L'une d'entre elles a surtout perçu le mythe comme un langage structuré selon un code très précis qui se place à la fois du côté de la langue, c'est-à-dire du système collectif et synchronique de signes auquel se réfère une communauté, et du côté de la parole, c'est-à-dire de l'expérience individuelle et originale qu'un sujet fait du langage.

- Une autre famille de pensée considère le mythe comme la forme privilégiée adoptée par diverses civilisations pour retrouver leurs origines, enfouies dans un passé sans histoire où l'homme était seul et nu dans son angoisse, face aux mystères de l'univers. Cette relation aux commencements de l'humanité expliquerait la récurrence du récit mythique.
- Le rapport du mythe à la vérité est cependant très complexe. Essayiste brillant et controversé, Roland Barthes dans *Mythologies* a repéré dans les formes contemporaines d'expression – publicité, presse, photos d'hebdomadaire – des traces de scénarios mythiques pour les assimiler aussitôt à des outils mensongers utilisés par la classe dominante pour imposer son modèle culturel.

2. Les premières interprétations du mythe

A ~ J. G. Frazer (1854-1941) et l'évolutionnisme

- Ce comparatiste anglais reprend l'image du *Rameau d'or* que l'Énée de Virgile doit cueillir pour accéder aux Enfers, comme repère d'un scénario mythique : dans diverses religions, un prêtre-roi n'accède à la fonction qu'après avoir découvert ce talisman et assassiné rituellement son prédécesseur. Frazer tire des conclusions transformistes de cette récurrence et interprète les mythes comme une étape « embryonnaire » de l'humanité vers la civilisation.

B ~ Bronislaw Malinowski (1884-1942) et le fonctionnalisme

- Alors que le travail de Frazer était documentaire, l'observation sur le terrain publiée en 1926 par Malinowski, après un séjour en Mélanésie, met en évidence que la présence vivante des mythes dans une société n'est pas corrélée à une infirmité ou à une incohérence de la pensée et que ces récits ne sont pas gratuits. Au contraire, ils assurent l'intégration sociale.
- Le mythe, selon lui, « exprime, rehausse et codifie les croyances ; sauvegarde les principes moraux et garantit l'efficacité des cérémonies rituelles ». La dimension sacrée subsiste même lorsque les croyances qui sous-tendaient le récit ont disparu. Le scénario n'est plus la surface d'un mystère à décrypter, mais un outil de régulation sociale adapté aux besoins d'une collectivité donnée.

3. L'interprétation structurale du mythe

- On sait que la psychanalyse a largement utilisé le mythe, dont le langage procède comme celui du rêve par la superposition organisée dans le récit d'un sens latent et d'un sens manifeste des événements. Mais les structures du langage mythique ont été établies par la linguistique, l'ethnologie et l'histoire.

A ~ Structure et diachronie chez Georges Dumézil (1898-1986)

- À la fois linguiste et historien des religions, Georges Dumézil part d'un repère antérieur à l'histoire datée, l'existence d'une civilisation indo-européenne attestée par une langue commune théoriquement reconstituée par les grammairiens, pour établir autour de cet axe temporel diachronique, c'est-à-dire vertical, l'observation de structures sociales horizontales, c'est-à-dire répandues dans des cultures que rien ne semblait devoir rapprocher. Il met ainsi en évidence, dans *Mythe et épopée* (1973), la permanence des structures mythiques dans un genre littéraire qui les rationalise progressivement.

- Le passage de l'oral à l'écrit, de la culture religieuse à la culture politique lui a permis de distinguer la récurrence, propre à la civilisation indo-européenne, d'une structure tripartite organisant la collectivité en trois castes qui se partagent les tâches à l'intérieur d'une hiérarchie placée sous le signe de la divinité. Dans la version romaine du modèle, il montre, par exemple, que la classe des prêtres-rois (sénateurs et magistrats) placée sous le signe de Jupiter communique avec les dieux et gère l'État ; celle des guerriers, placée sous le signe de Mars, défend la cité par les armes et en prolonge la gloire tandis que sous le signe de Quirinus, agriculteurs et paysans subviennent aux besoins matériels du groupe.
- Dans une perspective assez proche, Jean-Pierre Vernant, dans ses travaux sur *Mythe et société en Grèce ancienne* ou *Mythe et pensée chez les Grecs,* analyse les données du mythe non pas comme l'origine balbutiante de la pensée des Grecs mais comme un mode de fonctionnement structuré, correspondant à un état donné de la société grecque et de ses formes d'expression. Avec Pierre Vidal-Naquet il a, par ailleurs, montré comment l'individualisation des figures mythiques dans la tragédie au ve siècle correspondait à la prédominance de la démocratie comme modèle politique.

B ~ Claude Lévi-Strauss et le langage des mythes

- Contemporaine des précédentes, l'exploration du mythe par Claude Lévi-Strauss (né en 1908) est plus radicale sur le plan théorique. À l'intérieur d'une œuvre majeure de notre temps, l'*Anthropologie structurale* (1958) puis *Mythologiques* (1964) exploitent des récits oraux recueillis auprès de peuples sans écriture par l'initiateur de l'ethnologie moderne, pour en définir les structures langagières. Analysée en dehors de toute référence diachronique, la forme mythique est interprétée à partir de schèmes mis en évidence par les linguistes avec lesquels Lévi-Strauss a collaboré, comme Roman Jakobson. Dans le langage symbolique, l'ethnologue repère de façon systématique, pour y distinguer une combinatoire à la fois rhétorique et mathématique, les faits de similarité ou d'opposition organisés selon un code binaire. Il s'agit d'évacuer du langage mythique toute référence à la parole du sujet parlant pour saisir dans le système de combinaison et d'opposition binaire des récits mythiques les couples : ciel-terre ; homme-femme ; c'est-à-dire des différences observées dans la nature, mais aussi des écarts de comportement du type « nature-culture », « nous et les autres ».
- Le langage du mythe s'organise à partir de « mythèmes » c'est-à-dire d'unités signifiantes minimales : une phrase très courte, une relation prédicative. Dans le cas particulier du mythe d'Œdipe, les mythèmes peuvent s'organiser en quatre colonnes verticales qui feront apparaître, lues à l'horizontale, diverses combinaisons, et deux séries d'oppositions :
  - sous-estimation ou surestimation des relations de parenté par le sang : Œdipe tue son père, ses fils s'entretuent mais à l'opposé Œdipe épouse sa mère et Antigone enterre son frère malgré les interdits ;
  - enracinement dans la terre-négation de l'autochtonie (appartenance à la terre) : le pied enflé d'Œdipe dit sa difficulté à s'arracher à la terre, mais le meurtre d'un monstre nie cette autochtonie.
- Même si cette « mytho-logique » met entre parenthèses, selon un mot de Paul Ricœur, « la fonction signifiante du mythe en tant que récit des origines », la question fameuse posée par ce langage minimal – « Le même naît-il du même ou de l'autre ? » – se rattache à ce problème.

4. LE MYTHE, RÉCIT DES COMMENCEMENTS

A ~ « *In illo tempore* » : Mircea Eliade (1907-1986)

- Frappé par la richesse et la répétition des mythes cosmogoniques qui racontent, dans diverses cultures, la manière dont, du Chaos originel, a surgi une civilisation, ce chercheur roumain s'est attaché au sens des mythes. Qu'il s'agisse de la fondation du monde ou de l'apparition magique d'un héros, le rôle du mythe serait de répondre à un besoin de « sacré » en l'homme.
- Le récit mythique installe alors comme un repère paradigmatique, et évidemment tenu pour vrai par la collectivité, un commencement fabuleux auquel la chaîne des générations se rattache d'abord directement puis de façon moins consciente et plus dispersée par une sorte de « nostalgie des origines » qui fait resurgir régulièrement dans les sociétés ce qu'il appelle un comportement mythique.

B ~ René Girard et la crise sacrificielle

- Les travaux universitaires de René Girard (né en 1923) s'orientent également vers l'identification du mythe avec un récit des origines. Mais son hypothèse, formulée initialement à propos d'œuvres littéraires, privilégie une signification unique du mythe. Un événement précis, le meurtre réel et non pas symbolique d'un personnage qui concentre sur lui, comme bouc émissaire, toute la violence d'une société encore mal hiérarchisée et en proie au « désir mimétique » du même objet, source de rivalités, permet à la collectivité de réagir face à une catastrophe naturelle ou une épidémie.
- En se persuadant que la victime marquée de « signes victimaires » – comme Œdipe étranger, handicapé, devenu puissant par un riche mariage – est effectivement coupable, la société refoule son passé meurtrier derrière le récit et renonce à la violence, tandis que le bouc émissaire devient, à l'inverse, l'objet d'un culte. Chaque fois que la violence menace à nouveau le groupe, le rituel, cette fois-ci symbolique de l'événement meurtrier, est représenté pour en conserver la mémoire et rappeler les interdits à la communauté. Controversée, notamment à cause de prolongements inattendus dans le christianisme, cette approche combine dans une certaine mesure l'interprétation du mythe comme récit des origines avec le rôle d'intégration sociale déjà mis en évidence ailleurs.

À la fois disqualifiés par Platon comme pensée formatrice et brillamment utilisés par lui comme outil pédagogique, les mythes nourrissent l'imaginaire des sociétés contemporaines. Structure langagière inconsciente à travers laquelle la réalité parle dans l'homme plus qu'elle n'est parlée par lui, récit fondateur auquel se rattachent à des degrés divers toutes les civilisations, le récit mythique n'est pas un héritage secondaire ou gratuit de l'Antiquité, mais une culture vivante constamment revisitée.

Bibliographie

Dumézil, G., *Mythe et épopée*, Paris 1973, Gallimard.

Eliade, M., *Mythes, rêves et mystères*, Paris 1963, Gallimard.

Lévi-Strauss, C., *Anthropologie structurale*, Paris 1958, Plon.

Vernant, J.-P., *Mythe et pensée chez les Grecs*, Paris 1965, Maspero-La Découverte.

▶ Voir Partie I - texte 11 : « Préface à Ernest Jones », *Hamlet et Œdipe*, J. Starobinski.

FICHE 11

L'IDÉE DE RENAISSANCE

1. CONTINUITÉS

A ~ La persistance du modèle

- Malgré la dislocation de l'Empire romain, processus déjà engagé bien avant la date symbolique de la chute de Rome, l'idée de l'unité du monde occidental reste présente : unité politique, culturelle et religieuse. La résurgence la plus significative de cette référence à l'unité politique est bien entendu la restauration de l'Empire d'Occident en 800 au bénéfice du roi des Francs, Charlemagne, dont la figure restera présente dans l'imaginaire occidental durant tout le Moyen Âge.
- La forme la plus vivante de cette unité reste cependant l'Église romaine. Le titre de souverain pontife que l'on attribue au pape perpétue le *Pontifex Maximus*, chef de la religion romaine, fonction que se feront attribuer tous les empereurs depuis Auguste. Ni les nombreuses hérésies que connaîtra le Moyen Âge, ni le schisme d'Orient (1054) ne rompront ce sentiment d'une unité. On comprend alors l'importance symbolique de la Réforme religieuse du XVIe siècle, qui consacrera définitivement l'éclatement de l'unité du christianisme occidental.
- L'unité culturelle reste également vivante. Le latin est la langue commune, même si son usage se restreint de plus en plus à l'administration et à l'Église. Mais les grands textes de l'Antiquité continuent d'être connus, les textes latins du moins ; car bientôt les textes des philosophes et des poètes grecs ne seront plus connus qu'indirectement.

B ~ Le modèle typologique

- De façon récurrente, on voit apparaître au Moyen Âge cette volonté de réaffirmer la **continuité** entre les Temps modernes et l'Antiquité. Ce que l'on appelé la Renaissance carolingienne ou la Renaissance du XIIe siècle manifeste la persistance du modèle et d'une exigence de recréer la grandeur passée de l'Empire romain.
- On peut dire que les gens du Moyen Âge ont gardé le sentiment d'une continuité entre le monde dans lequel ils vivaient et le monde antique, continuité qu'il convenait périodiquement de ranimer.
- Le modèle « typologique », par opposition au modèle « cyclique », exprime l'idée que le nouveau assume et dépasse l'ancien, ce qui est tout à fait différent de l'esprit de restauration qui sera celui du XVe siècle. Cela est parfaitement exprimé dans l'image, souvent répétée, employée par le grammairien et philosophe du XIIe siècle Bernard de Chartres : « Nous sommes des nains juchés sur les épaules de géants; nous voyons plus qu'eux et plus loin; non que notre regard soit perçant, ni élevée notre taille, mais nous sommes élevés, exhaussés par leur stature gigantesque. »

2. RUPTURES

A ~ La Renaissance humaniste

- À la fin du Moyen Âge, au contraire, s'impose l'idée d'une **discontinuité**. Il y a entre les temps antiques et l'époque contemporaine une période intermédiaire, *media aetas*, qui empêche d'entretenir avec l'héritage de l'Antiquité une relation directe. Peu à peu se forme l'image d'une période de dégénérescence et de décadence qui affecte la culture, la langue, la connaissance, et enfin la religion.
- Les humanistes se proposent de redécouvrir un héritage qui, bien loin d'avoir été conservé et mis à profit, a été perdu. Il faut donc, dans tous les domaines, revenir aux sources, aussi bien en ce qui concerne la langue – en opposant la langue classique au latin abâtardi de l'Église et de l'Université –, que la culture – en éditant les textes des auteurs anciens et surtout des auteurs grecs, que personne ne pouvait plus lire –, que la connaissance scientifique – en revenant aux textes des médecins et des savants antique – et, enfin, que la religion – en retrouvant le christianisme originel, dont le message a été dénaturé.
- Mais cette entreprise de restauration et d'imitation met définitivement l'Antiquité « à distance » ; le mode antique devient un **monde perdu**, dont les humanistes cultivent la nostalgie, en même temps qu'ils mettent en place une modernité.

B ~ L'idée de progrès

- Au cours du XVIIe siècle, cette rupture s'établit sur de nouvelles bases. Le point essentiel est le **développement des connaissances scientifiques**. Selon le mot de Descartes « le monde est en effet plus vieux maintenant qu'alors, et nous avons une plus grande expérience des choses ». Cette « expérience des choses » traduit bien la vision scientifique du monde, fondée sur la raison, qui récuse l'argument d'autorité et retire au monde antique tout caractère d'exemplarité.
- Cette rupture devient manifeste lors de la « Querelle des Anciens et des Modernes », qui oppose, à la fin du siècle, les tenants de l'imitation d'une époque estimée indépassable aux avocats d'une modernité, qui non seulement égale l'Antiquité mais propose un savoir, une civilisation, un système de valeurs supérieurs. Cette émergence de l'idée de progrès annonce l'esprit des Lumières.
- L'évolution des conceptions esthétiques n'est pas moins importante. On voit apparaître en effet la notion d'un « beau relatif ». « Nous envisageons la nature, écrit, en 1685, le poète Saint-Évremond, autrement que les Anciens l'ont regardée ». Cette différence du « regard » porté sur le monde interdit toute idée de **répétition** et donc d'**exemplarité**.
- À la notion de perfection, se substitue l'idée de perfectibilité. Une époque ne se juge pas par rapport au passé, elle se jugera à l'avenir, dans l'image qu'auront d'elle des sociétés plus avancées.

Bibliographie

Jauss, H. R., *Pour une esthétique de la réception*, Paris 1978, Gallimard, Coll. Bibliothèque des idées.

PARTIE II

LES APPORTS DU JUDAÏSME, DU CHRISTIANISME ET DE L'ISLAM

MOÏSE SEUL

Figure commune aux trois monothéismes, Moïse est l'intermédiaire entre Dieu et les hommes. La statue de Michel-Ange exprime avec puissance l'expérience unique de celui que Dieu a choisi et qui a imposé à un peuple rétif la loi réglant les rapports des hommes entre eux et avec le Dieu unique.

Moïse seul, *par Michel-Ange, Rome.*

FICHE 12

LES TROIS MONOTHÉISMES

Le monothéisme a pris forme dans les grandes religions que sont le judaïsme, le christianisme et l'islam. Il en est des traces antérieures, notamment avec la réforme religieuse égyptienne d'Akhenaton (XIVe siècle av. J.-C.) ; et la réflexion philosophique sur le divin conduit le platonisme et le stoïcisme vers un certain monothéisme, qui favorisera l'hellénisation du christianisme.

1. L'AFFIRMATION MONOTHÉISTE

Le polythéisme reconnaît plusieurs dieux, mais à la différence de l'animisme, les distingue des forces naturelles. Les monothéismes naissent dans un climat polythéiste, contre lequel ils réagissent.

A ~ Dans le judaïsme

- Le monothéisme juif s'est construit en deux temps. C'est d'abord l'affirmation identitaire d'un dieu des pères (Abraham, Isaac, Jacob), qui est aussi le Dieu du peuple, qu'il a libéré d'Égypte. Ce Dieu qui intervient dans l'histoire d'Israël et lui promet une terre réclame un culte exclusif. Il guide son peuple au désert, exige de lui qu'il ne fasse pas d'image taillée, et qu'il évite toute contamination avec les Baal de Canaan et les autres dieux étrangers.
- Ce Dieu puissant et victorieux, qu'on ne peut nommer que Seigneur, en évitant son nom sacré, Jéhovah ou Yahvé, est le seul vrai Dieu. Cette évidence s'impose peu à peu. Sous David (roi en 800 av. J.-C.), le royaume d'Israël rassemble et transcrit ses traditions religieuses. L'événement essentiel, la libération d'Égypte, renvoie aux récits des ancêtres, ou patriarches (liés à des cultes locaux), et à l'idée d'une origine du monde : si le Seigneur est le seul Dieu, il a créé non seulement le peuple qu'il a élu, Israël, mais la terre entière. Les récits de création ouvrent désormais le texte biblique.

B ~ Dans l'islam

- Le destin misérable des peuples tient à l'oubli de l'intuition d'un Dieu unique, à qui l'on doit soumission et qui fait des hommes des êtres responsables devant Lui. La transcendance de Dieu est absolue ; elle n'est respectée ni dans la multiplicité des dieux du paganisme, ni dans l'impiété de l'affirmation chrétienne d'un Dieu incarné. L'humanité n'a de salut que par la restauration du culte du Dieu unique, qui refuse toutes les représentations de Dieu et même de l'homme – car celles-ci conduisent à l'idolâtrie. Dieu s'est manifesté à Muhammad pour rétablir cette voie.

C ~ Spécificité et paradoxe chrétiens

- Issu du judaïsme, le christianisme reçoit le monothéisme comme une évidence, sans souci particulier de le défendre. Mais sa logique interne l'amène à le réinterpréter (voir Partie II - fiche 16). Le christianisme veut affirmer une transcendance présente à l'histoire du monde par l'existence d'un Sauveur, le Christ, qui est à la fois réellement Dieu et réellement homme. Il désacralise ainsi l'idée de Dieu, atténue la distinction entre profane et sacré. Mais il lui faut pour cela concevoir un Dieu unique et pourtant trinitaire, qui prend chair dans l'histoire et transmet son Esprit-Saint. Reprenant l'intuition juive d'un Dieu libérateur de l'homme et l'universalisant, il se trouve affronté aux paradoxes d'une transcendance à visage humain, d'une humanité de Dieu. Il ne maintiendra d'ailleurs pas l'interdit des représentations du divin.

2. Des religions révélées

Ces monothéismes se présentent comme des religions enseignées aux hommes par Dieu lui-même, à la différence d'idées de Dieu qui seraient atteintes par la réflexion humaine (théologies naturelles). Ils affirment cependant que l'homme peut reconnaître par sa raison l'existence de Dieu ; mais seule une révélation divine fait savoir qui est Dieu et quel est le culte qu'il attend de l'homme.

A ~ Abraham et Moïse : L'élection et la Torah

- Le judaïsme est religion de l'élection. Dieu choisit un homme, Abraham, dont naîtra un peuple, choisi pour être son peuple, parmi les nations. Lorsque tout semble perdu et que le peuple est réduit en esclavage, le choix de Moïse (voir Partie II - fiche 13) manifeste la fidélité de Dieu à sa promesse. Alors est conclue l'Alliance avec le peuple, qui s'engage à la loi de sainteté, la Torah, comportant notamment les Dix Commandements (voir Partie II - texte 14). Israël doit maintenir la pureté de son élection par les observances et les fêtes, et veiller à se garder de la contamination des nations.

- Après la chute politique du royaume d'Israël (587 av. J.-C. pour Juda, le royaume du Sud) et l'exil (déportation à Babylone), la réflexion sur la promesse faite à Israël et sur le salut des nations se fait plus pressante. Les textes prophétiques invitent à une compréhension de l'alliance moins légaliste, morale et spirituelle ; ils prennent aussi appui sur la fidélité de Dieu pour annoncer un salut radical, un règne de Dieu définitif, qu'instaurera une mystérieuse figure messianique. Ces thèmes eschatologiques (avènement d'une fin de l'histoire) et apocalyptiques (visions de fin du monde) sont très actifs dans le judaïsme du Ier siècle. Après la chute de Jérusalem, et la destruction du Temple par les Romains (70 apr. J.-C.), l'étude rabbinique des textes bibliques réinterprète les traditions juives et donne naissance aux traditions du Talmud.

B ~ Le logos de la croix

- Le christianisme ne perçoit pas d'emblée sa propre nouveauté. Il émerge comme l'un des courants juifs du premier siècle, vivant dans l'attente de la venue imminente d'un Messie. Mais sa proclamation que Jésus est le Messie attendu, et que la personne même de Jésus est la réalisation du règne de Dieu se heurte au rejet des Juifs. Trois éléments sont ici décisifs.

- La prédication de Jésus rencontre un succès populaire. C'est une annonce de miséricorde, qui n'exclut ni les païens ni les pécheurs, mais appelle à une conversion. Cette proclamation d'espérance choque les tenants de principes religieux rigides.
- « Celui que vous avez condamné, Dieu l'a ressuscité, nous en sommes témoins », proclame Paul : l'échec de Jésus et son exécution par les autorités religieuses (juives) et politiques (romaines) n'entraîne pas l'extinction de son message. Non seulement ses disciples affirment qu'il est vivant, mais l'instrument du supplice, la croix, devient le signe paradoxal de la réalisation du salut et de la sollicitude privilégiée de Dieu pour tout homme, même le plus abandonné.

■ L'un des convertis du judaïsme, Paul, prend l'initiative de prêcher le Christ aux païens, c'est-à-dire aux « grecs » et à l'ensemble des citoyens romains, sans leur imposer les usages juifs. Après quelques controverses, l'universalité du message chrétien est pleinement affirmée, et la prédication se répand rapidement dans le monde romain.

C ~ Mahomet

■ Mahomet, ou Muhammad, prophète de l'islam et envoyé d'Allah, fut aussi un rebelle, puis un chef d'État et un grand capitaine. Sa pratique inscrit l'islam au cœur du politique dès sa constitution.

■ Muhammad passe sa jeunesse à faire paître des moutons, puis devient caravanier au service d'une riche veuve, Khadija, qui l'épouse. Vers 612, pendant la nuit du 26 au 27 du mois de Ramadan (ou « nuit du destin ») une apparition lui ordonne : « Prêche, au nom du Seigneur ! » Le thème dominant de cette prédication est le châtiment que vaudront aux Arabes leur idolâtrie, leur éloignement du nom du Seigneur (Allah = le Dieu). Devant l'hostilité des puissants, Muhammad et son petit groupe de partisans quittent la Mecque et se réfugient à Médine (622, an zéro de l'hégire – *hijra* – qui signifie fuite, émigration). Les partisans de Muhammad se font plus nombreux et en 630, une expédition victorieuse s'empare de la Mecque, dont Muhammad détruit les idoles. Il est inspiré par la Révélation divine qui « descend » sur lui par l'intermédiaire de l'ange Gabriel ; le Coran, qui ne sera codifié sous forme écrite qu'à une date plus tardive, constitue la somme de cette révélation, étroitement liée aux nécessités pratiques de l'action du prophète, ce qui favorisera l'usage juridique ultérieur du Livre.

3. Des religions du Livre

Ces religions se réfèrent à un texte sacré, Bible ou Coran. Notons que le Coran n'ignore pas l'histoire biblique et la reprend à sa façon. Les trois monothéismes se réfèrent donc au même Dieu, qui a livré aux hommes sa parole.

A ~ La Bible et le Talmud

■ Nous l'avons vu, les traditions bibliques se sont rassemblées peu à peu, puis enrichies pendant l'exil et après le retour d'exil. Traditionnellement, la Bible comprend :

La **Torah**, composée des cinq livres du Pentateuque, ou loi fondamentale : la Genèse rapporte le récit de la création et de la chute, ainsi que les traditions patriarcales ; l'Exode est le récit de la libération d'Égypte. Le Lévitique et les

Nombres détaillent les exigences de la Loi mosaïque. Plus tardif, le Deutéronome est une reprise réfléchie des exigences de la Loi.

Les livres historiques rassemblent les traditions relatives à la conquête de Canaan et à la royauté : livres de Josué, des Juges, de Samuel et des Rois.

Enfin, les **autres écrits** rassemblent des traditions prophétiques, des prières (Psaumes), et des textes de sagesse.

- La tradition juive n'a cessé de relire et de commenter ses Écritures, dont les rabbins sont les spécialistes. La *halakha* correspond à la réflexion juridique sur la Torah, les *midrash* sont de libres commentaires au fil du texte, la *Mishna* se présente comme un code écrit qui rassemble les enseignements de la Torah orale, compilée au début du IIIe siècle par Akiba et Juda. Le **Talmud**, ou enseignement, se présente comme un commentaire de la *Mishna*, visant à fournir les règles à suivre sur tous les points de la vie religieuse et civile. Le Talmud de Palestine, issu des travaux de Jochanan ben Nappacha, est achevé au IVe siècle ; celui de Babylone, beaucoup plus étendu, qui devint le livre fondamental du judaïsme après la Bible, fut rédigé par Rab Ashi et ses successeurs aux IVe et Ve siècles.

B ~ Ancien et Nouveau Testament

- Le christianisme reprend la Bible juive, en la réinterprétant christologiquement : les traditions messianiques juives annonçaient prophétiquement le Christ. Le christianisme y ajoute ses propres Écritures, le Nouveau Testament ou Nouvelle Alliance : lettres de Paul et d'autres apôtres aux communautés chrétiennes, traditions évangéliques sur la prédication et la passion de Jésus, récit portant sur les premières Eglises chrétiennes, Apocalypse. Le lien entre Écritures juives et textes chrétiens reste fondamental, comme en témoignent les nombreuses citations de l'Ancien Testament.

C ~ Le Coran

- Aux versets bibliques répondent les **sourates** du Coran, constitué lui aussi autour d'une « histoire sainte » abrahamique. Par rapport à la diversité des genres littéraires bibliques, le Coran semble beaucoup plus homogène. Il relève d'une même époque et se présente comme le livre des révélations de Dieu faites au prophète. Manuel pratique de la juste attitude à avoir devant Dieu, le Coran subordonne les récits et les traditions du passé à l'exhortation morale et religieuse. Le comportement à adopter envers les mécréants tient une place importante. La **sunna** est le recueil des Traditions du Prophète, composées de **hadith** qui viennent éclairer les exigences touchant les comportements quotidiens.

4. L'APPARTENANCE RELIGIEUSE ET LE CULTE

A ~ Le judaïsme est la religion d'un peuple

- On en est membre par sa naissance ; l'appartenance religieuse est signifiée par la circoncision, ratifiée par le rituel d'initiation de la bar-mitzva. Jusqu'en 70, le Temple est le lieu du culte, avec sacrifices d'animaux. Mais déjà le culte synagogal, centré sur la lecture et l'explication de la Torah, s'est répandu dans toute la Diaspora (juifs dispersés dans l'empire romain). L'essentiel reste la célébration familiale de la Pâque juive, rappel de la sortie d'Égypte, ainsi que le jeûne d'expiation du Kippour.

B ~ L'universalité du christianisme

■ Cette universalité amène la suppression de la circoncision au profit de deux pratiques sacramentelles fondamentales : le baptême, rite de conversion conçu comme ensevelissement dans la mort du Christ et résurrection avec lui (le baptême des enfants n'est pas pratiqué dans les premiers siècles) ; l'Eucharistie, partage du pain et du vin en mémorial de la passion du Christ, lieu fondateur de la communauté ecclésiale. Confession des péchés et mariage deviendront des rituels sacramentels au cours du Moyen Âge. La pratique du jeûne est fréquente lors des premiers siècles, développée par les monastères, rigoureuse pour le carême jusqu'au XIXe siècle.

C ~ Les cinq piliers de l'islam

■ Ils constituent les obligations fondamentales du croyant.

– **La confession de foi** ou *chahada* : « Il n'y a pas d'autre Dieu qu'Allah, et Mahomet est son envoyé » ; elle est essentielle pour comprendre les représentations islamiques de l'humanité : l'islam, ou Soumission à Dieu se définit d'abord contre tout polythéisme, puis affirme l'identité de son monothéisme. La communauté des Croyants (l'*Oumma*) est confrontée dans son prosélytisme à deux catégories de personnes : les païens ou idolâtres, et les « gens du Livre », chrétiens et juifs, qui peuvent conserver leur foi mais non la répandre.

– **La prière** (*salat*, précédée des ablutions rituelles) comporte les cinq prières quotidiennes, et la prière communautaire du vendredi midi. La mosquée est un lieu de prière et d'enseignement, où les musulmans se rassemblent le vendredi, sous la direction de l'**imam**, qui commente l'état de la communauté et du monde.

– **Le jeûne du mois de Ramadan** : interdiction de toute nourriture ou boisson, ainsi que des relations sexuelles, du lever au coucher du jour ; vie sociale importante et animée le soir, et pour la fête de fin de Ramadan (*'id al saghir*), ce qui contribue à un fort sentiment d'appartenance.

– **Le pèlerinage à La Mecque** (*hadj*) une fois dans sa vie.

– **L'aumône** légale ou **zakât**.

■ Ces piliers, entendus en un sens littéral mais aussi symbolique, établissent donc les critères premiers de définition de l'identité islamique. Pour certains musulmans, le *jihad*, ou « effort » que chaque musulman doit faire pour propager l'Islam (et pas seulement « guerre sainte » : c'est d'abord d'une lutte avec soi-même qu'il s'agit), est une obligation si forte qu'elle équivaut presque à un sixième pilier.

5. Ministres du culte et pouvoir religieux

A ~ Des prêtres aux rabbins

■ Dans le judaïsme ancien, la tribu de Lévi exerce le pouvoir sacerdotal et dirige le culte du Temple, tandis que les rabbins sont les spécialistes de la Torah. La disparition du Temple supprime le culte centralisé ; la communauté juive se rassemble autour des rabbins, qui mettent leur savoir au service des communautés mais dépendent de celles-ci.

B ~ Le ministère sacerdotal et la question de la suprématie romaine

- Dans le christianisme, les apôtres choisis par Jésus pour l'accompagner dans sa mission sont à l'origine du « ministère apostolique » des évêques, en partie partagé avec l'ensemble des prêtres. Garant de la communion entre les Églises locales, ce ministère ne dépend pas des communautés mais de l'ordination et de la cooptation par les autres évêques, puis, en catholicisme, de la nomination par le pape. En effet, dès le tournant constantinien de 313, s'affirme la primauté de l'épiscopat romain. Mais l'Orient orthodoxe rompt avec Rome en 1054.

C ~ Sunnites et chiites

- L'islam se répartit entre plusieurs « familles d'esprit » depuis qu'à la bataille de Siffin (an 37 de l'hégire, 658 de notre calendrier), moins de trente ans après la mort du Prophète, les musulmans se dressèrent les uns contre les autres. Un arbitrage est rendu en faveur de Moâwiyya, gouverneur de Syrie, et accepté par son opposant Ali – mais certains refusent l'arbitrage. Les **sunnites**, branche la plus nombreuse de l'islam, ne comportant pas de clergé, sont les descendants spirituels de ceux qui acceptèrent l'arbitrage : on doit obéissance à tout calife institué dès lors qu'il n'ordonne rien contre l'islam ; la liberté des rapports entre le croyant et son Dieu donne lieu à de multiples écoles d'interprétation et de jurisprudence.
- **Kharidjites** (les opposants à l'arbitrage) et **chiites** représentent environ douze pour cent du monde musulman. Dès le début, les chiites soutiennent que les successeurs du Prophète doivent être choisis dans sa propre famille. La communauté chiite est attachée au culte des imams, descendants directs d'Ali, guides « infaillibles et impeccables ». L'imam chiite reçoit une émanation mystérieuse et bénéficie d'un prestige qui n'a rien de commun avec la simple fonction de l'imam sunnite dirigeant la prière et placé devant la communauté. Comprenant dix pour cent des musulmans, l'islam chiite est lui-même fragmenté en groupes multiples.
- Dans les trois monothéismes, la relation à Dieu se double d'une organisation des rapports entre les hommes. C'est pourquoi ils posent la question des liens entre monothéisme et autorité, et plus particulièrement celle des rapports entre pouvoir spirituel et pouvoir politique. Les grandes religions ont aussi en commun d'organiser les rites d'initiation et d'intégration dans la communauté, de contribuer à gérer la culpabilité (individuelle et collective), de répondre à la crainte de la mort et d'assurer une part importante de la formation morale.

Bibliographie

Collectif, *Dictionnaire culturel de la Bible*, Paris 1992, Nathan.
Collectif, *Dictionnaire culturel du christianisme*, Paris 1994, Le Cerf/Nathan.
Collectif, *La Religion au lycée. Conférences au lycée Buffon*, Paris 1990, Le Cerf.
Jomier, J., *Les Grands Thèmes du Coran*, Paris 1978, Le Centurion.
Bottéra J., *Naissance de Dieu. La Bible et l'histoire*, Paris 1992, Gallimard, Coll. Folio Histoire .

▶ Voir Partie II - texte 12 : « La création et la chute », « Les débuts de l'humanité », La Genèse, *1-3* ; texte 13 : « Croyants et incrédules », Le Coran, *Sourate III* ; texte 14 : « Les deux versions du Décalogue », La Bible ; texte 19 : « Les convictions du christianisme paulinien », *Première Épître aux Corinthiens, Épître aux Romains*, saint Paul.

FICHE 13

MOÏSE

Libérateur, législateur et fondateur de la nation d'Israël, Moïse est reconnu par les trois monothéismes comme un intermédiaire entre Dieu et les hommes. La tradition lui attribue la rédaction des cinq premiers livres de l'Ancien Testament, le Pentateuque (Genèse, Exode, Lévitique, Nombres, Deutéronome).

1. Les récits bibliques

A ~ La question de l'historicité

- Moïse apparaît au second livre de l'Ancien Testament, l'Exode. Schématiquement, le premier livre, la Genèse, se compose de deux parties : les récits de la création, depuis le jardin d'Éden jusqu'au Déluge et à la tour de Babel, texte qui finit par la dispersion de l'humanité « sur toute la surface de la terre » (Genèse, 11,9) ; la seconde partie est consacrée à l'histoire des patriarches, Abraham, Isaac et Jacob, jusqu'au départ du peuple juif pour l'Égypte.
- Moïse n'est connu que par la tradition biblique, et aucun témoignage extérieur ne peut attester que les événements rapportés dans l'Exode appartiennent au mythe ou à l'histoire.
- La question de l'historicité de Moïse jouera d'autre part, dès le début du christianisme, un rôle important. En effet, les premiers Pères de l'Église s'appuyèrent sur l'antiquité de Moïse pour affirmer l'antériorité des récits bibliques et de la Loi mosaïque sur les mythologies et les philosophies païennes.

B ~ Moïse en Égypte

- Installés en Égypte, les Hébreux devinrent si nombreux et puissants que Pharaon décida de les soumettre à des travaux serviles, puis de tuer tous les fils qui leur naîtraient. La mère de Moïse le cacha dans une corbeille et le déposa près du Nil, où il fut recueilli par la fille de Pharaon, qui l'éleva comme son fils.
- Devenu adulte, il tua un Égyptien qu'il avait vu battre un Hébreu, et dut s'enfuir. Après plusieurs années d'exil, alors qu'il faisait paître ses moutons, près de l'Horeb (le Sinaï), il vit un buisson qui brûlait sans se consumer. Dieu l'appela du milieu de ce « buisson ardent », et lui ordonna de retourner en Égypte pour libérer le peuple d'Israël.

C ~ L'Exode

- Moïse fit s'abattre sur l'Égypte les « 10 plaies ». Pharaon se résigna au départ des Hébreux, puis se ravisa. La mer Rouge, ouverte devant Moïse, se referma engloutissant l'armée égyptienne. La fête de Pâque commémore ce « passage ».
- Le peuple d'Israël erra pendant quarante années dans le désert, nourri par la manne, qui tombait du ciel. Au mont Sinaï, Moïse reçut les Tables de la Loi, sur lesquelles étaient gravés les dix commandements, le Décalogue.

- Lorsque les Hébreux parvinrent à la Terre promise, « où coulent le lait et le miel », Moïse ne put les accompagner. Il mourut sur le mont Nébo, et c'est Josué qui conduisit les Hébreux à la conquête des villes de Palestine.

2. L'ENTRÉE DANS L'HISTOIRE

A ~ Le libérateur

- Moïse est d'abord celui à qui Dieu a révélé son nom : « Je suis Yahvé. Je me suis manifesté à Abraham, à Isaac et à Jacob... mais je ne me suis pas manifesté à eux sous mon nom de Yahvé » (Exode 6,2-3). Le nom de Yahvé est sans doute une forme archaïque du verbe *être* ; opposant ainsi son existence plénière au néant des autres dieux, Dieu se révèle comme Être et il ne saurait recevoir d'autre nom.
- Cette révélation est aussi une **délivrance**, délivrance certes de la main de Pharaon, mais aussi délivrance morale. Autant que Pharaon, Moïse aura à convaincre et à soumettre un peuple qui résiste à la volonté divine ; ce motif du « **peuple rétif** » revient de façon insistante dans tout le récit de l'Exode.

B ~ Le législateur

- La Loi affirme l'**unicité** de Dieu et interdit l'idolâtrie, aussi bien l'adoration des autres dieux que toute représentation par des images. Elle couvre l'ensemble de la vie religieuse et sociale, fixant des contraintes minutieusement décrites.
- La Loi fonde également la loi morale : « Tu aimeras ton prochain comme toi-même » (Lév., 19, 18). Mais c'est dans le Nouveau Testament que ce « second commandement » sera présenté par le Christ comme « semblable au premier » (Mat., 22, 12).

  Cette Loi n'est pas une loi humaine, ni même une loi d'inspiration divine. Dictée par Dieu lui-même, elle est **incontestable**, et non révisable.

C ~ Le fondateur de la nation

- Si Abraham est l'ancêtre commun, que Dieu établit au pays de Canaan, Moïse représente une autre figure, non point le père par le sang, mais le **fondateur par la Loi**. Avec lui se renouvelle l'Alliance de Yahvé.
- Après Moïse, le peuple d'Israël cesse d'être un peuple nomade. Doté d'une loi écrite, il s'établit sur une terre et occupe des villes. Nous sortons du temps mythique des origines pour entrer dans le temps de l'histoire.

Bibliographie

La Sainte Bible, Paris 1955, Éditions du Cerf. Trad. en français sous la direction de l'École biblique de Jérusalem.

▶ Voir Partie I - texte 14 : « Les deux versions du Décalogue », La Bible, Le Décalogue, Exode, 20, 2.7 ; Deutéronome, 5, 6. 21.

FICHE 14

L'APPORT DE L'ISLAM MÉDIÉVAL

L'Islam médiéval lança, à partir du IXe siècle et jusqu'au XIe, un programme de traductions de textes antiques en arabe et développa ainsi une école de pensée universelle, abordant l'ensemble des sciences gréco-romaines et indo-iraniennes connues, au service de la nouvelle religion.

Après Bagdad, plusieurs cours princières provinciales permirent, tour à tour, une animation intellectuelle très avancée, à travers le vaste domaine musulman, grâce à un réseau constant de relations entre intellectuels, se retrouvant surtout dans la capitale irakienne.

Seule une part de cette vaste élaboration constitua un bagage dont les chrétiens occidentaux voulurent se servir. Les savants chrétiens de Sicile, et surtout ceux de la Péninsule ibérique, firent traduire à partir du XIIe siècle les auteurs et les œuvres utilisables, à leurs yeux, dans le cadre de leur société, ou susceptibles de faire progresser la pensée chrétienne.

Ce filtrage, parfois rigoureux, n'excluait pas chez certains la pure curiosité scientifique.

1. LES ÉTAPES ET LES LIEUX DE TRANSMISSION DE LA PENSÉE DES PAYS MUSULMANS À L'OCCIDENT

A ~ Les premiers contacts

- Après la période de conquête arabe (632-750), malgré l'opposition religieuse fondamentale et l'état de guerre permanent entre chrétiens et musulmans, les contacts, autres que militaires, ont toujours existé : de 967 à 970, Gerbert d'Aurillac, pape sous le nom de Sylvestre II (999-1003), séjourna en Catalogne et plus spécialement à l'abbaye de Ripoll où il trouva des ouvrages provenant du monde arabe. Il en ramena des notions nouvelles sur les « chiffres arabes » et l'astrologie, science à part entière au Moyen Âge, ainsi que l'astrolabe.
- Gerbert d'Aurillac, ayant évolué dans un contexte culturel plus favorable que dans sa patrie, est le prototype de ces brillants esprits ressentant le besoin d'étudier les sciences. De même, on constate l'imperméabilité constante des régions limitrophes comme la Catalogne, dont les habitants, dans les monastères surtout, rassemblaient le plus possible de données. La conquête de la Sicile par les Arabes au IXe siècle favorisa l'essor d'un autre foyer de contacts qui perdura jusqu'au XIIIe siècle. À Salerne d'abord, d'anciens captifs comme le juif Shabbetaï Abraham ibn Joël (913-982), ou des savants originaires du monde musulman, convertis et émigrés, comme Constantin d'Afrique qui mourut sous l'habit monastique au Mont-Cassin en 1087, permirent la diffusion des traditions de la brillante école de médecine arabe. Plus tard, la reconquête de la Sicile par les Normands à la fin du XIe siècle et l'éclectisme intellectuel de l'empereur

Frédéric II (1202-1250), grand intellectuel, plus savant en arabe qu'en allemand, devaient perpétuer la tradition sicilienne de carrefour culturel de la Méditerranée, entre l'Occident chrétien, Byzance et l'Islam.

B ~ Les écoles de traduction

- Le XIIe siècle fut l'époque des traducteurs. Tolède, ancienne capitale de l'Espagne wisigothe, grand foyer intellectuel et artistique musulman au XIe siècle et première grande cité musulmane reconquise par les chrétiens de la Péninsule en 1085, devint le centre principal de transmission et de traduction des manuscrits arabes. L'œuvre fut le fait de personnages venus spécialement à cette fin, comme l'Anglais Albert de Chester, traducteur en 1145 du célèbre ouvrage du mathématicien oriental al-Khwarizmî (mort en 845), *al-Mukhtasar fî hisâb al-jabr* (algèbre) *wa l-muqâbala*, retraduit par le très doué Gérard de Crémone, sous le titre *Liber Algebrae et almucabala*. Le Lombard, arrivé à Tolède également vers le milieu du XIIe siècle, aidé de mozarabes (chrétiens sous gouvernement musulman) et surtout de juifs, lui-même excellent arabisant, est crédité de soixante et onze traductions. Il fut, dans le cadre d'un effort collectif évoqué sous le nom d'École de Tolède – institutionnalisée par Alphonse X, roi de Castille (1252-1284) –, le plus ardent défenseur de la diffusion la plus large du savoir arabe, ce que certains clercs lui reprochèrent.
- L'essentiel de l'influence arabe finit de passer en Occident au XIIIe siècle, sous la férule des souverains Fédéric II à Palerme, Alphonse X en Espagne. Le premier fut secondé, en particulier, par l'Écossais Michel Scot, qui passa quelque temps à Tolède avant de gagner l'Italie en 1220. Il transmit à l'empereur du Saint Empire, la traduction du corpus zoologique d'Aristote, base de l'ouvrage essentiel de Frédéric, son *Traité de fauconnerie*.
- Par la suite, le déclin intellectuel de l'Islam, l'autonomie et l'avance prises par l'Occident et la richesse des apports byzantins, firent disparaître et l'envie et la nécessité de puiser à la source arabe.

2. Ce que l'Occident chrétien a voulu prendre à la science arabe

A ~ L'utilité de l'Islam

- À titre d'exemple, Pierre le Vénérable, abbé de Cluny, fit traduire en 1145 le Coran par Hermann de Carinthie, Albert de Chester, le mozarabe Pierre de Tolède et le musulman Muhammad, afin de mieux connaître et réfuter les dogmes de l'islam.
- Toutefois, la démarche pouvait avoir une ampleur intellectuelle plus grande. Tandis que Gérard de Crémone entendait réunir sous le terme de « philosophie » tous les domaines possibles du savoir arabe accessible, un autre traducteur contemporain, Domingo Gonzalvez, s'inspirant de l'*Énumération des sciences* d'al-Fârâbî (mort en 950) et des idées d'Avicenne rénovait, dans son ouvrage intitulé *De la division de la philosophie*, la division antique des sciences (*trivium, quadrivium*), en y introduisant la médecine et les concepts du raisonnement aristotélicien. L'œuvre de traduction se doublait d'une intense réflexion qui marqua directement ou indirectement le renouveau intellectuel de l'Occident.

B ~ Des penseurs universels

- Le travail de transmission de la part des auteurs arabes, traducteurs d'œuvres antiques perdues par les Occidentaux, est loin d'être négligeable, même si de nombreux monastères en Europe et les Byzantins procurèrent une somme d'ouvrages au moins aussi importante. De même, l'Islam fut, par l'entremise de Bagdad et l'effort des califes abbasides, le premier relais intense du bagage intellectuel oriental, indien surtout, vers le monde méditerranéen. La prise en compte du savoir algébrique indien par al-Khwarizmî, ou des acquis iraniens et/ou indiens dans le domaine de la médecine, transmis en particulier par l'œuvre encyclopédique – *Almansor* – de l'oriental Rhazes (mort en 925), « le meilleur des médecins arabes » selon ses condisciples, en sont les exemples les plus marquants. Par ailleurs, ces traductions furent l'objet de commentaires de la part d'intellectuels parmi les plus brillants de la pensée universelle. Leur propre réflexion à partir des œuvres antiques et orientales fut un axe essentiel de l'apport musulman médiéval à l'Occident.
- Ainsi, l'œuvre de l'Oriental Ibn Sînâ (980-1037), connu en Occident sous le nom d'Avicenne, marqua doublement la pensée occidentale, grâce à la traduction de Gérard de Crémone de son livre le plus important, le *Canon de la médecine*. Ce fut l'un des écrits les plus commentés, du XIIIe au XVIe siècle, dans les universités occidentales. Le premier domaine abordé est philosophique : Avicenne établit la distinction à faire entre l'expérimentation, domaine propre à la médecine, et la réflexion, domaine propre à la philosophie. L'importance de l'expérimentation, comme base de la réflexion, fut un thème essentiel de cet apport. Avicenne apportait un courant de pensée neuve à partir des écrits d'Aristote et de Galien.

C ~ L'averroïsme

- Averroès suscita plus encore la controverse. Ibn Ruchd (1126-1198), descendant d'une grande famille de juristes andalous, représente la dernière et la plus brillante des générations de savants de la Péninsule ibérique musulmane, profitant de la protection des califes almohades, aux côtés d'Abû Marwân Ibn Zuhr (mort en 1165) – Avenzoar – et du savant juif Ibn Tufayl (mort en 1185). Ce sont ses commentaires sur Aristote qui furent à la base de l'école averroïste de Paris, condamnée en 1277. Bien que ses thèses, trop « avancées », sur le lien entre la raison aristotélicienne et le Coran n'aient pratiquement reçu aucun écho chez les musulmans, celles-ci donnèrent naissance à l'une des premières élaborations purement philosophiques à Paris, remettant en question l'idée de la survie de l'âme individuelle.
- Il conviendrait de compléter ces exemples par l'énumération d'une grande variété de sujets, agronomie, pharmacopée, cuisine, musique, poésie..., pour faire le tour des domaines où la pensée islamique a laissé sa trace dans la culture occidentale, ne serait-ce qu'au travers du vocabulaire. De même, les régions de contact comme le Portugal, l'Espagne ou la Sicile reçurent des traces beaucoup plus profondes de cette culture, transmise non plus par le milieu intellectuel mais par la population.
- La pensée islamique fut mise à contribution par l'Occident parce qu'elle avait permis de conserver, aux côtés d'autres sanctuaires, certains textes et certaines pensées antiques jugés indispensables au renouveau de la scolastique et de certaines pratiques – mathématiques, médecine... – du XIIIe siècle. Elle avait également enrichi la science et la philosophie par ses propres élaborations, servies par des générations de grands savants. Ce sont les Occidentaux, au moment où ils l'ont jugé nécessaire, aux lieux choisis – la Terre sainte eut, en la matière, un rôle insignifiant –, et dans les domaines sélectionnés, qui mirent à contribution cet apport de l'Islam en faveur de la pensée occidentale.

Taton, R. (dir.), *Histoire générale des sciences. « La science antique et médiévale »*, Paris 1957, Puf.
Vernet, J., *Ce que la culture doit aux Arabes d'Espagne*, Paris 1985, Sindbad. Trad. de l'espagnol.
Cardaillac, L. (dir.), *Tolède XIIe – XIIIe Musulmans, chrétiens et juifs : le savoir et la tolérance*, Paris 1991, Autrement, Coll. Mémoires, n° 5.
Bresc, H., (dir.), *Palerme 1070 – 1492. Mosaïques de peuples, nation rebelle : la naissance violente de l'identité sicilienne*, Paris 1993, Autrement, Coll. Mémoires, n° 21.

▶ Voir Partie I - textes 15 : « La rencontre d'Ibn Rushd et du calife almohade Ya'qûb Yûsuf », *L'Espagne et la Sicile musulmane aux XIe et XIIe siècles*, Al-Marrakushî ; « Éloge de Gérard de Crémone par ses collègues et ses élèves », *L'École des traducteurs, Tolède XIIe et XIIIe siècles.*

FICHE 15

LE CHRISTIANISME, RUPTURE OU CONTINUITÉ AVEC L'ANTIQUITÉ ?

Le christianisme s'est développé au sein de l'universalisme romain, et les Pères de l'Église furent les héritiers de la philosophie grecque. Le Discours d'Athènes *de saint Paul dans* Les actes des Apôtres *veut relier le message chrétien aux convictions philosophiques de l'auditoire païen. Distincte du matérialisme épicurien, la philosophie grecque idéaliste, stoïcienne et platonicienne a influencé le christianisme. Clément d'Alexandrie et Origène, vers 200 après J.-C., pensent que le christianisme a achevé la philosophie antique.*

1. Héritages antiques

A ~ Cosmos stoïcien

- L'homme est parent de Dieu, lié au Cosmos. Dans l'*Épître aux Éphésiens*, saint Paul définit le monde comme une cité universelle, en référence à l'unité divine ; pour Marc Aurèle, la parenté divine de l'homme était réalisée par nature. Justin reconnaît la valeur morale du stoïcisme. Le *logos* divin est présent dans l'univers et dans la raison de chaque homme. Pour Sénèque et Cicéron, l'homme appartient à une cité universelle et supérieure, juste et harmonieuse. L'universalisme chrétien, héritier de Rome et du stoïcisme, reprend l'idée de loi naturelle, expression de la raison et de la volonté divine. Le fondement de cet universalisme est l'égalité spirituelle. Déjà, pour Aristote, le monde était regardé comme divin, comme réalité organique, mue par une âme préposée au mouvement des corps. Le monde sensible était divinisé, plus dans le supralunaire que dans le sublunaire : naturalisme que refuseront les chrétiens.

B ~ Dialectique ascendante platonicienne

- L'influence antique dominante fut celle du dualisme platonicien du IVe au VIe siècle. Saint Justin et les Pères de l'Église ont retenu la philosophie platonicienne, ainsi ce point de vue du Théétète : « Il faut s'efforcer de fuir au plus vite d'ici-bas vers là-haut. C'est devenir semblable à Dieu autant qu'il est possible ; ainsi, c'est se rendre juste en esprit. » Néo-platonicien, Plotin enseigne le dépassement des apparences sensibles. Il faut convertir cette manière de voir pour une autre et réveiller cette faculté que tout le monde possède, mais dont peu font usage» (*Sur le beau*).

  L'homme participe surnaturellement à une vie supérieure et divine. Mais cette connaissance est un privilège inaccessible à tous. Il faut dépasser le sensible, situer Dieu au-delà des limites de la création : perspective qui va inspirer la «théologie négative», voire la gnose, la recherche de la connaissance parfaite. L'idée d'une dialectique ascendante est commune au platonisme et au christianisme.
- Il y a analogie relative entre la pensée grecque – la raison est l'instrument d'une vérité supérieure – et le point de vue chrétien : il y a des éléments rationnels dans

la révélation, que l'intelligence humaine peut connaître. La métaphysique platonicienne et aristotélicienne, la morale stoïcienne attachée à une loi transcendante fondent surtout cette analogie.

- De même, le judaïsme a inspiré les dogmes chrétiens : monothéisme, unité et universalité de Dieu, Dieu tout-puissant et créateur de Tout, contrat entre Dieu et son peuple, autorité fondée en Dieu, théocratie politique. Mais le Verbe s'est fait chair, la divinité a revêtu la nature humaine : le christianisme s'est ainsi démarqué du judaïsme.

2. Le christianisme comme rupture

La religion antique gréco-latine était une religion sociale, ce n'était ni une foi, ni une adhésion à un donné dogmatique, ni une volonté de salut spirituel. L'idéal était le bonheur dans la cité, le spirituel et le temporel étaient liés, les prêtres unis à la cité, les dieux au salut des cités grecques ou de Rome. Mais apparurent des religions « à mystères », sotériologiques, en vue de la régénération, de l'immortalité et du salut personnel.

A ~ Monothéisme et universalisme

- La foi cesse d'être limitée à une cité, la religion concerne tous les hommes. Au sein du monde romain, la notion d'humanité, reprise de Cicéron, dépasse la diversité accidentelle des cités, des pouvoirs, des conditions. Irréductible au seul citoyen, appelé à des fins surnaturelles, tout homme est fils de Dieu. Saint Paul défend l'idée d'un peuple chrétien en un seul corps, une seule humanité, ce qui désignait déjà le sens antique de la justice et de la bienveillance, dépassé par la charité et l'amour de Dieu dans le prochain. Toute l'humanité participe à la même destinée surnaturelle, est rachetée par le même Dieu. Mais l'universalisme chrétien n'annule pas les appartenances à divers peuples, nations et conditions. L'égalité traditionnelle est l'équivalence devant Dieu, acceptant les différences.

B ~ Intériorisation du sentiment religieux, primauté de la personne, liberté humaine

- Les pratiques collectives des religions antiques sont dépassées par un don divin intérieur. L'amour de Dieu est tel que chaque homme, fût-il esclave, est individuellement appelé au Salut. Le Christ a donné sa vie par amour pour la rédemption de chacun. La vie intérieure est soustraite à l'emprise de la cité. En chacun, est présente l'étincelle divine, d'où l'apport du christianisme à la révolution moderne du sujet. L'individu dans le monde est aussi « hors du monde ». « Nous sommes dans le monde, mais nous ne sommes pas du monde » (saint Paul).
- La liberté intérieure de l'homme, créature d'origine divine, capable du bien comme du mal, est affirmée par le christianisme, fonde la moralité, s'articule à la responsabilité et aux aspirations de chacun. L'homme est limité par l'imperfection initiale et le mal, substitué au désordre, à l'injustice antique, mais dont le christianisme ne fait pas un principe absolu, contrairement au manichéisme. Mais la créature s'efforce de « faire de son mieux ».

C ~ Primauté de la foi

- Déjà la philosophie grecque, élitiste, intellectuelle, rationaliste, avait été concurrencée par les religions « à mystère », populaires et orientales (Attis,

Adonis, Mithra), sensibles au cœur, porteuses de salut. Les « mystères » impliquaient une initiation, une régénération de l'âme en vue de l'immortalité, d'une résurrection. Dans cette révélation initiatique, le divin illumine surnaturellement. De même, le christianisme met l'accent sur le surnaturel et la foi. Dans la première *Épître aux Corinthiens*, saint Paul présente son message comme une prédication « déraisonnable », en opposition à la philosophie antique, aux artifices de l'éloquence, à la raison humaine. La Croix ne se démontre pas : elle est « folie », « absurdité » positive. La raison doit toujours se soumettre à la Révélation ; il faut d'abord croire, ce sera le fidéisme, très distinct du futur rationalisme thomiste.

■ Deux traditions, deux théologies se dessinent alors :

- celle de l'humanisme chrétien, héritier du rationalisme antique (Justin, Clément d'Alexandrie, plus tard Érasme, les Jésuites, Corneille...). Cette « théologie affirmative » affirme une perfection relative dans les créatures ;
- celle du « rigorisme » chrétien, avec Tertullien, saint Augustin, Pascal, appuyé sur la foi, opposé à la culture profane. Seule la Grâce peut sauver la Nature. Il faut s'abstraire du sensible et de la connaissance pour aimer un Dieu « caché » ou absent du monde. C'est la « théologie négative ».

■ Ce débat est issu de ce qui fait l'ambiguïté mais aussi la force du christianisme dans son jugement sur la valeur de la création. En ses débuts, au sortir du platonisme et de l'aristotélisme, il s'interroge sur l'influence du divin sur le monde, sur le lien de la nature au divin. L'idée de transcendance divine s'oppose au naturalisme païen antique. Toutefois, l'Incarnation, la Rédemption et la Résurrection révèlent la valeur du corps. Inversement, la gnose valorise le détachement du sensible. Quant aux hérésies, ce sont des réponses aux interrogations sur les personnes divines : arianisme condamné par le concile de Nicée (325), nestorianisme par celui d'Éphèse (431).

3. La distinction spirituel - temporel : les deux cités

A ~ Prier pour César... et non César

■ Dans la cité antique définie par Fustel de Coulanges au XIXe siècle, le salut était surtout respect de l'ordre civique, lié à la romanité. Morale et religion étaient liées à la politique. Or, les chrétiens refusèrent de diviniser l'empereur. Ils croient en la vie éternelle, distinguent Dieu et César, par fidélité envers la foi surnaturelle. Ils entendent distinguer la destinée de l'âme et les affaires de ce monde. Dans le *Discours contre les Chrétiens* (178), Celse suspecte alors le caractère subversif du christianisme. Or, les chrétiens obéissent aux autorités, selon l'*Épître aux Romains* de saint Paul, « Il n'est point de pouvoir qui ne vienne de Dieu. » L'édit de Constantin, en 313, accorde le droit de cité au christianisme. L'Empire va commencer à légiférer en matière religieuse. C'est le début du césaro-papisme, lien étroit des deux principes. Toutefois, la distinction et la hiérarchie de ces pouvoirs se maintient. Le seul vrai pouvoir est celui de Dieu. « Mon royaume n'est pas de ce monde » (Jean, XVIII, 36). Jésus n'est pas un révolutionnaire temporel.

B ~ Constantinisme et augustinisme

- Le début du Moyen Âge est marqué par deux tendances.

  Le constantinisme attribue un pouvoir religieux à l'empereur, « instituteur » du pouvoir ecclésiastique. Plus tard, Charlemagne (742-814) veillera à son organisation, au règne de l'ordre chrétien, dans un esprit militant et combattant. Le Saint Empire illustrera ensuite cet ordre impérial chrétien, secoué néanmoins par la querelle des Investitures opposant les monarques aux Papes. À Canossa en 1077, Henri IV, titulaire du Saint Empire, fera soumission au pape, en chemise et pieds nus dans la neige. Au XIVe siècle, en Italie, les chrétiens soutiendront les Guelfes, et la Réforme protestante affranchira plus tard l'État du pouvoir romain, attribuant au prince le contrôle temporel de la religion ; la liberté de conscience intérieure sera affirmée et l'éthique cessera de dominer les pratiques économiques – comme il est de règle dans la tradition catholique selon la doctrine sociale de l'Église.

- Inversement, l'augustinisme soumet le pouvoir temporel au pouvoir spirituel. L'Église constitue la seule institution sociale après la chute de Rome, puis dans l'Occident féodal et morcelé, elle reste protectrice de l'héritage antique. Les papes revendiquent même un pouvoir impérial, héritage de l'universalisme romain antique, avec la *Donation de Constantin*, celle de Pépin et l'institution des États pontificaux (756). L'Église possède *auctoritas*, *plenitudo potestatis*, et le pouvoir temporel doit obéir, *ratione peccati*, à raison du péché. Seule Rome confère la légitimité à l'Empereur d'Occident. Au XIIe siècle, la théorie des deux glaives de saint Bernard affirme cette nécessaire soumission du temporel. Saint Augustin, les papes Grégoire le Grand (590-604) et Gélase (492-496) défendent la supériorité du spirituel, l'universalité du salut, le nouveau concept d'Occident chrétien, futur mythe de puissance, et l'Église comme « corps mystique ». Au XIIIe siècle, le thomisme affirme par opposition le caractère légitime et naturel de l'État comme unité et organisation politique, pour ce qui n'était qu'« institution », artifice pour l'augustinisme, avec une société atomisée.

- Au sortir du monde antique, le monothéisme chrétien associe la primauté de la transcendance divine à un anthropocentrisme certain : créature de Dieu, l'homme est désormais devant une nature désacralisée. Avec l'individu, le droit humain et l'idée du progrès spirituel, le christianisme formera l'humanisme libéral moderne et se laïcisera avec les Lumières comme nouvelle religion. Face à la modernité, le catholicisme traditionnel dénoncera le culte de l'homme, le matérialisme, l'utilitarisme, l'individualisme, l'oubli des valeurs de justice et de communauté.

Bibliographie

Chevallier, J.-J., *Histoire de la pensée politique*, tome I, livres I et II, Paris 1979, Payot.

Chatelet, F., et Mairet, G. (sous la direction de), *Histoire des idéologies*, livre I, ch. 6, livre II, ch. 1, 2, 3, Paris 1981, Marabout.

Chatelet, F., *La Philosophie, de Platon à saint Thomas*, Paris 1979, Marabout.

▶ Voir Partie II - texte 16 : « Théologie et politique augustiniennes », « La cité de Dieu », *Saint Augustin et l'augustinisme*, H.-I. Marrou.

FICHE 16

LES PREMIERS CONCILES

Dans le christianisme devenu religion d'État en 313, les conciles œcuméniques (réunions de l'ensemble des évêques) tranchent les questions controversées, engageant ainsi non seulement la théologie chrétienne dont ils construisent le dogme, mais des conceptions anthropologiques qui marqueront la pensée occidentale.

1. Nicée (325) et Constantinople (381)

A ~ Le gnosticisme

- Le gnosticisme est un courant religieux syncrétique, répandu dans l'Antiquité tardive. Il se caractérise par une mythologie grandiose et complexe. L'homme n'est pas créé par Dieu, mais par le démiurge qui lui est subordonné ; la chair et l'histoire sont des dégradations de l'être.

B ~ L'arianisme

- L'arianisme est largement répandu dans l'Église du début du IVe siècle. L'évêque Arius nie que le Christ soit l'égal de Dieu. Pour lui, selon le modèle gnostique, légèrement inférieur au Dieu-Père, le Christ est un intermédiaire entre Dieu et les hommes.

C ~ La réponse de Nicée

- La réponse de Nicée, premier concile œcuménique, est catégorique : Jésus est « Dieu, né de Dieu, engendré non pas créé, de même nature que le Père ». La plupart des ariens se soumettent et rejoignent la foi ainsi définie : Jésus est Dieu, Fils de Dieu.

  Accepter la position arienne aurait affaibli la force de salut espérée du Christ. Mais la refuser met en question l'unicité transcendante de Dieu : le monothéisme reste radicalement affirmé, mais au prix du paradoxe d'un Dieu Père, Fils et Esprit (formule reprise de l'usage liturgique).
- Autrement dit, Nicée exerce une **liberté de création conceptuelle dogmatique**, allant au-delà de la lettre du texte biblique et bousculant la logique rationnelle au profit d'un paradoxe.

D ~ Le concile de Constantinople

- Peu après, le concile de Constantinople accepte que les mentions de l'Esprit-Saint soient mises sur le même plan que les mentions du Christ : la conception chrétienne du Dieu Trinité, un Dieu unique en trois personnes, est désormais constituée.

2. ÉPHÈSE (431) ET CHALCÉDOINE (451)

A ~ Nestorius

- Pour l'évêque Nestorius, patriarche de Constantinople, la divinité est impassible et immuable ; c'est seulement dans son humanité que le Christ a pu naître et souffrir. Il est donc faux de parler de Marie, « mère de Dieu ».

B ~ Éphèse

- Le concile est convoqué par l'empereur Théodose II, afin d'assurer la paix : le climat est tendu, violent, y compris entre les évêques.
- Contre Nestorius, le concile juge légitime d'appeler la Vierge Marie *theotokos*, Mère de Dieu : Jésus-Christ est bien Fils de Dieu devenu homme. Il n'est pas pour autant une personnalité multiple, divisée en elle-même, mais la **personne** du Fils de Dieu.
- Malgré une certaine confusion dans son déroulement, ce concile engage une position essentielle au christianisme : l'**affirmation paradoxale d'un Christ, Dieu et homme**. Ainsi, en Jésus-Christ l'homme est radicalement sauvé.

  – C'est une transformation radicale de l'**idée de Dieu**, puisqu'un homme authentique peut en être non seulement l'expression, mais la forme prise en notre monde. La chair, c'est-à-dire aussi l'histoire et la souffrance, n'est pas incompatible avec l'être de Dieu. L'idée de l'**incarnation de Dieu** distingue radicalement le christianisme des autres monothéismes, rompt avec le platonisme et pose le paradoxe d'une transcendance proche.

  – S'élabore une réflexion complexe sur **la personne**, unité existentielle irréductible, ou « hypostase ». Le terme **personna** signifiait d'abord « masque » et « rôle » (au théâtre, puis dans la vie). Loin de rester extérieure, et interchangeable, voici que la personne devient la réalité la plus intime, spécifique. Notre nature d'homme nous est commune mais quelqu'un n'est lui-même, distinct des autres dans sa singularité, que parce qu'il est une personne, unique.

C ~ Chalcédoine

- Chalcédoine tire les conséquences d'Éphèse, dans un climat moins controversé. Ce concile aboutit à une formulation plus complexe du credo chrétien qui sert encore de référence essentielle : ainsi se trouve fixé **le dogme**, non comme un donné qui s'impose d'emblée, mais comme le résultat des discussions et des conflits des premiers siècles, qui aboutissent à définir ce qui est intrinsèque à la foi chrétienne (la tradition) et ce qui est « hérétique »

Bibliographie

Daniélou, J., et Marrou, H., I., *Nouvelle Histoire de l'Église*, tome 1, Paris 1968, Le Seuil.

▶ Voir Partie II - texte 19 : « Epître aux Romains », Le Nouveau Testament, saint Paul.

FICHE 17

LE CHRISTIANISME MÉDIÉVAL

1. L'OCCIDENT

A ~ L'Église carolingienne

- Couronné en l'an 800, Charlemagne exerce un contrôle rigoureux sur l'ensemble de la vie de l'empire (notamment par l'extrémisme de ses envoyés personnels, laïcs et clercs, les *missi dominici*), – y compris l'Église et son réseau de monastères auxquels sont attachées des écoles. S'ensuit une rénovation culturelle dite « renaissance carolingienne ». Les carolingiens développent des Églises rurales, possédant un patrimoine, dépendant de l'église épiscopale. Face au pape Léon III, l'empereur affirme son autorité de chef de l'Église. L'individu dépend de plus en plus de son seigneur, la classe dominante se ruralise, formant un réseau de grands propriétaires attribuant des terres à leurs vassaux, et la chrétienté médiévale se forme, notamment par la construction d'une multitude d'églises et de chapelles, répondant à l'accroissement démographique et au nouveau mode de vie féodal. Les églises sont les centres de la vie sociale. Peu à peu les initiatives artistiques préparent l'émergence de l'**art roman**.
- La fin du Xe siècle voit la reprise de l'évangélisation, notamment dans les pays scandinaves et les pays slaves. Mais la grandiose construction carolingienne se délite : l'Église dépend de plus en plus des féodaux laïcs, qui dirigent des abbayes et vendent les charges ecclésiastiques. L'épiscopat tente de s'organiser sans la royauté, institue la trêve de Dieu, et s'efforce d'instaurer la paix ; le monachisme cherche ses appuis vers Rome.

B ~ La réforme grégorienne

- La papauté, notamment avec **Grégoire VII**, entreprend dans la seconde moitié du XIe siècle une réforme d'envergure qui transforme les structures de l'Église et infléchit l'ensemble des institutions politiques et sociales. Elle est inséparable de tout un mouvement de recherche, de classement et d'interprétation des textes scripturaires (collections canoniques) et prépare une profonde renaissance intellectuelle (voir Anselme de Cantorbéry chez les moines, Abélard pour la théologie urbaine). À l'effort doctrinal des années 1050 (Humbert), succède la **condamnation de l'investiture laïque** : les laïcs ne peuvent plus distribuer les églises et les évêchés. Parallèlement est affirmée la suprématie politique du sacerdoce pontifical. Au début du XIIe siècle, s'élabore une solution plus nuancée (Yves de Chartres), qui s'efforce de clarifier les distinctions entre pouvoir spirituel et pouvoir temporel. Même si la chrétienté féodale reste une organisation sociale où religion et politique sont constamment imbriquées, le principe de la distinction (déjà posé par saint Augustin) est réaffirmé et distingue la chrétienté d'une théocratie.

- L'autre aspect de la réforme grégorienne concerne la centralisation du pouvoir ecclésiastique, donc le renforcement du pouvoir du pape. Toute une législation (qui fera autorité jusqu'au XXe siècle) définit l'organisation hiérarchique de l'Église, son autorité et sa responsabilité spirituelle. C'est à cette période que l'Église conquiert, en France, la juridiction exclusive des mariages, déterminant les règles de parenté et jugeant des cas de nullité. Le clergé est désormais constitué comme l'un des trois « ordres » de la société, et les croisades portent la marque du prestige nouveau de la papauté.

C ~ Expressions de la foi médiévale

- L'essor du **pèlerinage chrétien** à **Jérusalem** commence dès le IVe siècle et joue un rôle important dans l'imaginaire médiéval. Pendant le Haut Moyen Âge, **Rome** devient le pèlerinage le plus important, avant d'être en partie éclipsé par **Saint-Jacques-de-Compostelle** et à un moindre degré par le Mont-Saint-Michel. Le voyage vers ces hauts lieux de la chrétienté comporte un aspect expiatoire, mais les sanctuaires ont aussi une fonction de diffusion des idées et de formation des mentalités au-delà du seul cercle des pèlerins.

  Les **croisades** sont des pèlerinages militaires assortis d'indulgence plénière, expéditions organisées par l'Église pour la délivrance du tombeau du Christ et de la Terre sainte, après la conquête turque saldjûqide qui en limite l'accès. Le pape Urbain II prêche la première croisade (1096-1099), un royaume de Jérusalem administre les terres reconquises, des ordres de moines-soldats (hospitaliers, templiers) s'organisent. Les expéditions, parfois fructueuses et source d'enrichissement, parfois catastrophiques, se multiplient jusqu'en 1291 (IXe croisade).
- Vers 1140, des missionnaires venus d'Orient, menant une vie austère, répandent la **prédication cathare** en pays albigeois. Ce monde injuste ne peut être l'œuvre d'un Dieu excellent. Tout ce qui est matériel vient d'un démiurge, Esprit mauvais qui combat l'œuvre de Dieu. Nos âmes sont créatures du Dieu bon, et le Christ, ange envoyé par Dieu, leur enseigne une doctrine de salut. Sa passion n'est qu'apparente, le culte de la croix est condamnable, l'Ancien Testament, issu du démiurge, doit être rejeté. Le clergé cathare est composé des hommes et des femmes qui ont reçu le *consolamentum*, car la religion cathare distingue entre la morale des simples fidèles, peu exigeante, et la vie austère de ceux qui se consacrent au Saint Esprit (les cathares : les purs), engagement définitif car il n'est pas de pardon possible pour ceux qui se renieraient.
- Le succès des cathares en pays méridional est immense. Après avoir tenté vainement d'user de la seule prédication et de négocier l'appui des princes du Midi contre l'hérésie qui divise la chrétienté, le pape Innocent III suscite en 1209 une croisade contre les cathares, menée par Simon de Montfort. Leur écrasement sera impitoyable.
- En 1215, le **concile de Latran** confisque ses terres à Raymond VI, comte de Toulouse, et édicte l'obligation de la confession annuelle pour chaque chrétien. Cette mesure de lutte contre l'hérésie développe un contrôle des consciences dont les effets sur la psychologie et la vie sociale seront considérables (pratique de l'examen de conscience ; invention du purgatoire ; développement d'une casuistique qui évalue les fautes). Le traité de Paris (1229) clot la crise cathare, renforçant le pouvoir capétien.

D ~ L'épanouissement et les tensions du XIIIe siècle

Au XIIIe siècle, la monarchie pontificale s'affirme avec éclat et autorité. Les dévotions mariales et eucharistiques, le déploiement des cérémonies et des images, le culte des saints, l'organisation des confréries réalisent l'emprise de l'Église sur la vie populaire.

De nouveaux **ordres religieux mendiants** (c'est-à-dire sans revenu territorial), dominicains (frères prêcheurs) et franciscains, surgissent dans ce double mouvement de réforme religieuse et de développement urbain, valorisant la pauvreté spirituelle. Ils s'imposeront dans la prédication et le développement des universités.

Les tribunaux de l'**Inquisition**, nés du « devoir » de dénoncer l'hérésie, développent leur collaboration avec les pouvoirs politiques, et sévissent dans toute la chrétienté contre les cathares, les vaudois et tous les suspects.

■ Dans l'ordre franciscain, les **spirituels** veulent rester fidèles à la pauvreté absolue et développent des théories millénaristes (attente eschatologique du Millenium, ou âge de l'Esprit, annoncé par Joachim de Flore). Béguines et bégards sont de pieux laïcs à qui l'Église reprochera leur liberté d'interprétation de l'Écriture (traduite en langue vulgaire), leur quiétude spirituelle de type mystique et leur négligence des sacrements.

Les **universités** (Bologne, Paris) renouvellent profondément la vie intellectuelle qui s'implante dans les villes et n'est plus centrée sur la seule Bible comme dans les écoles monastiques. Les livres deviennent essentiels et sont systématiquement commentés et discutés : en théologie le *Livre des sentences* de Pierre Lombard, habile compilation de textes patristiques, et l'*Histoire scolastique* de Pierre le Mangeur ; *Décret* de Gratien et code pour le droit, textes d'Hippocrate et de Galien en médecine. Les professeurs constituent une élite intellectuelle rémunérée qui fournit nombre de hauts fonctionnaires et développe la **méthode scolastique** : lecture des textes, mise en question d'un problème (*quæstio*), discussion de ce thème (*disputatio*), solution (*determinatio*) qui suppose une décision intellectuelle. L'esprit d'ordre amène peu à peu à rassembler les connaissances dans des encyclopédies et à rédiger des traités synthétiques ou « sommes ». Les textes de l'Antiquité prennent de plus en plus d'importance.

■ Au XIIe siècle, on ignore Platon, à l'exception du *Timée*, et on a redécouvert l'œuvre d'Aristote par l'intermédiaire des Arabes. Les corpus philosophiques juifs (Isaac Israëli, vers 850, Ibn Gabirol, vers 1021, Moïse Maïmonide, 1135-1204) et arabes sont mieux connus, notamment Al-Farabi (870-950), Ibn Sina (Avicenne) (980-1037), Al-Ghazali (1058-1111) et Ibn Ruchd (Averroès) (1126-1198).

De grands **théologiens** construisent une réflexion originale : le franciscain saint Bonaventure (1221-1274), assez platonicien et soucieux de théologie spirituelle, l'encyclopédiste Albert le Grand (1206-1280), dominicain à la pensée très ouverte, et surtout saint **Thomas d'Aquin** (1224-1274), son élève. Commentaires bibliques, philosophiques et théologiques, questions disputées, et deux traités – la *Somme contre les gentils* et la *Somme théologique* (1266-1274) – constituent l'essentiel de l'œuvre de ce dernier qui intègre au christianisme la philosophie d'Aristote, mène une réflexion rationnelle authentiquement philosophique et approfondit la théologie chrétienne. Un temps suspecte pour son attachement à Aristote, la pensée thomiste renouvelle la formation théologique, avant de se figer en doctrine officielle après le concile de Trente – devenant au XIXe siècle le néo-thomisme défensif, qui tente de faire barrage à la pensée laïque moderne.

Siger de Brabant est marqué par la pensée d'Averroès. Suspecté et persécuté, il doit s'exiler. Roger **Bacon** (1210-1292) subordonne étroitement les sciences à la théologie mais se montre curieux, imaginatif, intéressé par l'expérimentation.

- L'**architecture gothique classique** correspond à cette période d'épanouissement culturel et recherche les effets de lumière et de finesse des lignes (cathédrales de Chartres, Reims, Bourges, Le Mans). Né en Île-de-France, le gothique se diffuse dans toute la chrétienté et transforme aussi l'art monastique et l'architecture civile. La tendance à l'illumination fait apparaître dès le milieu du siècle le gothique rayonnant – en attendant le gothique flamboyant du siècle suivant.

E ~ Crise

- Entre 1270 et 1330 environ, se manifestent un essoufflement et des difficultés économiques ; la famine reparaît, la crise sociale relance des tendances hérétiques, tandis que l'esprit de la croisade est mort. L'autorité ecclésiatique condamne les nouveautés, mais la papauté est humiliée par Philippe le Bel – et son installation forcée en Avignon témoigne de sa dépendance. Même les intellectuels qui soutiennent l'empereur contre la France (Guillaume d'Ockham, philosophe nominaliste, Marsile de Padoue) défendent la théorie d'États indépendants.
- Les équilibres intellectuels et religieux du XIIIe siècle sont remis en cause, la réflexion s'oriente vers la primauté de la volonté et de l'amour (John Duns Scot), la totale liberté de Dieu (Guillaume d'Ockham) et le nominalisme (*via moderna* du XIVe siècle). La recherche d'une théorie mystique rigoureuse (Maître Eckart (1260-1329), prélude à la *devotio moderna* du XIVe siècle, plus individuelle et tourmentée.

2. L'ORIENT

A ~ La civilisation byzantine

- De 565 (mort de Justinien) à 1081 (arrivée au pouvoir d'Alexis Ier Comnène, dans un empire aux abois) l'empire d'Orient est une grande puissance fragile, qui résiste à la poussée arabe et reprend les Balkans aux Slaves. Les fonctionnaires sont nombreux, formés dans les écoles de Constantinople, où se maintient la tradition de l'éducation antique. Les énergies se regroupent derrière l'empereur, et la civilisation byzantine atteint alors un éclat, pour les lettres comme pour les arts, comparable seulement à celui du monde arabo-musulman. Mais la rareté des copies de manuscrits fait problème ; on a donc recours, pour une plus ample diffusion, à l'écriture minuscule cursive, plus lisible et plus rapide. L'imitation des modèles antiques demeure la règle.

B ~ La querelle de l'iconoclasme

- Le **culte voué aux images saintes et aux reliques** s'est accentué, dans la vie quotidienne comme dans les nombreux pèlerinages ; et la croyance en leur action miraculeuse se développe (ainsi les reliques de la Vierge promenées à Contantinople pour donner la victoire sur les Arabes). Les moines, dont les sanctuaires abritent ces trésors, voient leur importance sociale renforcée.
- L'**iconoclasme**, qui prétend interdire la représentation du Christ, de la Vierge et des saints, est un mouvement de réaction issu de l'entourage impérial, qui se diffuse de la capitale vers les provinces. Le concile de Hiéreia (754) impose cette ligne ; des moines résistent et sont violemment réprimés par Léon II et Constantin V, empereurs populaires pour leurs victoires sur les Arabes. Mais les

impératrices Irène (787) et Théodora (843) rétablissent à deux reprises l'autorisation du culte des images contre les courants iconoclastes. Néanmoins, la situation s'est clarifiée : la vénération des images vise ce qui est représenté, non l'objet lui-même. L'héritage de la philosophie grecque est convoqué pour une réflexion très fine sur cette notion de représentation.

- Les évêques se sont montrés auxiliaires du pouvoir de l'empereur. Les moines, eux, retirent de cette période une influence accrue, jouent un rôle décisif au concile de Nicée (787) par des arguments tirés de la vie des saints, occupent de nombreux sièges épiscopaux. On crée des établissements de charité ecclésiastiques, liés aux monastères. Théodore Stoudite tente de réformer les monastères afin d'accroître leur force. Les centres de monachisme organisé se multiplient (Patmos, Éphèse), leur richesse foncière augmente. La *charistikè,* gestion de monastères par de puissants laïcs, pouvant fonder des établissements pieux, favorise l'apparition d'écoles monastiques – jusque-là, au contraire de l'Occident, les écoles étaient tenues par des laïcs et centrées sur la culture antique et non sur la religion. Ainsi, l'influence de l'Église sur la vie sociale et intellectuelle s'accroît, tout en étant mieux délimitée, tandis que les laïcs exercent une influence importante sur l'Église. La religion est devenue un enjeu social, elle participe à la lutte pour le pouvoir et devient peu à peu le ciment de la société.

C ~ La rupture avec l'Occident

- Les différences entre le christianisme oriental et le christianisme romain ne sont pas nouvelles : dans la liturgie, l'Orient utilise du pain levé pour l'eucharistie (et l'Occident du pain azyme), les liturgies sont plus longues et plus solennelles mais aussi plus libres. D'un point de vue ecclésial, les hommes mariés peuvent être ordonnés prêtres, et la suprématie romaine a toujours été mal acceptée. Une divergence doctrinale enfin se fait jour : l'Occident pense qu'en Dieu l'Esprit saint procède du Père et du Fils tandis que l'Orient ramène au père seul cette fonction génératrice (pour l'Occident, c'est faire de l'Esprit un autre Fils de Dieu, sans le dire ; pour l'Orient, la position occidentale ne maintient pas clairement le Père comme origine unique).
- En fait, la divergence doctrinale (en partie due à des différences de langage et de représentations philosophiques) n'explique pas la rupture, profondément liée à l'évolution divergente de deux civilisations, et à la prétention du pape au maintien de son hégémonie malgré ces différences. En 1054, l'excommunication mutuelle du légat du pape, Humbert, et du patriarche de Constantinople, Cérulaire, n'a qu'un retentissement minime. Les tentatives ultérieures de réconciliation aboutissent d'autant moins que la menace turque amène les Byzantins à un raidissement identitaire sur leur appartenance religieuse.

D ~ La chute de Constantinople (1453)

- Menacé en 1081, l'empire des Comnènes redevient une grande puissance au XIIe siècle, mais les dynasties suivantes ne résistent ni aux Turcs, ni aux croisés qui prennent et pillent Constantinople en 1204 puis se partagent l'empire. La souveraineté byzantine se maintient néanmoins, mais le pouvoir de la dynastie des Paléologues débouche sur deux guerres civiles (1321-1328 et 1341-1354). La vie intellectuelle, platonisante, rationaliste et ouverte à l'apport arabe, reste cependant florissante. Face à la poussée turque, le seul recours serait l'Occident chrétien, mais Byzance se ferme sur son identité et ses valeurs spirituelles (hésychasme de Grégoire Palamas, méthode spirituelle héritière des courants érémitiques réinterprétés par le néo-platonisme).

■ Une partie des Byzantins préfère risquer de passer sous l'autorité des Turcs plutôt que de céder aux exigences de l'Église romaine. L'orthodoxie, définie comme une certaine façon de vivre sa foi en opposition au catholicisme, est alors élément fondamental de la société byzantine, devenue presque intégralement religieuse, mais en grande décomposition politique. En 1453, l'empereur Constantin XI meurt au combat : c'est la chute de l'Empire.

Bibliographie

Bréhier, L., *Le Monde byzantin*, 3 volumes, Paris 1946, rééd. 1992, Albin Michel.
Le Goff, J., *La Civilisation de l'Occident médiéval*, Paris 1984, Arthaud.
Le Goff, J., *Le XIIIe Siècle, l'apogée de la chrétienté*, Paris 1982, rééd. 1994, Bordas.

▶ Voir Partie II - texte 17 : « La sacralité occidentale », *Croisades et pèlerinages. Images et langages*, A. Dupront.

AUGUSTINISME ET THOMISME

Saint Augustin (354-430) et saint Thomas (1227-1274) expriment deux théologies distinctes et deux lectures originales de la politique chrétienne.

1. SAINT AUGUSTIN

A ~ Héritage de Platon et théologie de la grâce

- Saint Augustin soutient la nécessité de la grâce, élément surnaturel relevant la Nature ; de même la foi est jugée supérieure à la raison. Foi et raison entrent en dialectique : il faut croire pour comprendre, et comprendre pour croire.
- Par l'idée d'ordre cosmique hiérarchisé, de totalité organique, saint Augustin est l'héritier de Platon et du néo-platonisme de Plotin. Cette hiérarchie ascendante est en l'homme lui-même, chair et esprit, microscome selon Platon. Cet ordre en mouvement est dynamique : il permet l'autorité du supérieur sur l'inférieur et l'effort de l'inférieur vers le supérieur.
- La meilleure connaissance de Dieu serait l'ignorance, selon la théologie « négative » reprise par Pascal, distincte de la théologie « affirmative ». Il faut se dépouiller du naturel et de l'humain, se purifier, pour s'élever mystiquement vers Dieu. Pour Pascal, l'ordre de la charité transcende infiniment l'ordre de la chair et celui de l'esprit.
- Dans son commentaire de l'*Épître aux Romains*, le moine Pélage avait fait l'éloge de la liberté et des mérites humains. Saint Augustin réagit en évoquant le péché, et le pouvoir souverain irrésistible de la grâce nécessaire à notre salut. Dieu choisit, « justifie » ses élus, et les mérites futurs en découlent pour contribuer au salut.

B ~ L'augustinisme politique (413-426)

- Dans *La Cité de Dieu*, saint Augustin montre que les deux cités, céleste et terrestre, sont distinctes théoriquement mais en relation historique. Aimons la cité de Dieu, la seule authentique (« Jérusalem ») qui se réalisera dans l'Histoire des hommes selon la Révélation, mais supportons les charges de la cité terrestre (« Babylone »), les rapports de pouvoir. Le chrétien ne sera donc pas un mauvais citoyen. Néanmoins, les biens de ce monde ne sauraient être une fin en soi. Le pouvoir humain n'est qu'un emprunt, imparfait et dégradé. Contingent, conventionnel, il relève des « grandeurs d'établissement », selon Pascal, auteur du *Discours sur la condition des Grands*. Les États ne sont que des artifices humains, sans fondement naturel et rationnel. La vraie justice n'est pas de ce monde. Le droit ne préexiste guère à la loi. Ici-bas, la force précède le droit. Gardons-nous des hideuses idoles des puissances mondaines.

2. Saint Thomas

Dominicain, auteur de la *Somme théologique* et des *Commentaires sur Aristote*, saint Thomas d'Aquin a « christianisé » Aristote et a élaboré la doctrine catholique traditionnelle.

A ~ Valeur de la raison

- Celle-ci s'accorde à la foi. Certes la raison n'atteint pas toutes les vérités : seule la Révélation peut y pourvoir, mais il n'est pas impossible de prouver Dieu rationnellement, quand on part du sensible vers l'intelligible, quand on conclut à la causalité comme à la finalité. Saint Thomas se démarque de l'idée de l'illumination divine augustinienne et franciscaine. Il faut partir des réalités naturelles et sensibles, intelligibles en puissance, pour parvenir à la connaissance.

B ~ Réalisation de l'homme et hiérarchie des biens

- Comme pour Aristote, la vie en société est inscrite dans la nature humaine. Selon le finalisme aristotélicien repris par saint Thomas, tout être vise la perfection : la perfection des facultés est inscrite dans la nature de ces facultés. L'homme s'exprime dans la sphère domestique et économique, dans la communauté politique comme citoyen, au sommet de la hiérarchie des biens. Les biens économiques n'ont pas leur finalité en eux-mêmes et sont donc inférieurs, même nécessaires. Seuls les biens d'ordre politique permettent à l'homme de se réaliser vraiment.

C ~ Légitimité de la Cité et Bien commun

- Par opposition à saint Augustin, saint Thomas affirme la naturalité, la légitimité de l'organisation politique, réalité organique et autonome, sans l'artifice d'un contrat, comme dans le juridisme abstrait des Lumières. La politique juste est inspirée par la justice distributive, dans le respect des capacités, des libertés, de la « nature des choses » et de la souveraineté initiale du peuple. Naturelle, l'autorité est salutaire, idéale et protectrice, tout comme elle est théorisée et illustrée au Moyen Âge avec l'idéologie aristocratique et chevaleresque, celle de l'honneur et de l'esprit de service. Politiquement, saint Thomas préfère la monarchie, naturelle, traditionnelle, paternelle, dans le respect des « corps intermédiaires ».
- Après l'augustinisme, le thomisme est contemporain au XIIIe siècle du retour d'Aristote, du droit romain, de l'essor des dominicains, de l'idée nouvelle de la légitimité de l'État. Soucieux d'une société harmonieuse, il sera vivement contesté par les théories modernes, machiavélienne et révolutionnaires, avec la politique comme jeu autonome de conflits.

Bibliographie

Gilson, E., *Introduction à l'étude de saint Augustin*, Paris 1943, Vrin.
Jugnet, L., *Pour connaître la pensée de saint Thomas,* Bordas.

▶ Voir Partie II - texte 16 : « Théologie et politique augustiniennes », « La Cité de Dieu », *Saint Augustin et l'augustinisme,* H.-I. Marrou.

FICHE 19

ÉRASME

Né à Rotterdam en 1469, Érasme entre dans les ordres, probablement sans en avoir la vocation. Après des études traditionnelles, il quitte les Pays-Bas en 1495, et vit d'abord à Paris, où il étudie la théologie et le grec ancien. Étudiant pauvre, il donne des leçons, publie ses premiers manuels d'apprentissage du latin. Sa réputation lui vaut un préceptorat en Angleterre, où il rencontre de grands humanistes comme John Colet ou Thomas More. Il vivra ensuite dans différents pays d'Europe, en Italie, puis à Bâle, auprès de l'imprimeur Jean Froben, enfin à Fribourg en Brisgau, après que le triomphe de la Réforme l'eut obligé à quitter Bâle.

1. La définition de l'humanisme chrétien

A ~ Pédagogie et humanisme

- L'essentiel de l'œuvre d'Érasme peut être regroupé en deux ensembles : les traités de pédagogie et les éditions de textes anciens.
  Il veut d'abord que l'enfant soit éduqué comme un être libre. Pas de contrainte physique, pas d'apprentissage mécanique, que le maître sollicite l'adhésion de son élève et son intelligence.
- La base de l'éducation est, pour Érasme, comme pour tous les humanistes, l'apprentissage des langues anciennes. Le latin, bien sûr, mais pas la langue abâtardie pratiquée dans l'Université ; il veut retrouver le latin classique, celui de la littérature mais aussi celui des premiers Pères de l'Église. Les ouvrages d'Érasme sont moins des grammaires, des textes normatifs, que des manuels destinés à favoriser la pratique courante de la langue écrite et parlée. Dans ce même souci, il s'oppose aux puristes, qui veulent que l'on reproduise exclusivement la langue de Cicéron. Il faut en effet que le latin moderne puisse exprimer une réalité vivante. N'oublions pas que toute l'œuvre d'Érasme, y compris sa correspondance, est écrite en latin. Il faut y ajouter le grec, langue des philosophes et des poètes, mais aussi du Nouveau Testament.

B ~ L'édition des textes

- Érasme a édité un nombre considérable de textes anciens. Il a traduit en latin des textes grecs de philosophes et de tragiques. Il a surtout publié des éditions nouvelles de la plupart des textes des Pères de l'Église. Le texte qui aura le plus grand retentissement sera sa traduction en latin du Nouveau Testament, d'après le texte grec.

2. L'IDÉAL HUMANISTE À L'ÉPREUVE DE L'HISTOIRE

A ~ L'Éloge de la folie

- L'*Éloge de la folie* occupe une place à part dans l'œuvre d'Érasme. Il s'en prend à tout ce qui fait la folie du monde et dont les ressorts principaux sont la « philautie », l'amour de soi, et la volonté de puissance. Il attaque les soldats et les princes, les grammairiens, les poètes et les philosophes. Mais le livre est surtout un pamphlet religieux. Il s'en prend aux moines, à leur débauche et à leur cupidité, aux théologiens et à leurs débats dogmatiques sur des points insignifiants et ridicules, aux papes enfin, derrière lesquels il est facile de reconnaître la figure du pape régnant, Jules II, le pape guerrier.
- À cette déraison qui mène le monde, Érasme oppose, dans l'esprit des Épîtres de saint Paul, la sage folie du christianisme authentique ordonné à la foi, qui nous fait accepter sans les soumettre à la raison les mystères de la Révélation ; à la charité, qui nous fait préférer l'amour de tous à la philautie, et à l'espérance du salut.

B ~ Le débat religieux

- On voit exprimés là les grands thèmes de la pensée religieuse d'Érasme, bien représentatifs d'une aspiration réformatrice, antérieure à la Réforme luthérienne. Il critique d'abord le ritualisme : la vraie piété réside dans la religion intérieure et non dans l'observance des rites. Le luxe, la débauche, l'appétit de pouvoir de la Rome pontificale sont un objet de scandale.
- Sa critique porte aussi sur le dogmatisme. La multiplication des dogmes est inutile à la vie chrétienne, elle est de plus source d'hérésies et de divisions. Aux débats stériles de la théologie scolastique, Érasme oppose la simplicité du message évangélique, et l'enseignement des premiers auteurs chrétiens.

  Ces critiques font de lui un allié dont les Réformateurs chercheront naturellement le soutien, mais c'était omettre un point qui reste pour lui primordial, l'unité de l'Église. Pendant des années on le voit répéter sans cesse les mêmes arguments : il faut que l'Église accepte de reconnaître ses erreurs, accepte des réformes, tant que n'est pas remis en cause l'essentiel du dogme. Mais il ne faut pas que la volonté de rénovation entraîne la rupture de la communion catholique.
- Malgré cette volonté de conciliation, il sera cependant un des acteurs de la radicalisation des oppositions. Il publie en 1524 le *Traité du libre arbitre*, ouvrage dans lequel il réaffirme la position traditionnelle de l'Église : la toute-puissance divine n'est pas incompatible avec la liberté de l'homme. La négation de la liberté humaine par Luther conduit à une absurdité, à une définition de l'homme inacceptable pour le chrétien et pour l'humaniste.

  Après sa mort, Érasme est condamné aussi bien par les protestants que par les catholiques. Le concile de Trente est très antiérasmien, et son œuvre est mise à l'Index en 1559. Son message n'est cependant pas oublié et l'on peut retrouver bien des éléments de sa pensée dans le mouvement œcuménique d'aujourd'hui tout comme dans le catholicisme post-conciliaire.

Bibliograhie

Érasme, *Œuvres*, Paris 1992, Robert Laffont, Coll. Bouquins.

Halkin, L., *Érasme parmi nous*, Paris 1987, Fayard.

FICHE 20

RÉFORME ET CONTRE-RÉFORME

Les XVe et XVIe siècles sont des temps d'éclatement. Théoriquement, tout est intégré dans l'Église selon un strict modèle hiérarchique, et la féodalité encadre le corps social. En fait, le grand schisme d'Occident oppose papes et antipapes jusqu'au milieu du XVe siècle, l'état de corruption morale et politique discrédite la papauté, et les croisades ont contribué à ruiner et à désagréger la féodalité. Déjà le tchèque ***Jan Hus*** *(1370-1415), excommunié et brûlé, avait tenté une Réforme qui contestait le pouvoir du pape et la pratique de l'achat des indulgences pour expier ses péchés et éviter l'enfer. La chance de la Réforme luthérienne est d'avoir profité au maximum des multiples tensions politiques. Jean Calvin, au contraire, se heurtera au pouvoir déjà très centralisé· du roi de France.*

1. Luther

A ~ Une recherche spirituelle

- Né en 1483, Martin Luther entre en 1505 chez les religieux augustiniens. Fervent et tourmenté, il médite et commente passionnément la *Bible*, mais souffre de la conscience d'être irrémédiablement pécheur devant Dieu, juge redoutable, malgré tous ses efforts pour suivre la règle monastique – jusqu'à la découverte d'une intuition fondamentale, dont il rend compte dans son commentaire de l'*Épître aux Romains* « c'est par Jésus-Christ que nous sommes sauvés, et par lui seul, **ce ne sont pas nos efforts qui nous justifient, mais la foi seule.** »
- Les principales affirmations luthériennes découlent de cette certitude qui apaise Luther : être juste, c'est se soumettre au verdict de Dieu, reconnaître son péché mais aussi le don gratuit du salut. L'Écriture est le seul guide (*sola Scriptura*), non les traditions de l'Église qui l'obscurcissent et la dévoient. Les « œuvres » morales et religieuses ne sont rien, seule la foi justifie (*sola fides*) ; la grâce seule (*sola gratia*), en donnant une foi sans faille, ouvre à la joyeuse liberté du chrétien, pour la gloire de Dieu (*soli Deo gloria*).

B~ Le conflit avec Rome et la rupture

- Or, le dominicain Johannes Tetzel organise en Allemagne une campagne de vente d'indulgences, autorisée par Rome, pour aider l'archevêque de Mayence à rembourser un emprunt contracté auprès du banquier Jakob Fugger. Acheter ainsi le pardon de Dieu, c'est nier le rôle exclusif de la foi ! Luther s'indigne, proteste en vain auprès de Rome. Le 31 octobre 1517, en tant que docteur en théologie, il affiche quatre-vingt-quinze thèses soutenant notamment que les indulgences ne servent à rien, que Dieu seul a le pouvoir de pardonner, que seule la Croix du Christ sauve. Imprimées, les thèses se répandent ; les dominicains dénoncent Luther à Rome. Sommé de se rétracter, puis de se présenter à Rome, Luther refuse.
- Avec l'appui du prince de Saxe, Frédéric III le Sage, Luther comparaît à Augsbourg en octobre 1518, pour quatre jours de discussions avec le légat du

pape, Cajetan. Luther durcit sa position, soutient l'autorité de l'Écriture, supérieure à celle du pape, en appelle à un concile général. Le 15 juin 1520, la bulle papale *Exsurge Domine* condamne quarante et une propositions de Luther et l'excommunie.

C ~ La confession d'Augsbourg (1530)

- Charles Quint fait brûler les ouvrages de Luther, celui-ci brûle la bulle papale. Surtout, il rédige les grands écrits réformateurs : *De la liberté du chrétien*, *Appel à la noblesse chrétienne de la nation allemande*, *Prélude sur la captivité babylonienne de l'Église*. Au monopole d'interprétation du magistère (pouvoir du pape et des évêques) et à l'usage dévoyé des sacrements, Luther oppose le **sacerdoce de tous les baptisés**, prêtres de Dieu dans le monde, la responsabilité des fidèles, notamment des princes, dans le gouvernement de l'Église, l'accès de tous les fidèles à la compréhension de la Bible. Seul le baptême et la cène sont de véritables sacrements chrétiens.
- Cité à Worms, Luther comparaît en 1521, reçoit de la foule un accueil triomphal, repart sans être inquiété, mais est mis au ban de l'empire en mai par Charles Quint. Intense production littéraire, organisation des communautés évangéliques naissantes, défense de la Réforme accaparent désormais Luther. À l'attaque d'Érasme, qui défend le libre-arbitre humaniste (1524), Luther oppose le serf-arbitre du chrétien, qui reconnaît l'impuissance de sa volonté tant que la grâce n'intervient pas. Il épouse Katharina von Bora, ancienne religieuse, dont il aura six enfants.
- En 1529, six princes et quatorze villes libres déposent une solennelle protestation contre les exigences catholiques ; on les nomme aussitôt « protestants ». Un an plus tard, à Augsbourg, Melanchton présente la *Confession d'Augsbourg*, synthèse des convictions luthériennes, que signent sept princes de l'empire. Les *Articles de Smalkalde* (1536) et un pamphlet *Contre la papauté romaine fondée par le diable* (1546) témoignent de la poursuite de l'activité théologique et polémique de Luther, qui meurt en 1546.

2. Visages de la Réforme protestante

A ~ L'extension du luthéranisme

- L'extension du luthéranisme se poursuit mais des réformateurs naissent aussi indépendamment de Luther. Ainsi, le Suisse **Ulrich Zwingli** (1484-1531), curé à Zurich, provient des milieux humanistes. Sa prédication évolue progressivement vers des positions réformatrices qu'adopte en 1523 le Grand Conseil de Zurich : la ville libre est passée à la Réforme.
- Zwingli défend une liturgie très dépouillée, et une interprétation symbolique de l'eucharistie. Luther, tout en refusant la position catholique (transsubstantiation ou changement du pain et du vin devenus corps et sang du Christ), réplique avec violence pour soutenir la présence réelle du Christ dans la cène.

B ~ Le soulèvement paysan de 1524

- Celui-ci se réclame de la liberté du chrétien affirmée par Luther : **Thomas Münzer** se fait le porte-parole de cette conception d'un christianisme politiquement libérateur. Le Royaume de Dieu doit se fonder sur l'égalité de tous, et l'homme est appelé à une divinisation par la présence en lui du Verbe incarné.
- Mais il est désavoué par Luther, qui oppose la liberté spirituelle à la revendication révolutionnaire et soutient la **doctrine des « deux règnes »** : seul

le domaine de l'Église est soumis à l'Évangile, l'autorité politique garde toutes ses prérogatives. À sa popularité, Luther préfère ainsi l'appui des princes et favorise la constitution d'Églises d'État comme alternative au cléricalisme qu'il combat...

C ~ Le calvinisme

■ Jean **Calvin** (1509-1564), d'abord destiné à la prêtrise, suit les cours de l'humaniste Mathurin Cordier, puis devient élève au rigoureux collège de Montaigu (tandis que flambent en France les premiers bûchers exécutant des luthériens), avant de devenir juriste laïc et de fréquenter les milieux intellectuels. En 1534, Calvin renonce à ses bénéfices ecclésiastiques, et rompt avec le réformisme tranquille et apparemment fidèle à Rome qu'il a soutenu jusque-là. Lors de *l'affaire des Placards*, affichage provocateur de thèses contre la messe (1535), Calvin se réfugie à Bâle, pour fuir la répression menée par François Ier.

■ Il y publie l'*Institution de la religion chrétienne*, livre qui témoigne de l'engagement chrétien, confessant sa foi devant les autorités, quoi qu'il en coûte. Les convictions calviniennes sont alors très proches de celles de Luther. Les six chapitres initiaux seront remaniés et complétés tout au long de la vie de Calvin. Il s'agit au départ d'informer le roi sur les positions réformatrices que l'on calomnie, et de montrer leur conformité à l'Écriture sainte. Peu à peu, l'ouvrage devient une somme théologique puissante, anthropologiquement pessimiste, qui défend avec rigueur la **prédestination**, le choix totalement libre de Dieu dans le don du salut.

■ Pour Calvin, l'Écriture donne les bases d'une ecclésiologie où les ministères de docteur et de pasteur assurent l'explication de la Parole de Dieu. L'État a pour rôle de faire régner la justice, conformément à la loi de Dieu, et il existe un droit à la résistance s'il se montre inique. Passant à Genève, Calvin est retenu par Guillaume Farel, réformateur de la ville, et s'efforce d'en instruire religieusement les habitants. Mais les conflits aboutissent à l'exil de Farel et de Calvin, qui s'installe à Strasbourg, avant d'être rappelé en 1541 par les Genevois auprès de qui il met en œuvre sa conception d'une « ville Église », combattant avec vigueur les « illuminés » qui compromettent selon lui l'œuvre de la Réforme (exécution de Michel Servet en 1553). Organisant depuis Genève les Églises réformées de France, Calvin s'efforce aussi de rétablir l'unité entre les divers courants de la Réforme.

D ~ L'anglicanisme

■ L'anglicanisme est né des démêlés avec Rome d'Henri VIII, qui règne en Angleterre de 1509 à 1547, à propos des complications de sa vie conjugale. En 1531, le roi oblige le clergé à le reconnaître désormais comme chef de l'Église d'Angleterre et il fait approuver par le Parlement en 1534 l'**Acte de suprématie**. Les biens des monastères sont attribués à la Couronne, et l'opposition est durement réprimée.

■ Dissidence de l'Église catholique, l'anglicanisme intègre des influences réformatrices, mais maintient d'abord l'essentiel des positions catholiques. Les influences réformatrices, notamment sur la lecture de l'Écriture, l'emportent dans *The Book of Common Prayer*, charte cultuelle de l'Eglise anglicane, paru en 1549, et dans les *Quarante-deux articles de la nouvelle confession de foi* (1553).

E ~ L'anabaptisme

- L'anabaptisme (Münzer, Hoffmann, Jan Matthijsz, Jan de Leyde) refuse le baptême des enfants et rebaptise les adultes. Il affirme contre le catholicisme l'autorité de la conscience individuelle, refuse la référence protestante à l'Écriture au profit de l'inspiration personnelle, et dénonce les liens entre les Églises et l'État.
- La créativité et les divisions du protestantisme ne s'arrêtent pas à la période réformatrice : les quakers, le piétisme, le puritanisme, les baptistes, le méthodisme de Wesley jalonnent son histoire. Max Weber a montré l'importance du protestantisme dans la morale capitaliste. Le protestantisme libéral a développé les études historiques et critiques de la Bible, et suscité les réactions d'une théologie protestante exigeante (Barth, Bultmann, Tillich, Bonhœffer).

3. La Contre-Réforme catholique

Il ne faut pas qu'une présentation trop brève fasse sous-estimer son importance. Le mouvement de réforme catholique ne se limite pas à une réplique au protestantisme, même si ce dernier en a accru l'urgence.

A ~ Le concile de Trente

- Le concile de Trente (1545-1563) convoqué par le pape Paul III à la demande de Charles Quint examine les points fondamentaux de la doctrine catholique. Refusant la *sola fides* luthérienne, il affirme le libre-arbitre de l'homme et sa coopération possible à la grâce. Refusant la *sola Scriptura*, il souligne le rôle de la Tradition. Il maintient la doctrine traditionnelle de l'eucharistie, insistant sur l'aspect sacrificiel de la passion du Christ, et sur le caractère efficace des sacrements. Il promeut une profonde réforme de la formation des prêtres (séminaires) et de l'enseignement religieux (catéchisme).

B ~ Une réforme réelle

- L'efficacité de la réforme catholique est profonde : nombre d'abus disparaissent, et l'autorité de Rome se renforce. De puissants **mouvements spirituels** en sont le fruit mais en marquent aussi les tensions : fondation de la compagnie de Jésus par Ignace de Loyola, école mystique française, conflits entre jansénistes et jésuites, spiritualité laïque promue par saint François de Sales, piétisme de Fénelon et Mme Guyon, renouveaux caritatifs (saint Vincent de Paul)...

Bibliographie

Chaunu, P., *Le Temps des réformes*, Paris 1975, Fayard.

Delumeau, J., *Naissance et affirmation de la Réforme*, Paris 1965, Puf, Coll. Nouvelle Clio.

Febvre, L., *Martin Luther, un destin*, Paris 1988, Puf, Coll.Quadrige.

Weber, M., *L' Éthique protestante et l'esprit du capitalisme*, Paris 1964, Plon.

▶ Voir Partie II - texte 18 : « La justification par la foi », *De la liberté du chrétien*, M. Luther.

FICHE 21

LA FOI ET LA RAISON

*La **foi** est une confiance, une croyance qui n'est pas fondée sur une argumentation rationnelle ; c'est une adhésion à des vérités indémontrées. La **raison** est la faculté d'engendrer des raisonnements, c'est -à-dire d'ordonner des jugements en respectant les règles de la logique afin d'établir des conclusions. La raison s'efforce de construire un savoir. Croire s'oppose à savoir.*

La formule prêtée à saint Thomas, « Je ne crois que ce que je vois », montre bien les confusions sur cette question. N'accepter de croire qu'après avoir vu, c'est réclamer des preuves, une démonstration, donc un savoir. Or, l'essence même de la foi est de faire confiance, sans preuves. Celui qui ne croit que ce qu'il voit, ne veut pas croire : il veut savoir.

Pour clarifier le vocabulaire, un tableau n'est pas inutile :

	présence de réflexion	*présence de justification*	*terme opposé*
certitude	+	+	*doute*
opinion	-	-	*science*
croyance	+	-	*savoir*

On voit que si la croyance n'exclut pas la réflexion, elle ne repose cependant pas sur une justification rationnelle.

1. Les sources de l'opposition

A ~ Saint Paul

- Dès les premières années du christianisme, saint Paul vit l'incompréhension de la foi par la raison. Il cherche à convertir les Athéniens par un sermon sur l'Aréopage, prononcé devant des philosophes épicuriens et stoïciens (voir Partie I - fiche 5). Ceux-ci l'écoutent avec tout l'intérêt que peut susciter une nouvelle doctrine ; saint Paul leur expose des thèses qu'ils connaissent, comme le refus du sensible, la recherche de l'Un, l'amour d'autrui... mais lorsqu'il se met à parler de résurrection des morts, il suscite la moquerie : « Nous t'entendrons là-dessus une autre fois. » (Actes des Apôtres, XVII, 32). Comment ceux qui croient à la réincarnation peuvent-ils concevoir une résurrection des morts ? Après cet échec, saint Paul abandonne le discours philosophique et insiste plutôt sur le thème de la folie du Christ crucifié : un Dieu a envoyé son propre fils au milieu des hommes pour qu'ils le crucifient ; c'est un défi à l'intelligence humaine. Mais c'est justement une raison de croire, puisque ce qui paraît absurde à l'homme n'a de sens qu'en Dieu.

- Deux traditions chrétiennes apparaissent alors :
  - le christianisme comme sagesse, en continuité avec la philosophie grecque, que l'on trouve chez Clément d'Alexandrie (160-215), Thomas d'Aquin (1227-1274), René Descartes (1596-1650) ;
  - le christianisme comme foi pure, dégagée de toute philosophie, qu'on trouve chez Tertullien (160-245), Blaise Pascal (1623-1662), Søren Kierkegaard (1813-1855).

B ~ Le Moyen Âge

- Au Moyen Âge, le heurt entre les deux traditions éclate à de nombreuses reprises.

  Saint Anselme de Cantorbéry (1033-1109) invente l'argument ontologique de l'existence de Dieu. Selon lui, la raison peut servir la méditation de la foi, mais elle ne peut aller au-delà. Le moine Abélard (1079-1142) veut aller plus loin : il veut développer la philosophie et chercher ses points d'accord avec la théologie. Condamné à la castration pour ses relations avec Héloïse, il apparaît comme une des nombreuses victimes du dogmatisme de l'Église. À la même époque, saint Bernard (1090-1153) refuse la philosophie et cherche à éloigner les moines de la vie intellectuelle. Il les oriente vers le travail manuel, lance la construction de grands édifices religieux. Ce faisant, il les conduira malgré lui à la réflexion puisqu'il faudra bien apprendre la géométrie et d'autres sciences pour bâtir.
- Au XIIIe siècle, les ordres religieux mendiants (les dominicains et les franciscains) sont fondés pour lutter contre les hérésies et revenir à une pratique plus simple et plus pure de la foi. À la même époque, le poète Jean de Meun, auteur du *Roman de la rose*, critique l'esprit de merveilleux et le providentialisme : selon lui, Dieu n'intervient pas sans cesse dans la nature en effectuant des miracles ; la nature est réglée par des lois nécessaires et universelles. Il fait dire à la nature : « Dieu a créé. Moi, je maintiens. » Jean de Meun cherche des explications rationnelles aux éclipses, aux comètes, aux marées. Il refuse de faire appel à Dieu, « cet asile de l'ignorance », comme le dira Spinoza.
- Mais l'événement le plus important est la redécouverte des œuvres d'Aristote à l'occasion des croisades. Le choc est brutal : le christianisme découvre une théorie cohérente du monde antérieure au Christ. La lecture d'Aristote est interdite en 1211, mais en vain, car les textes sont recopiés et circulent. On les étudie dans les universités d'Oxford et de Paris. Puis arrivent les traductions d'Averroès, plus fidèles à Aristote que les traductions d'Avicenne, donc moins conciliables avec le christianisme. Les polémiques entre partisans et adversaires de l'aristotélisme éclatent. Thomas d'Aquin réalise une vaste synthèse du christianisme et d'Aristote, de 1252 à 1268, dans sa *Somme théologique*. Il soutient que la philosophie est servante de la théologie : en ce qui concerne la connaissance de la nature, la philosophie est autonome ; mais en ce qui concerne la connaissance de Dieu, elle doit se mettre au service de la foi ; en cas de conflit entre une vérité de la raison et une vérité de la foi, c'est la vérité de la foi qui est la seule vraie. Mais à la même époque, Siger de Brabant maintient la séparation de la raison et de la foi ; ce sont deux ordres de vérités indépendantes. En 1277, l'Église condamne ses 219 propositions, jugées erronées, et l'emprisonne.

C ~ La Renaissance

À la Renaissance, le schisme de la Réforme provoque des remaniements internes à l'Église. Le concile de Trente (1545-1563) interdit, par exemple, l'interprétation métaphorique de l'Écriture sainte : il faut prendre à la lettre tout ce qui est écrit dans la Bible. La découverte de l'héliocentrisme par Copernic, les bouleversements introduits en astronomie par Tycho Brahe, Johannes Kepler et Galilée sont une nouvelle occasion de relancer le conflit de la foi et de la raison (voir Partie III - fiche 24). Dans sa lettre à Benedetto Castelli (voir texte 25), Galilée renverse totalement la hiérarchie entre la philosophie et la théologie. Selon lui, la vérité est une ; en cas de conflit entre une vérité démontrée par la raison et un passage de la Bible, c'est la vérité de raison qui est la seule vraie et il faut trouver une interprétation de la Bible adaptée à la vérité scientifique. Ce renversement est inacceptable pour l'Église, qui condamne Galilée en 1633.

2. Le Dieu de Descartes

A ~ Dieu et la philosophie

- René Descartes est un rationaliste, et sa conception de Dieu est essentiellement établie à partir de sa philosophie. C'est le Dieu des philosophes et des savants. Sa théologie est, malgré toutes les précautions d'usage que prend Descartes, une théologie au service de sa théorie de la connaissance. Quand on lit ses *Méditations métaphysiques*, il est évident que Dieu est un argument au service de la vérité philosophique. Dieu est défini comme l'auteur des vérités éternelles (par exemple, les vérités mathématiques), il est garant de la vérité et notamment de la vérité du Cogito. Dieu ne saurait nous tromper ; Dieu est bien distingué du malin génie. Il est à remarquer que Descartes démontre d'abord sa propre existence en tant qu'être pensant avant de démontrer celle de Dieu.

B ~ Dieu et l'homme

- Le Dieu de Descartes est l'auteur de la nature humaine : « C'est lui qui m'a créé comme être de raison, doté d'idées innées ; il a laissé sa trace en moi, sous la forme de l'idée de perfection. » D'ailleurs, Descartes en tire une preuve de son existence (voir Partie VII - fiche 70), il est certain d'être en mesure de démontrer, par sa raison, l'existence de Dieu.
- Le Dieu de Descartes accompagne le cheminement de la raison humaine : « Il me permet de comprendre et de rectifier mes erreurs de jugement, de maîtriser ma volonté lorsqu'elle veut dépasser les limites de mon entendement. » Dieu est enfin le principe de la raison dans le monde, il est désigné comme « l'incomparable beauté de cette immense lumière ».

3. Le Dieu de Pascal

A ~ Contre Descartes

- Blaise Pascal ne supporte pas le rationalisme de Descartes. « Je ne puis pardonner à Descartes : il aurait bien voulu, dans toute sa philosophie, pouvoir se passer de Dieu ; mais il n'a pu s'empêcher de lui faire donner une chiquenaude, pour mettre le monde en mouvement ; après cela, il n'a plus que faire de Dieu » (*Pensée* 77B). Le Dieu de Pascal, c'est le Dieu d'Abraham, d'Isaac et de Jacob, c'est le Dieu de la foi. Sa théologie est une théologie révélée en rupture avec la philosophie. Les arguments de l'existence de Dieu ne donnent pas la foi ; la raison doit reconnaître qu'une infinité de choses la surpassent. Dieu se connaît par le cœur, non par la raison. Jésus nous donne l'exemple : il ne fait pas de démonstrations, mais il parle par paraboles ; il persuade mais ne convainc pas ; il s'adresse au cœur.

B ~ Le salut

- Selon Pascal, ce n'est pas l'homme qui peut monter vers Dieu par la puissance de sa raison, mais c'est Dieu qui descend vers l'homme en lui offrant son amour, sa grâce. L'homme doit savoir répondre à cette proposition que Dieu lui fait d'avoir la foi. Dans la célèbre polémique des *Provinciales*, à partir de 1655, Pascal défend l'œuvre de Jansen, l'*Augustinus* (1640), qui expose la doctrine de la double détermination selon laquelle, à la naissance, Dieu donne ou ne donne pas la grâce ; ceux à qui il ne la donne pas seront damnés ; ceux à qui il l'accorde peuvent la cultiver ou ne pas la cultiver. Ceux qui ne la cultivent pas perdent la grâce et seront damnés ; ceux qui la cultivent seront sauvés. Le christianisme de Pascal est assez pessimiste. La liberté humaine y a peu de place, l'homme étant prédestiné par un choix de Dieu. L'essentiel de l'humanité est voué à la damnation à cause du péché originel.
- Sans Dieu, livré à lui-même et à sa seule raison, l'homme est perdu. C'est le thème de la misère de l'homme sans Dieu. La raison ne peut pas sauver l'homme ; elle ne peut même pas l'empêcher de pécher. L'argument du pari que l'on trouve dans la *Pensée* 233B et qui utilise une règle du calcul des probabilités pour montrer qu'il vaut mieux parier sur l'existence de Dieu que sur son inexistence, n'est pas une preuve de l'existence de Dieu : c'est, tout au plus, un moyen pour troubler le libertin et l'entraîner vers la prière. Dieu est un mystère qui nous dépasse infiniment. Descartes parle de lumière ; pour Pascal, « Jésus est un Dieu véritablement caché » (*Pensée* 751B.) Dieu est obscur.

À la fin du XVIIIe siècle, Emmanuel Kant sépare nettement la foi et la raison : les deux domaines sont étrangers et à jamais séparés par les limites de l'expérience. Cependant, il subsiste une ambiguïté dans la traduction d'une célèbre formule dans la préface de la deuxième édition de la *Critique de la raison pure*. Barni traduit : « J'ai dû supprimer le savoir pour lui substituer la croyance », ce qui évoque un regret de la part de Kant de ne pas savoir, de ne pas pouvoir démontrer rationnellement Dieu, la foi étant finalement une solution de repli, un pis aller. Tremesaygues et Pacaud traduisent : « Je dus abolir le savoir afin d'obtenir une place pour la croyance », ce qui implique que le savoir est un degré inférieur par rapport à la foi et donc qu'il faut savoir renoncer au savoir pour pouvoir accéder à la foi. Le texte allemand autorise les deux versions et permet à chaque camp de trouver dans le kantisme un apaisement du conflit.

Bibliographie

Pascal, B., Les Pensées, Paris 1961, Classiques Garnier.
Kant, E., La Religion dans les limites de la simple raison, Paris 1943, Vrin.

▶ Voir Partie II - textes 19 : « Les convictions du christianisme paulinien », saint Paul ; textes 20 : « L'argument ontologique de l'existence de Dieu », *Les Méditations métaphysiques*, R. Descartes ; *La Critique de la raison pure*, E. Kant.

FICHE 22

RELIGIONS ET MODERNITÉ

Disparition du religieux, retour du religieux ? Des mouvements contradictoires témoignent des effets de la modernité sur les traditions religieuses.

1. La sécularisation

A ~ La notion de sécularisation

- **La sécularisation** est un ample mouvement social suscité par la modernité. Les religions perdent de leur importance collective et de leur pouvoir et se replient sur la sphère de la vie privée. Elles ne sont plus le tissu idéologique collectif, globalisant, qui unifie la société, mais une affaire de conviction et d'engagement personnel. La sécularisation va de pair avec l'autonomie de la vie politique, avec l'émancipation d'une réflexion morale sans fondement religieux, avec le pluralisme religieux et la reconnaissance de la liberté religieuse.
- La sécularisation s'amorce dès le XVIIIe siècle, sous l'influence des Lumières. Particulièrement importante en France depuis la Révolution française, et surtout depuis la séparation de l'Église et de l'État (1905), elle touche tous les pays développés et se caractérise par l'exigence d'une **laïcité** de la vie sociale.

B ~ Religions et sécularisation

- Même dans une société sécularisée, une religion ne renonce pas aisément à sa fonction globalisante : former et guider toute la vie, individuelle et collective. Le catholicisme répond à la modernité par des réactions identitaires fortes, le **christianisme intégral** (E. Poulat), présent dans les courants progressistes intégrés à la modernité aussi bien que dans les milieux traditionnels.
- **Religions et sécularisation**
  Le protestantisme accepte la sécularisation, voire la promeut, l'orthodoxie veut l'ignorer, l'essentiel de l'islam et certains courants juifs la refusent. Le catholicisme développe une réponse par l'**Action catholique** et les mouvements missionnaires (y compris celui des prêtres-ouvriers) ; d'abord conçus comme reconquête chrétienne, ils sont devenus présence active à la modernité.
- Par les **orientations du concile Vatican II** (1962-1965) l'Église catholique prend acte de la sécularisation de la société, et engage un *aggiornamento* (« mise à jour »). La liberté religieuse est reconnue, le monde moderne est jugé avec une sympathie active, le croyant est invité à scruter les « signes des temps », et l'Église renouvelle sa liturgie et sa réflexion.
- L'**inculturation**, adaptation de la foi et de ses pratiques à la diversité des cultures, prend de l'ampleur, alors qu'elle avait été refusée au XVIIe siècle .

C ~ La baisse de la pratique religieuse

- **La pratique religieuse communautaire recule** considérablement dans les pays développés, sans que l'érosion des croyances soit aussi forte. L'appartenance religieuse comporte désormais des formes et degrés divers. Nombreux sont les pratiquants occasionnels et surtout les croyants « festifs » (participant au culte lors d'événements familiaux ou pour les grandes fêtes).

- Au début du XXe siècle, les **études de sociologie religieuse** (Le Bras) ont montré l'ampleur de la déchristianisation, mais aussi le caractère souvent conventionnel et extérieur de la christianisation antérieure. En ressort l'évidence du recul religieux, mais aussi la complexité du rapport des individus à leur religion.
- **Les renouveaux pastoraux** essaient de répondre à la désaffection des pratiques.

2. Rationalité et religion

A ~ Sciences et religion

- L'accord entre la pensée scientifique et les traditions religieuses est problématique depuis l'affaire Galilée (voir Partie III - fiche 25). Après 1853, la conception darwinienne de **l'évolution des espèces** (voir Partie III - fiche 28) suscite de nouvelles difficultés : on ne peut plus prendre à la lettre les datations internes au texte biblique, ce qui en ruine une lecture littérale stricte ; et si l'homme est lui-même produit de l'évolution, comment concevoir la forme et le moment d'une intervention créatrice de Dieu ? Accueillies d'abord avec méfiance, les théories de l'évolution amènent les traditions religieuses à repenser leurs affirmations de foi. Mais certains courants religieux, notamment dans le protestantisme américain, restent **créationnistes** en refusant l'idée d'évolution.
- Le développement des sciences a suscité une conception scientiste et positiviste (voir Partie IV - fiche 41). Le **spiritualisme** religieux réagit contre ce **positivisme** qui mutile une humanité caractérisée par des besoins spirituels.
- Le paléontologue Pierre Teilhard de Chardin (1881-1955) tente un **concordisme** entre science et foi : le Christ est le terme ultime de l'évolution et l'achèvement de l'humanité. Plus fréquente est la prise en compte des démarches et des résultats de la pensée rationnelle pour y confronter sa tradition religieuse, en un **dialogue** sans cesse renaissant qui refuse de rejeter la foi dans l'irrationnel.

B ~ Les critiques philosophiques modernes de la religion

- Les Lumières avaient critiqué l'intolérance religieuse, et l'irrationalisme de la religion. Nous avons vu le christianisme prendre en compte ces critiques (non sans difficultés). De nouveaux soupçons appararaissent avec Ludwig Feuerbach et Karl Marx : l'essence du christianisme est aliénation car l'homme transpose en Dieu les aspirations qui le caractérisent ; il prête à Dieu sa propre essence (conscience, liberté) et s'en trouve ainsi dépossédé. Marx ajoute à la critique de Feuerbach l'idée que la religion consolatrice « âme d'un monde sans cœur » détourne l'homme du monde réel qu'il faut transformer. Protestation, la détresse religieuse est aussi expression de la détresse, « opium du peuple » qui endort ses blessures au lieu de chercher à réaliser un monde plus heureux.
- **« Dieu est mort »**, proclame Friedrich Nietzsche, pressentant la profondeur des effets de la sécularisation et les transformations anthropologiques et spirituelles de l'humanité qu'elle inaugure. Dans *L'avenir d'une illusion* (1927), Sigmund Freud s'efforce de mesurer ce que les religions ont apporté à la civilisation, mais aussi ce qu'elles ont déformé dans la pensée humaine, et se demande ce que l'on gagnerait à une éducation non religieuse. Car l'émancipation religieuse, inéluctable, amène au rejet incontrôlé des interdits sociaux pourtant nécessaires, qu'il serait préférable d'inculquer sur un mode plus rationnel.

- Y a-t-il un **besoin religieux** de l'humanité, fondamental, ou la religion n'est-elle qu'une étape dans l'histoire de l'humanité ? Certains répondent que l'humanité sécularisée s'empresse de réinstaurer des absolus, le politique, l'argent, le corps, car le besoin de sacré est indépassable et son absence déstructurante.

C ~ L'autoréflexion rationnelle

- Le **modernisme** est un courant savant, rationnel et progressiste de l'Église catholique du début du XXe siècle, marqué par les recherches bibliques du protestantisme libéral. Il propose une réinterprétation rationaliste de la tradition religieuse et fut condamné par Rome. Mais ses résultats historiques ont été largement acceptés par la suite. Les courants progressistes actuels se réclamant de Vatican II pour l'amplifier sont souvent taxés de néo-modernisme.
- **Les renouveaux de la théologie** rompent avec le néo-thomisme du XIXe siècle, au profit de nouveaux courants de philosophie religieuse (Blondel), mais surtout d'un dialogue approfondi avec les sciences humaines.
- **Les théologies politiques et les théologies de la libération** refusent une sécularisation libérale dans laquelle les Églises se désintéresseraient des enjeux politiques et insistent sur le caractère libérateur de l'Évangile.

  Se développe ainsi, sous plusieurs formes, une **critique religieuse de la religion**, partie prenante du monde moderne, qui appelle à des transformations profondes.

3. Retour du religieux

A ~ Les sectes

- Les sectes répondent au sentiment d'insécurité personnelle, en organisant, souvent autour de l'autorité d'un gourou, un monde religieux clos et totalitaire.

B ~ Le Nouvel Âge

- Le Nouvel Âge, courant d'origine américaine qui relaie en partie la vogue des traditions de l'Inde, est représentatif du syncrétisme religieux : aspirations vagues et croyances mêlées, besoin de spiritualité mais refus des Églises instituées et des exigences de la pensée rationnelle.

C ~ Les courants charismatiques

- Les courants charismatiques revalorisent une expression affective de l'expérience spirituelle, dans une prière communautaire festive, espérant parfois des guérisons miraculeuses.

4. Les intégrismes

A ~ L'intégrisme

- L'intégrisme refuse la séparation entre le religieux et le politique et subordonne l'ensemble de la vie sociale à la loi religieuse. Initialement consubstantiel au judaïsme ancien et à l'islam, l'intégrisme s'est toujours trouvé relativisé dans le christianisme par les conflits entre pouvoir politique et pouvoir religieux.

B ~ Le traditionalisme

■ Le traditionalisme est attaché aux formes traditionnelles des pratiques et de l'éducation religieuse, mais ne s'accompagne pas nécessairement de positions intégristes. En revanche, il récuse la possibilité d'une formation morale laïque, et tient fortement au caractère absolu de principes moraux à fondement religieux.

C ~ L'islamisme

■ L'islamisme est une forme d'intégrisme dont le succès est fortement lié à son caractère d'alternative à une occidentalisation ruineuse, économiquement et culturellement, pour de larges couches de population désœuvrée, relativement illettrée et sans perspectives. L'imposition de la **charia**, ou loi religieuse musulmane, veut être une réponse morale et politique aux impasses de la modernité et voudrait restaurer la famille traditionnelle.

5. Fractures et transformations

A ~ Progressisme et traditionalisme

■ Les désaccords religieux essentiels entre progressisme et traditionalisme portent sur :
- **l'autonomie de la conscience morale** revendiquée par les progressistes ;
- **la place des femmes**, y compris dans la hiérarchie religieuse ;
- **la pensée critique**, et les rapports avec la réflexion rationnelle.

B ~ Enjeux de l'exégèse

■ **L'exégèse historico-critique** et **le pluralisme des méthodes de lecture de la Bible** ont été un facteur de dialogue entre les Églises et la pensée moderne.

■ **Les fondamentalismes**, attachés à une lecture littérale des textes sacrés, fournissant des réponses immédiates, caractérisent les groupes religieux traditionalistes et sectaires.

C ~ Orientations actuelles

■ **L'œcuménisme** est recherche d'unité entre les confessions chrétiennes.

■ **Le dialogue interreligieux** remet en question la prétention de chaque tradition à détenir seule toute la vérité spirituelle de l'humanité.

■ **L'action humanitaire des religions** est considérable.

Bibliographie

Clévenot, M. et alii, *L'État des religions dans le monde*, Paris 1987, La Découverte, Le Cerf.

▶ Voir Partie II - texte 21 : « La critique romaine du fondamentalisme religieux », *L'Interprétation de la Bible dans l'Église*, Commission biblique pontificale ;
texte 22 : « Dieu est mort », *Le Gai Savoir*, F. Nietzsche.

PARTIE III

LES ÉTAPES DE LA CONSTITUTION DES SCIENCES EXACTES ET DES SCIENCES DE L'HOMME

PASTEUR ET LA SCIENCE HUMAINE

Pasteur représente aujourd'hui encore le héros de la science vouée au service de l'humanité.

Louis Pasteur *peint par Edelfelt*

FICHE 23

LES DÉMARCHES MATHÉMATIQUES

Démontrer, c'est prouver, c'est-à-dire établir la vérité d'une proposition. Mais toute preuve n'est pas une démonstration. Pour qu'il y ait démonstration, il faut que la preuve d'une vérité soit établie comme conséquence nécessaire d'une autre vérité. Autrement dit, la démonstration est un enchaînement continu qui suppose des vérités antérieurement établies. **Toute démonstration** *est donc une déduction rigoureuse qui montre qu'une proposition est vraie parce qu'elle est la conséquence nécessaire d'une proposition déjà admise. Ce sont les mathématiciens grecs qui ont inventé la démonstration mathématique, rompant ainsi avec les recettes de calcul des Babyloniens : « L'originalité essentielle des Grecs consiste précisément en un effort conscient pour ranger les démonstrations mathématiques en une succession telle que le passage d'un chaînon au suivant ne laisse aucune place au doute et contraigne l'assentiment universel. » (Nicolas Bourbaki.) Dès le milieu du Ve siècle av. J.-C., les règles de la démonstration, telle que nous la connaissons aujourd'hui, sont établies. Mais l'émergence de la démonstration a été progressive. Le mot grec, qui, dans la langue mathématique, signifie démontrer (*deicnumi*), possède, dès l'origine, deux sens : – montrer concrètement, c'est-à-dire « présenter à la perception visible » (Platon) ; – montrer par la parole, c'est-à-dire expliquer (cf.* Iliade *IXe siècle av. J.-C.)*

1. La démarche pythagoricienne

A ~ Le principe

- Il semble que les plus anciennes démonstrations mathématiques consistaient, chez les Grecs, à donner une certitude appuyée sur le visible ; il fallait faire voir, concrètement. Pythagore (560-480 av. J.-C.) a fondé une école organisée en secte, qui a diffusé une telle pratique des mathématiques. Ainsi les nombres étaient-ils figurés sous forme de points disposés en équerres (les *gnomons*).
- À partir de cette représentation figurée des nombres, l'apprentissage des mathématiques se fait par la connaissance visuelle de tables, la répétition des mêmes opérations, et, bien sûr, l'entretien de la mémoire. Pour résoudre un problème, on procède pas à pas, selon la technique par essais et erreurs.

B ~ Un exemple

- Un passage du *Ménon* (81e-86b) de Platon nous donne un témoignage de l'ancienne façon de faire. Socrate veut montrer à Ménon comment on peut faire retrouver un théorème de géométrie à un jeune esclave, uniquement en lui posant des questions, par la maïeutique (voir Partie I - fiche 4). Ménon observe l'esclave ; l'esclave observe la figure ; observons ce qui se passe…

■ Partant d'un carré de deux pieds de côté, il s'agit de découvrir comment construire un carré de surface double. Socrate montre le carré de la base de la démonstration en traçant la figure 1. L'esclave propose de doubler la longueur du côté et Socrate montre que c'est une erreur en traçant une nouvelle figure. Si l'on double le côté, on obtient une surface quadruplée.

Puisqu'il faut une longueur supérieure à deux pieds, mais inférieure à quatre pieds, l'esclave commet l'erreur classique de proposer un côté de trois pieds.

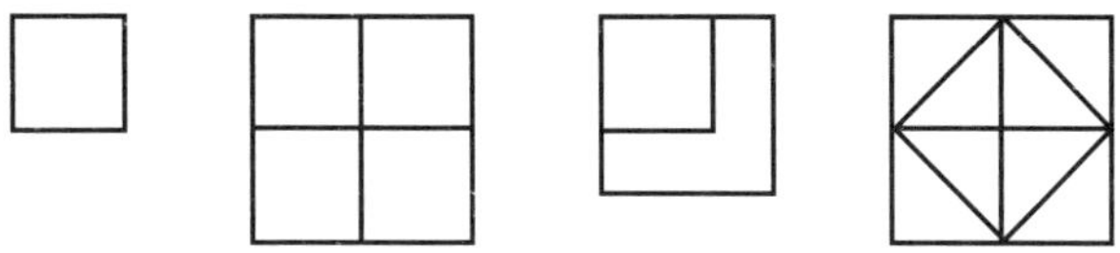

Fig. 1 **Fig. 2** **Fig. 3** **Fig. 4**

Socrate montre par une troisième figure que la surface serait alors de neuf pieds.

Il efface les trois figures, en construit une nouvelle (figure 4) et trace une diagonale (« Cette ligne tirée d'un angle à l'autre ne coupe-t-elle pas en deux chacun de ces quatre espaces ? », demande-t-il).

■ En faisant raisonner l'esclave sur les surfaces ainsi divisées, il lui permet de trouver la bonne réponse : le carré de surface double est le carré construit sur la diagonale du carré de base. Certes, Socrate fait appel au raisonnement de son interlocuteur. Mais la mise en évidence visuelle joue un rôle clé dans la démonstration. La preuve en est que si Socrate n'avait pas tracé la fameuse diagonale (soufflant ainsi la bonne réponse à son élève, comme le font la plupart des enseignants par des interrogations négatives), le jeune esclave n'aurait probablement jamais trouvé la solution.

2. La démarche euclidienne

A ~ Le principe

■ Euclide (v. 300 av. J.-C.) est l'auteur des *Éléments*, véritable bible des mathématiciens durant vingt siècles. La démarche euclidienne se caractérise par une mise en scène ritualisée. Ce rituel se compose d'une suite d'étapes toujours identiques :

- l'énoncé ou la proposition (*protasis*) : consiste à énoncer la proposition à démontrer ou la construction à effectuer ;
- l'exposition (*ekthesis*) : consiste à introduire une configuration avec des lettres désignant les différents points ;
- la détermination : consiste à réitérer l'énoncé à propos de cette figure. Par exemple : « il faut construire sur la droite AB... » ;
- la préparation ou construction : consiste, quand c'est nécessaire, à préparer la figure par des constructions auxiliaires ;
- la démonstration proprement dite : consiste à déduire le résultat ;
- enfin, dans la conclusion, la proposition est reformulée comme étant le résultat de la démonstration, avec toute la généralité possible. On y ajoute les formules « ce qu'il fallait faire » (CQFF) pour un problème de construction, ou « ce qu'il fallait démontrer » (CQFD) pour un théorème.

B ~ Un exemple

En général, la mise en évidence visuelle n'est plus au premier plan dans la démonstration euclidienne. Elle est remplacée par l'enchaînement de raisonnements logiques, c'est-à-dire par la certitude purement rationnelle. On peut observer cette rationalité pure dans les livres arithmétiques, comme au Livre VII, proposition 33, des *Eléments :*

- Tout nombre composé est mesuré par quelque nombre premier.

  Que A soit un nombre composé ; je dis que A est mesuré par quelque nombre premier.

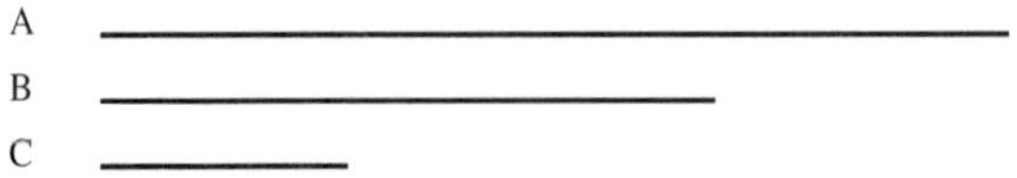

« Puisque A est un nombre composé, quelque nombre le mesurera (déf. 13-7). Que quelque nombre le mesure, et que ce soit B. Si B est un nombre premier, on aura ce qui est proposé ; et si B est un nombre composé, quelque nombre le mesurera. Que quelque nombre le mesure, et que ce soit C. Puisque C mesure B, et que B mesure A, le nombre C mesurera A ; et si C est un nombre premier, on aura ce qui est proposé. Si C est composé, quelque nombre le mesurera ; d'après une telle considération, il restera quelque nombre premier qui mesurera le nombre qui est avant lui, et le nombre A. Car s'il ne restait pas de nombre premier, il y aurait une infinité de nombres qui mesureraient A, et qui seraient plus petits les uns que les autres, ce qui ne peut pas arriver dans les nombres (déf. 2.7). Il restera donc quelque nombre premier qui mesurera le précédent, et le nombre A. Donc, etc. »

- La démonstration est un raisonnement par l'absurde : elle consiste à montrer que la régression à l'infini dans la décomposition d'un nombre est impossible, et qu'il y aura toujours un nombre premier au terme de la décomposition. Cette démonstration ne se comprend que si l'on n'admet, comme le pensaient les Grecs, que les entiers naturels positifs à partir de un. On ne pourra donc jamais descendre en dessous de un dans la division des nombres.

  Nous voyons qu'Euclide se situe tout à fait dans la ligne platonicienne (« l'objet de l'arithmétique est du domaine de la pensée pure »). C'est l'essence même du nombre, énoncée dans ses définitions (déf. 2.7 : « un nombre est un assemblage composé d'unités » ; déf. 13.7 : « un nombre composé est celui qui est mesuré par quelque nombre »), qui commande les relations entre les nombres ; ce n'est pas du tout leur réalité concrète. Euclide ne raisonne pas sur les figures des nombres (les nombres sensibles), mais sur le nombre en soi. Il s'agit d'un enchaînement d'évidences de la raison, et non d'une mise en scène d'évidences visuelles.

- L'attrait esthétique que les Grecs éprouvaient pour les idées les a fait pécher par excès d'idéalisme. Pour eux, la beauté se trouve dans les Idées et non dans ce que l'homme ajoute aux Idées. C'est pourquoi ils ont unifié et simplifié au mieux l'exposition de leurs connaissances. Mais, ce faisant, ils ont écarté tous les problèmes qui introduiraient quelque disharmonie dans la représentation du monde (comme l'infini, le devenir, les irrationnels). Ils ont aussi négligé la recherche d'applications pratiques de leur science ; en effet, pour les Grecs, s'intéresser aux machines et au travail, c'était abaisser et souiller le savoir en faisant descendre les mathématiques du ciel sur la terre.

3. La démarche de Descartes

A ~ L'expérience des mathématiques

- Dans un premier temps, Descartes se tourne vers les mathématiques qui connaissent un essor important à son époque. Elles sont pour lui les sciences les plus certaines et les plus faciles. En effet, il suffit de savoir déduire des conséquences par le raisonnement pour aboutir à la vérité. On n'a pas besoin de se confronter à l'expérience pour vérifier leurs propositions. De plus, elles s'appliquent à toutes les autres sciences (physique, astronomie, mécanique, etc.) et servent de modèle pour toute recherche (voir texte 23).

- En 1631, Descartes résout un problème très difficile, le problème de Pappus (école d'Alexandrie, IVe siècle apr. J.-C.) dont on avait retrouvé les *Collections mathématiques* à la fin du siècle précédent.

  « Ayant 3 ou 4 ou plus segments de droites (AB, AD, EF et GH), données par position, on demande un point C tel qu'on puisse mener d'autres droites sur les droites données, qui fassent avec elles des angles donnés et que les produits deux à deux des segments soient égaux. »

  Descartes choisit deux lignes comme axes de coordonnées, AB et BC, supposées connues, qu'il appelle x et y. Il invente ce que l'on appelle aujourd'hui « les coordonnées cartésiennes ». Cela lui permet d'exprimer les équations des différentes droites (exemple : $\frac{AB}{BC} = \frac{x}{y}$; si BR = z, alors CR = y + z ; etc.). Il algébrise la géométrie.

B ~ Une leçon

- Pour résoudre le problème, il emploie une ruse qui consiste à faire comme s'il avait trouvé la chose cherchée, à en déduire les conséquences, puis à remonter de ces conséquences jusqu'à leur cause, pour découvrir l'inconnue. C'est ce qu'on appelle l'**analyse**. Dans sa *Géométrie* de 1637, il la définit ainsi : « Voulant résoudre quelque problème, on doit d'abord le considérer comme déjà fait, et donner des noms à toutes les lignes qui semblent nécessaires pour le construire, aussi bien à celles qui sont inconnues qu'aux autres... » On parcourt la difficulté suivant l'ordre de dépendance des lignes les unes par rapport aux autres. On trouve une équation pour chaque ligne inconnue, et, de proche en proche, on réduit toutes les inconnues à des équations connues. On retiendra que l'analyse est une démarche de découverte qui part des vérités conditionnées comme si elles étaient connues pour remonter à leurs conditions.

- La **synthèse** est une démarche d'exposition des connaissances qui part des principes (ou conditions) et en déduit les conséquences (ou vérités conditionnées).

Bibliographie

Platon, *Ménon*, Paris 1967, Garnier-Flammarion.
I.R.E.M., *Mathématiques au fil des âges*, Paris 1987, Gauthiers-Villars, Bordas.

▶ Voir Partie III - texte 23 : « Les quatre règles de la méthode », *Le Discours de la méthode*, R. Descartes.

FICHE 24

LES SYSTÈMES ASTRONOMIQUES DE LA RENAISSANCE

Un système astronomique est une théorie au sens le plus littéral du terme grec theoria, *à savoir un spectacle, une contemplation de l'Univers. Nous allons voir comment, en l'espace d'à peine un siècle, plusieurs théories se sont succédé, engendrant rupture sur rupture et réaménagements des concepts.*

1 - Le système de Ptolémée (IIe siècle apr. J.-C.)

A ~ Son origine

- Le système prévalant au début de la Renaissance était celui de Ptolémée, un astronome de l'école d'Alexandrie. Son œuvre l'*Almageste* constitue une somme des connaissances astronomiques de l'Antiquité. On y trouve les observations les plus précises qui puissent être faites à l'œil nu sur les mille vingt-deux étoiles et les huit planètes connues à l'époque.

B ~ Ses thèses

- Sa cosmologie repose sur des propositions simples qui relèvent de l'évidence visuelle :
  - le ciel est une vaste sphère fermée sur laquelle sont fixées les étoiles (les « fixes ») ;
  - la Terre est également une sphère . En effet, le Soleil ne se lève ni ne se couche à la même heure pour tous les habitants de la Terre, et, sur mer, les sommets des montagnes apparaissent avant leur base ;
  - la Terre occupe le centre des cieux, sinon on verrait plus d'étoiles d'un côté des cieux que de l'autre ;
  - la Terre est immobile. Elle n'est animée ni d'un mouvement rectiligne (sinon elle s'éloignerait du centre du monde), ni d'un mouvement de rotation (sinon les objets s'envoleraient par la force centrifuge, et les oiseaux n'auraient pas à battre des ailes pour voler vers l'Ouest) ;
  - tout mouvement céleste est un mouvement circulaire uniforme ; pour rendre compte des mouvements irréguliers des astres qu'on appelle les « errants » (par exemple, les variations de l'éclat de Mars), on fait appel à des épicycles (petits cercles dont le centre se trouve lui-même sur un cercle) ; cet arrangement complique singulièrement l'ensemble puisque l'on compte jusqu'à cinquante-deux épicycles.

  Ce système est corrélé par des textes sacrés comme la Bible et satisfait tout le monde durant le Moyen Âge.

2 - Le système de Nicolas Copernic (1473-1543)

A ~ Sa découverte

- Nicolas Copernic est élevé par son oncle Lucas Watzelrode, qui devint évêque de Warmie, en Prusse. Vivant dans une région souvent embrumée, il ne peut faire d'observations astronomiques ; il s'appuie sur celles de Ptolémée. C'est grâce à ses connaissances en trigonométrie qu'il construit une nouvelle représentation du monde : le Soleil se trouve au voisinage du centre de l'Univers, la Terre tourne autour du Soleil, comme les autres planètes, et elle tourne sur elle-même, ce qui explique l'illusion géocentrique (voir texte 24).
- Il aurait eu cette idée très tôt, dès 1505, et aurait achevé son œuvre pour l'essentiel en 1530, alors qu'elle ne parut qu'en 1543, l'année de sa mort. En 1539, Copernic reçoit la visite d'un jeune professeur protestant, Georg Joachim Rheticus, qui avait entendu parler de ses idées. Ce dernier est immédiatement conquis par la nouvelle théorie et envoie un résumé, la *Narratio Prima*, au mathématicien Johann Schöner. C'est par cet exposé que Copernic va d'abord être connu.

B ~ La polémique

- C'est sous la pression de son jeune admirateur que Nicolas Copernic accepte enfin de publier son œuvre, achevée depuis au moins 1530. Rheticus lui trouve un éditeur, Andréas Osiander, célèbre théologien luthérien, et donc très au fait des enjeux considérables de la thèse copernicienne. Craignant les réactions violentes, Osiander propose à Copernic de présenter ses idées comme de simples hypothèses. Copernic refuse, mais Osiander se permet d'insérer à son insu une préface qui sera longtemps attribuée à tort à Copernic, malgré une lettre de celui-ci au pape Paul III, dans laquelle il rectifie le contenu de cette préface.
- Ce « faux » est néanmoins un document très intéressant sur la façon dont un théologien du XVIe siècle peut encore traiter les mathématiques et l'astronomie. Le titre mentionne d'emblée la notion d'**hypothèse**, terme très ambigu à l'époque puisqu'il ne recouvre pas seulement le sens qu'il a actuellement d'explication supposée (*hypo*, dessous, *thèse*, ce qui est posé), mais aussi le sens de principe, c'est-à-dire de proposition fondamentale, d'affirmation première sur la réalité des choses. Osiander joue sur ce double sens du mot, présentant ce que Copernic affirme pour fondamental comme ce qui n'est que simple supposition.
- Derrière cette dévalorisation de la science, on trouve également un débat entre les théologiens qui veulent sauver à tout prix la cohérence du système de Ptolémée et les mathématiciens qui soutiennent la prévalence de l'invention scientifique sur la conservation d'une théorie philosophique. Une citation de Ptolémée entretient la confusion : « Chacun doit s'efforcer de faire concorder du mieux qu'il peut les hypothèses les plus simples avec les mouvements célestes ; mais si cela ne réussit pas, il doit prendre celles des hypothèses qui s'adaptent aux faits. » Au lieu d'affronter les faits dans la recherche du vrai, Ptolémée préfère adapter les hypothèses, sans les remettre en cause de fond en comble. De même, on reprend à l'époque la fameuse injonction de Platon « sauver les phénomènes » en en déformant le sens. On l'interprète au sens de « tenons-nous en aux apparences et ne cherchons pas à connaître la réalité », alors que Platon voulait dire : « Retrouvons la structure intelligible de ce qui apparaît. » Sauver voulait dire comprendre. L'esprit scientifique n'est pas encore mûr à l'époque et l'on comprend que les théologiens réclament de l'astronomie, non pas une

représentation exacte de la réalité cosmique, mais des calculs permettant de prédire sans erreur les positions des astres. En posant le principe de l'héliocentrisme et de la rotation terrestre, Copernic bouleverse la représentation du monde et explique l'origine de l'erreur géocentrique ; il ne sauve pas les apparences (au sens de les maintenir). Bien au contraire, il nous fait comprendre nos erreurs de perception.

C ~ Ses limites

- Malgré tout, Copernic n'est pas si révolutionnaire que cela, et on a pu dire qu'il n'était pas copernicien ! En effet, il maintient certaines des croyances de la théorie traditionnelle :
  - le mouvement des planètes est un mouvement circulaire et uniforme, en harmonie avec la forme sphérique des planètes – il reprend donc la solution des épicycles pour le centre de l'orbite de certains astres ;
  - si le Soleil se situe au centre du monde, c'est parce qu'il est l'astre le plus beau, qui éclaire le reste du monde ;
  - le monde est clos par une sphère des fixes immobile car elle est le lieu de l'Univers ;
  - les planètes sont portées par des orbes solides.
- La rupture opérée par Copernic est donc très partielle. Il s'agit d'un décentrement des planètes, mais pour l'essentiel, la nature des astres et de leurs mouvements reste inchangée. C'est Kepler qui va mener à son terme la révolution copernicienne.

3. Le système de Jean Kepler (1571-1630)

A ~ Sa recherche

- Après le théoricien Copernic, on trouve en Kepler un acharné calculateur. D'origine modeste – son père était mercenaire –, il eut la chance de bénéficier d'une bourse d'études et fit en Allemagne, à Tübingen, des études humanistes classiques. En 1594, il est nommé professeur de mathématiques, et pour attirer les étudiants rebutés par l'astronomie, il traite des questions astrologiques – les deux domaines étaient encore très mêlés à cette époque.
- Son ambition est de trouver une loi géométrique générale qui rende compte de l'harmonie du monde. Il est copernicien, mais aussi très marqué par le pythagorisme de Platon. Ses recherches sont tâtonnantes, laborieuses, remplies d'échecs – des années entières consacrées à des calculs aboutissent à des contradictions avec les données de l'observation. Mais au lieu de se décourager, il persiste et raconte ses longs errements dans ses ouvrages.
- En 1600, il est recruté par Tycho Brahe pour son observatoire. Il est chargé d'étudier Mars. Kepler profite alors de données d'observation très fiables. Il préfère cependant le système de Copernic à celui de Tycho Brahe.

B ~ Ses découvertes

Après huit ans de recherches, il publie en 1609 son *Astronomie nouvelle*, consacrée à Mars, et qui contient les deux premières de ses trois célèbres lois.

- Première loi : la nature des orbites.

Les planètes décrivent des ellipses dont le Soleil occupe un des deux foyers. Une ellipse est une courbe plane fermée dont chaque point est tel que la somme de ses distances à deux points fixes appelés foyers est constante.

- Deuxième loi : la loi des aires.

  Le rayon vecteur qui joint une planète au Soleil balaie des aires égales en des temps égaux. Les aires sont égales à partir d'arcs inégaux. La planète va plus vite au voisinage du Soleil que lorsqu'elle en est éloignée.

- Troisième loi : la loi harmonique.

  La troisième loi a demandé neuf ans de recherches supplémentaires à Kepler. Elle est publiée dans l'*Harmonie du monde* en 1618, et représente la réalisation du vieux rêve de Kepler puisqu'elle harmonise le système entier des planètes grâce à une seule loi géométrique.

  Les carrés des temps des révolutions sont proportionnels aux cubes des moyennes distances des planètes au Soleil. Soient t1, le temps de révolution de Mars autour du Soleil, et t2, celui de Vénus. Soient a1, la moyenne distance (le demi-grand axe) de Mars au centre, et a2, celle de Vénus.
  On obtient le schéma suivant :

On a $\frac{(t1)^2}{(a1)^3} = \frac{(t2)^2}{(a2)^3}$ = Constante

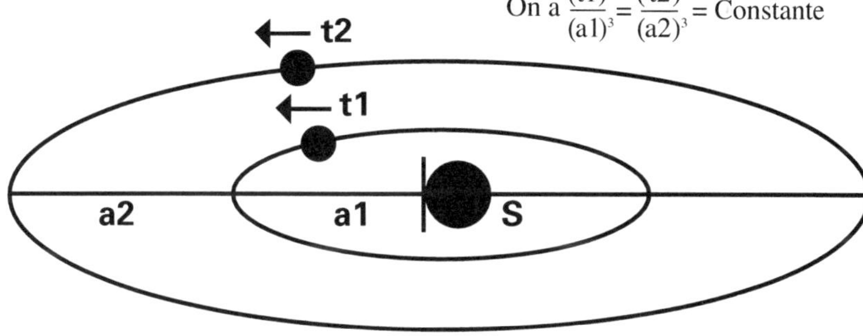

Le système final rompt définitivement avec le privilège de la circularité. Pour apprécier l'enjeu considérable de cette rupture, signalons que Galilée lui-même n'accepta pas cet abandon.

Le titre d'un ouvrage de Koyré, *Du monde clos à l'univers infini*, résume bien l'œuvre accomplie en astronomie, de Copernic à Kepler. En un siècle, on est passé de l'idée d'un monde sphérique et éternel, fermé et fini, constitué de huit enveloppes successives, à un Univers elliptique et changeant, ouvert et infini, dans lequel les planètes circulent librement. Cet Univers n'est plus nécessairement une œuvre divine dont le centre serait l'homme ; c'est un lieu immense dans lequel l'homme n'est plus qu'une poussière. Pascal s'exclamera : « Le silence éternel de ces espaces infinis m'effraie. »

Bibliographie

Koyré, A., *Du monde clos à l'univers infini*, Paris 1973, Gallimard, Coll. Tel.
Verdet, J.-P., *Astronomie et astrophysique (recueil de textes)*, Paris 1993, Larousse.

▶ Voir Partie III - texte 24 : « La révolution copernicienne », *La Critique de la raison pure*, E. Kant.

FICHE 25

L'AFFAIRE GALILÉE

En 1609, Galilée (1564-1642) est informé de l'existence d'une lunette fabriquée par des Hollandais. Ils l'avaient proposée à leurs chefs militaires pour l'observation à distance du mouvement des navires ennemis. Il fabrique à son tour une lunette avec un grossissement linéaire de 30 (mais sans correction pour la mesure des angles). Au lieu de la destiner à des fins militaires, il la tourne vers le ciel et observe la Lune. En 1610, il publie un premier recueil de ses observations, le Sidereus Nuncius (le Message céleste). *Il y considère la Terre et la Lune comme deux astres de même constitution. Il soutient que les étoiles sont en nombre infini ; il annonce la découverte de trois étoiles près de Jupiter ; il découvre les phases de Vénus et les taches solaires. Tant de découvertes ne pouvaient que le rendre célèbre.*

1. La montée de l'affaire

A ~ Le problème

- Une lettre à son ami et disciple, le père Benedetto Castelli, du 21 décembre 1613, lance la polémique (voir texte 25). Galilée prétend dégager la science de l'obéissance à l'autorité religieuse. En effet, on a opposé au système de Copernic un passage de la Bible qui affirme la course du Soleil autour de la Terre : pour finir une bataille contre les ennemis d'Israël, Josué obtient de Dieu une suspension de la course du Soleil (Livre de Josué, 10, 12).
- Comment résoudre la contradiction entre la théorie scientifique et l'Écriture sainte ? Galilée commence par affirmer que cette dernière ne peut mentir ou se tromper. Mais c'est pour ajouter immédiatement que « certains de ses interprètes », c'est-à-dire les théologiens aristotéliciens, eux, le peuvent. Ils prennent l'Écriture sainte trop à la lettre, oubliant qu'elle contient des métaphores, des images à destination pédagogique pour le peuple.

B ~ La thèse de Galilée

- Que faire en cas de conflit entre la science et l'Écriture ? Pour trouver l'arbitrage, Galilée rappelle d'abord que l'Écriture et la nature sont toutes deux des œuvres de Dieu – on ne saurait donc accuser Dieu de contradiction. Ensuite, il montre une différence essentielle entre les deux : l'Écriture adapte ses propos à l'intelligence des hommes, alors que la nature n'a que faire de la compréhension humaine et suit inexorablement ses lois. Galilée en tire la thèse suivante : « Il apparaît que, des effets naturels, ce que l'expérience sensible nous fait voir ou ce qu'une démonstration nécessaire nous oblige à conclure, ne doit absolument pas être révoqué en doute au nom de tel passage de l'Écriture... »

- On ne saurait être plus clair : en cas de contradiction entre l'Écriture et la science, c'est la science qui, par ses expériences et ses démonstrations, a raison. Les théologiens doivent montrer que les textes sacrés s'accordent aux conclusions de la raison et non l'inverse ; ils doivent s'abstenir d'engager les sentences de l'Écriture contre la science. C'est un véritable renversement de l'autorité dans l'établissement du vrai. La science doit l'emporter sur la théologie.

2. L'AFFAIRE ELLE-MÊME

A ~ La crise

- À la suite de cet écrit, une plainte est déposée contre Galilée auprès du Saint-Office (institution chargée de surveiller la fidélité à la doctrine chrétienne). Le cardinal Bellarmin cherche à apaiser l'affaire, mais le bouillant et impétueux Galilée se laisse entraîner hors du terrain de la physique, sur le terrain de la métaphysique. Il écrit à la grande-duchesse Christine : « L'intention du Saint-Esprit est de nous enseigner comment on doit aller au ciel, et non comment va le ciel. »
- En 1618, la controverse rebondit à l'occasion de l'apparition de trois comètes. Galilée écrit un ouvrage sur la méthode scientifique : l'*Essayeur*. C'est dans cet ouvrage que se trouve la fameuse formule : « Le livre de la nature est écrit en langage mathématique. » L'ouvrage est accueilli favorablement par le pape Urbain VIII.

B ~ Le procès

- Pendant quatorze ans, on en reste là. Mais en 1632, Galilée publie un nouveau livre, *Dialogue sur les deux principaux systèmes du monde*. Il revient sur le sujet tabou et défend le système de Copernic. Parmi les trois personnages du dialogue, celui qui représente les aristotéliciens est appelé Simplicio (simplet) et le pape Urbain VIII se sent directement visé. Galilée perd tous ses appuis dans la hiérarchie de l'Église et se retrouve devant le Saint-Office. Le tribunal hésite beaucoup. L'affaire oppose des clans – par exemple, les jésuites et les dominicains – qui cherchent à régler leurs comptes à cette occasion. Galilée est condamné le 22 juin 1633 à abjurer ses thèses et à vivre en résidence surveillée jusqu'à la fin de ses jours.
- Qui sont les responsables de cette malheureuse affaire ? On peut d'abord accuser les mentalités toujours si longues à admettre les idées nouvelles. On peut aussi accuser l'institution religieuse, si jalouse de ses prérogatives dans l'enseignement de la vérité. Mais à côté du prudent Copernic, il faut bien avouer que le bouillant Galilée fait figure de provocateur. Toutefois, il lui fallait beaucoup d'audace, si peu de temps après la condamnation au bûcher de Giordano Bruno, pour affirmer la priorité de la science sur la théologie.

Bibliographie

Michel, P. H., *Galilée, Dialogues et lettres choisis*, Paris 1966, Hermann.

▶ Voir Partie III - texte 25 : « La science et la religion », Lettre à Don Benedetto Castelli du 21 décembre 1613, G. H. Galilée.

FICHE 26

LA MÉTHODE EXPÉRIMENTALE

On désigne par l'expression « révolution copernicienne » le bouleversement introduit par Nicolas Copernic en 1543, dans la méthode scientifique. Avec Copernic, on passe de la représentation géocentrique de l'Univers (le Soleil tourne autour de la Terre) à la représentation héliocentrique (la Terre tourne autour du Soleil, et tourne sur elle-même, ce qui explique l'illusion géocentrique). Mais surtout, le décentrement modifie la place respective du sujet et de l'objet de la connaissance : avant Copernic, le sujet tournait autour de l'objet sans le modifier, et en prenait connaissance par l'observation ; avec Copernic, l'objet est questionné, manipulé, transformé éventuellement, pour sanctionner les hypothèses émises par le sujet. C'est la méthode expérimentale.

Kant résume bien l'œuvre des savants de la Renaissance et du XVIIe siècle : « Ils comprirent que la raison ne voit que ce qu'elle produit elle-même (...) qu'elle doit obliger la nature à répondre à ses questions et ne pas se laisser conduire pour ainsi dire en laisse par elle » (voir texte 24). D'une soumission aux données accordées par la nature au cours d'une observation, on est passé à l'interrogatoire de la nature par des procédés expérimentaux. Kant fait aussi cette double analogie : dans l'observation, l'homme est à la nature ce qu'un disciple est à un maître ; dans l'expérimentation, l'homme est à la nature ce qu'un juge est à un témoin.

1. La codification de Claude Bernard

C'est bien après avoir été inventée et pratiquée que la méthode expérimentale a été théorisée par Claude Bernard (1813-1878) dans son *Introduction à l'étude de la médecine expérimentale* (1865). Il distingue trois temps dans la méthode :

A ~ L'observation d'un fait-problème

- Toute recherche expérimentale consiste à trouver une réponse à une question. Cette question est posée à la suite de l'observation d'un fait qui pose problème parce qu'il se trouve en contradiction avec la théorie admise. La recherche ne commence pas avec une simple observation, mais avec une contradiction entre la théorie et l'expérience.

B ~ La formulation d'une hypothèse

- Pour résoudre cette contradiction, le chercheur doit imaginer une nouvelle explication qui rende compte du fait ; c'est une proposition supposée (*hypothesis*) qu'il faudra confronter à la réalité.

C ~ La vérification expérimentale de l'hypothèse

- Il s'agit de faire la vérité (vérifier) sur l'hypothèse en la confrontant à la réalité au cours d'une expérience. Entendue au sens de l'expérimentation, une **expérience** est une reproduction artificielle d'un phénomène dans des conditions telles qu'on en maîtrise tous les paramètres, et telles que tout autre chercheur puisse la reproduire. (N.B. : le mot « expérience » possède deux autres significations : l'expérience comme savoir ou savoir-faire accumulé avec le temps – on parle ainsi de l'expérience des hommes sages, de l'expérience professionnelle ; l'expérience comme ensemble des phénomènes qui se manifestent à nous, ce qui est donné au sujet dans l'acte de connaître et qui sera traité par la raison).

2. L'EXEMPLE DE LA FONCTION GLYCOGÉNIQUE DU FOIE

Claude Bernard, à la fois théoricien et praticien de la méthode expérimentale, a pu démontrer l'efficacité de cette méthode par ses découvertes sur la transformation du glucose dans l'organisme (1843).

A ~ Le fait-problème

- Cherchant ce que devient le sucre dans l'organisme vivant, Claude Bernard alimente des lapins avec du sucre en quantités différentes. Or, en prélevant du sang, il découvre que le taux du sucre est constant, quelle que soit l'alimentation en sucre. « Je trouvai que le sang de tous les animaux contient du sucre, même quand ils n'en mangent pas. » Il y a là un problème : d'où vient ce sucre ?
- Claude Bernard décide d'abandonner la théorie de « l'aliment respiratoire », selon laquelle le sucre provient exclusivement de l'alimentation et est détruit par la respiration dans les poumons. « Quand le fait qu'on rencontre est en opposition avec une théorie régnante, il faut accepter le fait et abandonner la théorie, lors même que celle-ci, soutenue par de grands noms, est généralement adoptée. »

B ~ La formulation d'une hypothèse

- Claude Bernard imagine qu'un organe spécialisé de l'organisme emmagasine le sucre et le restitue sous une forme dérivée dans le sang au fur et à mesure des besoins.

C ~ La vérification expérimentale de l'hypothèse

- Claude Bernard commence par effectuer des prélèvements tout au long du circuit sanguin et constate une différence du taux de sucre à l'entrée et à la sortie du foie ; l'organe recherché est donc le foie.
- Pendant un bon moment Claude Bernard va piétiner dans sa recherche en prélevant des foies de lapins pour mesurer la variation du taux de sucre dans différents états physiologiques. Il répétait toujours deux fois ses dosages. Il est, un jour, dérangé dans ses analyses et doit renvoyer à plus tard le second dosage. Le lendemain, en comparant ses résultats avec ceux de la veille, il s'aperçoit que pendant la nuit la quantité de sucre avait augmenté ; réfléchissant longuement sur cette différence, il élimine un par un les paramètres qui auraient pu intervenir jusqu'à ce qu'il découvre le rôle essentiel de la température : la nuit, il avait rangé le foie dans une étuve, le replaçant ainsi à la température de 38°,

température interne du corps de l'animal. Il institue alors la célèbre expérience du lavage de foie : on injecte de l'eau dans les vaisseaux hépatiques pour débarrasser le foie du sucre qu'il contient, on le place durant vingt-quatre heures à 38°, puis on mesure le taux de sucre et l'on constate qu'il a augmenté : le foie produit du sucre sous la forme dérivée du glycogène ; c'est la fonction glycogénique du foie.

3. La grande expérience du puy de Dôme

A ~ La recherche

- Dans ses recherches sur le vide, Blaise Pascal est amené à formuler l'hypothèse de la pression atmosphérique ; il parle de la pesanteur de l'air. Pour en vérifier la réalité, il conçoit une expérience au puy de Dôme, dont il confie la réalisation à son beau-frère Florin Périer. Le récit de cette expérience est un véritable modèle de pratique expérimentale. Toutes les précautions, toutes les mesures, toutes les observations sont faites et notées avec une maîtrise et une clarté remarquables, révélatrices de l'esprit moderne au XVIIe siècle (voir texte 26).
- Dans sa lettre à Périer, Pascal indique clairement ce qu'il attend de lui. Il doit pratiquer l'expérience ordinaire du vide, c'est-à-dire celle de Torricelli, avec un tuyau et du mercure, au bas et au sommet d'une montagne. Il doit par là mettre en évidence le rôle de la pesanteur de l'air, qui est moindre au sommet qu'au pied de la montagne ; cette pesanteur de l'air est la seule cause du vide. On réduira à néant la formule aristotélicienne, « la nature a horreur du vide », qui ne saurait varier dans la nature selon l'altitude !

B ~ L'expérience

- Le compte rendu est d'une précision remarquable – non dépourvu toutefois de notes personnelles sur l'enthousiasme des participants – et n'omet aucune précaution nécessaire.
  - La préparation préalable : on utilise le même mercure, bien mêlé, et deux tuyaux parfaitement identiques ; on prend des mesures précises (26 pouces, 3 lignes 1/2), que l'on répète pour être certain. Et on laisse un tuyau surveillé par un témoin.
  - L'expérience : notons le soin dans les mesures (500 toises, 23 pouces 2 lignes), les répétitions (5 fois) pour éviter les illusions éventuelles dans l'observation, la variation des conditions extérieures de l'atmosphère (à découvert, à l'abri, avec ou sans vent, avec ou sans humidité) pour dépister une interférence éventuelle d'autres paramètres.
  - L'expérience intermédiaire : plus près du pied que du sommet de la montagne, on refait l'expérience pour vérifier la régularité de la variation du phénomène (25 pouces) : le mercure baisse quand l'altitude augmente (et inversement). On change aussi d'expérimentateur (M. Mosnier) pour éviter le soupçon de manipulation ou d'erreur dans l'expérience.
  - La confrontation au témoin : on vérifie la constance du phénomène qui va servir d'étalon. On compare les deux tuyaux pour établir la validité des mesures opérées avec le tuyau transporté. On répète encore la mesure pour plus de certitude.
- Ce modèle de compte rendu expérimental établit indiscutablement le rôle de la pesanteur de l'air dans l'apparition du vide et ne peut que faire taire les aristotéliciens, partisans de l'horreur du vide.

4. Les résultats de la méthode

Les fruits de la méthode expérimentale peuvent être classés à trois niveaux :

A ~ L'hypothèse

- Le niveau le plus simple est celui des hypothèses. Dès qu'une hypothèse de recherche est solidement confirmée ou infirmée par l'expérience, elle donne lieu à une publication dans une revue spécialisée, dans le but d'éviter à d'autres chercheurs de perdre leur temps en travaillant sur la même tâche ; travail le plus quotidien du chercheur mais dont le grand public entend rarement parler.

B ~ La loi

- Le second niveau est plus prestigieux : c'est l'élaboration d'une **loi scientifique**. Une loi scientifique est une proposition confirmée par l'expérience, qui établit des relations constantes et nécessaires entre les phénomènes observés, permettant ainsi de prévoir des phénomènes futurs. Par exemple, dans la loi de l'énergie cinétique, $E_C = \frac{1}{2} MV^2$, les lettres désignent des paramètres, c'est-à-dire des phénomènes observés et contrôlés (E = énergie ; M = masse ; V = vitesse) ; entre ces phénomènes sont posées des relations mathématiques (« = », « 1/2 », « ^{2} »).
- Connaissant deux des trois paramètres, on pourra calculer le troisième. Grâce aux lois scientifiques, il est possible de trouver des applications techniques du savoir. Auguste Comte disait : « Savoir pour prévoir afin de pouvoir. »

C ~ La théorie

- Le troisième niveau est le plus rare et le plus monumental. C'est celui des théories scientifiques. Une **théorie** scientifique est un ensemble organisé d'hypothèses confirmées et de lois visant à expliquer la totalité ou un groupe de phénomènes. Exemples : la théorie de l'évolution des espèces de Charles Darwin, la théorie de la relativité d'Albert Einstein. Les théories sont de vastes synthèses qui exigent un savoir très étendu dans un domaine de la science.
- Il ne faudrait cependant pas exagérer le rôle de la méthode. « La méthode expérimentale ne donnera donc pas des idées neuves et fécondes à ceux qui n'en ont pas ; elle servira seulement à diriger les idées chez ceux qui en ont et à les développer afin d'en retirer les meilleurs résultats possibles. L'idée, c'est la graine ; la méthode, c'est le sol qui lui fournit les conditions de se développer » (Claude Bernard). On peut avoir la meilleure méthode et un esprit très rigoureux, sans idée, cela reste stérile.

Bibliographie

Bernard, Cl., *Introduction à l'étude de la médecine expérimentale*, Paris 1966, Garnier-Flammarion.

Bachelard, G., *La Formation de l'esprit scientifique*, Paris 1972, Vrin.

▶ Voir Partie III - texte 24 : « La révolution copernicième », *La Critique de la raison pure*, E. Kant ; texte 26 : « La grande expérience du puy de Dôme », B. Pascal.

FICHE 27

LA NAISSANCE DE LA CLINIQUE

Née à la fin du XVIIIe siècle, la médecine moderne a la modestie efficace d'une attention empirique au perçu. La description systématique des symptômes introduit un nouveau rapport entre le visible et l'invisible, et entre le voir et le dire.

1. L'OBSERVATION MÉDICALE ET SES MÉTHODES

Nous nous laisserons guider par trois exemples.

A ~ La dissection et la clinique

- Le nouvel esprit médical se rattache à la découverte de l'**anatomie pathologique**, appliquant les méthodes de l'analyse à la médecine. Jusque-là, les préjugés auraient fait obstacle à l'ouverture des cadavres, et c'est dans la pénombre des savoirs clandestins et maudits que l'anatomie aurait poursuivi ses recherches... Puis vinrent les Lumières, et la mort eut droit à la clarté.
- Cette reconstitution est inexacte. Au XVIIIe siècle, les autopsies sont courantes, la Renaissance avait commencé à les imposer. Mais le mythe fonctionne comme justification : « Du jour où il fut admis que les lésions expliquaient les symptômes (...), il fallut bien convoquer une histoire transfigurée où l'ouverture des cadavres, au moins à titre d'exigence scientifique, précédait l'observation, enfin positive, des malades » (M. Foucault, *La Naissance de la clinique*, p 127.)
- Xavier Bichat (1771-1802) et ses collègues cliniciens, préoccupés d'apparenter les symptômes et d'en saisir le langage, ne sont pas tous familiers de cette investigation des corps muets. Anatomie et clinique ne sont pas d'emblée du même esprit, même si la cohérence d'une pensée anatomo-clinique s'est ensuite profondément imposée. Ces deux figures distinctes du savoir ne se rejoignent qu'au prix d'un mutuel aménagement.

B ~ L'introduction du sthétoscope

- L'examen clinique (c'est-à-dire mené au lit du malade) fait affleurer ce qui s'étage en profondeur. L'anatomoclinicien cherche des signes pour étudier un cas ; il a affaire à la complexité des données spatiales. L'oreille et le toucher viennent, dans l'auscultation, s'ajouter à la vue.
- Sous la Restauration, Laennec, pour la première fois, penche l'oreille vers la poitrine des femmes. Le recours au toucher est tardif, et la nouvelle curiosité scientifique rend manifeste l'interdit. Avec le stéthoscope, l'écran moral devient médiation technique. Ce n'est d'ailleurs plus la pudeur qui interdit le contact, mais la saleté et la misère. Distance solidifiée, qui se fait écran de projection, le stéthoscope transmet des événements profonds et invisibles par une voie mi-tactile mi-auditive. Le regard médical enserre ainsi des champs sensoriels différents et définit une configuration perceptive complexe.

C ~ Pasteur

■ Chez Louis Pasteur, « franc-tireur de la science », apparaît l'antagonisme entre le chercheur et le praticien. Mais l'éloge est universel : la rage tuait peu par rapport à la tuberculose, mais frappait les esprits par les douleurs du patient. Et le modèle infectieux suggère une image précise de la maladie : l'agression de l'organisme sain (innocent) par un agent microbien nuisible. Le vaccin et l'hygiène sont alors les défenses imparables.

2. De l'approche clinique du malade à une anthropologie de la maladie

A ~ Les modèles pathologiques

■ En Europe, l'idée dominante de la maladie comme atteinte externe ne s'applique pas avec la même pertinence à toutes les affections. Le diabète, par exemple, est davantage lié à un dysfonctionnement interne, à une difficulté de la régulation. Les deux types de modèles pathologiques coexistent. La psychanalyse, qui relie le trouble psychique à l'organisation pulsionnelle interne, ou l'apparition du concept d'erreur en pathologie (voir texte 27) remettent en question la dominance du modèle de l'agression externe. Or, l'erreur implique un mal originaire, qui ne met en cause nulle responsabilité mais qui est inéluctable.

B ~ Les leçons de l'hôpital

■ Le développement de la clinique est étroitement lié aux formes de l'hospitalisation. Depuis le grand enfermement du XVIIe siècle, qui rassemble errants, fous et délinquants dans l'hôpital général, s'est effectuée une opération de tri, de regroupement des cas semblables, de classification. L'enseignement hospitalier réorganise toute la connaissance médicale. Après Pasteur, l'hôpital devient aussi le lieu de référence et de diffusion de l'hygiène sociale.

C ~ Évolution des conceptions psychopathologiques

■ De l'hôpital naît aussi la pensée aliéniste du XIXe siècle, qui applique le modèle clinique aux maladies mentales. L'étude des symptômes (sémiologie) permet le développement d'une étude et d'une classification des maladies psychiques (nosologie psychiatrique) de plus en plus fine, qui ne se contente plus du « traitement moral » (sorte de rééducation énergique), et se pose des questions de pronostic et d'étiologie (recherche des causes déterminantes de la maladie). La question de l'origine des troubles psychiques et l'abandon progressif de l'idée de dégénérescence ouvrent le champ de la psychopathologie moderne.

Bibliographie

Dubos, R., *Louis Pasteur, franc-tireur de la science*, Paris 1971, La Découverte.
Foucault, M., *Histoire de la folie à l'âge classique*, Paris 1972, Gallimard, Coll. Tel.
Foucault, M., *La Naissance de la clinique*, Paris 1963, Puf.
Laplantine, F., *Anthropologie de la maladie*, Paris 1986, Payot.

▶ Voir Partie III - texte 27 : « L'erreur en pathologie : sens et enjeux », *Le Normal et le pathologique*, G. Canguilhem.

FICHE 28

LA QUESTION DE L'ÉVOLUTION

La question de l'évolution est une question paradoxale : on y voit une théorie admise aujourd'hui comme scientifique alors qu'elle n'est toujours pas formellement vérifiée ; on y voit une conception révolutionnaire de l'espèce humaine qui a pu justifier les théories politiques les plus rétrogrades. Un retour sur les propositions élémentaires de l'évolution est indispensable pour en comprendre les enjeux.

1. Le fixisme

A ~ Une création divine

- La théorie dominante jusqu'au début du XIXe siècle, concernant l'origine des espèces, est le **fixisme** : les espèces sont actuellement ce qu'elles ont toujours été depuis leur création ; elles ne changent pas ; elles sont fixes. Cette théorie prend place dans une théorie plus large sur l'origine du monde : le **créationnisme**, d'après lequel le monde est né de l'acte créateur de Dieu.

B ~ Les limites

Mais de multiples faits d'observation accumulés pendant le XVIIIe siècle s'opposent au fixisme. Ils sont d'ordre :

- biogéographique : la différence entre les espèces de poissons de part et d'autre de l'isthme de Panama, alors que les conditions biologiques et climatiques sont les mêmes, est étonnante ;
- anatomique : le nombre des vertèbres cervicales est identique chez la girafe et chez l'hippopotame, alors que la longueur de leur cou est très différente ;
- paléontologique : les fragments fossilisés disposés par strates selon leur âge présentent une continuité laissant supposer une transformation progressive des espèces (ainsi la réduction progressive des cinq doigts au doigt unique du cheval) ;
- embryologique : le développement de l'embryon, observable chez les animaux, à l'occasion d'avortements, semble passer par des formes anciennes de l'espèce. On trouve, par exemple sur des embryons de mammifères, des organes de respiration aquatique qui ressemblent à ceux des espèces sauriennes.

  Le recoupement de ces faits suggère une autre histoire que celle qui nous est rapportée dans la Bible.

2. La théorie de Lamarck (1744-1829)

Inventeur du mot « biologie », Jean-Baptiste Lamarck présente une nouvelle théorie dans sa *Philosophie zoologique* de 1809 : le **transformisme** est la théorie d'après laquelle les espèces vivantes ne sont pas fixes et distinctes, mais variables et susceptibles de se transformer les unes dans les autres. Les formes vivantes changent au long des innombrables générations. Cette théorie s'articule autour de deux lois fondamentales :

A ~ L'adaptation aux variations du milieu

- Si les formes changent, c'est d'abord parce que les circonstances, le milieu changent : « Ce n'est point la forme soit du corps, soit de ses parties, qui donne lieu aux habitudes, à la manière de vivre des animaux ; mais ce sont au contraire les habitudes, la manière de vivre et toutes les circonstances influentes qui ont, avec le temps, constitué la forme du corps et des parties des animaux. » Ainsi, partout où le chien a été introduit par l'homme, de nouvelles races sont apparues.
- Cette première loi repose sur un présupposé : « La fonction crée l'organe. » Comment une telle création peut-elle avoir lieu ? Si l'on refuse l'intervention divine, il faut admettre une seconde loi.

B ~ La transmission héréditaire des caractères acquis

- Il faut que des modifications acquises par l'individu au long de sa vie soient transmises à ses descendants par l'intermédiaire de l'hérédité. Certes, il ne peut s'agir d'une transmission visible entre le parent et le petit, ni d'une transmission concernant des caractères importants. C'est une transformation qui serait observable sur de nombreuses générations. Lamarck prévient que nous ne pouvons pas vérifier expérimentalement cette opération parce que nous manquons du temps nécessaire – des siècles, des millénaires.
- Cependant, nous pouvons déjà observer les modifications que l'homme, par la pratique de l'hybridation, a pu infliger aux végétaux cultivés et aux animaux domestiques. C'est sur des temps très longs qu'ont lieu les transformations spécifiques.

C ~ La controverse

La théorie de Lamarck a été immédiatement controversée par deux courants.

- Le **catastrophisme** de Cuvier (1769-1832), pour qui les espèces sont renouvelées après chaque catastrophe géologique. Cette explication rend à Dieu sa puissance créatrice et correspond bien au goût romantique pour les phénomènes grandioses de la nature. On est en plein romantisme, et Cuvier obtient un grand succès au détriment de Lamarck.
- Le **conservatisme religieux**, notamment en Angleterre, refuse toute mise en question des paroles bibliques. On reste attaché à la lettre de l'Écriture sainte, par exemple à l'épisode de l'Arche de Noé.

  Aussi, malgré sa notoriété parmi les scientifiques, Lamarck est déconsidéré, pour ses idées, aux yeux du grand public.

3. La théorie de Darwin (1809-1882)

Charles Darwin a la chance de participer en tant que naturaliste à une expédition de cinq ans autour du monde. Il en tire des enseignements en faveur du transformisme, mais, par peur des critiques, il retarde la publication de ses réflexions. Il ne veut pas être assimilé à Lamarck et connaître le même sort. Il fera tout pour nier cette filiation. Un de ses confrères, Wallace, est sur la même piste ; c'est pour ne pas perdre la paternité de sa théorie que Darwin se résout à publier *De l'origine des espèces,* en 1859, alors que son œuvre était déjà rédigée depuis 1844.

A ~ Les variations

- Comme Lamarck, Darwin est frappé par la multiplicité des formes vivantes et par leur remarquable adaptation à leur milieu. Il lui paraît évident que les espèces se modifient, mais ni l'influence de l'environnement, ni, bien entendu, une quelconque volonté des organismes ne lui paraissent des explications satisfaisantes. Darwin ne dispose pas des lois de la génétique qui seront découvertes quelques années plus tard, en 1862, par Gregor Mendel. Il considère seulement que des lois de variabilité s'exercent sur les êtres vivants : tout individu est unique et un enfant ne ressemble pas, absolument, trait pour trait, à ses parents.
- Darwin ne parle pas de « mutations aléatoires », comme le feront ses disciples avertis des lois de Mendel ; il parle seulement de variations « au hasard », entendant par hasard non pas un degré de probabilité, mais notre ignorance des causes réelles des variations. Parmi les causes possibles, il retient l'usage ou le non-usage des parties du corps : l'usage développe un organe ; le non-usage l'atrophie.

B ~ La sélection naturelle

- Comment les variations des individus s'articulent-elles pour faire évoluer l'espèce entière ? Darwin trouve une réponse en lisant en 1838 un article de Malthus sur les populations. Selon Malthus, les êtres vivants tendent à se reproduire plus vite (selon une progression géométrique) que les subsistances dont ils peuvent disposer (qui croissent selon une progression arithmétique). Fatalement, la vie devient une lutte impitoyable pour la survie. Seules les formes les plus adaptées aux conditions du milieu survivent et peuvent se reproduire. Les autres disparaissent. C'est la sélection naturelle qui pousse les espèces à toujours s'améliorer, c'est-à-dire à suivre les exigences de leur milieu de vie.

C ~ L'enjeu de l'évolutionnisme

- Cet enjeu est plus grave encore que celui du transformisme. En effet, le transformisme de Lamarck implique une harmonie entre le vivant et son milieu ; on pourrait proposer une origine divine à cette harmonie (Dieu aurait imposé une causalité finale au fonctionnement de la nature). Mais l'évolutionnisme semble plutôt être un mécanisme : des lois impitoyables obligent le vivant à évoluer ou à périr. On ne voit guère une place pour l'harmonie. À la fin de son ouvrage, au chapitre XV, Darwin s'efforce de rétablir cette idée d'harmonie dans la nature en montrant comment les lois de l'évolution tendent à la perfection et à la beauté des formes vivantes, comme si l'évolution était un mécanisme de création continuée par lequel Dieu perfectionnait sans cesse son œuvre.

  Darwin affirme que tout est orienté vers la production des animaux supérieurs ; la nature entière est donc finalisée en vue de développer au mieux les formes vivantes. Il peut alors retrouver une volonté divine derrière ce puissant mécanisme : « N'y a-t-il pas une véritable grandeur dans cette manière d'envisager la vie, avec ses puissances diverses attribuées primitivement par le Créateur à un petit nombre de formes, ou même à une seule ? »

Malgré cette plaidoirie pour se concilier les bonnes grâces de la religion, la théorie de Darwin est toujours interdite d'enseignement dans certains États des États-Unis !

4. LE DARWINISME SOCIAL

A ~ La doctrine de l'eugénisme

■ L'Anglais Francis Galton, cousin de Charles Darwin, fonda en 1883 l'**eugénisme** (du grec *eu*, bien, bon, solide, et *genos*, race), science de l'amélioration des races supérieures, et créa une association et une revue destinées à sensibiliser l'opinion publique sur l'eugénisme. Rejoint par d'autres scientifiques européens et américains, il fut à l'origine d'un mouvement considérable au début du XXe siècle.

Sa valeur de référence, c'est la pureté de la population. Des maladies telles que l'alcoolisme, la débilité mentale et la tuberculose menacent la population. Or, on sait qu'elles prospèrent dans certaines couches populaires parmi les plus pauvres et les plus reproductrices. On affirme même que la criminalité et l'idiotie sont héréditaires. Par conséquent, pour protéger la partie saine et forte de la population, pour épargner à la société le coût élevé de ces maladies, des mesures politiques d'hygiène publique sont réclamées aux gouvernements. Il faut rétablir, contre la protection des faibles par la société, la loi de la nature qui les élimine, à savoir la sélection naturelle.

B ~ La politique eugéniste

■ Aux États-Unis, en Scandinavie et en Allemagne, diverses mesures sont prises en ce sens : il s'agit d'abord de la stérilisation des criminels, des « faibles d'esprit », des pervers sexuels, des fous – stérilisation obligatoire, rarement volontaire. Puis il s'agit de l'euthanasie pour des enfants mal formés ou idiots. On parle en Allemagne, à partir de 1920, de « vie qui ne vaut pas la peine d'être vécue ». En 1939, des médecins sont désignés pour signaler les malades incurables ou les enfants mal formés à des instituts d'euthanasie. À partir de cette date, on pratique le gazage. On connaît la suite...

Cette tragédie peut nous apporter au moins une leçon : il n'y a pas nécessairement convergence entre les intérêts de la science et les droits de l'homme.

Bibliographie

Darwin, Ch., *De l'origine des espèces*, Paris 1992, Garnier-Flammarion.

Jacquard, A., *Éloge de la différence*, Paris 1978, Le Seuil.

▶ Voir Partie III - texte 28 : « La modélisation dans la découverte de l'ADN », *La Double Hélice*, J. Watson.

FICHE 29

MODÈLES ET THÉORIES

La dimension théorique est inséparable de la démarche scientifique – même l'expérience y est constamment conceptualisée.

1. De l'hypothèse aux modèles

A ~ L'hypothèse

- L'hypothèse scientifique constitue une interrogation susceptible de permettre une explication adéquate des faits étudiés. Elle doit rendre compte de leur nature spécifique, mais aussi être cohérente avec l'ensemble du domaine scientifique dans lequel elle s'insère. Les concepts qu'elle formule doivent pouvoir être réalisés dans des expériences. Le double réseau des expériences et des hypothèses concourt à l'élaboration d'une loi scientifique, expression de rapports universels établis entre les faits conceptualisés (voir Partie III - fiche 26).

B ~ La notion de modèle

- Or, il est de plus en plus rare qu'une science ait recours à une **hypothèse** : les lois déjà établies et les questions en suspens sont trop imbriquées, chaque nouvelle interrogation met en jeu plusieurs explications conjointement nécessaires. Il s'agit donc d'élaborer un **modèle** d'explication possible (par exemple la configuration de la molécule d'ADN, voir texte 28).
- **Définition** : un modèle est un processus qui représente un autre processus (son objet), de telle sorte que des correspondances précises puissent être établies entre des moments homologues de l'un et de l'autre.
- **Réflexion** sur la définition : outre l'intérêt d'étudier conjointement un ensemble d'aspects, la modélisation se caractérise par l'insistance sur le **processus**. Le travail scientifique ne se réfère plus seulement à des « faits » observables et stables. Le processus introduit la temporalité au cœur de l'hypothèse elle-même.
- **Quelques propriétés générales des modèles**.
  - Le modèle est capable d'un déroulement (des données d'entrée aux résultats).
  - Celui qui conçoit le modèle opère des choix : le modèle est une **représentation partielle de l'objet**, **abstraite**, c'est-à-dire construite en faisant abstraction d'une multitude de caractéristiques.
  - L'**approximation** est inhérente au modèle : du fait même de son abstraction, les caractéristiques inférées seront elles aussi partielles, affectées d'une erreur plus ou moins grande selon la qualité du modèle.
  - Le modèle comporte une **détermination pratique** car le choix des caractéristiques représentées répond aux usages que l'on attend du modèle.
  - La modélisation est un **détour** qui donne accès à des résultats difficilement accessibles autrement, en même temps qu'une caractéristique essentielle de la connaissance : on ne connaît jamais un phénomène qu'en le **confrontant** à d'autres phénomènes.

- Des **modèles complexes** sont construits par combinaison de modèles élémentaires. Tout projet technologique est ainsi une modélisation. Même si tout modèle implique un minimum de théorisation, on distingue des modèles empiriques, n'ayant que peu d'assise sur des lois scientifiques, et des modèles hautement théoriques. On peut concevoir des modèles matériels (maquettes, comme pour l'ADN) et des modèles conceptuels (courbes mathématiques). Parmi les modèles complexes, notons le développement des simulations.

  La modélisation diversifiée est très riche, mais n'est pas une synthèse : elle combine les modèles mais ne les intègre pas dans une compréhension d'ensemble.

2. THÉORIES

A ~ Qu'est-ce qu'une théorie scientifique ?

Une théorie se définit par un langage et des axiomes. Elle propose une explication unifiée des résultats de la pratique et de la pensée scientifiques dans un domaine donné. Une théorie nouvelle dérive de celles qui l'ont précédée, en délimite le champ d'application, et entend proposer une compréhension plus large et plus puissante des phénomènes (*cf.* la relativité d'Einstein).

B ~ Fonctions de la théorie scientifique

- **Fonction unificatrice** : ce rôle est le plus manifeste, et marque les grandes étapes de l'histoire des sciences : synthèse de la mécanique terrestre et de la mécanique céleste avec Newton, de l'optique et de l'électromagnétisme avec Maxwell, de l'évolution des espèces et de la génétique avec la théorie synthétique de l'évolution. Une théorie n'est pas une simple réunion de lois, elle dégage une identité de structure entre différents phénomènes.
- **Fonction heuristique** (de découverte) : la théorie suscite des prévisions. Ainsi la théorie de la gravitation universelle avait fait prévoir l'existence de la planète Neptune pour rendre compte de perturbations observées. Plus largement, la vue d'ensemble permise par la théorie est essentielle dans la détermination des programmes de recherche les plus pertinents.
- **Fonction explicative** : la théorie est une tentative de rendre raison des phénomènes et de leurs liaisons significatives. En dégageant des structures, elle assigne des causes et pose des principes, permettant de penser des aspects importants de la structure de la matière et des fonctionnements de l'Univers.

  La généralité de la théorie n'empêche pas sa rigueur. Résultat et moyen de la recherche scientifique, cadre des modélisations qu'elle permet ou suggère, elle formule l'état de la connaissance scientifique dans un domaine donné.

Bibliographie

Bonitzer, J., *Les Chemins de la science*, Paris 1993, Éditions sociales.
Chalmers, A. F., *Qu'est-ce que la science ?*, Paris 1987, La Découverte, Coll. Livre de poche biblio.
Prigogine, I., et Stengers, I., *La Nouvelle Alliance*, Paris 1979, Gallimard, Coll. Folio essais.

▶ Voir Partie III - texte 28 : « La modélisation dans la découverte de l'ADN », *La Double Hélice*, J. Watson.

FICHE 30

L'HISTOIRE

On rapporte traditionnellement l'invention de l'histoire à Hérodote (484-420 av. J.-C.) : l'Histoire a d'abord été une sauvegarde de la mémoire des événements grâce à l'écriture. Le deuxième grand historien de l'Antiquité est Thucydide (470-395 av. J.-C.). Les grandes conquêtes forment évidemment l'essentiel de cette Histoire.

Il faut prendre garde à une ambiguïté du mot histoire en français. Il désigne aussi bien la science historique que son objet (l'ensemble des événements du passé). Ainsi, l'expression « le sens de l'histoire » peut à la fois signifier l'orientation prise par le cours des événements et la signification, voire l'utilité de l'étude historique.

1. Les écoles en histoire

La pratique de l'histoire a elle-même une histoire. Ainsi, deux grandes tendances se sont affrontées.

A ~ L'histoire événementielle

- La conception la plus traditionnelle de l'histoire reste très proche du **récit des événements**. Ceux-ci s'articulent autour de quelques personnages importants – les gouvernants, les rois et les princes – qui « font » l'histoire. Ainsi Jules Michelet (1798-1874) fonde l'Histoire de France à la manière dont elle fut ensuite longtemps enseignée, exaltant quelques grandes figures nationales auxquelles il est aisé de s'identifier, dont les faits singuliers sont faciles à retenir (Vercingétorix se rendant à Jules César, saint Louis rendant la justice sous son chêne, Jeanne d'Arc brûlée à Rouen, etc.).
- Cette conception repose sur trois options fondamentales. Les acteurs de l'histoire sont les gouvernants ; le peuple joue un rôle secondaire. Les documents permettant de reconstituer les faits sont les écrits de l'époque. La méthode à suivre pour établir la vérité est la confrontation critique des écrits de diverses sources ; le principal obstacle tient à la fiabilité de ces documents ; il n'est guère possible d'en tirer des certitudes lorsqu'ils se contredisent.

B ~ L'école des Annales

- En 1929, Lucien Febvre (1978-1956) et Marc Bloch (1886-1944) fondent une revue, les *Annales d'histoire économique et sociale*. Comme ce titre le laisse entendre, il s'agit de pratiquer une autre histoire, privilégiant cette fois la **vie quotidienne et concrète des peuples**, à travers les évolutions économiques et sociales. Les travaux de cette école, longtemps ignorés du public en France, ont influencé de nombreux historiens contemporains : Fernand Braudel, Georges Duby, Emmanuel Le Roy Ladurie, Philippe Ariès… Les objets étudiés par cette histoire sont essentiels pour comprendre une époque.

- Cette conception repose sur trois autres options fondamentales. Les acteurs de l'histoire sont le peuple et la situation économique du pays. Les documents permettant de reconstituer les informations sont les archives d'où l'on peut tirer des statistiques : les archives militaires de l'armée napoléonienne permettent de reconstituer l'état sanitaire des jeunes Français, selon leur département d'origine..., les traces matérielles de toutes sortes (le climat, sur plusieurs années...). La méthode à suivre consiste principalement à opposer les informations objectives obtenues par une longue collecte aux écrits officiels.
- Cette nouvelle conception de l'histoire remet également en cause la notion traditionnelle du temps. Au temps uniforme dont le rythme soutenu est marqué par les événements politiques et militaires, l'école des Annales oppose une **triple division du temps** : la longue durée pour l'histoire du climat, du relief et des traditions, dont l'unité de mesure est le siècle, voire le millénaire ; la moyenne durée pour l'histoire économique et sociale, dont l'unité de mesure est la génération ; la courte durée pour l'histoire événementielle, dont l'unité de mesure est l'année, voire la semaine ou la journée.

2. Un sens à l'histoire ?

A ~ Histoire « originale » et histoire « réfléchie »

- Les relectures du passé sont fonction des **approches employées** et des **philosophies défendues**. L'histoire « originale », selon Hegel, est faite par ceux qui y ont pris part ; l'histoire édifiante vise l'apologie. Joinville admirait Saint Louis comme le modèle du roi-chevalier. *La Chanson de Roland* évoque *a posteriori* la période carolingienne selon les normes de l'aristocratie féodale du XIIe siècle. Le discours tenu sur l'histoire peut défendre une lecture religieuse : l'histoire serait un ordre assigné par les desseins de la divine Providence, pour le salut du genre humain (Bossuet, *Discours sur l'histoire universelle*).
- L'histoire « réfléchie », selon Hegel, veut rendre le passé intelligible. Ainsi en témoigne la préface de l'*Esprit des lois* de Montesquieu (1748). Celui-ci veut créer une science des lois positives en discernant un ordre hors du hasard, écartant le subjectif et le particulier, pour établir des causes générales et nécessaires. Sa démarche historique et relativiste est implicitement moderne et critique. Avec l'*Essai sur les mœurs*, Voltaire plaide aussi pour une histoire rationnelle, articulée en fait à l'idée de Progrès, permis par la vertu et la moralité.

B ~ Philosophies de l'histoire

- Hegel constitue lui-même une histoire « philosophique » où la Raison s'exprime à travers la réalité significative du développement historique. C'est l'Esprit, sa volonté raisonnable et nécessaire, qui guide les événements du monde. Cette conception idéaliste de l'histoire donne un rôle prépondérant à quelques héros en considérant que ce sont les idées qui déterminent le monde réel. Par exemple, Hegel voyait en Napoléon le génie transformant l'Europe par la puissance d'une passion mise au service de ses idées.
- Selon Marx, l'histoire est avant tout l'histoire des **luttes de classes** (voir Partie V - fiche 48) ; les idées ne déterminent pas les événements. Cette conception matérialiste de l'histoire pose la vie sociale et matérielle comme le fondement de l'évolution historique. Par exemple, Marx voit dans la Révolution française la lutte concrète de la bourgeoisie contre la noblesse et le clergé, par l'entremise du peuple. Les idées des philosophes ont été invoquées *a posteriori* pour justifier la

nouvelle vision de la société. Marx défend une **philosophie matérialiste** ; la Nature n'est plus une totalité achevée mais un processus de transformation, selon le mouvement dialectique des classes et des forces. Il s'agit d'une véritable physique historique, constitutive, selon ses adversaires, d'une métaphysique, d'une religion de substitution, avec ses nouveaux dogmes : sens de l'histoire, société sans classes au terme de l'histoire, rôle salvateur et messianique du prolétariat... Dogmes dénoncés par Aron dans **L'Opium des intellectuels** (1955).

- L'écriture de l'histoire est sous-tendue par ces présupposés philosophiques. Par exemple, l'histoire événementielle est plutôt idéaliste, celle de l'école des Annales proche du matérialisme, sans être marxiste toutefois. Elle accorde beaucoup d'importance à l'étude des structures et des mentalités.

3. L'HISTOIRE COMME DISCOURS SUR L'HISTOIRE

A ~ L'Histoire comme récit

- Distincte de *Geschichte*, devenir social, histoire désigne en allemand l'histoire comme **discours et représentation**. L'histoire est récit, constitution d'une narrativité, détermination des événements. Loin de collecter des faits neutres et objectifs, c'est l'historien qui établit le récit du passé. Dans *De la connaissance historique*, Marrou conteste la critique historique positiviste de Langlois et Seignobos, auteurs de l'*Introduction aux études historiques* (1898), se limitant aux seuls faits, croyant à une histoire réaliste, révélée par le labeur de la critique. Au contraire, « l'histoire est le résultat de l'effort, en un sens créateur... » en vue d'« un rapport entre le passé et le présent ». L'écriture de l'histoire n'est pas neutre, dans ce qui est retenu, expliqué...
- D'une part, elle doit établir une **périodisation** ; la distinction des « ruptures » de la modernité, établie par l'histoire au XIXe siècle, est en fait expression de l'idéologie du progrès. D'une période à une autre, n'y a-t-il pas continuité, héritages, antécédents ? D'autre part, elle doit discerner des liens de **causalité**. Loin d'être une cause, l'événement est souvent la résultante d'une évolution. Dans *L'Ancien Régime et la Révolution*, Tocqueville définit la Révolution comme aboutissement d'un processus à la fois libéral et égalitaire (voir Partie VII - fiche 75), ce que Aron nommera « la loi de Tocqueville ». La Révolution aurait déjà été faite implicitement avant 1789, et perdrait ainsi le sens de rupture fondatrice que l'histoire traditionnelle lui avait accordé.

B ~ L'histoire révélatrice de l'idéologie

- Certes, le XIXe siècle se voulait rationaliste, scientifique, tourné vers les enquêtes, la documentation, les vastes sommes, les œuvres monumentales – telle fut l'*Histoire de la Révolution* de Michelet. Au-delà de la vocation objective, l'Histoire est transformée en épopée de l'Humanité en marche. Avec « le Peuple » à l'assaut de la Bastille, uni, spontané et généreux, Michelet illustre une *vision idéaliste et mythique* de l'histoire, constitue un événement fondateur pour tout l'enseignement républicain (G. Bruno, **Le Tour de France par deux enfants**). Au XIXe siècle, le roman s'empare de l'histoire, et l'histoire devient roman.
- Au XIXe siècle, moment où la France cherche politiquement sa voie, la Révolution est le sujet clé des historiens du XIXe siècle, qui les révèle idéologiquement. Ainsi, nous apprenons plus sur Michelet que sur la Révolution.

Chacun se révèle par ce qu'il nous **dit**, ou nous **tait du passé**. Les historiens ultra-monarchistes ont totalement rejeté la Révolution, les orléanistes ont seulement accepté 1789, les républicains l'ont commémoré en 1889, sans rappeler Robespierre et la Terreur, les marxistes y ont vu le début des luttes sociales nécessaires. Selon Clemenceau, la Révolution fut « un bloc », alors il faut l'accepter ou la refuser, écarter la théorie des dérives ou des dérapages. *Avec Les Origines de la France contemporaine*, Taine avait insisté sur la logique de la violence révolutionnaire, l'inéluctable « fuite en avant » que les « circonstances » ne pourraient seules expliquer. Céline, plus pamphlétaire qu'historien (voir texte 74), comme Soljenitsyne ont même vu dans les Lumières, dans leur volonté d'« éclairer » à tout prix l'humanité, la matrice des guerres politiques modernes. Ailleurs, on a pu refuser de célébrer 89 au nom de l'idéal de 93 ; on a « oublié » l'extermination de la Vendée... ou la répression subie par la Commune. Je me révèle donc par ce que je tais ou ce que je valorise. Selon ses affinités, chaque moment politique s'appuie diversement sur le passé : la Révolution revendique le civisme antique, les ultras le Moyen Âge « gothique », le radicalisme les « grands ancêtres » de 89.

■ Proches des sciences humaines, les tenants de la nouvelle histoire, issus de l'école des Annales, plutôt relativistes, ont voulu dépasser l'histoire traditionnelle, républicaine, événementielle, sélective, plutôt liée au pouvoir, à la mémoire officielle. Ils ont privilégié **l'étude des mentalités**, comme Philippe Ariès, qui a révélé le lien du sentiment de l'enfance à la modernité et à la bourgeoisie, et l'évolution des attitudes devant la mort, dominée puis occultée.

Ils ont voulu étudier l'histoire de l'histoire. Ainsi on peut contester la fonction idéologique de l'histoire traditionnelle, jamais neutre, toujours récit d'événements mythiques, reconstruction *a posteriori*, liée souvent à l'« effet génération ».

■ Peut-on dire que les historiens nous racontent des histoires, qu'ils sont « insuffisamment scientifiques » ? L'historien doit-il alors se dépouiller de sa subjectivité, obstacle à la vérité objective (voir texte 29) ? Relativisme et subjectivité ne sauraient être l'alibi du négationnisme, du « révisionnisme ». En fait, c'est l'historien qui constitue l'histoire, la subjectivité n'est pas arbitraire, mais vérité cohérente, légitime, en sympathie avec le passé. L'histoire dépend des modes d'explication, des questions posées par l'historien, du discernement *a posteriori* du réel et de l'apparent. Elle dépend encore des représentations, ou plus des mythologies politiques culturellement structurantes : lieux de mémoire, figures, espaces et temps mythiques, représentations... (R. Girardet, *Mythes et mythologies politiques*). Complexe, l'Histoire n'est pas une science mais un « pôle de scientificité » (Marrou).

Bibliographie

Le Roy Ladurie, E., *Le Territoire de l'historien*, Paris 1973, Gallimard, Coll. NRF.
Le Goff, J., *Histoire et mémoire*, Paris 1988, Gallimard.
Nora, P., et Le Goff, J., *Faire de l'Histoire*, Paris 1974, Gallimard.

▶ Voir Partie III - texte 29 : « L'illusion d'une réalité historique objective », *De la connaissance historique*, H.-I. Marrou.

FICHE 31

LES RÈGLES DE LA MÉTHODE SOCIOLOGIQUE

Le terme de « sociologie » a été proposé par Auguste Comte pour désigner l'étude objective des phénomènes de société (on appelle ***société*** *un groupement d'individus entre lesquels existent des rapports organisés et des échanges réciproques de biens et de services). Mais c'est Émile Durkheim (1858-1917) qui a véritablement donné à cette discipline ses règles et son statut de science. Ses œuvres principales sont* Les Règles de la méthode sociologique *(1895),* Le Suicide *(1897) et* Les Formes élémentaires de la vie religieuse *(1912). Nous en resterons aux deux premières règles qui, déjà à elles seules, révolutionnent la manière habituelle de concevoir les phénomènes de société.*

1. La société est autre chose que la somme des individus

A ~ La totalité

- L'opinion commune réduit le fonctionnement social à une simple addition de comportements individuels : parce que la société est composée d'individus, on croit naïvement qu'elle s'explique par les représentations qu'en ont les consciences individuelles. Or, le tout est différent de la simple addition de ses composants. Pour nous le faire comprendre (voir texte 30), É. Durkheim développe une analogie entre la société et une cellule vivante : la cellule ne contient rien d'autre que des particules minérales, et, pourtant, les phénomènes vitaux qui la caractérisent ne s'expliquent pas comme la simple somme des réactions chimiques de ces particules. La vie est dans le tout de la cellule ; c'est la vie du tout qui détermine les réactions des parties.

B ~ L'extériorité

- De même, dans la société, les faits sociaux ne s'expliquent pas à partir des réactions séparées des individus, mais c'est la totalité qui leur donne sens. En conséquence, ces phénomènes sociaux doivent être considérés comme extérieurs aux consciences individuelles. La sociologie exige une rupture avec la psychologie, non pas en ce que les individus seraient incapables d'une vie intérieure personnelle, mais en ce que les faits sociaux s'imposent à ces consciences sans qu'elles puissent ni les comprendre, ni les dominer.
- Pour illustrer cette extériorité des faits sociaux, pensons à des phénomènes aussi courants que la panique d'une foule, le fou rire lors d'un enterrement, le chahut dans une classe ou la rumeur dans une ville : tous ces phénomènes montrent que, pris collectivement, les individus adoptent des comportements différents de ceux qu'ils auraient s'ils ne devaient faire appel qu'à leur conscience propre. Le groupe s'impose comme une force extérieure aux individus qui le composent.

2. Le fait social

L'objet d'étude du sociologue, c'est le fait social. Les **faits sociaux** sont des manières d'agir et de penser qui existent en dehors des consciences individuelles. Ces types de conduite ou de pensée s'imposent aux individus par coercition. Cette définition contient des principes qu'il est important d'élucider :

A ~ La coercition

■ Les conduites sociales s'imposent, de fait, aux individus qui n'ont pas d'autre choix que de s'y soumettre. Par de multiples moyens de pression (le rire, l'exclusion, la prison, etc.), la société impose des conduites auxquelles on ne peut se soustraire. L'impact de la mode, dans nos sociétés, est une bonne mesure de la force coercitive de ces conduites sociales. On a pu observer, par exemple, que les jupes s'allongeaient en période de crise économique et qu'elles se raccourcissaient en période de prospérité. La longueur des jupes ne s'explique pas par des raisons d'économie de tissu, mais par d'autres facteurs sociologiques plus complexes et bien plus déterminants.

B ~ Le principe de non-conscience

■ Sans parler de l'inconscient psychique de Freud, on doit, en sociologie, partir de ce principe que les individus suivent les règles de leur société sans véritablement s'en rendre compte, sans en connaître les origines (qui sait d'où vient la tradition de fêter les anniversaires ?), sans pouvoir en rendre compte rationnellement ; ils n'en ont pas conscience. Nous qui avons souvent bien du mal à justifier certaines de nos conduites personnelles, comment pourrions-nous discerner les véritables causes des conduites collectives ?

C ~ Le déterminisme méthodologique

■ Si l'on veut dégager scientifiquement les lois du fonctionnement social, il faut adopter le **principe déterministe** qui rattache tout phénomène à une ou plusieurs causes. C'est pourquoi il faut traiter les faits sociaux comme des choses ; on ne prend pas par là une option métaphysique qui nie la liberté humaine, mais on se met dans la position du chercheur qui, de l'extérieur des phénomènes, cherche à les rattacher à des causes, pour pouvoir les expliquer.

Bibliographie

Bourdieu, P., *Questions de sociologie*, Paris 1980, Minuit.
Thélot, Cl., *Tel père, tel fils ?*, Paris 1982, Dunod.

▶ Voir Partie III - texte 30 : « La société est autre chose que la somme des individus », *Les Règles de la méthode sociologique*, É. Durkheim.

FICHE 32

LA PSYCHANALYSE

Sigmund Freud (1856-1939), médecin autrichien d'origine juive, après avoir effectué des recherches sur le système nerveux, s'intéresse aux maladies mentales, et, notamment, à l'hystérie. Cette maladie, que l'on croyait ne concerner que les femmes, se manifestait par des symptômes assez spectaculaires (paralysies aberrantes, convulsions, états catatoniques, refus de s'alimenter, etc.). Les explications organiques les plus diverses fleurissaient (par exemple, le décollement de l'utérus qui, en touchant l'appareil digestif, provoquerait ces symptômes), mais aucune ne satisfait Freud. Préférant une explication faisant intervenir le psychisme, il va suivre les cours du professeur Charcot à Paris. Celui-ci pratiquait l'hypnose sur ses malades et obtenait, semble-t-il, de légères rémissions. Freud remarque que, sous hypnose, le discours des patientes est très marqué par des allusions sexuelles. Charcot met cette particularité sur le compte de la folie, mais Freud en fait un indice essentiel. De retour à Vienne, il s'associe à Breuer et met au point avec lui la méthode ***cathartique*** *(purification des symptômes par l'hypnose). Mais cette méthode est lourde, peu efficace et ne permet pas à la malade d'avoir conscience de son discours.*

C'est donc en rompant avec l'hypnose que Freud invente la ***psychanalyse****, ou exploration des profondeurs du psychisme. Cette méthode comporte une règle fondamentale : le patient doit être lucide et éveillé, il s'engage à tout dire de ce qui lui passe par l'esprit, surtout ce qui lui apparaît sans importance ; de son côté, le psychanalyste s'engage au secret professionnel et à la neutralité vis-à-vis des propos et des actes de son patient.*

Sur cette base, le psychanalyste utilise diverses techniques dont le principe commun est de permettre l'expression de l'inconscient : reconstitution de l'histoire de la maladie (anamnèse), association libre d'idées, analyse des lapsus et des actes manqués, interprétation des rêves, et analyse du ***transfert*** *(sentiment que le patient projette sur la personne de son analyste).*

1. La découverte de l'inconscient

A ~ L'hypothèse

- Le terme « inconscient » existait bien avant Freud, et de multiples indices de la réalité qu'il recouvrait avaient déjà été remarqués. D'où viennent, par exemple, ces souvenirs que l'on croit perdus à jamais et qui ressurgissent brutalement sans qu'on les cherche ? Comment les rêves sont-ils élaborés si la pensée consciente est endormie pendant le sommeil ? Que signifient ces **lapsus** (fait d'écrire ou de prononcer un mot à la place d'un autre) qui semblent parfois si près de la pensée véritable de celui qui les commet ?

■ La recherche d'une logique cachée des rêves, notamment, ne pouvait se développer sans l'hypothèse de l'existence de l'inconscient. Mais tous ces indices épars ne pouvaient être réunis dans un concept cohérent sans une véritable recherche scientifique. Freud émet l'hypothèse d'une relation entre le corps et le langage. En effet, lorsqu'un malade trouve la possibilité de parler, par exemple sous l'insistance des questions de l'analyste, ses symptômes ont tendance à régresser ; au contraire, quand la parole est empêchée, les symptômes corporels redoublent d'intensité (lire sur ce point le roman autobiographique de Marie Cardinal, *Les Mots pour le dire*). C'est comme s'il y avait un rapport entre les deux registres de la parole et du symptôme. Freud suppose qu'il y a derrière eux une partie essentielle du psychisme qu'il appelle l'inconscient. L'**inconscient** est l'ensemble des représentations mentales refoulées lors de certains conflits anciens et qui cherchent à se manifester.

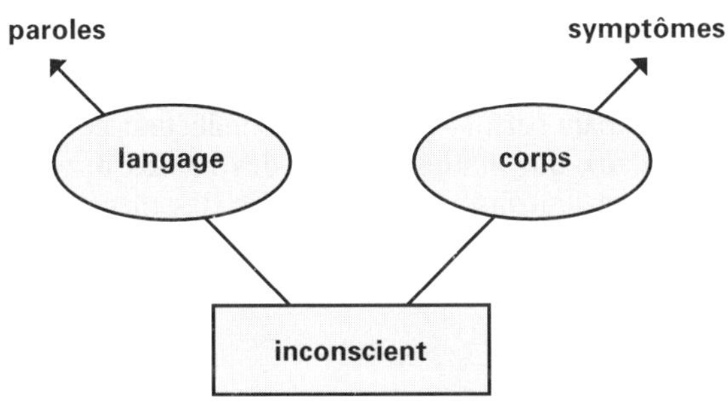

Quand l'inconscient ne peut s'exprimer par les mots, il s'exprime par le corps en produisant des symptômes.

B ~ La preuve

■ Mais il restait à prouver l'existence de cet inconscient. À côté des résultats quotidiens de sa pratique, qu'il ne pouvait pas livrer à l'observation publique, Freud connaissait un dispositif expérimental, celui de la suggestion post-hypnotique de Bernheim : un sujet volontaire est mis sous hypnose et reçoit une série d'ordres à exécuter après son sommeil hypnotique. Au réveil, il ne se souvient de rien, mais exécute les ordres reçus, du moins pendant un certain temps. Cette expérience prouve bien que des idées inconscientes peuvent déterminer la vie consciente.

2. L'APPAREIL PSYCHIQUE

A ~ La première topique

■ Freud décrit le psychisme comme un appareil composé de plusieurs organes articulés entre eux. La **conscience** est réduite à une zone de contact entre le sujet et la réalité extérieure ; c'est une simple entrée d'informations. Derrière la conscience se trouve le préconscient avec ses représentations mentales accessibles à la conscience. Mais derrière le préconscient, un barrage sépare nettement le préconscient de l'inconscient : c'est la **censure**. L'inconscient constitue l'organe le plus important du psychisme ; lorsqu'un désir dangereux ou interdit trouve accès à la conscience du sujet, sa représentation est refoulée dans l'inconscient. Le **refoulement** est le rejet inconscient des représentations de désirs interdits par la réalité ; la censure ne refoule pas ; son rôle est d'interdire l'expression de ces désirs dans le système préconscient-conscient.

B ~ La seconde topique

En 1920, Freud est amené à remanier sa théorie et imagine une deuxième **topique** (description en termes de lieux) de l'appareil psychique. En effet, la première description repose sur le seul principe de plaisir : l'unique motivation de l'individu serait la recherche du plaisir et l'évitement du déplaisir. Or, un certain nombre de phénomènes, comme la névrose de deuil, les jeux morbides des enfants et, surtout, le masochisme, contredisent ce principe. Freud complète l'appareil psychique en distinguant dans l'inconscient le **Ça** (le pôle pulsionnel de la personnalité qui correspond aux désirs inconscients infantiles) et le **Surmoi**, ou instance morale constituée par l'intériorisation des exigences et des interdits transmis par les parents au cours de l'éducation. Ça et Surmoi sont inconscients. Il place entre eux le **Moi**, instance chargée de trouver des compromis entre les exigences contradictoires du Ça, du Surmoi et de la réalité. Freud compare parfois le Moi à un conducteur de char qui devrait tenir ensemble des chevaux qui veulent suivre des routes opposées. Le Moi est en partie conscient et préconscient, et il utilise des mécanismes de défense inconscients comme le refoulement (voir PartieVI - fiche 64).

3. La découverte de la sexualité infantile

A ~ La sexualité

- Freud avait retenu le contenu sexuel du discours des hystériques comme un fait remarquable. Enquêtant dans cette direction, il recueille des récits de séduction sexuelle subie par des malades lorsqu'elles étaient enfants, voire des scènes d'agression sexuelle ou de viol. Dans un premier temps, Freud en tire une théorie du traumatisme affectif : les malades ressentiraient à l'âge adulte les conséquences différées d'un choc affectif vécu pendant l'enfance. Puis, devant l'abondance de ces récits, Freud commence à douter de leur réalité effective. Il doit admettre que ces récits sont seulement des fantasmes, mais dont l'origine est très ancienne. Ce qui signifie qu'ils ont été élaborés pendant l'enfance même. Cette découverte bouleverse l'image traditionnelle de l'enfant innocent, pur, ignorant tout de la sexualité.
- Cependant, Freud élargit le concept de sexualité, qui ne doit plus être assimilé à la seule activité génitale entre deux adultes. Pour Freud, la **sexualité** désigne toute recherche de plaisir, sous quelque forme que ce soit. On trouvera la **libido** – l'énergie à l'œuvre dans l'activité sexuelle – dans la relation amoureuse, dans la création artistique, dans le travail intellectuel, etc. Il décrit les divers stades d'évolution de la libido selon les organes érogènes (les organes qui procurent du plaisir). Le stade oral correspond à la première année de la vie : le plaisir est lié de façon privilégiée à l'excitation de la bouche et des lèvres lors de l'alimentation ; ce plaisir est prolongé par le recours à la succion du pouce. Le stade anal, comme son nom l'indique, est centré sur la fonction d'excrétion ; dans un premier temps, le plaisir est obtenu à l'expulsion ; dans un second temps, il est obtenu par la rétention : c'est à ce moment que la première volonté d'opposition au désir de la mère peut se manifester. À partir de trois ou quatre ans, commence le stade phallique, dominé par le plaisir de l'exploration du

corps, avec les premières interrogations sur la sexualité (Pourquoi les garçons et les filles sont-ils différents ? Comment naissent les enfants ? Comment fait-on un enfant ?). Les enfants ne sont pas dépourvus d'hypothèses – que Freud appelle des théories sexuelles – et cherchent des confirmations auprès de leurs camarades et de leurs parents.

B ~ Le complexe d'Œdipe

- C'est à cette époque qu'apparaît le complexe d'Œdipe. Le mot complexe doit être entendu au sens très concret de réseau de relations (comme on parle de complexe autoroutier). En effet, il s'agit d'une crise dans les relations affectives de l'enfant : il doit passer d'une relation duelle avec sa mère à une relation élargie lui permettant d'entrer dans la vie sociale.
- Le garçon vit un amour intense pour sa mère et exige l'exclusivité de cet amour. Mais le père s'interpose dans cette relation ; il est vécu comme un rival (mais aussi, parce que les sentiments ne sont jamais univoques, comme un idéal). Des conflits plus ou moins durs éclatent jusqu'à ce que le garçon accepte la loi du père, notamment par peur d'être privé de ce à quoi il tient le plus, son sexe. Le complexe d'Œdipe se résout donc par l'angoisse de castration.
- Pour la petite fille, les choses sont plus compliquées, car elle aussi ressent un amour intense pour sa mère, personne qui lui a accordé tous ses soins. C'est lors de ses interrogations sur la différence des sexes que la fille conçoit qu'elle aurait été victime d'une castration. Ce sentiment va la conduire à se tourner vers celui qui possède encore le phallus, à savoir son père, pour lequel elle se met alors à concevoir un grand amour. Sa mère devient la rivale (mais aussi un idéal). Les conflits ne se résorberont que par l'entrée dans d'autres préoccupations, notamment dans l'apprentissage scolaire. L'angoisse de castration qui est la solution du complexe d'Œdipe chez le garçon est donc ce qui fait entrer la petite fille dans ce complexe. L'un et l'autre, après une période plus calme dite de latence, revivront ce complexe après leur puberté, lors de la fameuse crise de l'adolescence.

La découverte de l'inconscient correspond peut-être à une crise d'adolescence de l'humanité qui doit, elle aussi, redéfinir sa place. Freud a rencontré de vives oppositions à sa théorie. Il les analyse comme des résistances (voir texte 31), dues à une blessure narcissique de l'humanité. Selon lui, l'histoire de la science a infligé trois graves humiliations à l'humanité : l'héliocentrisme de Copernic, l'évolutionnisme de Darwin et la psychanalyse ; celle-ci montre que les hommes ne sont même pas maîtres de leur vie intérieure.

Bibliographie

Freud, S., *Introduction à la psychanalyse*, Paris 1970, Payot.
Laplanche, J., et Pontalis, J.B., *Vocabulaire de la psychanalyse*, Paris 1971, Puf.

▶ Voir Partie III - texte 31 : « Les trois humiliations narcissiques de l'humanité », *Introduction à la psychanalyse*, S. Freud.

FICHE 33

LES SCIENCES DU LANGAGE

1. Naissance de la linguistique

A ~ De la philologie à la linguistique

- La grammaire intéresse dès l'Antiquité, mais la linguistique est une science jeune. Longtemps l'étude du langage, ou **philologie**, se centre sur la racine des mots, sur leur étymologie, et sur les transformations phonétiques. Les études sont donc descriptives et diachroniques.

B ~ Ferdinand de Saussure (1858-1913)

- La linguistique commence avec le *Cours de linguistique générale* (publication posthume en 1916) du Suisse Ferdinand de Saussure. Il rompt avec l'étude diachronique pour proposer l'**étude synchronique du système de la langue** – système de différences et fait social à distinguer de la parole (utilisation individuelle de la langue).
- Saussure étudie le **signe linguistique**, constitué d'un **signifiant** (image acoustique) et d'un signifié (le concept). Le signe est arbitraire, conventionnel : rien ne justifie que l'on ait associé tel signifiant à tel signifié ; le signifié ‹ bœuf › aura pour signifiant « bœuf » en français ou « *Ochs* » en allemand. Mais le lien entre signifiant et signifié est indissociable : c'est leur unité qui forme le signe, association de phonèmes (unités minimales de sons formant les signifiants) constituant une unité sémantique (un élément de signification, donc un signifié).

C ~ La langue, système de signes

- Le signe linguistique comporte deux traits essentiels : son économie et son caractère structural. Moins de trente phonèmes suffisent à constituer, par leurs multiples combinaisons, l'ensemble des signes d'une langue, grâce à la double articulation du langage (phonématique et sémantique). De plus, chaque phonème ne correspond pas d'abord à un son précis, mais à un jeu d'oppositions avec les autres phonèmes dont il se distingue (bol-bal ; patte-pâte).
- À chaque moment de la chaîne parlée, un choix est donc effectué (sur l'axe dit paradigmatique, celui du choix des phonèmes), tandis que les signes déjà formulés déterminent pour une part quelles sont les possibilités acceptables pour la suite de l'énoncé : le syntagme « les chiens » appelle « aboient » ou « boivent », mais exclut « boit ». L'étude linguistique consiste donc à dégager le **système structural, paradigmatique et syntagmatique** d'une langue donnée.

2. Recherches et débats

A ~ Questions sur les concepts saussuriens

- **Émile Benveniste** discute l'idée de l'arbitraire du signe : c'est le rapport du signe à la chose qui est arbitraire. Cette réévaluation est liée à la description de la parole comme communication, selon le schéma de **Jakobson** :

Code

Destinateur ——> | Message | ——> Destinataire

Contexte de référence

- **Noam Chomsky** atténue la distinction entre langue et parole, en soulignant la créativité de la langue : à partir de noyaux linguistiques simples existe une infinité de réalisations, selon des règles précises de combinaison et d'engendrement (grammaire transformationnelle, utilisée dans l'enseignement des langues).
- La distinction entre signifiant et signifié a été discutée : elle risque d'entretenir le mythe d'un signifié existant indépendamment du signifiant. C'est pourquoi certains (Derrida) préfèrent parler de signifiants plutôt que de signes.

B ~ Études sémantiques

- La signification, d'abord écartée des recherches, car trop floue, réapparaît.
- Un uniforme, un costume régional, et bien d'autres situations, portent et transmettent des messages codés. L'étude générale des systèmes de communication, ou **sémiologie**, se propose de les étudier.
- Et les discours ? Les chercheurs s'attachent à la manière dont un énoncé prend sens et même signifie son propre contexte (qu'est-ce qui dans un énoncé permet de déterminer à quel jour se rapporte le signe sémantiquement relatif « hier » ?) : c'est l'étude de l'**énonciation**. Certains, avec **Julien Algirdas Greimas**, montrent qu'un texte est susceptible d'une **étude sémiotique systématique**, car il s'organise en systèmes narratifs et discursifs rigoureux, repérables par un travail minutieux d'analyse structurale.

C ~ Langue et culture

- La langue reflète le milieu humain qui l'utilise. Apprendre à parler, c'est pour l'enfant s'intégrer dans une culture, avec ses normes et ses préoccupations propres, en même temps qu'accéder à la formation du symbole.
- Mais cette convention se charge également de significations culturelles. La **socio-linguistique** étudie les manières de parler propres à un groupe social donné. Les discriminations sociales sont reflétées, et effectuées, par tel usage des registres de langue ou par l'inégale maîtrise de la langue.

Bibliographie

Benveniste, É., *Problèmes de linguistique générale*, Paris 1966, Gallimard.

▶ Voir Partie III - texte 32 : « L'arbitraire du signe linguistique générale », *Cours de linguistique générale*, F. de Saussure.

PARTIE IV

L'ESSOR TECHNOLOGIQUE ET L'IDÉE DE PROGRÈS

L'ART DE LA SOIE

*Ouvrir cette partie par une planche de l'*Encyclopédie*, c'est rappeler l'importance de cette réalisation à l'époque des Lumières (voir fiche 41). La technique est une caractéristique anthropologique présente dès l'origine de l'humanité (voir fiche 37), et profondément engagée dans ses représentations mythiques et symboliques (voir fiche 34). Elle n'est cependant pas sans ambiguïté (voir fiches 36, 38, 44), mais elle a suscité des enthousiasmes et soutenu l'espérance des hommes en un avenir meilleur (voir fiches 35, 43, 45). A l'époque moderne, elle a profondément transformé notre mode de vie ; le choix d'une représentation de l'art de la soie au* XVIII*e* *siècle nous rappelle que c'est par l'industrie textile que se sont inaugurées les transformations de la révolution industrielle (voir fiche 38).*

Transformation de la nature, le travail (voir fiche 40) caractérise les cultures humaines, mais il est aussi contrainte et nécessité, même quand il ne se dévoie pas dans l'esclavage, l'aliénation et l'exploitation. Le progrès de l'histoire est loin de se limiter au progrès technique (voir fiche 35), mais ce dernier a rendu la question plus aiguë tout en manifestant davantage encore ses ambiguïtés (voir fiches 43 et 44).

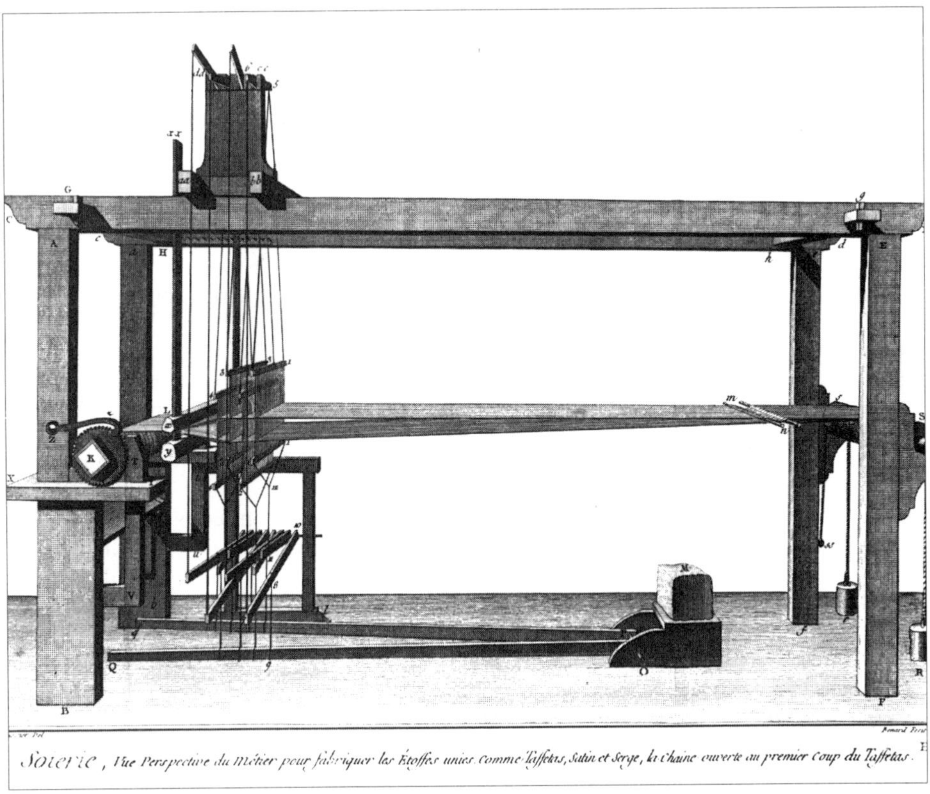

« L'art de la soie », *planche* XXXI, *l'*Encyclopédie *de Diderot et d'Alembert, recueil de planches sur les sciences, les arts libéraux et les arts mécaniques avec leur explication, Paris 1989, Inter-livres, fac-similé.*

PROMÉTHÉE ET ORPHÉE

1. Prométhée

A ~ Les récits

- Fils du Titan Japet, Prométhée, qui, selon certains récits, aurait créé les premiers hommes à partir de l'argile, met au service de l'humanité son habileté; étymologiquement son nom signifie le prévoyant.
- À l'origine, les dieux et les hommes vivaient ensemble en bonne intelligence. Prométhée décide d'offrir aux dieux un sacrifice. D'un bœuf, il fait deux parts ; l'une montre les os et la graisse bien blanche, l'autre dissimule la viande bonne à manger sous la peau répugnante. Prié de choisir le premier, Zeus, qui a compris la ruse, choisit la part immangeable et laisse la viande aux hommes. Mais le piège se retourne contre ceux-ci. Aux hommes, qui se nourriront de chair, solide et putrescible, le besoin de nourriture mais le vieillissement et la mort. Aux dieux qui se nourriront de la fumée immatérielle du sacrifice, l'éternité.

  Pour se venger de cette ruse, Zeus prive les hommes de l'abondance immédiate. Ils devront semer et cultiver, bref travailler. De plus, il les prive du feu nécessaire à la cuisson des aliments. Prométhée dérobe secrètement le feu du ciel.

  De nouveau défié, Zeus envoie aux hommes une nouvelle punition : Pandore, la première femme, qu'il donne pour épouse au frère de Prométhée, Épiméthée, « celui qui ne comprend qu'après coup ». Pandore libère tous les maux et les maladies qui étaient enfermés dans une jarre. Quant à Prométhée, il fut enchaîné sur le plus haut sommet du Caucase, où un aigle venait lui ronger le foie.

B ~ Le jeu des conflits

- Ce que l'histoire de Prométhée met en scène, c'est la répartition du monde entre les hommes et les dieux, qui se fait dans la violence, le calcul et la ruse. Le sacrifice de Prométhée organise le monde : d'un côté les animaux, de l'autre les hommes et les dieux, d'un côté, les hommes mortels, de l'autre les dieux immortels. Le sacrifice, par lequel les hommes « nourrissent » les dieux, organise le lien entre le monde d'en haut et le monde d'en bas, mais il en garantit la séparation : chacun chez soi. Mais cette organisation se fait dans un jeu complexe de contrats et de roublardises, de violences et de rétorsions.
- Dans ce monde partagé, se met en place un système de médiations entre l'homme et la nature, entre l'homme et les dieux. Plus rien ne vient naturellement, ni la nourriture qu'il faut faire sortir des entrailles de la terre par le travail, ni les enfants qui ne naissent plus spontanément du sol, mais de l'union des dissemblables, de l'homme et de la femme.
- Prométhée est lié au feu, feu du ciel arraché « contre nature » à son lieu d'origine, feu de la cuisine et de la technique (à Athènes, Prométhée est honoré par la corporation des potiers), feu par lequel est transformée la nature, dont l'homme n'a plus la jouissance immédiate.

C ~ Les reprises du mythe

- La religion nouvelle ne pouvant admettre que le rapport entre les hommes et la divinité fût posé en termes de conflits et de défis, la figure de Prométhée disparaît à l'avènement du christianisme, réapparaît à la Renaissance et surtout à l'époque des Lumières. L'aventure du progrès technique, l'affirmation des pouvoirs de la raison humaine, la transformation politique, le combat antireligieux, apparaissent comme des entreprises prométhéennes.

2. Orphée

A ~ Les récits

- Orphée, par le charme de son chant, accompagné de la lyre, apprivoise non seulement les hommes et les bêtes, mais aussi les forces naturelles.
- À la mort d'Eurydice, il peut, grâce à son chant, franchir les portes des Enfers. Mais sur le chemin du retour, il ne peut respecter l'injonction qui lui interdit de se retourner pour regarder son épouse, qui disparaît, définitivement.

  Inconsolable, il dédaigne alors l'amour des femmes et sera tué par les Bacchantes, qui mettront son corps en pièces.

B ~ Le rêve de l'harmonie

- Sous le nom d'orphisme, se développe dans la Grèce antique un courant mystique qui remet en cause l'ordre de la cité, les rites institutionnalisés et la représentation dominante du monde. S'interdisant les sacrifices sanglants et la consommation de la viande, les orphiques tentent d'échapper à la condition corporelle de l'homme et de retrouver la perfection originelle.
- Le modèle orphique est ainsi fondamentalement antiprométhéen par sa représentation du monde et par les moyens qu'il invite à mettre en œuvre. Il vise à retrouver une unité où s'aboliraient les séparations entre le monde humain et le monde non humain, entre l'homme et la femme, une harmonie qui exclurait la violence et le conflit.

C ~ Les reprises du mythe

- Le mythe d'Orphée reprend toute sa vigueur à partir de la Renaissance, à travers la célébration des valeurs esthétiques et de la puissance de la poésie. Jusqu'à Victor Hugo, qui met en scène l'opposition que nous avons voulu faire apparaître, en montrant, dans son poème « Dieu », Orphée délivrant Prométhée.
- Il semble ainsi que notre civilisation se soit donné deux modèles : l'un dans lequel le rapport au monde est perçu comme un défi et un conflit permanents, l'autre où se dessine la possibilité d'une harmonie maintenue ou retrouvée. Chacun de ces deux modèles a été porteur de rêves, d'inquiétudes et d'espérances.

Bibliographie

Ovide, *Les Métamorphoses*, livres X et XI, Paris 1980, Les Belles Lettres.
Hésiode, *La Théogonie*, Paris 1986, Les Belles Lettres.

▶ Voir Partie IV - texte 33 : « L'humanisme en progrès », *Préface sur le traité du vide*, B. Pascal.

FICHE 35

L'HUMANISME DE LA RENAISSANCE

L'homme de la Renaissance est conscient d'un changement dans la civilisation ; il se sait à une époque de découvertes, de renouveau culturel. Ce renouveau s'ancre dans une relecture des Anciens. L'idée se dégage alors d'une communauté d'esprit chez tous les peuples, quels que soient le temps ou l'espace ; on croit en la communauté humaine.

1. La crise

A ~ Les grandes découvertes

La Renaissance est marquée par de nombreuses découvertes qui bouleversent l'idée que l'homme se faisait de lui-même.

- La découverte de l'Amérique par Christophe Colomb en 1492 met brutalement en contact deux civilisations très développées qui ont du mal à s'admettre. En Europe, le choc est grand, car l'existence des Indiens relativise les coutumes et les croyances. On se demande comment des peuples ont pu vivre dans l'ignorance du Christ. En 1497, Vasco de Gama franchit le cap de Bonne-Espérance. En 1520, Fernand de Magellan entre dans le Pacifique. En 1533, Jacques Cartier explore le Saint-Laurent. La figure des terres connues change considérablement et décentre les pays européens.
- La découverte de l'héliocentrisme par Nicolas Copernic en 1543 décentre la Terre elle-même parmi les autres planètes. De nouveaux systèmes astronomiques apparaissent (Tycho Brahe, puis Johannes Kepler), qui font passer l'astronomie « du monde clos à l'Univers infini », selon l'expression d'Alexandre Koyré. Cette révolution copernicienne fait perdre à l'homme sa place centrale dans le monde et le jette dans un infini sans repères (voir Partie III - fiche 24).
- La découverte de l'imprimerie par Gutenberg vers 1440 change soudain le rapport au savoir car elle facilite grandement l'accès à la lecture ; il n'est plus nécessaire de recopier les textes à la main pour les étudier. La lecture de la Bible, qui est le premier ouvrage imprimé, ne sera plus réservée au seul clergé ; les textes préchrétiens, comme la philosophie grecque et la poésie latine, vont pouvoir être diffusés, ce qui permet la confrontation des différentes visions de l'homme et développe l'esprit critique.

B ~ La réforme

- Après la prise de Constantinople par les Turcs en 1453, une nouvelle crise du monde chrétien éclate lorsque Luther (voir Partie II - fiche 20) rompt avec l'autorité du pape en 1517. C'est la fin de l'unité de l'Église ; les divisions de la chrétienté éclatent au grand jour, avec leur cortège d'excommunications, de haines, de massacres.

2. L'AUTONOMIE DE LA RAISON

A ~ Les œuvres

■ Au milieu de tels bouleversements, on aurait pu assister à un effondrement de la civilisation ; or, la crise engendre des idées nouvelles et des œuvres admirables. En Italie, Machiavel écrit *Le Prince* en 1513, Michel-Ange et Léonard de Vinci renouvellent la peinture. À Paris, on peut lire François Villon, Rabelais avec ses *Chroniques de Gargantua* à partir de 1532, les *Essais* de Michel de Montaigne en 1580. Érasme publie son *Éloge de la folie* en 1511, Thomas More, son *Utopie* en 1513. Il ressort de toutes ces œuvres une atmosphère de liberté, d'autonomie de la pensée.

B ~ La remise en cause de l'autorité

■ Face au pouvoir religieux, l'homme de la Renaissance réclame, non pas déjà la libre pensée, mais le libre exercice de la raison. Il ne s'agit pas de remettre en cause le dogme religieux, mais de pouvoir examiner librement ses interprétations et ses applications. En fait, on refuse l'argument d'autorité, tant de fois invoqué pour faire taire les questions dérangeantes. Érasme, puis Luther et Calvin veulent revenir aux sources du christianisme. Les abbés et les évêques sont devenus de riches seigneurs. La simplicité de vie des premiers apôtres est depuis longtemps oubliée. Le luxe des églises est devenu un scandale pour l'esprit simple et humble du peuple.

■ Face au pouvoir politique, l'arbitraire est maintenant démasqué et dénoncé. Dans son *Discours de la servitude volontaire* (1548), Étienne de La Boétie suggère le droit d'insurrection face à la tyrannie. Dans *Le Prince*, Machiavel sépare nettement la politique de la morale, non pas pour faire un éloge du cynisme, mais pour décrire l'exercice du pouvoir de façon technique, froide, efficace.

■ Dans le domaine de l'éducation, enfin, l'enseignement scolastique est tourné en ridicule : la répétition bornée et le commentaire compilatoire des Anciens (voir texte 33), le vocabulaire pédant, les disputes sans objet sur des nuances artificielles sont autant d'entraves à l'exercice autonome de la pensée. Rabelais prône une éducation qui ne séparerait pas le développement de l'esprit et le développement du corps.

Après un départ triomphant et optimiste, la fin de la Renaissance est cependant marquée par un nouvel état d'esprit. Le massacre de la Saint-Barthélemy, en 1572, plonge Montaigne dans le scepticisme (voir texte 34) ; les nouvelles de la colonisation de l'Amérique sont alarmantes : le malentendu avec les Indiens est irrémédiable. Des massacres stupides renvoient de l'Occident une triste image. L'argent a déjà dévoyé le rêve peut-être utopique de former une seule famille humaine.

Bibliographie

Cassirer, E., *Individu et cosmos dans la philosophie de la Renaissance*, Paris 1983, Minuit.

▶ Voir Partie IV - texte 33 : « L'humanité en progrès », *Préface sur le Traité du vide*, B. Pascal.

FICHE 36

MONTAIGNE ET LE SCEPTICISME

Les Essais *représentent à la fois la reprise du scepticisme antique et un bilan critique de l'humanisme de la Renaissance, à l'aube de la grande rupture épistémologique du* XVIIe *siècle.*

1. La reprise du scepticisme antique

A ~ Petit lexique sceptique

■ Le texte dans lequel Michel de Montaigne reprend de la façon la plus systématique les positions sceptiques est l'« Apologie de Raimond Sebond » (*Essais*, II, 12). Sans nous limiter à ce texte, c'est à lui que nous ferons le plus souvent référence. Montaigne y décline tout un lexique sceptique. L'expliquer, c'est aussi définir une perspective qui permet de mieux comprendre une recherche et une écriture.

– Scepticisme (du grec *skeptomaï*, j'examine). Le scepticisme, c'est d'abord la volonté d'y voir clair. Chez Platon, par exemple, le sens est d'abord celui de perception avant d'être celui d'examen, de réflexion, de recherche spéculative, qu'il prendra en particulier chez Aristote. Si, chez Sextus Empiricus, le mot prend le sens de ce que nous appelons le scepticisme, l'impossibilité pour la raison humaine d'atteindre une vérité définitive, on peut garder présent à l'esprit ce sens premier de faculté toujours en éveil d'examen par les sens et par l'esprit.

– Zététiques (du grec *zetesis*, recherche). Ceux que nous appelons les « sceptiques » ignorent ce mot ; ils se qualifient eux-mêmes de « zététiques », ceux qui cherchent. C'est bien le mot que reprend Montaigne, parlant des pyrrhoniens : « Ils disent qu'ils sont en cherche. »

– Épéchistes (du grec *epekhô*, je suspens mon jugement). « Leur mot sacramentel est *epecho*, je soutiens, je ne bouge » (p. 505). Mais cette suspension n'affecte que le moment de la conclusion. Le refus de toute résolution dogmatique permet à l'esprit de rester continûment en recherche, en mouvement. « Des trois actions de l'âme, l'imaginative, l'appetitive, la consentante, ils en reçoivent les deux premières ; la dernière, ils la soustiennent et la maintiennent ambigue » (p. 503).

– Pyrrhonisme. Pyrrhon, philosophe grec du IVe siècle av. J.-C., est considéré comme le fondateur du scepticisme. Pour Montaigne, il représente la voie la plus satisfaisante, face aux dogmatiques, qui prétendent avoir trouvé la vérité, et à ceux qui professent qu'on ne peut rien savoir : « Quiconque cherche quelque chose, il en vient à ce point : ou qu'il dict qu'il l'a trouvée, ou qu'elle ne se peut trouver, ou qu'il est toujours en queste » (p. 502). C'est cette dernière formule qui caractérise la position pyrrhonienne à laquelle Montaigne adhère.

– Empirique (du grec *empeiria*, expérience). Est empirique celui qui met toutes les croyances, tous les prétendus savoirs à l'essai, à l'épreuve de l'examen et de l'expérience. Le mot désigne en particulier le médecin praticien, par opposition à celui qui élabore sur le corps et sur la santé des discours théoriques.

– Essai (du bas latin *exagium*, pesage). L'essai est ainsi le mouvement par lequel l'esprit mettra toutes les connaissances à la pesée. Montaigne fait frapper, en 1576, une médaille qui en donne une double image : une balance et une devise : « Que sais-je ? »

- « Les hommes ayant tout essayé et tout sondé, n'ayant trouvé en cet amas de science et provision de tant de choses diverses rien de massif et ferme, et rien que vanité, ils ont renoncé à leur présomption et reconnu leur condition naturelle » (p. 500).

B ~ Les Hypotyposes pyrrhoniennes

- Vers 1575, Montaigne découvre la traduction des *Hypotyposes pyrrhoniennes*, de Sextus Empiricus. Faute de pouvoir reprendre le détail des thèses qui y sont exposées, nous retiendrons un point essentiel, la théorie du phénomène.
- Le phénomène renvoie, chez les sceptiques, à un concept physique ; il désigne « ce qui apparaît » (du verbe *phaïnein*, apparaître). Il naît de la rencontre de deux flux lumineux, l'un en provenance de la chose observée, l'autre en provenance de l'œil de l'observateur. Ce que nous percevons n'est donc pas la chose même, mais un simulacre, qui est soumis aux imperfections de nos sens, aux troubles éventuels nés de la maladie ou des passions. Et il n'y pas d'état « normal », l'être humain est instable et changeant. Toute perception du monde est donc celle d'un sujet singulier, dans un état particulier. Nul ne peut prétendre dépasser cette singularité pour donner du monde une leçon universelle. C'est en ce sens qu'il faut comprendre les deux conclusions qui apparaissent dans les dernières pages de l'*Apologie* : « Toute connaissance s'achemine en nous par les sens », et son corollaire : « Nous n'avons aucune communication à l'être. »
- Ceci rend compte de la représentation que nous nous faisons du monde, qui n'est jamais qu'un jeu d'opinions liées à un sujet particulier. Ce n'est pas par hasard que Montaigne emploie constamment pour « opinion » le mot « fantaisie », qui étymologiquement appartient à la même famille que phénomène.

2. Le bilan critique de l'humanisme

A ~ Critique des facultés humaines

- Toute l'*Apologie* est une réfutation de la prétention de la raison humaine à rendre compte du monde et *a fortiori* à rendre compte du surnaturel, auquel nous n'avons accès que par la Révélation, et ne pouvons qu'acquiescer par la Foi. L'ensemble des savoirs humains se présente ainsi comme une suite de discours infiniment divers, contradictoires et révisables, qui témoignent à la fois de la merveilleuse fertilité de l'esprit humain et de son incapacité à atteindre la vérité.
- L'homme ne peut non plus prétendre occuper dans l'échelle de la création une position privilégiée : rien ne permet de conclure à sa supériorité sur les animaux. Leurs réalisations techniques sont souvent supérieures aux nôtres, et certains de leurs actes laissent penser qu'ils sont pourvus de sens, et donc de capacités de percevoir et de connaître, que nous ne pouvons pas concevoir.

  Critique de la raison, critique de la place éminente de l'homme dans le système de la création, ce sont là deux pièces essentielles de l'humanisme qui se trouvent attaquées.

B ~ Critique de la civilisation occidentale

- La critique du monde contemporain s'appuie traditionnellement sur la comparaison avec les civilisations antiques, réputées constituer un modèle inégalable. Un siècle après la découverte de l'Amérique, et après un siècle de colonisation, Montaigne ajoute à cette critique une dimension nouvelle. Dans deux essais célèbres, *Des cannibales* (I, 31) et *Des coches* (III, 6), il affirme que les civilisations qui ont été découvertes dans le Nouveau Monde sont au moins égales à la nôtre par l'éclat de leurs réalisations dans le domaine des techniques et des arts. Elles apparaissent même supérieures aux européennes par leurs qualités morales, leur courage, leur sens de la justice, les principes de leur gouvernement.
- À cette comparaison avec les civilisations nouvellement découvertes, s'ajoute le bilan d'un siècle qui avait commencé dans l'euphorie de la rupture avec l'ordre ancien. Montaigne ne renie certes pas la redécouverte de l'Antiquité et il est le premier à tirer parti de l'ouverture de l'Europe à des mondes nouveaux. Mais cela ne lui sert qu'à prendre la mesure de notre indignité. Rencontrant des civilisations nouvelles, nous n'avons su que les corrompre de nos vices et les détruire par la seule supériorité que nous ayons sur elles, notre capacité à faire le mal, la force de nos armes et notre perversité.
- Et que dire de la prétention à réformer la religion ? Quelles que soient les imperfections de la tradition, pourquoi la nouveauté apporterait-elle quelque amélioration ? Incapable qu'il est de progresser, l'homme a tout intérêt à s'en tenir à sa coutume. Et la réforme religieuse en est bien la preuve, elle qui n'a abouti qu'à la multiplication des sectes, à la guerre civile et au déchaînement des fanatismes, sans que la piété y gagne.

C ~ Critique du discours

- Dans un passage capital de l'*Apologie*, Montaigne fait le bilan des « découvertes » de son siècle (voir texte 34). Partant de la Réforme religieuse, il condamne le goût de la « nouvelleté », du changement : « Quelque apparence qu'il y ait à la nouvelleté, je ne change pas aisément, de peur que j'ay de perdre au change. » L'image est monétaire : même si je ne change pas une bonne monnaie contre de la monnaie de singe, même si les monnaies se valent, le change a un coût. Il y oppose la « solidité » des discours des Anciens. Mais qu'on ne s'y trompe pas : ces discours sont infiniment contradictoires, ce qui évite de leur accorder quelque créance ; leur charme vient de leur seule habileté, de leur valeur de persuasion, « cela montre évidemment la faiblesse de leurs preuves ».
- Montaigne examine quatre points sur lesquels les découvertes des Modernes invitent à remettre en cause l'opinion des Anciens : le système de Copernic, les thèses de Paracelse, la description de l'hyperbole, enfin la découverte des antipodes. C'est un ensemble complexe de faits – la découverte de l'Amérique –, de théorie astronomique – l'héliocentrisme –, de « progrès » scientifiques en géométrie, et d'hypothèses médicales auxquelles nous n'accordons plus aucune valeur. Y a-t-il là de quoi ébranler le sceptique ?
- Les arguments qu'oppose Montaigne à chacune de ces propositions sont sensiblement différents, et méritent d'être examinés. Il balaye d'une remarque ironique les thèses de Paracelse : ce n'est qu'un discours parmi d'autres, aussi inoffensif que les autres, mais seulement si on ne prétend pas le soumettre à l'épreuve des faits, puisque le terrain de l'expérience est le corps humain, **mon** corps. L'existence de l'Amérique est un fait, qu'ont ignoré les Anciens, mais le sceptique réplique sur un autre terrain : les géographes ont tort d'**assurer** que désormais « tout est trouvé et que tout est vu ». Il faut laisser l'esprit en « queste ».

- Il ne cache pas le plaisir qu'il éprouve à suivre la démonstration mathématique, mais il n'y voit qu'un merveilleux exemple de la capacité notre esprit « à combattre l'évidence des effets », tout comme le système de Copernic va contre l'évidence de ce que nous voyons de nos yeux. Mais si l'héliocentrisme permet de mieux sauver les apparences, de mieux rendre compte des phénomènes, pourquoi le refuser ? On a d'ailleurs vu de pareils systèmes défendus dans l'Antiquité. De tout façon, qu'importe ? « Que prendrons-nous de là, sinon qu'il ne nous doit chaloir le quel ce soit des deux ? »
- Le verbe « vérifier », qui revient sans cesse dans ces pages n'a pas le sens de faire apparaître la vérité par la démonstration et par la preuve expérimentale ; il veut dire « rendre vraisemblable ». Les jeux de la raison humaine sont sans doute pour Montaigne une source d'enchantement, mais les certitudes des rationalistes du siècle suivant sont pour lui inconcevables.
- Le monde que décriront quelques décennies plus tard Galilée ou Descartes, avec la certitude de la démonstration mathématique, n'aurait sans doute ni satisfait ni réjoui l'auteur de l'*Apologie*. Allant au point extrême des découvertes de son siècle, au point où la représentation du monde va basculer, et le discours scientifique revendiquer un autre statut que celui de pure construction langagière, il lui oppose une espèce de réserve par anticipation. À ceux qui voudront fournir à l'homme un instrument qui rendra, en droit, le monde compréhensible, il oppose par avance l'infinie diversité des apparences, des phénomènes, le caractère toujours local de leur production, les singularités du monde sensible. Notre incapacité à atteindre la vérité n'inspire à Montaigne aucune humeur sombre. Il faut accepter, dans le monde comme il est, l'homme comme il est. Que l'homme en jouisse, « l'homme dont la nature est merveilleusement corporelle ». Ce n'est pas par hasard que l'*Apologie* finit par des développements très fermes sur les sens, sur le corps : moi, Michel de Montaigne.

Bibliographie

Montaigne, M. E. de, *Essais*, Paris 1988, éd. Pierre Villey, Quadrige, PUF (les références sont données dans cette édition.)

Popkin, R.H., *Histoire du scepticisme d'Érasme à Spinoza*, Paris 1995, Léviathan, Puf.

Dumont, J.P., *Le Scepticisme et le phénomène*, Paris 1985, Bibliothèque d'histoire de la philosophie, Vrin.

Voir Partie IV - texte 34 : « Le scepticisme de Montaigne », *Essais* II, Montaigne.

FICHE 37

LES GRANDES MUTATIONS TECHNOLOGIQUES

*« Le seul critère d'humanité biologiquement irréfutable est la présence de l'outil », écrit André Leroi-Gourhan. Les premiers hommes qui façonnent des outils (*Homo habilis*) vivent il y a 2 500 000 ans, et l'*Homo sapiens *est toujours un* Homo faber *(fabricateur). La technique apparaît avec l'outil : dès qu'un élément de la nature est utilisé de manière habituelle pour agir sur elle, et surtout transformé pour agir sur une autre partie de celle-ci. L'***outil** *est un instrument simple, adapté à l'organisme humain (notamment à la main) et animé par sa force musculaire ; il caractérise les premières formes de technique, même s'il perdure au-delà (nous utilisons toujours des marteaux).*

1. L'*HOMO FABER*

Les préhistoriens partent de l'objet et des traces matérielles – outils, pointes de flèches... – pour lire l'histoire des hommes. L'histoire technique de l'humanité commence avec l'homme lui-même.

A ~ Les techniques préhistoriques

- Les outils de pierre taillée font naître notre culture technique : l'Australanthrope réalise un outil tranchant, ou raclant – il transmet déjà à sa descendance, en même temps que les outils qu'il a fabriqués, un savoir technique, base de futurs progrès. Station debout, changements d'alimentation et de mode de vie, développement cérébral ; l'*Homo sapiens* dispose désormais du langage.
- Simples silex éclatés, les outils primitifs vont connaître un grand **développement**. L'archanthrope, qui fabrique le biface, coordonne désormais des mouvements beaucoup plus complexes. Plus tard, c'est le « complexe levalloisien » des hommes de Néanderthal, débitant les silex en outils très diversifiés – racloirs, pointes, couteaux. Entre 100 000 ans et 40 000 ans avant notre ère, existent ainsi des ateliers spécialisés dans la fabrication en série (ce qui prépare l'évolution vers la métallurgie). Bois, cornes, peaux servent aussi à la fabrication d'outils multiples qui, plus périssables, ne nous sont que rarement parvenus. La vie sociale s'organise autour de la nourriture et des techniques de consommation. Le feu sert désormais à cuire les produits de la chasse.
- Puis des Néanthropiens (-30 000 à -10 000) affinent leurs techniques (herminettes, haches, perçoirs, etc.), se font des vêtements, des huttes et des tentes, pratiquent la vannerie. L'**art pariétal** de l'époque de Cro-magnon va de pair avec le développement d'un langage.

B ~ Les techniques du feu sont tardives

- Le feu, domestiqué 400 000 ans avant notre ère, accentue la structuration sociale. Une division du temps s'installe à partir des repas pris en commun, que suppose la cuisson des aliments, tandis que s'amorce la division des tâches, reflétée dans une division des espaces d'activité.

- Le feu sert d'ailleurs à d'autres usages que l'alimentation : cuisson des teintures nécessaires à l'art rupestre (-30 000 à -8 000), puis figurines d'argile cuite (-6 000) et céramique.

C ~ La révolution néolithique

- Avec le **néolithique**, les outils de pierre se perfectionnent, mais apparaît surtout un nouveau système technique fondé sur l'agriculture et les techniques du feu : poterie, puis verre et enfin métal (cuivre et or, bronze vers -3000, ensuite le fer).
- L'**agriculture** ouvre la voie à l'histoire et produit une vive accélération dans le rythme des acquisitions techniques. La sédentarisation commence, favorisée par un climat plus doux, notamment entre la Méditerranée et la mer Noire. Culture du blé sauvage, de l'orge, élevage des chèvres sont attestés entre -8 000 et -6 000. Bovidés, porcs et moutons sont bientôt domestiqués, et de gros villages commencent à se former. Un nouvel outillage se constitue.

2. La révolution industrielle

A ~ De la préhistoire au XVIIIe siècle

- Les constructions monumentales, les chantiers navals, les arts du feu et l'écriture caractérisent l'Antiquité occidentale. En Orient, la métallurgie chinoise et l'industrie du sel contribuent à un système technique, assez stable jusqu'à la Renaissance, – autour du bois (bambou), du fer et de l'eau (soufflets, norias, roues hydrauliques). Brouette, papier, imprimerie sont de grandes inventions chinoises. Boussole, gouvernail et poudre à canon parviendront bientôt de l'Extrême-Orient vers l'Occident. En Amérique précolombienne, l'absence de roue et de métallurgie du fer tient largement à l'absence d'animaux de trait : c'est toujours dans son ensemble qu'il faut considérer un système technique.
- L'Europe innove dès le Xe siècle (moulin à eau), et la Renaissance invente à partir d'une double tradition, médiévale et antique. L'agriculture adopte la charrue, l'attelage moderne, l'assolement triennal, et les cathédrales sont les premiers grands chantiers modernes. La circulation des techniques, des gens et des idées, autre facteur essentiel, est accentuée par l'essor de l'imprimerie. Le système bielle-manivelle (XIe siècle) s'applique aux rouets, tandis que l'horloge mécanique (monumentale puis miniaturisée), illustre la faveur des engrenages.
- Les cent cinquante ans qui suivent la Renaissance sont marqués par une relative stagnation technique, alors même qu'on assiste à la naissance d'une pensée scientifique.

B ~ La machine

- Une **machine** se distingue de l'outil en ce qu'elle est une construction complexe, effectuant des séquences d'action, animée par un moteur qui lui est propre.

  La révolution industrielle n'est pas un changement brusque faisant basculer tout à coup un monde rural et artisanal vers un monde urbain et industriel : le XVIIe siècle en pose les bases, préparant les changements profonds de la fin du XVIIIe siècle en Angleterre et du XIXe siècle dans tous les pays européens.
- Pendant plusieurs décennies, science et technique posent les bases de la **machine à vapeur** : Papin réalise en 1707 une machine atmosphérique rudimentaire ; puis

Newcomen (marchand) crée avec R. Hooke (physicien) une machine fonctionnelle, qui servira de base aux travaux de Watt et des frères Périer.

- Le **textile** joue également un rôle essentiel dans l'avènement du nouveau système technique, avec des perfectionnements d'abord inaperçus, puis une intense compétition entre le tissage et le filage, les deux grandes branches de l'industrie textile. Le métier mécanique de Cartwright répond avec succès à la surproduction de fil vers 1780 ; en 1800, les rendements sont de 10 à 100 fois plus élevés qu'au début du siècle. Cette mutation joue un rôle important dans les autres secteurs de la technique (fer, engrenages, force motrice).

C ~ Révolution industrielle et transformation sociale

- Les **manufactures**, à la productivité inégalable, jouent un rôle fondamental dans la nouvelle organisation du travail et la **concentration industrielle**. D'abord installées auprès des cours d'eau, elles sont ensuite affranchies par la machine à vapeur (fin XVIIIe siècle) des contraintes de l'énergie hydraulique.
- En 1776, Turgot abolit les corporations, quelques années plus tard éclate la Révolution française. Par analogie, l'idée de **révolution industrielle** s'imposera aux historiens. Mais ce brusque décollage économique est-il aussi une révolution technique ? Le recul manque encore. La simple question de la datation d'une machine ou d'une innovation fait souvent problème. D'autant que nous sommes encore profondément ancrés dans la révolution industrielle, usant d'objets techniques qui ont plus d'un siècle (train, etc.), et formés à la parcellisation des tâches et à l'organisation rationnelle du travail.
- Trois grands domaines surtout connaissent un changement sans précédent.
  - **La consommation d'énergie** : devant l'essor du textile, la houille est bientôt convoquée car le bois ne suffit plus. L'industrie minière mécanisée est demandeuse de machines, et les changements s'alimentent les uns les autres, changeant la physionomie des régions et leur interdépendance.
  - **Les matériaux** : à la trilogie fer-fonte-acier, s'ajoute l'industrie chimique, pour blanchir et colorer les textiles, et comme synthèse chimique de matériaux nouveaux : matières plastiques, tissus de synthèse, médicaments...
  - **L'essor des communications** peut se décomposer en deux étapes : les **transports matériels**, avec le développement très rapide des chemins de fer au XIXe siècle, puis de l'automobile ; les **transports d'information**, ouvrant la voie à la civilisation de la seconde moitié du XXe siècle. Naturellement, l'**électricité** joue un rôle majeur dans les mutations de ce secteur, également décisif pour la diffusion du **savoir technique** – pratique ouvrière sans apprentissage préalable, enseignement et littérature techniques, expositions universelles (en France : 1889 et 1900).

3. Les nouvelles technologies et leurs enjeux

A ~ La profusion et la complexité des techniques

- Les transmetteurs d'énergie permettent de la stocker et de l'utiliser loin de sa source ; l'énergie nucléaire complète l'arsenal ancien. La combinatoire des matériaux devient sophistiquée, et la rapidité de diffusion des innovations est très grande.
- Au carrefour des recherches empiriques et des progrès scientifiques, s'affirment les avancées spectaculaires de l'électronique. Calcul et automatisation ont pris le relais des télécommunications et aboutissent, grâce aux semi-conducteurs, à l'informatique et à la productique d'aujourd'hui.

B ~ La mémoire artificielle et la productique

- Avec l'électronique et les ordinateurs, puis leur diffusion pour de nombreux usages familiers grâce aux microprocesseurs, **les hommes exportent désormais dans la machine** non plus leur seul besoin de force motrice (la machine fournit l'énergie productrice, alors que la force musculaire anime l'outil), mais **des capacités directement « intellectuelles »** (amplifiées et accélérées) **de mémoire, d'agencement des données, de régulation autonome des systèmes productifs**.
- D'autre part, le recours à des **langages spécifiques**, univoques, rationnels, permettant l'interaction efficace avec les fonctions de la machine, renouvelle les questions fondamentales sur la nature du langage et de la pensée. La notion d'intelligence artificielle essaie de rendre compte des capacités spécifiques des nouveaux systèmes techniques.
- Le fossé est grand entre les premières utilisations de calculatrices électroniques et la **productique**, nouvelle organisation de la production autour des réseaux informatiques.

C ~ Peut-on parler de technoscience ?

- L'imbrication de plus en plus forte de la science et de la technique caractérise le paysage contemporain. Le temps entre la découverte scientifique et la mise au point de l'objet technique a considérablement diminué, et les besoins techniques commandent souvent directement les programmes de recherche scientifique.

  Certains parlent de technoscience, effaçant la frontière entre recherche de connaissances sur la nature et construction de l'objet technologique permettant une action sur elle. Ce néologisme exprime bien l'imbrication, mais tend à réduire la science à ses apports techniques, et néglige l'extrême diversité des rapports entre les deux démarches.
- Les nouvelles technologies nous font-elles entrer dans une mutation aussi profonde que le fut la révolution industrielle ? Est-il exact de parler aujourd'hui de « révolution scientifique et technique » ? Sciences et techniques sont désormais largement inséparables et il importe pourtant de ne pas les confondre.
- Il n'est pas d'homme sans technique. Mais les techniques existantes à chaque âge déterminent largement le mode de vie et d'organisation de la société. **Que l'homme soit fondamentalement un être historique et culturel, c'est ce que l'histoire des techniques montre avec force**. Ce qui nous invite aussi à **faire toute sa place à la technique et à l'esprit technicien dans notre conception de la culture**. Cela ne justifie pas pour autant la **technocratie**, qui abrite ses choix de société derrière les « nécessités techniques » et les compétences techniques (incontournables), afin de les soustraire au débat public. La technique est un aspect essentiel de la vie sociale et de l'expérience de chacun, elle n'est pas à elle seule le critère de toute la vie sociale.

Bibliographie

Jacomy, B., *Une histoire des techniques*, Paris 1990, Le Seuil, Coll. Points.

▶ Voir Partie IV - texte 35 : « Technique et société », *Le Geste et la Parole*, I, A. Leroi-Gourhan.

FICHE 38

L'ESSENCE DE LA TECHNIQUE

La **technique** *(en grec* tecknè, *traduit en latin par* ars*), selon Aristote, consiste à rassembler les moyens permettant de produire des objets extérieurs à l'agent. Elle relève de la* poiesis *(production) et non de la* praxis *(pratique) : « Toute technique est relative à la production ; instituer une technique, c'est chercher spéculativement les moyens de produire une des choses qui peuvent indifféremment être ou n'être pas, et dont l'origine est dans l'agent créateur, non dans l'objet créé » (*Éthique à Nicomaque, *VI, 1140).*

*Kant distingue l'art (= la technique) de la nature, comme la création d'une œuvre de la production d'un effet. Il distingue également l'art de la science, le pouvoir du savoir, l'habileté pratique de la faculté théorique (*Critique de la faculté de juger, *§ 43). Quel est le projet de la technique ? En quoi consiste-t-elle ?*

1. L'allégement du travail humain

A ~ Le travail

- Depuis la Renaissance, les humanistes justifient les inventions techniques par le désir de soulager la peine des hommes. « Les mathématiques ont des inventions très subtiles et qui peuvent beaucoup servir, tant à contenter les curieux, qu'à faciliter tous les arts et diminuer le travail des hommes », écrit René Descartes (*Discours de la méthode*). Ainsi, en 1783, Jouffroy invente le bateau à aubes pour mettre fin au supplice des galériens ; le métier à tisser de Jacquard (1801) divise par dix le temps de travail ; au XXe siècle, les appareils électroménagers sont présentés comme l'un des facteurs ayant contribué à la libération de la femme. Cette motivation peut expliquer à rebours pourquoi les Grecs, bien qu'ayant les connaissances nécessaires, n'ont pas cherché à inventer des machines (en dehors des machines de guerre) : disposant d'une main-d'œuvre abondante avec les esclaves, il n'entrait pas dans leurs préoccupations de chercher des moyens pour alléger leur travail.

B ~ Le corps

- On peut remarquer que les progrès techniques ont une signification biologique. Les outils ont d'abord prolongé la main ; puis, le traîneau, la roue et le char ont supplanté l'appareil de locomotion. Ensuite, la poulie et les appareils de levage ont soulagé l'appareil musculaire. Les lunettes, la photographie, le téléphone, la radio ont renforcé l'appareil sensoriel. Aujourd'hui, l'ordinateur remplace pour de nombreux travaux l'appareil cérébral. C'est tout le corps de l'homme qui est démultiplié dans les machines.
- Cependant, les progrès techniques ont été très lents. Ils ont parfois été rejetés parce qu'ils menaçaient des emplois. Il faut donc chercher d'autres facteurs donnant sens à la technique.

2. La conquête de la nature

A ~ La nature

- L'époque moderne bouleverse le rapport de l'homme à la nature : d'une puissance crainte et respectée, celle-ci devient un territoire à explorer et à dominer. Il faut « nous rendre comme maîtres et possesseurs de la nature », écrivait encore Descartes. Son arbre de la philosophie prend racine dans la métaphysique, développe son tronc par la physique (la connaissance de la nature) et produit trois branches, la morale, la médecine, et la mécanique qui est la science des machines.
- La conquête de la nature devient un devoir car c'est le moyen d'assurer le bien général de tous les hommes. Par exemple, le développement des moyens de transport – tant en rapidité, qu'en distance, qu'en capacité – , sur toute la surface de la terre, illustre bien cette liberté et ce confort gagnés par la technique. L'invention du coke permet le moulage de la fonte en 1709. Grâce à ce nouvel alliage, on peut remplacer les machines de bois et de fer forgé qui résistaient mal aux vibrations par des machines lourdes et robustes nécessaires à l'industrie.

B ~ La liberté

- Cette liberté gagnée sur les contraintes imposées par la nature s'effectue dans des rapports de plus en plus violents avec elle. L'exemple de l'énergie est caractéristique : les moulins à eau et à vent ne faisaient que prélever au passage des forces naturelles. Les turbines hydrauliques ont nécessité une canalisation des cours d'eau pour les emprisonner dans un barrage. L'énergie nucléaire ne s'obtient maintenant que par une fission des particules, au plus intime de la matière.
- La conquête de la nature est en grande partie achevée. La technique travaille sur des matières synthétiques (Acétate, Bakélite, Nylon), réalise dans l'espace des alliages impossibles à réussir sur Terre. La génétique modifie les mécanismes naturels de reproduction du vivant en fabriquant des individus animaux en série (le clonage). La technique n'est plus une simple application du savoir scientifique ; elle en est déjà peut-être à changer les lois de la nature.
- Cependant, dans cette conquête, ce ne sont pas simplement la puissance et la sécurité matérielles qui sont recherchées ; l'homme est également en quête d'une image de lui-même.

3. La réalisation de mythes

A ~ Les rêves

On constate en effet que de nombreuses inventions correspondent à des rêves anciens de l'humanité, plus précisément à des mythes. Le mythe grec d'Icare exprime le vieux rêve de voler : il est réalisé par l'aviation à la fin du XIXe siècle. Le mythe grec de Prométhée rapporte le désir de connaître les secrets de la nature pour en posséder les forces : il est en partie concrétisé par la maîtrise de l'énergie nucléaire en 1942. Le mythe juif du Golem – la création d'une statue vivante – est mis en acte par la cybernétique en 1947. Le mythe biblique de la tour de Babel est réalisé par la construction des gratte-ciel et les machines à traduire.

B ~ Les réalisations

- En terme de rêves à réaliser, on constate également que le délai entre l'invention et sa commercialisation se raccourcit de plus en plus : il a fallu un millénaire pour propager le moulin à eau, soixante-dix ans pour faire connaître la fonte au XVIIIe siècle, cinquante ans pour construire le réseau de chemins de fer en France, vingt-cinq ans pour réaliser la radio, dix ans pour mettre au point la télévision, cinq ans seulement pour réussir l'entreprise du Minitel. Il y aura bien sûr toujours un délai entre l'invention d'un nouvel objet technique et sa diffusion, mais l'empressement avec lequel on s'en empare montre bien qu'on veut passer immédiatement du rêve à la réalité. Les inventions les plus récentes concernent l'audiovisuel, domaine où règnent l'image et le rêve. Les images virtuelles introduisent un nouveau monde mixte, mi-réel mi-rêvé.
- Toutefois, le rêve ne suffit pas à expliquer l'invasion du monde humain par les machines : nous en trouvons partout, dans les usines, dans les maisons ; nous portons des machines sur nous-mêmes (montres, baladeurs) ; nous allons jusqu'à greffer des machines sur le corps humain.

4. La volonté de puissance

A ~ La monstruosité de la technique

- Francis Bacon a écrit dans son *Novum Organum* : « On ne commande à la nature qu'en lui obéissant, et ce qui est cause dans la théorie devient moyen dans la pratique. » Généralement, on cite cette formule comme pour rappeler l'homme à la modestie face à la nature (il faut lui obéir). Mais on oublie que la connaissance des causes naturelles devient un moyen technique d'action sur la nature. Le rapport de force change : après s'être soumis à elle, l'homme peut la dominer. La science a donné à l'humanité un formidable pouvoir. Ce que la nature a laissé entrevoir d'elle-même se change en une arme que l'homme retourne contre elle, pour satisfaire sa volonté de puissance.
- C'est pourquoi Martin Heidegger dénonce la monstruosité de la technique : non seulement elle a domestiqué la nature, mais elle « commet » – au sens de mettre ensemble, de réquisitionner – toutes les énergies humaines à son service ; elle impose un rythme, des gestes, une vision totale du monde qui a profondément changé les rapports de l'homme à son environnement, et, surtout, les rapports de l'homme à lui-même. Par exemple, une centrale électrique canalise un fleuve, l'enferme littéralement dans ses murs, interdit aux poissons de remonter le courant ; elle impose des horaires de travail à ses techniciens en fonction du débit du fleuve et en fonction de la demande d'énergie ; elle détermine un nouveau règlement de navigation, change le décor naturel et modifie l'industrie du tourisme. Loin de représenter un pouvoir neutre au service de l'homme, la technique qui s'est déployée sur le monde risque d'entraîner l'humanité dans sa logique propre, sans qu'aucune instance critique puisse la reprendre en main.

B ~ La neutralité de la technique en question

- La neutralité de la technique est aujourd'hui remise en question. On doit certes admettre qu'un ordinateur servira autant une administration capitaliste qu'une administration socialiste (voir texte 38). Mais « quand la technique devient la forme universelle de la production matérielle, elle circonscrit une culture tout entière ; elle projette une totalité historique – un "monde" » (Herbert Marcuse,

L'Homme unidimensionnel ; voir texte n°36). On a vu ainsi des ordinateurs chargés de passer des ordres d'achat et de vente dans les banques créer, par un effet d'emballement, une crise boursière. La mise en place du réseau mondial Internet préoccupe les gouvernements qui ne pourront plus contrôler le contenu des informations échangées d'un pays à l'autre : ainsi, une société privée internationale aura seule accès à des informations stratégiques.

- Avec la technique, la science elle-même est touchée. En effet, il est de plus en plus difficile de distinguer la recherche pure de la recherche appliquée. Dans le domaine de la biologie, en 1986, Jacques Testart, inventeur de la fécondation in vitro (FIV), décide d'arrêter ses recherches parce qu'elles l'entraînent vers l'eugénisme. Bien entendu, il ne prétend pas arrêter à lui tout seul cette dangereuse tendance. Il ne se fait aucune illusion : il sait bien qu'il y aura toujours des chercheurs moins scrupuleux pour transgresser les interdits moraux ou légaux. Mais sa décision pose la question fondamentale des rapports entre la science et la technique : « La recherche scientifique a sa propre logique qui ne doit pas se confondre avec la dynamique aveugle du progrès. » Il faudrait séparer le savoir du faire. Il ne faut pas systématiquement appliquer une découverte. On pourrait répliquer que le scientifique n'est pas coupable des applications que l'on fait de ses travaux, comme Albert Einstein n'était pas responsable de la bombe atomique. Mais la séparation n'est pas si simple : « Qu'on cesse de faire semblant de croire que la recherche serait neutre, seules ses applications étant qualifiées de bonnes ou mauvaises. » Le chercheur sait qu'il ouvre des possibilités par son savoir. « Savoir pour prévoir afin de pouvoir », disait Auguste Comte. Le savoir pose un possible ; dès lors, ce possible devient un « pourquoi pas ? »

Le prochain progrès décisif de la technique ne consistera pas dans un nouvel allégement du travail humain, ni dans une nouvelle conquête de la nature, ni dans la réalisation d'un rêve encore inassouvi : il devra être la maîtrise du progrès lui-même, afin qu'il soit mieux partagé, afin qu'il ne s'emballe plus de son propre mouvement.

Bibliographie

Heidegger, M., « La question de la technique », in *Essais et Conférences*, Paris 1958, Gallimard.

Arsac, J., *Les Machines à penser*, Paris 1987, Le Seuil.

▶ Voir Partie IV - texte 36 : « Le problème de la neutralité de la technique », *L'Homme unidimensionnel*, H. Marcuse.

FICHE 39

LE TRAVAIL

La Bible semble justifier l'idéologie du travail : « Emplissez la terre, soumettez-la » (Genèse, I. 28). Après la faute, jeté dans l'Histoire, l'homme doit gagner son pain « à la sueur de son front ».

L'anthropocentrisme le situant devant la Nature, il semble s'instaurer entre les deux un rapport purement instrumental, comme si l'homme avait « naturellement » vocation à transformer le monde, devenu objet. La terre sera assujettie aux « besoins » humains, avec la modernité, l'idéologie rationaliste et techniciste.

1. Privilège antique du loisir

A ~ Servilité du travail

- Dans les sociétés traditionnelles, le travail au sens moderne n'est pas une valeur supérieure, les besoins sont limités, le loisir au sens enrichissant, irréductible au « temps libre » moderne, est préféré à l'accumulation des biens. À Rome, les activités désintéressées, le loisir studieux – *otium*, antonyme de *negotium* – sont jugés supérieurs aux affaires. Le travail, assujettissement à la nécessité, est méprisé. Il est en Grèce l'antithèse de la liberté et de la citoyenneté situées au-delà de l'économique. La sphère publique suppose l'oisiveté positive.
- L'esclavage antique ne révèle ni la « paresse » ni la volonté de profit des Romains – à la différence de l'esclavagisme moderne – mais, au contraire, l'infériorité du travail servile. L'esclavage dispense de toute innovation technologique. Malgré les capitaux et la main-d'œuvre abondante, l'Antiquité n'a pas connu de révolution industrielle, faute de cette idéologie techniciste et productiviste qui caractérisera la modernité occidentale. Prométhée échoue dans sa tentative de maîtriser le feu du ciel, de transgresser l'ordre naturel et divin. Quant à la Cité platonicienne, elle est dirigée par les philosophes. Les producteurs sont nécessaires mais d'ordre inférieur. À Rome le *labor* pénible se distingue de l'*opus*, activité créatrice. Travailler désigne un processus douloureux.

B ~ Spiritualité médiévale du travail

- Dans les sociétés traditionnelles ou archaïques, le temps dévolu au travail était restreint, les jours chômés nombreux. La vie sociale réalisait son sens le plus authentique dans les temps forts communautaires : activités ludiques, fêtes, jeux, cérémonies, guerres et rituels, « dépense improductive » (Georges Bataille).

  Au Moyen Âge, la morale chrétienne enseignait le détachement des intérêts matériels. La destinée humaine ne réside pas dans le succès économique. La pauvreté évangélique est un modèle. Les artisans « œuvraient » plus qu'ils ne travaillaient et la production était libre d'impératifs utilitaires ou marchands.

- Pour Hannah Arendt, la beauté des cathédrales transcende ainsi tout besoin (*La Crise de la culture*). L'agréable n'est pas, comme au XIXᵉ siècle, l'ornemental opposé à l'utile, et la culture n'est pas un secteur de la société marchande. Le métier a valeur d'intégration sociale et de réalisation de soi. Péguy évoquait la perfection du travail humain. L'éthique est supérieure à la simple production d'objets marchands.

2. Travail et modernité

A ~ S'accomplir en ce monde

- C'est avec la modernité que le travail va connaître une nouvelle valeur, impérative et exclusive. Pour Georges Duby, les déceptions du millénarisme, à partir du XIᵉ siècle, vont expliquer l'intérêt porté au monde d'ici-bas. En vue du règne de la Jérusalem terrestre. Philippe Ariès montre que le XVIᵉ siècle se soucie du bonheur profane. La Renaissance se tourne vers la connaissance et la transformation du monde.
- Dans l'*Éthique protestante et l'esprit du capitalisme*, Max Weber a montré le rôle de l'ascétisme, du puritanisme dans l'accumulation du capital et l'encouragement au travail. Il dépasse, avec cette analyse, la sociologie matérialiste de Durkheim et de Marx en révélant le rôle des mentalités. Du point de vue calviniste, l'élu doit accomplir la volonté divine par son travail : sa réussite est le signe de son élection, l'argent s'accorde à la moralité. Cette logique inverse la théologie catholique des œuvres en vue du salut. Par ailleurs, la pratique économique et sociale est déliée des impératifs éthiques traditionnels de justice. L'avenir mènera les protestants vers l'Amérique, « terre promise » de l'individualisme et du capitalisme.

B ~ Transformer une Nature mécanisée, désenchantée

- Annoncée par Bacon (*Novum organum*) et Vinci, la modernité, au XVIIᵉ siècle, va penser un nouveau monde artificialisé et mécanisé. Avec Descartes, la Nature devient un espace neutre où s'établissent des relations mécaniques que les matérialistes du XVIIᵉ siècle privèrent ensuite d'origine et de finalité divines. L'ordre mécanique moderne supplante l'ordre organique, vitaliste et finaliste issu de l'Antiquité. Dans le *Discours de la méthode*, nous pourrions « nous rendre comme maîtres et possesseurs de la Nature ». L'esprit humain est distingué de la Nature-objet.
- Avec le libéralisme, le Travail, l'économie, la société elle-même vont être pensés comme champs de forces, de calculs, d'intérêts. La « valeur-travail » devient dominante, liée à la propriété et à l'individualisme possessif. Pour Locke comme pour Smith et Ricardo, le « bon prix » est celui du marché et du travail, selon l'échange et l'usage. L'appropriation de ce que l'homme comme sujet individuel prend à la nature est justifiée. L'idéologie bourgeoise du XVIIIᵉ siècle associe le travail, l'activité méthodique et calculatrice, au profit et à l'intérêt, à la jouissance, liée à la vertu et à la moralité.

C ~ Développer les forces productives

- Après l'*Encyclopédie*, avec le saint-simonisme et le marxisme, s'est peu à peu constituée une idéologie de la technique, devenue dominante, avec ses corrélats du « Progrès » et de la modernité, impératifs posés comme *a priori*, imposés de l'extérieur aux sociétés dans une perspective prométhéenne, productiviste et techniciste, alors que l'Antiquité avait accordé au contraire la priorité à la philosophie. La Révolution industrielle est issue de la conjonction du capital, de la main-d'œuvre, de l'innovation technologique appelée par l'idéologie productiviste.

- Karl Marx fait l'apologie du travail humain qui conçoit et réalise. « Le plus mauvais architecte » l'emporte sur « l'abeille la plus experte » (*Le Capital*). Toutefois, dans les *Manuscrits de 1844*, Marx dénonce le travail aliéné. Les prolétaires, ceux qui n'ont que leurs bras et leurs enfants, perdent leur humanité. Néanmoins, ils transforment le monde, détiennent la force de travail, ainsi classe historique. Certes, la machine est l'incarnation technique du capital (*Le Capital*, I, 4e section) mais Marx pense que le travail humanise la Nature, en réponse aux « manques » de cette dernière ; ainsi, l'homme s'humanise lui-même, lit dans le monde artificialisé le reflet de son humanité.
- Comme le saint-simonisme, pour sa part favorable au pouvoir humain sur la nature et au productivisme, à l'idée d'une technique neutre et objective, le marxisme est l'idéologie de l'âge industriel, de la thermodynamique. Il est à la racine de l'industrialisme soviétique et totalement aux antipodes de l'écologie fondamentale. Les positions de Marx proviennent du matérialisme philosophique. La Nature n'est plus ordonnée à une finalité, elle évolue selon un procès matériel et mécanique, modèle pour l'Histoire en formation dialectique. L'homme n'est plus être de la Nature mais être contre la Nature. Par le travail, l'homme s'affranchit de la nature et entre dans l'Histoire.
- Marx conteste le caractère privé des moyens de production et non le travail lui-même. Il croit que « le développement de la science et de l'industrie apportera réconciliation et liberté au genre humain. Nietzsche pense exactement le contraire » (Domenach, *Approches de la modernité*). Tout s'explique, pour Marx, par le jeu des forces de travail qui déterminent les forces politiques. La primauté traditionnelle du politique est renversée, l'économie devient le destin de l'humanité. Marxisme et libéralisme vantent le productivisme : l'homme est, pour le premier, travailleur ; pour le second, il deviendrait consommateur au sein du marché. C'est le règne de l'*Homo oeconomicus*. Lafargue dénonçait l'obsession du travail productif, même désaliéné, dans la logique marxiste (voir texte 37).
- La morale bourgeoise du XIXe siècle est aussi celle de l'effort, facteur de moralité, déjà vanté par Voltaire (*Candide*, ch. XXX).

  La bourgeoisie va désormais critiquer le caractère « improductif » et « parasitaire » du mode de vie aristocratique. La morale du travail s'impose, avec l'ascétisme et la rigueur, le puritanisme anglo-saxon, le sentiment de l'utilité sociale des plus aisés, les bonnes œuvres pour les pauvres dont on espère qu'ils feront leur salut par le travail. L'ordre social et moral bourgeois revendique le travail, l'épargne, répudie l'oisiveté. Quant au socialisme, il oppose le Travail au capital et à la rente.

D ~ Travail et économisme dominant

- Le XIXe siècle est l'âge de la grande mobilisation par le travail, du contexte familial ou culturel. La société va devenir un gigantesque ensemble instrumental, une machine vouée à l'économie, jusqu'à l'idéologie contemporaine de la « ressource humaine ». Le travail est absorbé dans la perspective du calcul économique, de la rationalisation, de l'organisation fonctionnelle : logique du « toujours plus », monétarisation croissante.
- C'est par le salariat que nous appartenons à la sphère publique, acquérons une « identité ». Le temps de travail et le temps de vivre se désarticulent. Le travail devient un moyen, celui du revenu programmable. Par la consommation, il se lie à l'idéologie du besoin primaire à satisfaire. Le temps libre repris au travail est exploité par l'industrie des loisirs... aux antipodes du loisir antique. « Les vacances sont le négatif en creux du travail » (Bruckner et Finkielkraut).

3. Productivisme et travail en questions

A ~ Évolution socio-économique et travail

- On peut parler de déclin de la morale du travail. Déjà attaquée par l'anti-utilitarisme romantique, elle n'a pas résisté à l'évolution économique. Du capitalisme « dur », on est passé au crédit, à la culture de masse, au néo-individualisme et à l'hédonisme libertaire issu de 1968.
- Les formes de l'économie, du travail et les réflexions sur ce sujet ont elles-mêmes évolué. Des réactions anti-libérales sont apparues au XIXe siècle, avec la pensée sociale favorable au travail. Dans les années 30, l'économie, devenue dirigée, a dû intégrer des données sociales, avant de se tertiairiser : le capitalisme est devenu financier, le productivisme infini a été battu en brèche avec la post-modernité, le chômage et la précarité sont devenus structurels, aménagés par l'État-providence et les initiatives humanitaires. La culture des entreprises traditionnelles a décliné.

B ~ Repenser le travail

- André Gorz, dans *Métamorphoses du travail,* montre qu'il serait nécessaire, au lieu de « replâtrer » le système, de contester le productivisme. Le RMI ne procède pas d'une rationalité alternative dans une société désintégrée par le marché, sans solidarité organique et qui entend résorber toute contestation. Il faut redévelopper des activités autonomes non marchandes, d'économie sociale, comme le souligne le MAUSS d'Alain Caillé et Serge Latouche (Mouvement anti-utilitariste dans les sciences sociales).
- Dans l'Antiquité, le loisir était la condition de la vie civique, la modernité a vu naître ensuite l'idéologie du travail, l'exaltation prométhéenne du pouvoir sur la nature dans une dimension mythique et mobilisatrice, de Marx à Junger, nationaliste révolutionnaire des années 1920 : le travailleur figure l'énergie et la mobilisation, antithèse de la sécurité bourgeoise. Mais le productivisme et l'idéologie du pouvoir liée au travail suscitent de nombreuses critiques légitimes : ils rompent le lien de l'homme à la Nature, le distraient des fins non strictement économiques. Déjà Spengler montrait le revers pessimiste de la modernité dans *Le Déclin de l'Occident.* Le travail mérite d'être vu plus comme un acte, un geste, une attitude que comme une fonction économique.

Bibliographie

Marx, K., *Le Capital,* livre I, Éditions sociales.
Gorz, A., *Capitalisme, socialisme, écologie,* Paris 1991, Galilée.
Caillé, A., *Critique de la raison utilitaire,* Paris 1989, La Découverte.
Méda, D., *Le Travail, une valeur en voie de disparition,* Paris 1995, Aubier Alto.

▶ Voir Partie IV - texte 37 : « Apologie des loisirs et contestation de la religion moderne du travail », *Le Droit à la paresse,* P. Lafargue.

FICHE 40

LES TECHNOLOGIES DE LA TRANSMISSION DU SAVOIR

Au XIX*e siècle, la technique est étudiée dans son contexte économique, comme symbole du progrès, comme manifestation du génie humain. Aujourd'hui, l'objet technique est analysé en tant qu'objet de culture, non seulement parce qu'il manifeste un certain état du développement d'une civilisation, mais aussi parce qu'il façonne en retour cette civilisation. Sachant que les techniques de transmission du savoir comme la parole, l'écriture ou l'informatique, modifient la culture, peut-on esquisser l'avenir de notre culture sous l'emprise des ordinateurs ?*

1. L'ORALITÉ

- **La transmission orale :** la transmission du savoir par la parole requiert comme première condition préalable la mémoire des individus. Par exemple, l'aède, dans l'Antiquité, exerçait sa mémoire en apprenant des récits scandés par un rythme et des vers ; il faut qu'un contact physique permette la rencontre du maître et du disciple ; la mise au point d'un code mnémotechnique (vers, chant, rythme, refrain...) permet l'enregistrement, la conservation et la restitution du savoir ; la répétition joue un rôle essentiel.
- **La civilisation de l'oral :** l'oralité produit la pensée mythique, dont une expression célèbre se trouve chez Homère. Cette pensée caractérise les sociétés dites « froides » ou « sans histoire », c'est-à-dire qui situent les faits dans un temps cyclique, répétitif. Les faits ne portent pas de date, sinon des indications atemporelles comme : « À l'origine du monde...» ; cette pensée se différencie nettement de la pensée scientifique en ce qu'elle cherche une explication unique à une pluralité de faits n'ayant pas nécessairement de rapports rationnels entre eux. Elle recourt abondamment à l'imaginaire et à l'affectif, notamment par l'identification à un héros. Le critère de vérité de ce savoir, ce qui va l'authentifier, c'est l'autorité de celui qui a la parole (le prêtre, le roi, le sorcier...). Savoir, c'est immédiatement pouvoir.

2. L'ÉCRITURE

- **La transmission écrite :** la transmission du savoir par le biais d'une trace écrite apparaît aux environs de 3000 ans avant J.-C. La condition première qui permet cette transmission est la durée du support matériel de l'écrit (argile cuite, pierre gravée, parchemin), qui dépasse la durée de vie d'un individu, qui transcende les générations. L'écriture soulage la mémoire, permet une distance spatiale et temporelle entre le maître et le disciple, privilégie la vue sur l'audition. Certes, là encore, il faut mettre au point un code d'écriture et de lecture, avec un ordre linéaire (par exemple, de gauche à droite, de haut en bas, etc.), mais le texte écrit suscite le commentaire, provoque l'interprétation et la critique.
- **La civilisation de l'écrit :** l'écriture a permis l'émergence de la pensée scientifique. Cette pensée caractérise les sociétés dites « chaudes » ou « avec histoire », car elle se représente le temps comme linéaire, cumulatif, avec l'idée

de progrès. Le savoir écrit est classé, organisé, mis en tables des matières, en index, en chapitres. Avec l'imprimerie (vers 1440), le savoir écrit devient accessible à tous. Les croyants peuvent lire la Bible jusque-là réservée au clergé, et exercer leur esprit critique. Dans ce cadre, le critère de vérité du savoir revient à l'autorité de la raison. Le lecteur peut exiger l'objectivité (la conformité aux objets décrits), la cohérence (le respect des lois du raisonnement) et l'universalité (la reconnaissance des consciences). Le maître doit convaincre avec des arguments ; il n'exerce plus de pouvoir immédiat sur ses disciples.

3. L'INFORMATIQUE

- **La transmission informatique :** depuis l'invention de l'ordinateur en 1950, la transmission du savoir bénéficie d'une très grande vitesse d'accès et d'une mémoire auxiliaire qui dépasse les capacités d'un individu. Les supports magnétiques ont une durée de vie quasiment illimitée ; l'information recherchée est obtenue immédiatement. Le code binaire est universel ; la construction de réseaux télématiques permet le partage mondial du savoir et une mise à jour permanente des données.
- **Une civilisation de l'informatique :** quel type de pensée va-t-il en résulter ? (voir texte 38) Pour l'instant, on ne peut qu'émettre des hypothèses : si l'on est optimiste, on s'enthousiasme pour la nouvelle emprise de l'homme sur le réel acquise grâce à la modélisation mathématique. Par exemple, la cartographie et la chirurgie n'auront jamais été aussi précises qu'avec l'ordinateur. Si l'on est pessimiste, on craint l'éclatement du savoir par la consultation sporadique des hypertextes, et le retour à l'intuitif dans la recherche de l'information. L'élaboration des logiciels étant une technique très complexe, elle reste réservée à une minorité de programmeurs, qui impose ses choix à l'utilisateur moyen, lequel ignore presque tout du fonctionnement interne des machines.
- La vérité change de visage : le virtuel l'emporte sur le réel. Les expérimentations ne sont plus faites en nature, mais sont simulées, au risque de ne plus jamais rencontrer l'imprévu, qui, par définition, est difficilement programmable. Mais, surtout, nous risquons de devenir les victimes d'une grave confusion entre le savoir et l'information : l'ordinateur ne traite que des **informations**, c'est-à-dire des éléments de la connaissance susceptibles d'être représentés par des conventions simples, alors que la **connaissance** est une représentation exacte d'un objet, dotée d'un sens compréhensible par l'homme, mais inanalysable par une machine. L'information est reçue et traitée par la machine, elle est nécessairement univoque pour faire l'objet de calculs. La connaissance est construite par un sujet, elle est susceptible d'équivoque et réclame la réflexion, elle est une synthèse subtile de la conscience. Il serait regrettable que l'informatique creuse un abîme entre ceux qui savent et ceux qui sont seulement informés.

Bibliographie

McLuhan, M., *La Galaxie Gutenberg*, Paris 1977, Gallimard.
Lévy, P., *Les Technologies de l'intelligence*, Paris 1990, La Découverte.

▶ Voir Partie IV - texte 38 : « Les techniques et la pensée », *Les Technologies de l'intelligence*, P. Lévy.

FICHE 41

LE POSITIVISME

*Réhabilitant les techniques, l'*Encyclopédie *(1751-1772 ; voir Partie VII - fiche 72) amorçait une profonde transformation des mentalités. Apparut ainsi l'« esprit positif »*

1. Le positivisme d'Auguste Comte

Auguste Comte (1798-1857) est le fondateur du positivisme, qui ne reconnaît le vrai que dans les faits étudiés par les méthodes scientifiques.

A ~ La loi des trois états

- La loi des trois états pose que chacune de nos conceptions passe par l'état théologique ou fictif, l'état métaphysique ou abstrait, l'état scientifique ou positif. Ces trois formes de pensée se succèdent historiquement : la première est le point de départ nécessaire de l'intelligence humaine, et la troisième sa démarche définitive tandis que la métaphysique est une transition.
- « Dans l'état positif, l'esprit humain, reconnaissant l'impossibilité d'obtenir des notions absolues, renonce à chercher l'origine et la destination de l'univers, et à connaître les causes intimes des phénomènes, pour s'attacher uniquement à découvrir leurs lois effectives, c'est-à-dire leurs relations invariables. L'explication des faits, réduite alors à ses termes réels, n'est plus désormais que la liaison établie entre les divers phénomènes particuliers et quelques faits généraux » (*Cours de philosophie positive*, 1830.) Positif signifie ainsi réel, factuel (par opposition à chimérique), mais aussi utile. Car la science permet la prévoyance, et peut donc guider l'action.

B ~ Positivisme et société

- L'esprit positif est également attentif aux phénomènes sociaux. L'individu isolé est une abstraction : « L'esprit positif est directement social (...), puisque tout notre développement est dû à la société » (*Discours sur l'esprit positif*, 1844). Il s'agit donc de faire ressortir la liaison de chacun à tous, et de rendre ainsi familier le sentiment intime de la solidarité sociale.

C ~ Le catéchisme positiviste

- La classification des sciences : mathématiques, astronomie, physique, chimie, biologie et sociologie s'effectue selon leur ordre historique. Dernière-née, la sociologie ou physique sociale (*cf.* Condorcet) est la plus importante, car c'est l'humanité qui devient objet de science. L'esprit positif peut alors parvenir à un achèvement du savoir et, de ce fait, instaurer aussi une philosophie positive ou conception du monde correspondant à l'esprit scientifique, qui forme aussi les conditions d'une politique positive.

- La réorganisation sociale implique un ordre fondé sur un consensus et sur le progrès historique, selon la loi des trois états. Le pouvoir spirituel doit être distinct du pouvoir économique et politique qui dans l'état positif appartiendra aux industriels : après avoir pensé à un magistère de savants et de philosophes, Auguste Comte veut constituer une religion de l'Humanité.

D ~ L'influence d'A. Comte

- A. Comte soulignait la relativité des conceptions du passé, mais absolutisait en religion celle qu'il proposait. Cette religion positiviste sans transcendance n'a guère eu d'avenir, mais son aspect scientiste est devenu un patrimoine durable. La critique de la pensée métaphysique, la schématisation de la loi des trois états, la confiance en l'unité possible de sciences différenciées, l'importance accordée à la sociologie, et parfois aussi l'idée que la science peut guider la pratique sociale et politique sont restées très actives, notamment dans une certaine philosophie implicite des chercheurs et des techniciens.

2. Scientisme et positivisme

A ~ Le scientisme

- Le scientisme confère à la science le monopole de la connaissance : à elle de résoudre progressivement l'ensemble des problèmes qui se posent aux hommes.

B ~ Le positivisme

- Le positivisme prend plus largement le sens d'une confiance envers les méthodes et les résultats de la science expérimentale, notamment sensible à leur capacité de combattre la métaphysique traditionnelle et ses formes résurgentes. Avec Rudolf Carnap, il prend la forme du positivisme logique, centré sur l'étude du langage. La pensée positiviste peut aussi se durcir en une prise en compte réductrice des seuls « faits », négligeant non seulement la valeur des traditions du passé et celle des arts mais aussi l'histoire ou les pratiques sociales.

C ~ Les critiques du positivisme

- Les critiques du positivisme sont venues des courants humanistes, mais bientôt aussi des pratiques scientifiques elles-mêmes, qui ne pouvaient plus négliger les questions philosophiques, éthiques, ni les incidences de la vie sociale.

D ~ Les raidissements positivistes

- Des raidissements positivistes tendent à réduire le psychisme au fonctionnement cérébral ou à refuser toute validité aux sciences humaines. La mentalité technicienne, avec son souci d'efficacité et de schématisation, correspond à une culture marquée par la pensée positive. Ses exigences de clarté et de rigueur, son « esprit positif » ne doivent pas lui faire oublier l'apport des autres aspects de l'expérience humaine.

▶ Voir Partie IV - texte 39 : « La loi des trois états », *Catéchisme positiviste*, A. Comte.

FICHE 42

L'UTOPIE

Absence du politique, l'utopie est une construction de l'esprit, un intelligible pur, posé comme achevé et parfait. Étymologiquement, c'est l'espace de nulle part.

1. Formes de l'utopie

A ~ Monde a - historique et refus symbolique du politique

- Tout y est régi selon un ordre immanent, intérieur, mécanique infaillible souvent à l'image du cosmos. Tout est géré administrativement. Les dimensions traditionnelles du politique au sens du pouvoir souverain – objectifs à atteindre, conflits à assumer, tragique, aléa de l'action – sont absentes dans l'utopie. Aucun pouvoir n'y exerce une contrainte externe sur la société ; celle-ci, comme à Thélème, intériorise les normes selon un consensus immédiat, dans un climat de parfaite convivialité. Il n'y a même pas de consentement, principe actif, conscient et volontaire.
- Les lois et les principes sont donnés *a priori*, comme éternels, à l'image de l'ordre solaire ou céleste, selon Hippodamos de Milet. Cet ordre est retrouvé par les architectures circulaires, harmonieuses de Claude Nicolas Ledoux et Étienne Louis Boullée, à l'image de la Raison et de la Nature. Lois et principes sont parfaits : il n'y a aucune genèse du politique ; l'utopie vient « naturellement » ; aucune réflexion n'est menée sur les moyens de prendre le pouvoir, sur le passage à l'utopie. Le néo-biblisme de la *Déclaration américaine* s'inspirera de ces principes (voir texte 72/a), mystificateurs et naïfs, garants du bonheur réalisé ici et maintenant (voir texte 95). Les Américains seraient le nouveau « peuple élu » de la nouvelle Jérusalem. Le XIXe siècle anglo-saxon a été la période par excellence d'expériences utopiques : Robert Owen à New-Lanark en Angleterre, communautés idéales appliquant à la lettre les principes bibliques, Mormons de l'Utah...

B ~ Dans l'attente du millenium

Il convient de distinguer nettement l'utopie du mythe, récit des origines ou figure légendaire, et aussi du millénarisme. L'utopie est une cité close, où la vie est modérée, paisible, frugale, vertueuse, malthusienne. D'autres attendent le millenium, le règne du Messie sur la terre, la parousie, avant le jour du jugement dernier. Ceux-ci doivent régénérer l'Humanité entière par l'annonce de l'Évangile, la dénonciation de la corruption de Rome. Il faut combler l'espérance des pauvres et établir ici-bas et maintenant la Cité de Dieu, à l'instar de la Croisade des Enfants à Cloyes-sur-le-Loir (1212), ou établir le communisme avec *Le Manifeste des Égaux du babouvisme* (1795). « Nous allons dompter le monstre avec une légion d'enfants », écrit Fourier.

2. Sens de l'utopie

A ~ Un horizon de nouvelles valeurs

- Distincte du volontarisme millénariste, l'utopie se réfère à un décor idéalisé, souvent celui de l'âge d'or : ainsi Fénelon dans *Télémaque,* critique déguisée de l'absolutisme et du colbertisme, plaidoyer implicite pour un pouvoir modéré et une économie rurale forte, bientôt défendue par les physiocrates du XVIIIe siècle. Le rôle de l'utopie est ainsi de critiquer le présent et de défendre des valeurs en fixant un idéal. More s'oppose au pouvoir de son temps. Avec Thélème, Rabelais défend un humanisme élitiste. Cyrano met l'utopie au service du relativisme contestataire. Lorsque Voltaire évoque l'Eldorado on peut y voir l'expression des valeurs des Lumières, la critique des rites établis, du pouvoir religieux, l'apologie de la science.
- Même si l'utopie nous sauve du temps par le bonheur hors de ce monde, elle n'échappe jamais à son temps, dont elle est le reflet implicite. Il en va ainsi du prophétisme catastrophiste des libertaires des années 60, apôtres de la croissance zéro et de la société conviviale. Comme, inversement, au XIXe siècle, se manifestait une volonté productiviste, avec le libéralisme, bientôt apôtre du Marché, le prophétisme et l'eschatologie marxiste, idéologie de la technique annonçant le déclin final du politique. Issue du saint-simonisme, la technocratie réduit le pouvoir à venir à une simple « administration des choses », neutre et pseudo-objective, escamotant l'idéologie. Les utopies prospectives de Jules Verne expriment enfin le messianisme du même siècle.

B ~ Une illusion idéaliste ?

- On peut voir aussi dans l'utopie la résolution des contradictions dans l'imaginaire, en période de mutations, de crise, telles les « bergeries » du XVIIIe siècle. On peut y voir une illusion de la bourgeoisie romantique, l'impuissance politique d'une conscience aveuglée, aliénée. Là où l'idéalisme kantien croit en son rôle moral, Marx dénonce une impuissance politique et un redoutable conservatisme, lorsqu'il s'oppose à Proudhon et aux socialistes français idéalistes, pacifistes, persuadés de la vertu de l'ensemble pour constituer un nouvel Évangile : union des classes, mythe du Peuple, nouvelles communautés, intégrant capital et travail, en réaction contre l'individualisme libéral.
- L'utopie est ambiguë : traditionnellement espace autonome, elle devient prospective et prophétique avec la modernité. Elle passe pour réactionnaire ou totalitaire. Mais, comme le mythe, elle témoigne de la valeur positive de l'imaginaire comme moteur du réel (voir texte 40) comme pionnière de formes nouvelles, architecturales et sociales (Godin à Guise, Le Corbusier).

Bibliographie

Servier, J., *Histoire de l'utopie,* Paris 1967, Gallimard, Coll. Idées.
Starobinski, J., *Les Emblèmes de la raison,* Paris 1979, Flammarion, Champs.
Thomas, B., *La Croisade des enfants,* Paris 1973, Presses Pocket.

▶ Voir Partie IV - texte 40 : « L'imagination au pouvoir, moteur du réel », *L'Institution imaginaire de la société,* C. Castoriadis.

FICHE 43

LA MODERNITÉ COMME IDÉOLOGIE

La modernité est un concept très relatif, certes attractif, rassembleur mais de contenus fort divers. L'histoire du XIXe siècle a fixé la modernité au XVIe siècle : découvertes, humanisme, individualisme issu de la Réforme, critique de la médiation de l'Église, recherche du profit avec le capitalisme, réorganisation du catholicisme avec la Contre-Réforme, moderne, mondaine et missionnaire, État-Nation succédant au système féodal... À l'aristotélo-thomisme médiéval succèdent le naturalisme renaissant, puis le scepticisme et le nominalisme de Montaigne, les inquiétudes de Pascal. L'homme n'est plus chez lui dans l'univers. Nature et Raison sont contestées et l'on passe « du monde clos à l'univers infini » (Alexandre Koyré).

1. Un concept esthétique

A ~ Rupture

- Pour les Anciens, tels La Bruyère, Boileau, La Fontaine, il faut imiter l'Antiquité. Il existe une beauté absolue, une Nature ordonnée et finalisée. Il existe une permanence de la nature humaine, une universalité de l'esprit. Le succès de l'œuvre vient de son héritage à l'épreuve du temps.
- Les Modernes croient au progrès, tels Perrault et Fontenelle. L'attitude de rejet et de rupture permet à la modernité romantique de définir sa supériorité. Au début des *Confessions* (1765) Jean-Jacques Rousseau refuse toute imitation et tout héritage littéraire. Le romantisme rompt avec les conventions : la modernité littéraire est révolutionnaire, malgré la rhétorique toujours très académique du XIXe siècle. En esthétique comme en politique, l'avant-garde se fait métaphore militaire, élitiste et progressiste du combat courageux des « éclaireurs » de l'Humanité contre l'« obscurantisme » des « arrière-gardes » frein au glorieux Progrès. Il faut ensuite se démarquer et « être absolument moderne » (Rimbaud, 1873).

B ~ Mouvement

- Le génie, l'individualité comme liberté créatrice postulent l'autonomie du sujet. « La modernité, c'est le transitoire, le fugitif, le contingent » : Baudelaire évoque la vision subjective d'un réel immédiat, éphémère, impressionniste.
- « Ainsi, il va, il court, il cherche » : le « peintre de la vie moderne » évoque un nouveau type d'homme, distingué, pressé, inquiet, toujours en mouvement, ivre dans la foule, ce que permet bientôt la modernité technologique dans les années 1920 avec le renouvellement de la figure du voyageur cosmopolite (Morand), l'idéal de l'aventurier (Malraux, Lawrence), le culte de la vitesse (Marinetti, le futurisme italien proche du fascisme).

2. Espaces de la modernité

A ~ Technicisme et productivisme

- La modernité est liée à l'idéologie de la science et du progrès, par la volonté prométhéenne de transformer la nature selon les « besoins » humains. Il s'agit de se libérer des contraintes et des pesanteurs du passé. Rupture essentielle, le cartésianisme avait substitué une Nature machine à la Nature antique, finalisée et spiritualisée. Hugo, Michelet, Renan, Comte, font l'apologie idéaliste du Progrès. Après les Lumières, le XIXᵉ siècle est optimiste et rationaliste. Pour le saint-simonisme comme le marxisme, philosophies messianiques de la technique, le monde et l'homme nouveaux sont en avant, à construire.

B ~ Modernité et société

- C'est avec les Lumières que la modernité s'exprime : critique de la transcendance, esprit d'examen, bonheur bourgeois, sens de la relativité, intérêt porté à l'histoire. La modernité est porteuse d'individualisme. Christianisme et Réforme avaient introduit la révolution du sujet. Le libéralisme implique le passage du holisme traditionnel à une philosophie artificialiste et contractualiste.
- Selon Alexis de Tocqueville dans *De la démocratie en Amérique*, étudié par Raymond Aron dans *Les Grandes Étapes de la pensée sociologique* (Gallimard - Tel - page 226), les deux ressorts contradictoires de la société démocratique moderne sont l'égalité, comme tendance historique, et la liberté, par opposition. Tocqueville a l'intuition de l'égalitarisme et de l'individualisme modernes, avec le risque de dissolution sociale, de repli sur la sphère privée. La modernité implique une double logique. D'une part, de différence et de distinction : le romantisme cultive le moi et illustre la lutte de l'individu contre la société, dans une attitude d'ambition et de défi. D'autre part de massification, voire de conformisme de masse entrevu par Nietzsche. Domenach note que tous rivalisent, mais que la norme, souvent dictée par la mode, s'éloigne. Peut-on accepter que les oligarchies subsistent ou prolifèrent dans les sociétés démocratiques, à vocation égalitaire ?

C ~ Limites de la modernité

- D'une part, le concept de modernité est relatif et vite obsolète, certes en avance, mais là où tout le monde finit par arriver. La modernité n'est jamais extérieure à l'Histoire, n'existe paradoxalement que par le passé lointain auquel elle fait signe par des « retours », des références idéalisées, liées aux ruptures avec le passé immédiat. Les désillusions du XIXᵉ siècle, le déclin des idéologies révolutionnaires – après 1975 –, du mythe de l'homme nouveau, du constructivisme politique, la post-modernité dépolitisée, relativiste, hédoniste, la fin du « développement » et de la morale du travail ne l'ont-ils pas épuisée ?

Bibliographie

Baudrillard, J., *Article Modernité*, Encyclopaedia Universalis.

▶ Voir Partie IV - texte 41 : « Critique de la religion moderne du Progrès, *Exposition universelle de 1855*, C. Baudelaire.

FICHE 44

DE LA FOI AU PROGRÈS AUX CRITIQUES DU PROGRÈS

La pensée moderne remplace l'idéal de la stabilité par l'idéal du progrès, mais celui-ci se retrouve bientôt en butte aux doutes et aux critiques.

1. FOI AU PROGRÈS

A ~ Le progrès, une caractéristique de l'humanité

- Dès le XVIIe siècle, **Pascal** souligne que l'homme accumule et transmet des connaissances, tandis que l'animal est pour toujours ce qu'il est. La transmission culturelle, le patrimoine qu'elle permet de constituer, sont à la source de l'idée de progrès.
- **Rousseau** se montre extrêmement méfiant quant au progrès des sociétés, car elles génèrent les vices et les inégalités. Cependant il place la possibilité du progrès au cœur de la nature de l'homme, défini comme agent libre et capable de se perfectionner : ce sont les caractéristiques qui le distinguent de l'animal.

B ~ La foi au progrès des sociétés

- Dans le paysage du XVIIIe siècle, les inquiétudes de Rousseau font exception. L'idée dominante est que les Lumières de la Raison appliquées (enfin) au développement des sociétés ne peuvent que conduire celles-ci vers une amélioration progressive et une organisation plus rationnelle. **Voltaire** voit dans le développement économique et commercial le facteur essentiel de progrès, tandis que **d'Alembert** et **Diderot** le relient à la diffusion des connaissances.
- Le **finalisme kantien** est formulé dans l'opuscule : *Idée d'une histoire universelle du point de vue cosmopolitique* (1784) : la nature suscite chez l'homme la capacité à réaliser sa destination (il y a donc finalisme), mais en lui donnant les moyens de le faire par ses propres initiatives, car il se fixe le plan de sa propre conduite (il y a donc liberté) : le progrès de l'histoire humaine, au travers de « l'insociable sociabilité » des hommes qui les pousse à la fois à s'associer, et à résister ou à s'affirmer individuellement, est donc inévitable et conforme au dessein de la nature.

C ~ Contradictions et progrès

Le XIXe siècle voit apparaître des courants **dialectiques** qui sont une première forme de critique des idées antérieures du progrès : en effet, le mouvement vers le progrès supposait largement qu'une discussion rationnelle, permise par la liberté d'expression, aboutirait nécessairement à un large accord, et à des solutions acceptées de tous. La pensée dialectique, au contraire, souligne qu'il y a dans la réalité du mouvement social des positions et des intérêts objectivement contradictoires, et que l'apparition du nouveau suppose le conflit avec les formes anciennes et la disparition de celles-ci.

- Chez **Hegel**, la réalisation progressive de l'Idée permet bien le progrès de la Raison dans l'histoire, mais ce n'est pas dans une progression linéaire. Les conflits sont l'affrontement nécessaire entre les formes sociales anciennes et les nouvelles émergences de l'esprit des peuples ; les grands hommes ou individus historiques sont capables d'affirmer et d'imposer l'esprit de leur époque et de contribuer à faire disparaître les formes anciennes qui entravent la nouvelle étape du devenir historique.
- **Marx** voit dans la lutte des classes le moteur de l'histoire : chaque forme sociale, en effet, organise ses rapports de production, d'où découlent ses rapports sociaux, à partir d'un antagonisme fondamental entre classes sociales opposées (maître/esclave, seigneur féodal/serf, patron/prolétariat). Le renversement de l'ancien état de choses suppose la suppression de cet antagonisme. La révolution ouvrière, parce qu'elle émancipe une classe qui n'a rien à perdre et personne à exploiter, sera libératrice de l'exploitation de l'homme par l'homme pour toute l'humanité.

D ~ Du romantisme à l'évolutionnisme

- La foi romantique de **Hugo** s'exprime dans ses romans comme dans certains de ses poèmes : « Citoyens, le XIXe siècle est grand, mais le XXe siècle sera heureux. Alors plus rien de semblable à la vieille histoire (...) Une révolution est un péage. Oh ! Le genre humain sera déchiré, relevé et consolé ! Nous le lui affirmons sur cette barricade » (*Les Misérables,* Ve partie, livre I, 5) : siècle des révolutions, le XIXe siècle annonce par ses sacrifices la paix, la liberté et l'avènement du peuple...
- Une autre forme d'attente lyrique de l'avenir, c'est l'évolutionnisme de **Spencer** : on sait que cette pensée est élaborée avant que Darwin ne fasse paraître *De l'origine des espèces* (1859), et que Spencer trouve simplement une confirmation dans la théorie de l'évolution des espèces (telle qu'il l'interprète). L'idée d'un progrès nécessaire de l'humanité, dans la ligne d'une évolution vers l'individu qui ne peut qu'aboutir à la concurrence du capitalisme libéral, a eu un grand retentissement, nourrissant une espérance et permettant une justification philosophique aux injustices présentes.
- Sans filiation directe avec Spencer, le relais sera pris en France et en Allemagne par l'**influence des idées d'évolution**, avec une tendance analogue à infléchir Darwin en remplaçant les hasards des variations par une certitude du perfectionnement progressif de la nature et même de l'histoire. **Freud** se réfère volontiers à la pensée évolutionniste, **Bergson** (1859-1941) en est un brillant représentant, **Teilhard de Chardin** (1881-1955) élabore une conception évolutionniste de la foi chrétienne.

E ~ Positivisme et progrès

- Parallèlement à ces courants qui attendent de l'Histoire et de la vie politique la réalisation du progrès, se poursuit la ligne de réflexion de ceux qui attendent cette réalisation du développement des sciences et des techniques. La fiche 41 présente ainsi la loi des trois états de Comte et son espérance d'une société dirigée par le savoir. Les diverses formes de **scientisme** excluent toute autre espérance et toute autre valeur que ce qui peut provenir de la pensée scientifique, mais affirment la capacité de cette dernière à réaliser une société heureuse.
- L'idée de progrès historique suppose une vue d'ensemble et une harmonie des différents aspects de l'histoire. Il est clair que le développement technologique ne peut suffire à l'assurer. L'idée de progrès social propose comme critère essentiel du progrès historique l'amélioration du mode de vie de tous. Elle est

sous-jacente aux espérances de Hugo, et se trouve au centre des débats politiques du XXe siècle, d'abord sous forme d'objectif, puis comme ce qui a été sacrifié ou rendu impossible par la crise économique.

2. Critiques du progrès

A ~ Baudelaire et la critique esthétique

- Dans ses propos sur l'Exposition universelle de 1855, Baudelaire mène une critique virulente de l'idée de progrès, « fanal obscur, invention du philosophisme actuel, breveté sans garantie de la nature ou de la Divinité ». Il dénonce les déviations introduites par cette « idée grotesque », qui a fait reculer la responsabilité et les exigences esthétiques, reflète la fatuité de la modernité, et fait prendre les innovations techniques pour un progrès spirituel. Il peut certes exister des progrès, esthétiques, moraux ou matériels, mais d'où vient cette certitude naïve d'une évolution positive indéfinie et d'une garantie pour l'avenir ?

B ~ Tocqueville et les causes historiques

- La réflexion historique de Tocqueville (*De la démocratie en Amérique*, 1835-1840) porte atteinte d'une autre manière à la croyance au progrès. Tocqueville distingue en effet entre les causes historiques générales, qui relèvent bien de déterminations prévisibles, rationnelles, et les accidents, ou hasards de l'histoire, qui en déterminent aussi le cours et que nul ne saurait anticiper. « Je hais, pour ma part, ces systèmes absolus, qui font dépendre tous les événements de l'histoire de grandes causes premières se liant les unes aux autres par une chaîne fatale, et qui suppriment, pour ainsi dire, les hommes de l'histoire du genre humain » (*Souvenirs*, 1893).

C ~ Le choc des guerres mondiales

- Mais ce sont surtout les réalités tragiques des guerres et des crises économiques du XXe siècle qui ont remis en question la foi dans un progrès des sociétés humaines.
- La violence et les destructions de la Première Guerre mondiale ruinent la confiance dans les acquis de la culture et la fierté devant la grandeur et la puissance de la civilisation. « Nous autres, civilisations, savons maintenant que nous sommes mortelles », s'écrie Valéry. Et Freud s'interroge sur notre « éphémère destinée » et sur la destructivité (*Pourquoi la guerre ? ; L'avenir d'une illusion*).
- Camps de concentration et camps d'extermination font découvrir au monde les horreurs extrêmes de la barbarie nazie. L'homme peut-il être à ce point bourreau sans pitié de l'autre homme ? Après Auschwitz, le monde sait que les pires régressions sont possibles, y compris les génocides, que rien n'autorise la confiance *a priori* en l'histoire humaine. L'idée d'un « mystère du mal » et celle d'une irréductibilité de la violence ont repris de la force.

D ~ Critiques rationalistes

- Les critiques rationalistes de l'idée de progrès prennent appui sur une relecture critique de l'histoire récente et sur la déception des espérances progressistes et révolutionnaires, pour repenser les rapports de l'homme à son histoire de façon moins linéaire. Ainsi, dans l'**école de Francfort**, **Adorno** fait-il place à une

« dialectique négative », tandis que la théorie critique de **Horkheimer** souligne que nous ne pouvons jamais exclure le retour à la barbarie : il n'y a de rationalité dans l'histoire que dans la mesure où les hommes se montrent capables d'actes raisonnables et libérateurs.

- Par ailleurs, les années 1950-1960 donnent lieu à un débat sur l'humanisme (athée, chrétien, existentialiste, voire heideggerien), dont l'enjeu est bien la confiance des hommes en leur capacité d'humanisation et de progrès moral.

E ~ Critiques irrationalistes et sceptiques

- À côté de la remise en chantier rationaliste des idées sur l'homme, le devenir et le progrès, se développent des réflexions plus désespérées.

  Notons d'abord l'impact de l'application à l'histoire de la conception du **tragique** (voir J.-M. Domenach), concept d'abord esthétique, susceptible d'exprimer l'horreur et la douleur, mais porteur en même temps de l'idée du caractère irréductible de la fatalité.
- D'autre part, le scepticisme postmoderne renonce aussi bien à un humanisme possible qu'à un utopique progrès de l'histoire. Sa critique des « grands récits » idéologiques, comme des utopies historiques et politiques, se fait pessimisme désabusé devant la pensée comme devant l'action, et nous décrit affrontés à « l'ère du vide » (Lipovetski.)

F ~ Critiques écologistes

- Enfin, les critiques venues de l'écologie s'en prennent moins aux échecs du progrès qu'à l'ambiguïté et aux conséquences de ses réussites. Non seulement l'environnement a été sacrifié aux réalisations économiques, mais l'homme met ainsi en péril sa propre existence. L'écologie politique réclame une prise en compte de ces enjeux dans les choix de société, ainsi qu'une interrogation critique sur la priorité de la croissance. Mais une « écologie profonde », insistant sur l'appartenance fondamentale de l'homme à la nature, refuse toute priorité humaine et réactualise un respect sacré, quasi religieux, d'une nature toute-puissante et pourtant vulnérable dont l'homme doit se faire le gardien.
- S'il est sûr que la confiance des Lumières et des grands systèmes de pensée du XIXe siècle s'est trouvée remise en cause par la violence et par la déception de nombre d'espérances, le débat sur l'idée de progrès et sur la possibilité pour l'homme d'agir rationnellement dans son histoire, de faire son histoire, n'est probablement pas clos !

Bibliographie

Kant, E., *Idée d'une histoire universelle au point de vue cosmopolitique*, Paris 1988, Bordas.

▶ Voir Partie IV - texte 42 : « L'action humaine, seule source de rationalité dans l'histoire », *Les Débuts de la philosophie bourgeoise de l'histoire*, M. Horkheimer ; texte 43 : « L'irrégularité du progrès », *Race et histoire*, C. Lévi-Strauss.

PARTIE V

LA SOCIÉTÉ, LE DROIT ET L'ÉTAT MODERNES

LE POUR ET LE CONTRE

La société et l'État modernes se caractérisent par l'autonomie du politique par rapport au religieux et aux instances de la moralité (voir fiche 45). La question s'est donc posée d'en chercher les fondements et d'en définir la légitimité (voir fiches 46, 47, 48). Lieu de confrontation et de conflits (voir fiche 50), l'État est aussi celui de la coexistence des libertés, et l'époque moderne voit la réapparition des exigences de démocratie (voir fiche 51) et de liberté politiques. Mais elle a vu également s'imposer des régimes totalitaires, tandis que la libre confrontation des citoyens est parfois source de démagogie, ce que les fonctionnements médiatiques accentuent. Notre caricature d'ouverture voudrait souligner ces paradoxes, et s'interroge sur l'exercice corrupteur du pouvoir.

La légitimité politique nous confronte également aux problèmes posés par la législation. Les quatre dernières fiches de cette partie s'efforcent de rendre compte des principaux aspects théoriques du droit, tout en vous familiarisant avec l'abord juridique de la société moderne.

WOLINSKI 1980

FICHE 45

MACHIAVEL

Diplomate, Machiavel (1469-1527) fut l'auteur du **Discours sur la première décade de Tite-Live** *et du* Prince *(1513), mis à l'Index par le concile de Trente. Il y décrit les mécanismes utilisables pour gagner le pouvoir et le conserver. Aucune domination n'est possible sans artifices.*

1. Gagner et exercer le pouvoir

A ~ La fin peut appeler certains moyens

- Pour faire régner l'ordre, le Prince doit employer si nécessaire la dureté et la ruse. Mais la fin de la politique n'est pas l'oppression des peuples, pour qui Machiavel réclame la liberté. Il critique la naïveté, l'idéalisme, l'angélisme politiques. C'est la question de l'autorité et de l'efficacité politiques qui est posée : il faut utiliser les moyens adéquats à la politique choisie. Il faut recourir tantôt à la pratique des vertus, tantôt à la férocité, adapter son comportement aux circonstances.

B ~ Philosophie de l'action politique

- Machiavel affirme donc l'autonomie du Politique, face à l'éthique, même s'il n'ignore pas ses fins morales. Il étudie les moyens de la réussite, l'exercice de la « virtu », au sens de la puissance, de la virtuosité, du sens de la fortune. La « virtu » diffère de la « vertu », au sens moralisateur du XVIIIe siècle.
- Son objectif serait d'unifier l'Italie, féodalisée entre « petits chefs ». La Providence, explication chrétienne de l'Histoire, n'a aucun sens. Il n'y a que des hasards dont les habiles tirent parti. Rien n'est jamais perdu, rien n'est jamais gagné dans ce « subjectivisme héroïque » de l'aventurier politique. La politique est l'art de l'action aventureuse. L'idéal est l'énergie et le succès, l'action efficace. La morale du devoir est dépassée, d'où la critique implicite du christianisme. Il préfère le paganisme antique comme religion de la cité. Le pouvoir temporel de l'Église compromettrait l'unité politique et l'avènement d'un pouvoir civil fort, de la figure tutélaire du Prince souhaitée par Machiavel.
- Le choix des moyens est indifférent à toute morale et s'explique par le pessimisme de Machiavel quant à l'humanité. En politique, la bonté est parfois catastrophique. « Les hommes sont ingrats, changeants, dissimulés. »

2. Modernité de la perspective machiavélienne

A ~ La politique n'est pas la science idéale du bonheur

- Machiavel est en rupture avec l'héritage antique. Pour l'Antiquité, exercer le pouvoir requiert une science, au sens classique, la connaissance des fins justes afin de réaliser l'harmonie en l'homme et dans la société, reflets du cosmos. Le magistrat-philosophe possède une compétence sur les fins, ou bien alors, le philosophe éclaire le politique : dans cette tradition, des intellectuels, des hommes sages et expérimentés conseillent le politique, le guident selon le modèle de la monarchie modérée d'Érasme, du conservatisme aristocratique de Montesquieu, de la République des Lettres ou des professeurs… Cette tradition se recommande de l'éducation politique aux valeurs, de la réflexion sage, nécessaire au discernement du bien commun.

- Or, Machiavel, avec l'affirmation de la spécificité de la politique face à l'éthique, avec la question de la fondation du pouvoir et de l'État où s'exercent la volonté et l'énergie du Prince comme individualité, avec enfin l'idée de la vanité du droit sans référence au pouvoir, crée la science politique moderne.

B ~ La politique n'est pas une technique de gestion

- Distinct de la science au sens antique, le pouvoir ne saurait se réduire à une technique de gestion. Il serait plutôt à légitimer comme art, intuition, sens des opportunités, des hasards heureux, dont serait doué celui qui sait forcer la fortune et la chance, qui possède l'art de la parole comme de la séduction. Le sens du politique serait celui des rapports de force, de pouvoir, d'opposition. Le « gouvernement des hommes » se distingue alors de l'« administration des choses » à laquelle la technocratie – depuis Saint-Simon – penserait pouvoir réduire la politique, selon des approches mécanistes, prétendument non partisanes, neutres et objectives, issues de l'économie ou de la technologie, en escamotant débats d'idées et rapports de force, nœuds essentiels du politique.
- Loin de voir dans l'œuvre de Machiavel l'apologie des despotes, c'est ailleurs que son intérêt nous apparaît. Elle met à jour les figures de la modernité politique : l'État et le dirigeant comme individualité, certes conquérante, mais sans horizon religieux ou transcendant comme dans la tradition médiévale.

  L'idéal est donc l'énergie et le succès, mais les limites de l'action sont celles des forces, en fait faillibles, du dirigeant, face aux diverses opportunités. Ainsi, il n'y a pas d'ordre naturel ou surnaturel, d'où le subjectivisme irréductible de l'aventure politique comme art de l'action, l'activisme lié à un pessimisme réaliste implicite.
- Les théoriciens des élites, comme Pareto, ou des oligarchies, reprendront l'analyse machiavélienne ; quant à l'idée de l'enracinement de l'amour du maître dans la société, elle fera son chemin, diversement, avec La Boétie et Arendt. Les révolutionnaires sauront enfin pratiquer les jeux machiavéliens du pouvoir : user du temps, déstabiliser l'ennemi, créer un consensus ou un terrain favorable, cultiver les apparences, obliger l'autre camp à se déterminer selon eux, maîtriser l'incertitude…

Bibliographie

Machiavel, N., *Le Prince*, Livre de Poche (ch. 17, 18, 19).
Freund, J., *Pareto*, Seghers.
Le Pouvoir, ouvrage collectif, Paris 1994, Bréal.

▶ Voir Partie V - texte 44 : « Le prince face à la fortune », *Le Prince*, Machiavel.

FICHE 46

LES THÉORIES DU CONTRAT SOCIAL

*La distinction entre la **légalité** (ce qui figure dans le droit positif) et la **légitimité** (ce qui mérite d'être une loi, et ce qui permet à la loi d'être l'expression de dispositions justes) amène la question de la reconnaissance du pouvoir. L'autorité du pouvoir politique n'est pas exclusivement coercitive, elle se fonde sur la **légitimation du pouvoir**.*

1. Reconnaissance et consentement

A ~ Le consentement

- Consentir au pouvoir de l'État, tel qu'il s'est établi, mais aussi tel qu'il s'exerce effectivement, est donc une des conditions de l'exercice même de ce pouvoir. « Le plus fort n'est jamais assez fort pour être toujours le maître, s'il ne transforme sa force en droit et l'obéissance en devoir », écrit **Rousseau** dans le *Contrat social* (livre I, chapitre III). Il n'y a pouvoir d'**État**, et pas seulement situation de violence, que lorsque cette transformation s'est accomplie.
- Mais cette légitimation peut prendre la forme d'un consentement civique, portant sur le type de pouvoir et, en régime démocratique, sur le contrôle de son exercice, comme il peut être l'instauration de fait d'une « loi du plus fort », qui masque le maintien d'un pur rapport de violence.

B ~ Reconnaissance et légitimité

- Lorsque le fondement divin du pouvoir s'est trouvé contesté, à cause de ses conséquences sociales, mais aussi à cause d'une transformation profonde du rapport à l'autorité religieuse qui s'amorce avec la Réforme et se développe à partir de la Renaissance, les auteurs ont cherché un fondement autonome à l'autorité de l'État. **L'autorité fondée sur le droit naturel** (voir Partie IV – fiche 53) aurait le double mérite d'être légitime et efficace. Légitime puisque fondée sur la nature même de l'homme, donc sur ses besoins et aspirations, déduite de ce qu'il est ; et efficace puisque conforme à la nature de l'homme, donc permettant la recherche et le développement de son bien, promesse de progrès pour les sociétés. Là aussi, la reconnaissance va donc de soi.
- À ce nouveau modèle correspondent les **théories du *Contrat social***. Elles posent une équivalence entre reconnaissance du rôle de l'État, et surtout de sa légitimité, et consentement à son pouvoir ; l'unanimité y est postulée, autour d'un bien commun, ou d'une volonté générale.

2. Le contrat social selon Hobbes et Locke

A ~ Thomas Hobbes (1588-1679)

- Contemporain des guerres civiles anglaises, **Hobbes** publie *Du citoyen*, et surtout *Le Léviathan*. Il recherche une théorie rationnelle du pouvoir.

■ La fonction de l'État

Sans un pouvoir fort qui leur impose obéissance, les hommes s'entre-déchirent. L'autorité de l'État relève de la nécessité d'éviter un état de guerre sociale permanente. **L'état de nature**, situation théorique dans laquelle se trouvent les hommes si l'on fait abstraction de toute loi, est un état de guerre permanente de tous contre tous, où l'égalité naturelle se transforme en rivalité, et « l'homme est un loup pour l'homme ». C'est donc sa fonction – assurer l'ordre et la sécurité (et non un fondement métaphysique ou une essence supérieure) – qui donne à l'État Léviathan son autorité et sa violence légitimes, fût-elle arbitraire dans son exercice (par exemple lors du recours à la « raison d'État »).

■ Le pacte social

En apparence, nous nous retrouvons avec une nouvelle version de l'autorité absolue de l'État. Mais celle-ci ne repose plus sur un fondement transcendant ; elle répond aux besoins des citoyens, reconnus par ceux-ci. Il s'agit d'un **contrat**, rompu si l'État n'est plus en mesure d'apporter la sécurité. Or, la notion même de contrat suppose des contractants libres, des sujets de droit. À la menace permanente, le pacte social qui instaure l'état fait succéder la paix civile ; les hommes y renoncent à leur droit en les confiant à un tiers, homme ou assemblée, qui exerce un pouvoir absolu, mais non pas arbitraire ou despotique, puisqu'il repose sur un acte volontaire et juridique.

■ L'autorité absolue de l'État

Exercé au nom des sujets, le pouvoir reste au-dessus des sujets, et il n'existe pas de droit de résistance, sauf lorsque l'État menace directement la vie des individus. L'État est en effet, par sa nature même, investi d'une autorité qui reconnaît d'abord sa **force**, sa prétention au monopole de la violence, au nom de la paix publique. La révolte, en revanche, serait illégitime, car c'est de sa nature et non de ses actes que l'État tire sa légitimité, qui fait de cet absolutisme autre chose qu'une simple oppression légalisée.

B ~ John Locke (1632-1704)

■ Conseiller privé du comte de Shaftesbury, **Locke** séjourne en France lorsque le comte prend la voie de l'opposition à l'absolutisme de Charles II d'Angleterre. Ses écrits politiques cherchent à éclairer la grande question de savoir comment les hommes peuvent vivre ensemble en paix.

■ La tolérance

Le corps politique naît du consentement d'hommes libres. Êtres raisonnables, les hommes possèdent une conscience morale qui les rend responsables devant Dieu. Le pouvoir politique ne peut imposer un culte déterminé et doit exercer la tolérance – sauf envers l'athéisme, qui rompt le lien social en dispensant de toute obligation.

■ Des droits inaliénables

Chez Locke, le contrat social n'est pas le moyen d'éviter la guerre perpétuelle, mais la forme sociale qui prolonge et garantit la liberté et l'égalité naturelles. Le *Premier traité du gouvernement civil* attaque la justification du droit divin de Robert Filmer, et le second présente une théorie de la légitimité de l'autorité politique, qui présente ses fondements et les limites de l'obéissance qui lui est due. La liberté individuelle et la propriété (fondée sur le droit de jouir des fruits de son travail) caractérisent l'état de nature et définissent des droits naturels inaliénables. La seule fin de l'État est d'en assurer la sauvegarde.

■ L'autorité politique légitime

L'histoire nous donne de multiples exemples de sociétés politiques nées d'une union volontaire et du consentement mutuel d'hommes qui ont librement choisi leurs gouvernants et la forme de leur gouvernement. L'État procède d'une convention ; c'est un contrat défini par consentement mutuel. Le droit vise à conserver et accroître la liberté, non à l'abolir, et nul ne peut donner son consentement (explicite ou tacite) pour un autre. Le fait de se trouver sur tel territoire ou d'être en possession d'une portion de ce territoire entraîne l'obligation d'obéir aux lois de ce pays, mais seul le consentement d'une liberté détermine l'appartenance à une société politique, et l'homme garde toujours le droit de quitter telle société politique qu'il juge déraisonnable. Le droit de résistance à l'autorité s'exerce lorsque celle-ci met en péril la liberté et la propriété qu'elle doit garantir.

3. Le contrat social défini par Rousseau

A ~ Dans le Discours sur l'inégalité (1755)

- Il n'est pas si aisé de définir ce qui tient à la nature de l'homme et Rousseau raille, au début du *Discours sur l'origine et les fondements de l'inégalité parmi les hommes*, les conceptions contradictoires de la nature humaine et du droit naturel, qui font sans cesse intervenir des contingences sociales – tels la propriété, la morale ou le langage – alors qu'il s'agit de dégager un originaire antérieur à l'existence d'une société. Comment ne pas être prisonnier d'un état social et historique donné quand il s'agit de définir le droit, qui est lui-même un fait social et historique ?
- La fiction théorique de l'état de nature ne peut donc se définir par la guerre de tous contre tous, qui est déjà signe du développement d'un état social, et seule la liberté y différencie l'homme de l'animal. La propriété caractérise la société civile et ses inégalités d'institution, et l'instauration de l'État reflète le degré d'inégalité d'une société. Le contrat social passé entre gouvernant et gouvernés fonde la légitimité d'un pouvoir d'État qui risque toujours de dégénérer en despotisme.

B ~ Dans le *Contrat social* (1762)

- La souveraineté du peuple

  Pour résoudre cette difficulté, Rousseau reprend sa réflexion sur les fondements et les formes de la souveraineté. Celle-ci ne peut provenir que des citoyens eux-mêmes. Seul le peuple est souverain.
- Dès lors, **la clause fondamentale du pacte social** est définie : « Trouver une forme d'association qui défende et protège de toute la force commune la personne et les biens de chaque associé, et par laquelle chacun s'unissant à tous n'obéisse pourtant qu'à lui-même et reste aussi libre qu'auparavant » (*Du contrat social,* livre I, chapitre VI). Pour sauvegarder la liberté de chaque contractant, il faut que nul ne soit au-dessus des lois. Certes, ces clauses supposent l'aliénation totale de chaque associé à toute la communauté et donc le renoncement à sa liberté naturelle. Mais « chacun se donnant à tous ne se donne à personne, et comme il n'y a pas un associé sur lequel on n'acquière le même droit qu'on lui cède sur soi, on gagne l'équivalent de tout ce qu'on perd, et plus de force pour conserver ce qu'on a » (*ibid.*). Ainsi, chacun met sa personne sous la direction de la volonté générale, qu'il contribue à élaborer.
- Le problème politique essentiel consiste donc à établir un pacte social qui garantisse **que nul ne puisse se mettre au-dessus des lois** et exercer une oppression, ce qui exige que le peuple participe à la vie publique et y exerce un pouvoir effectif d'orientation et de contrôle. Car un pouvoir qui s'exerce par la

seule force ne saurait être légitime. Et tout pouvoir qui ne rend pas au citoyen la liberté qui le définit comme homme est une violence qui lui est faite. Seul le pouvoir fondé sur la volonté générale est véritablement légitime, et « la souveraineté n'étant que l'exercice de la volonté générale ne peut jamais s'aliéner » (*Du Contrat social, livre II, chapitre I*). Le consentement des citoyens au pouvoir équivaut à la reconnaissance que ce pouvoir exerce sous leur contrôle une volonté générale établie aussi exactement qu'il est possible.

- Les contenus de la **législation**, comme les décisions politiques nécessaires – qui ne peuvent être à tout moment définis par l'ensemble du peuple – trouvent leur justification et leur fondement dans cette constitution fondamentale du rapport politique, qui n'est pas une convention du supérieur avec l'inférieur, mais une **convention du corps social avec chacun de ses membres**.

C ~ La notion de volonté générale

- La volonté générale n'est pas la somme des volontés particulières, car celles-ci prennent en compte des intérêts privés, elle vise l'intérêt commun, fait abstraction des intérêts qui seraient seulement particuliers et par suite contradictoires. Le peuple ne peut toujours y délibérer, car il peut se tromper ou être trompé, alors que « la volonté générale est toujours droite et tend toujours à l'utilité publique » (*Du contrat social,* livre II, chapitre III). Il s'agit en outre de favoriser le développement d'institutions politiques qui facilitent la recherche et la mise en œuvre de la volonté générale (ce que les décisions au suffrage universel majoritaire ne peuvent suffire à établir). Le contrat social préconisé par Rousseau pose l'exigence d'une société où le politique soit vraiment l'affaire de tous – *res publica* – , seule défense contre le développement de l'inégalité qui conduit à l'asservissement.
- La notion de légitimité est décisive dans les théories du contrat. La reconnaissance du pouvoir de l'État n'est certes pas la même selon que l'exercice du pouvoir s'exerce sur des sujets, ou qu'il constitue des citoyens. L'écart entre l'absolutisme de Hobbes et l'exigence « républicaine » de Rousseau qui définit en fait les conditions d'une souveraineté du peuple, ce qui correspond à notre concept actuel de démocratie, est décisif ; la contestation par Rousseau de la conception naturelle de la propriété le différencie radicalement du libéralisme de Locke. Mais les théories du contrat témoignent toutes d'une volonté résolue de fonder la légitimité de l'État moderne, et en analysent avec acuité les formes essentielles.

Bibliographie

Hobbes, T., *Le Citoyen ou les Fondements de la politique,* Paris 1982, Garnier-Flammarion.
Locke, J., *Traité du gouvernement civil,* Paris 1984, Garnier-Flammarion.
Rousseau, J.-J., *Du contrat social,* Paris 1966, Garnier-Flammarion.

▶ Voir Partie V - texte 45 : « Le pouvoir législatif, seul pouvoir suprême », *Deuxième traité du gouvernement civil,* J. Locke ; texte 46 : « Les clauses du pacte social », *Du contrat social,* J.-J. Rousseau.

FICHE 47

LES THÉORIES DE L'ÉTAT

*L'***État** *désigne la société en tant qu'elle possède des organes politiques, administratifs et juridiques autonomes, et qu'elle est conçue comme une personne morale vis-à-vis des autres sociétés. L'État doit être distingué de la* **patrie**, *qui désigne le pays des ancêtres et de la communauté nationale. Il doit être également distingué de la* **nation**, *qui est une notion spirituelle : c'est l'unité spirituelle d'une communauté, fondée sur des mœurs et une histoire communes (voir texte 50/b)*

L'État est l'incarnation d'une volonté générale placée au-dessus de toutes les volontés particulières ; il vise l'intérêt général. C'est pourquoi le conflit principal oppose l'individu à l'État. L'individu a tendance à considérer que l'Etat est une administration à son service. L'État, de son côté, vise l'universalité et exige des sacrifices de l'individu. Trois grandes théories prétendent régler les rapports entre l'État et les individus.

1. L'ANARCHISME

- **Définition :** on peut le définir grossièrement comme la théorie de la suppression de l'État, ou plus subtilement comme la doctrine selon laquelle la société idéale serait une société capable de se passer de toute autorité gouvernementale. À l'intérieur de l'anarchisme, on discerne plusieurs stratégies.
- **Stratégies :** les communautés anarchistes tentent de réaliser des microsociétés autogérées, sans pouvoir central ; on peut citer l'exemple des phalanstères de Charles Fourier, au XIXe siècle. Elles ne survivent guère au-delà d'une génération.
- Le mouvement anarcho-syndicaliste, répandu traditionnellement chez les ouvriers du Livre, s'efforce de prendre le pouvoir économique, là où il est le plus visible, dans les entreprises, par la grève et l'occupation d'usine.
- Enfin, le terrorisme anarchiste s'attaque plus directement à l'État, par l'action violente, en commettant des attentats contre des bâtiments administratifs ou des personnalités symboliques qui ont des responsabilités politiques ; les nihilistes russes du XIXe siècle, les Brigades rouges plus récemment, se sont illustrés dans des actions qui, en fait, induisent un renforcement des contrôles policiers, voire l'attribution de pouvoirs spéciaux au gouvernement. Le terrorisme anarchiste, au lieu d'entraîner la sympathie du peuple à son égard, entraîne plutôt l'effet inverse à ses fins, à savoir un renforcement de l'État.

2. LE FASCISME

- **Définition :** le **fascisme** est la théorie de l'État absolu ; c'est la doctrine développée par Mussolini. « Pour le fascisme, l'État est un absolu en face duquel l'individu et les groupes sont le relatif. Individus et groupes sont " concevables " dans la mesure où ils font partie de l'État » (*La Dottrina del fascismo*, 1932).

- Les fascistes refusent toute forme de désordre social et visent notamment les militants ouvriers qui pratiquent la grève. Ils veulent reconstituer l'organisation du travail en corporations, pour rétablir l'ordre social. La démocratie parlementaire leur paraît être un régime trop faible pour faire respecter l'intérêt général.
- **Moyens et limites :** pour imposer leurs vues, ils s'organisent en milices paramilitaires, pratiquent l'intimidation et les expéditions punitives, et prennent le pouvoir par un coup d'État. Dans sa version nationale-socialiste, le fascisme ajoute une politique antisémite à ses thèmes de prédilection, pour réunir la population contre une minorité qui sert de bouc émissaire. Il ne faut pas se contenter, ici, d'expliquer le nazisme par la folie d'Hitler et ses talents d'orateur. Il faut se demander comment une culture rationaliste a pu donner naissance à une telle idéologie de la race supérieure (voir Partie III - fiche 28).
- Rassemblés autour d'un chef charismatique, les fascistes connaissent, dans les premiers temps, une gloire facile. Mais lorsque les difficultés financières et sociales apparaissent, la seule solution pour maintenir l'unité nationale est de se lancer dans une guerre dont les enjeux sont parfois plus symboliques que réels. Quand la coalition des pays attaqués renverse le rapport de force, c'est la déroute. Les régimes fascistes guerriers n'ont pas survécu longtemps à leur aventure.

3. La démocratie

- **Définition :** la **démocratie** est la théorie de la représentation du peuple dans l'État. Le meilleur moyen de contrôler l'État est encore de contrebalancer son pouvoir par une assemblée issue du peuple.
- La démocratie directe est l'exercice du pouvoir sur le peuple par le peuple lui-même ; cette forme de démocratie n'est réalisable que pour des communautés restreintes. La démocratie indirecte s'appuie sur l'élection de représentants qui ont pour mandat de faire entendre la volonté générale, d'élaborer les lois, de réclamer des comptes au pouvoir exécutif. Les partis politiques sont essentiels, mais par le jeu des coalitions, des revirements, des réorientations de programmes, ils troublent et compliquent beaucoup cette représentation. En effet, aucun individu ne se sentira parfaitement représenté, dans toutes les nuances de ses opinions.
- **Moyens et limites :** c'est pourquoi Jean-Jacques Rousseau refusait d'accorder le pouvoir législatif aux députés : « Toute loi que le peuple en personne n'a pas ratifiée est nulle ; ce n'est point une loi... » Raymond Aron (voir texte 51) se montrait sceptique sur la possibilité d'obtenir une démocratie satisfaisante car les chefs politiques savent qu'ils ne pourront jamais accéder aux désirs de leurs électeurs, et ceux-ci se montrent rarement sages dans leurs revendications. Aussi, toute démocratie est nécessairement hypocrite.

Bibliographie

Rousseau, J.-J., *Du contrat social*, Paris 1966, Garnier-Flammarion.

▶ Voir Partie V - textes 45 à 48.

FICHE 48

LE MARXISME

Karl Marx (1818-1883) a fondé avec Friedrich Engels la Première Internationale en 1864. Chassé successivement d'Allemagne, de France et de Belgique, il mourut dans la misère à Londres. Sa philosophie et son action militante ont profondément marqué notre histoire. Parmi ses principales œuvres, on peut retenir L'Idéologie allemande, Le Manifeste du parti communiste, Contribution à la critique de l'économie politique, Le Capital.

1. L'ALIÉNATION PSYCHOLOGIQUE DU TRAVAIL

A ~ L'aliénation

- Karl Marx se situe dans la lignée des disciples de Friedrich Hegel ; à l'instar de Ludwig Feuerbach, il réfléchit sur la notion d'aliénation. Mais au lieu d'aborder ce phénomène dans la religion, il choisit de l'étudier dans le travail. La fameuse dialectique du maître et de l'esclave de Hegel va beaucoup l'influencer.
- Dans ses *Manuscrits de 1844*, il aborde cette question avec le regard d'un humaniste. Dans le système capitaliste, l'ouvrier est aliéné par rapport au produit de son travail car, n'étant le propriétaire ni de la matière première, ni des machines, il n'a aucun droit de propriété sur le fruit de son travail, d'où un sentiment de profonde frustration que ne connaît pas l'artisan.

B ~ Les formes de l'aliénation

- Mais l'aliénation la plus profonde réside dans le rapport de l'ouvrier à l'activité même du travail. Cette activité lui est **extérieure** (il doit, par exemple, se déplacer loin de chez lui pour aller travailler) et il en ressent un sentiment de **séparation**, comme s'il devait s'arracher à sa vraie vie pour travailler en dehors de chez lui. L'activité du travail est une **contrainte** : non seulement c'est la condition nécessaire pour gagner sa subsistance, mais aussi on y subit l'autorité de chefs, on doit respecter des règlements, être à l'heure, etc. Il en résulte un sentiment d'**étrangeté**, comme si, au travail, l'ouvrier était en territoire ennemi, soumis à une volonté qui n'est pas la sienne. Enfin, l'activité du travail est dominée par l'**altérité** ; elle est accomplie sur la commande d'un autre (l'employeur), qui impose sa vision de la production (rythmes, méthodes, formes, etc.). L'ouvrier ne travaille pas pour lui-même, mais pour une autre conscience. Il en résulte un sentiment de **perte de soi**, comme s'il perdait sans cesse sa vie à la gagner. Ainsi, ce qui est humain – le travail – devient animal (machinal), et ce qui est animal – la satisfaction des besoins – devient humain (le seul espace de la vie humaine).

2. L'ALIÉNATION ÉCONOMIQUE DU TRAVAIL

A ~ La valeur

- Les analyses de Marx vont ensuite s'approfondir dans leur dimension économique jusqu'à l'œuvre finale, *Le Capital* (dont le premier livre paraît en 1867). Au centre, se trouve une réflexion sur la notion de valeur. Tout objet est pourvu de quatre valeurs :
  - sa **valeur d'échange**, c'est-à-dire sa valeur dans le commerce, qui varie selon la loi de l'offre et de la demande ;
  - sa **valeur d'usage**, c'est-à-dire sa valeur en terme d'utilité, pour les services qu'il rend ;
  - sa **valeur monétaire** (le prix), c'est-à-dire sa valeur exprimée dans une monnaie, qui elle-même varie selon son cours sur le marché monétaire ;
  - enfin, sa **valeur affective**, c'est-à-dire l'attachement qu'on lui porte en fonction de considérations sentimentales, esthétiques, historiques, etc.

B ~ L'exploitation du travail

- Or, la force de travail est une marchandise qui s'achète et se paie, mais dont les valeurs peuvent très bien ne pas correspondre. En effet, la valeur d'échange du travail est déterminée par la situation du marché de l'emploi. En période de chômage, cette valeur est très basse. Mais sa valeur d'usage se mesure à la quantité et à la qualité des objets que l'ouvrier produit. Tout produit manufacturé est une valeur ajoutée à de la matière première brute. Le travail est donc une force utilisée pour fabriquer de la valeur ; en général, le capitaliste l'achète pour un coût moindre que ce qu'elle rapporte : on parle alors de **plus-value**. La plus-value est la différence entre la valeur produite par le travailleur (la valeur ajoutée) et la valeur de sa propre force de travail, autrement dit entre la valeur d'usage de sa force de travail et sa valeur d'échange. Lorsque cette plus-value est effectivement réalisée par le capitaliste, on parle de **profit**. Le profit est consommé par le capitaliste, en partie pour sa jouissance personnelle, en partie pour accumuler du capital, et en partie pour investir dans l'achat de nouveaux moyens de production.
- Marx introduit deux concepts polémiques : le travail nécessaire (par exemple, d'une durée de trois heures) est le travail qu'il suffirait d'accomplir si l'ouvrier recevait la totalité de la valeur ajoutée qu'il produit ; le **surtravail** est la différence entre le travail effectif (par exemple huit heures) et le travail nécessaire soit cinq heures.

C ~ La fin du capitalisme

- Selon Marx, cette exploitation de l'homme par l'homme ne pourra durer indéfiniment. En effet, sous l'emprise de la concurrence, le capitaliste est obligé d'investir de plus en plus, pour retirer de moins en moins de profit. C'est la fameuse loi de la baisse tendancielle du taux de profit :
  PV = la plus-value.

  CC = le capital constant : la partie du capital immobilisée dans l'achat des moyens de production.

  CV = le capital variable : la partie du capital consacrée à l'achat de la force de travail.

Le taux de profit : le rapport entre la plus-value et l'ensemble du capital :

$$\frac{PV}{CC + CV} \searrow 0$$

- Le capitaliste cherche à accroître le CC plus vite que le CV ; mais la PV ne vient que du CV (c'est-à-dire du travail) ; par conséquent, la masse de plus-value croît moins rapidement que les capitaux nécessaires à sa réalisation (CC + CV) ; le taux de profit tend donc à décroître. L'augmentation du C.C. ne peut pas être compensée par une baisse équivalente du CV. On pourrait baisser les salaires, mais on ne pourrait pas les réduire à zéro.

3. Le matérialisme historique

A ~ Le principe

- Marx a écrit sa thèse de philosophie sur le matérialisme de Démocrite et d'Épicure. Il reprend cette vision fondamentale du monde pour expliquer l'ordre social et son évolution. Le **matérialisme historique** est la théorie selon laquelle la production des biens matériels détermine la vie sociale et l'apparition des idées. « Ce n'est pas la conscience qui détermine la vie, mais la vie qui détermine la conscience » (voir texte 49).
- Aussi l'histoire ne s'explique-t-elle pas par l'action volontaire et concertée d'hommes appliquant leurs idées à la réalité. C'est bien plutôt la réalité économique qui conduit les évolutions et inspire aux hommes leur représentation de l'histoire.

B ~ La structure de la société

- Selon Marx, toute société repose sur une base économique, à savoir les forces productives. Les **forces productives** regroupent la force de travail individuelle des ouvriers, les moyens de production (machines, outils, matières premières, locaux, brevets de fabrication, etc.) et les méthodes de production (organisation du travail, techniques, etc.). Cette base détermine les rapports des hommes avec la nature et les rapports des hommes entre eux : c'est ce que Marx appelle les **rapports de production**. Au-dessus, se trouvent ce qu'Althüsser a appelé, au XXe siècle, les **« appareils répressifs d'État »** (police, tribunaux, prisons, armée...), dont la fonction est de maintenir les rapports de production. Enfin, au sommet de la société, mais déterminés par le niveau inférieur, on trouve les **« appareils idéologiques d'État »** (l'école, la religion, la presse, les instruments de culture), dont la fonction est de justifier l'ordre de la société dans une vision cohérente de celle-ci. Ainsi, la société est comme une pyramide dont chaque étage détermine la forme de l'étage au-dessus. Les deux premiers étages forment l'infrastructure ; les deux autres forment la superstructure.
- Mais ce schéma n'est pas aussi mécanique qu'il y paraît. En effet, il peut y avoir une détermination en retour des AIE sur les ARE quand, par exemple, la presse dénonce les abus dangereux de la police ; il peut y avoir une action des ARE sur les rapports de production, quand l'armée est réquisitionnée pour remplacer des ouvriers en grève ; enfin, les rapports de production peuvent parfois modifier les forces productives, lorsque, par exemple, la législation du travail en limite la durée.

- Pour Marx, le point faible de cet édifice se trouve à la jonction entre les forces productives et les rapports de production. C'est là qu'une société peut vaciller d'un mode de production à l'autre. Les forces de production tendent toujours à croître ; or, les rapports de production sont par nature rigides et s'opposent à cet accroissement. Prenons l'exemple de la Révolution française de 1789 : les bourgeois tiraient leur fortune du commerce ; or, la libre circulation des marchandises était entravée par la perception de taxes au profit de la noblesse ; l'abolition des privilèges, le 4 août 1789, marque la fin des rapports de production de l'Ancien Régime et inaugure la société libérale actuelle.

4. Le programme communiste

A ~ Une société sans classes

- L'aliénation des ouvriers ne prendra pas fin par des réformes, des demi-mesures. Selon Marx, il faut bouleverser l'ordre économique de la société capitaliste. Son objectif, le **communisme**, est défini comme l'abolition de la propriété privée des moyens de production et la construction d'une société sans classes (voir texte n°49/b).

B ~ Les étapes conflictuelles

Pour y parvenir, il est bien évident qu'on devra passer par des conflits sévères. Marx fixe en gros quatre étapes :

- La révolution, qui consiste à dessaisir la bourgeoisie de son capital et du pouvoir de l'État ; cette révolution ne pourra se dérouler sans violence, car les capitalistes ne se laisseront pas faire.
- La dictature du prolétariat, qui est une phase transitoire, nécessairement autoritaire car il faudra éviter les menées contre-révolutionnaires de la bourgeoisie ; le pouvoir devra être confié à l'élite du prolétariat, à savoir les militants du Parti communiste, qui auront été formés pour cette tâche.
- Le socialisme, lorsque tout danger de contre-révolution aura été écarté, consiste à relancer la production économique, par la gestion étatique des moyens de production, avec encore une certaine inégalité des salaires afin de stimuler les travailleurs. On appliquera la formule *« à chacun selon son travail »*.
- Enfin, le communisme proprement dit consiste à réaliser la distribution égalitaire des produits du travail et à permettre la libre organisation des collectivités (villages, quartiers, usines) ; pour cela, il faut passer par une phase de dépérissement de l'État, au cours de laquelle l'État doit se dessaisir de ses prérogatives pour les remettre au peuple ; la rémunération de chacun s'effectuera selon la formule *« à chacun selon ses besoins »*.

Bibliographie

Althüsser, L., *Pour Marx*, Paris 1965, Maspéro.
Lefebvre, H., *Le Marxisme*, Paris 1948, PUF, Que sais-je ? n° 300.

▶ Voir Partie V - textes 49 : « Le matérialisme historique et la lutte des classes », *L'Idéologie allemande*, F. Engels, K. Marx ; *Le Manifeste du Parti communiste*, F. Engels, K. Marx.

FICHE 49

LES MARXISMES APRÈS MARX

La diversité des pensées se réclamant de Marx ne sera qu'esquissée. Nous nous limiterons à la philosophie, négligeant faute de place l'apport des écrivains, des économistes et des historiens. Notons la place que tiennent, à côté des préoccupations politiques, les recherches esthétiques et les interrogations éthiques.

1. Les dirigeants politiques

A ~ Lénine philosophe ?

- L'identification du « matérialisme dialectique » à un « marxisme-léninisme » fit de l'œuvre de Lénine une référence obligée. Le mouvement est aujourd'hui inverse, mais ne favorise pas non plus une étude sans *a priori* des argumentations de Lénine. Henri Lefèbvre et Louis Althusser, deux marxistes français, ont étudié le rapport de Lénine à la philosophie. Lénine a cherché chez les philosophes classiques, Hegel ou Clausewitz, les moyens de penser dialectiquement la guerre comme un processus, où continuent de jouer les contradictions politiques. Althusser (suivi par Lecourt) dégage de son œuvre les éléments d'une conception pratique de la philosophie, comme tracé d'une ligne de démarcation entre le matérialisme et l'idéalisme dans la complexité des conjonctures intellectuelles où se déterminent mutuellement la science et la politique.
- D'autres moments philosophiques sont intéressants : une refonte de l'idée du prolétariat « classe universelle » est tentée dans *Que faire ?* contre l'idée de spontanéité révolutionnaire ; l'interrogation porte sur la direction intellectuelle de la révolution démocratique. Un travail théorique est aussi engagé sur la contradiction interne de la révolution socialiste – État / non-État, travail salarié / travail libre – passant de l'utopie initiale (*L'État et la révolution, 1917*) aux réflexions sur *La Coopération* (1923).

B ~ Gramsci (1891-1937)

- Grand dirigeant intellectuel du mouvement communiste européen, Antonio Gramsci nous laisse trois ensembles de textes : les *Écrits politiques*, des années 1914-1926, les *Cahiers de prison*, rédigés après son arrestation par le pouvoir fasciste italien et édités à la Libération, enfin la *Correspondance*. Gramsci voit dans le marxisme une « philosophie de la *praxis* », affirmation de la volonté contre le fatalisme (dans la Russie de 1917 et lors des conseils ouvriers de Turin), qu'il réinterprète plus tard comme une « science de la politique » (dans la ligne de Machiavel) destinée à construire les éléments de l'hégémonie des producteurs. Cet **élargissement de la théorie marxiste de l'État** n'en supprime pas la détermination de classe, mais insiste sur la complémentarité du rapport de forces et du consensus obtenu par les institutions culturelles.
- De ce fait, Gramsci engage tout un programme de recherches sur l'histoire et l'analyse de la fonction de différents **types d'intellectuels** dans la perspective de réformer le lien organique qui les unit au peuple lorsqu'une classe sociale

nouvelle est ascendante. Cette réflexion critique comporte une **dimension éthique**, à la fois par la recherche d'une morale et d'un « sens commun » des travailleurs qui les libère de l'hégémonie bourgeoise, et par la mise en œuvre d'un principe régulateur de l'action politique, fondamentalement laïque et délivré de tout messianisme, selon un « optimisme de la volonté », accompagné d'un « pessimisme de l'intelligence ».

2. Diversité de la pensée marxiste

A ~ Lukàcs (1885 -1971)

La longue carrière de Georg Lukàcs, né à Budapest, se divise en quatre périodes.

- Dans sa jeunesse, il développe une esthétique inspirée par le « romantisme anticapitaliste », ainsi qu'un intérêt soutenu pour la mystique juive .
- Il devient marxiste pendant la Première Guerre mondiale, est marqué par l'influence de Rosa Luxembourg et du mouvement spartakiste, ce qui le conduit à participer à la révolution hongroise des « conseils », dont il est « commissaire à la Culture populaire » (1919). Son recueil *Histoire et conscience de classe* (1923) tente de réactualiser l'idée hégélienne d'une synthèse dialectique de l'objectivité et de la subjectivité, transposée dans la « conscience de classe » et la pratique révolutionnaire du prolétariat, aboutissement de l'histoire. Condamné par le marxisme officiel et renié par son auteur, cet ouvrage deviendra la source ouverte d'une bonne partie du « marxisme critique » occidental.
- Installé à Moscou au début des années 30, puis revenu en Hongrie socialiste après 1945, Lukacs développe une œuvre érudite plus orthodoxe, qui englobe la théorie du « réalisme critique », la philosophie de l'histoire (*Le Jeune Hegel* ; *Sur les rapports de la dialectique et de l'économie*), la polémique (*La Destruction de la raison*, à propos de l'irrationalisme de la philosophie allemande et de son rôle dans le développement de la pensée nazie).
- En 1956, il se rallie à la révolution nationale dirigée par Imre Nagy et fait dès lors l'objet d'une surveillance policière. Il écrit deux grandes œuvres : *L'Esthétique* (1963) et surtout *l'Ontologie de l'être social* : « la conscience de soi du genre humain » est étudiée comme « résolution du rapport entre téléologie et causalité » sur la base de l'aliénation et de la désaliénation du travail.

B ~ Bloch (1885-1977)

- Jeune philosophe, Ernst Bloch est marqué par le renouveau des mystiques juive et protestante. Son attachement aux idées de Rosa Luxembourg et son antinazisme le rapprochent du marxisme dans les années 20. Il côtoie alors Adorno, Benjamin, Brecht. Exilé en 1933, il rédige aux États-Unis, de 1938 à 1947 *Le Principe Espérance*, où il esquisse les « épures d'un monde meilleur » et analyse, en une reprise ouverte de l'héritage historique et de sa méditation du marxisme, les conditions théoriques, pratiques, mais aussi imaginaires de sa réalisation. Il cherche à dégager **la rationalité de l'utopie concrète**, faisant du souhait et de l'espérance les instruments d'une pensée et d'une action tournées vers l'avant, au « front » des possibilités d'avancée du monde.
- Installé en 1948 en RDA, il la quitte en 1961 lors de la construction du mur de Berlin, et poursuit une œuvre multiforme, délibérément ouverte sur une compréhension humaniste de l'héritage culturel allemand comme de ses références marxistes (voir *Droit naturel et dignité humaine* ; *L'Athéisme dans le christianisme* ; *Expérimentum mundi*).

C ~ Aspects du marxisme français

- Dans le marxisme français, il faut mentionner l'œuvre trop brève de Georges **Politzer** (1903-1942), qui se manifeste par un brillant pamphlet contre Henri Bergson puis se confronte à la psychanalyse dans une *Critique des fondements de la psychologie* (1928), avant de créer en 1939 la revue *La Pensée*. Résistant dès 1940, il est fusillé par les nazis en 1942.
- L'œuvre théorique de Louis **Althusser** (1918-1990) tient une place centrale dans les débats philosophiques français des années 60, après la publication en 1965 de *Pour Marx* et de *Lire le capital* (ouvrage collectif). Il apparaît alors comme une des figures du structuralisme (voir Partie IX - fiche 93). Prenant acte de la crise du marxisme, il refuse d'y voir seulement les effets d'une attitude dogmatique, et s'engage dans une relecture de Marx. Il interprète la critique marxienne de l'économie politique comme une rupture avec « l'humanisme théorique » (dont les écrits du « Jeune Marx » sont encore imprégnés) et l'historicisme des philosophies idéalistes (dont Hegel) et comme la fondation d'une science de l'histoire dont les catégories centrales sont la « contradiction surdéterminée » du mode de production et la « structure à dominante » des formations sociales. Une telle science s'oppose à l'idéologie bourgeoise, mais démontre en même temps l'efficacité historique des idéologies, définies comme « rapport imaginaire des individus et des classes à leurs conditions d'existence ». Il réévalue les thèses léninistes, considérées comme « lutte de classes dans la théorie », analyse les contradictions entre tendances matérialistes et tendances idéalistes dans la pratique scientifique (*Philosophie et philosophie spontanée des savants*, 1974).
- La fin de son œuvre critique la « déviation théoriciste » de ses premiers essais, tout en réaffirmant la différence entre marxisme et humanisme. Il esquisse une théorie générale de l'idéologie comme « interpellation des individus en sujets », et système d'institutions à la fois publiques et privées (appareils idéologiques d'État) qui assurent la reproduction des rapports sociaux. Son autobiographie, *L'avenir dure longtemps*, rend compte avec profondeur des tragédies de la fin de sa vie (meurtre de sa femme, internement psychiatrique).

3. W. Benjamin et l'École de Francfort

A ~ Benjamin (1892-1940)

- Né à Berlin, Walter Benjamin est souvent considéré à tort comme un représentant de l'école de Francfort (voir ci-dessous), dont il ne fut qu'un compagnon de route, souvent mal compris. Influencé par Georges Sorel et par Franz Kafka, il est l'ami de l'historien de la mystique juive, Gershom Scholem. Rallié au communisme, il se lie avec Bertold Brecht. Il publie une thèse sur *Le concept de critique esthétique dans le romantisme allemand*, puis un ouvrage sur *Les origines du drame baroque allemand*, mais n'obtient pas d'habilitation universitaire, ce qui le condamne à une insécurité aggravée par l'arrivée du nazisme au pouvoir.
- L'essentiel de son œuvre est constitué de fragments et d'essais, consacrés notamment à Baudelaire, et sensibles à la combinaison de fantastique et de rationalité qui fait la quotidienneté moderne. Il prend ses distances avec l'URSS, et sa critique des idéologies du progrès (*Thèses sur la philosophie de l'histoire*, 1940) s'oriente vers une réflexion à la fois politique et religieuse sur « l'à-présent » (Jetztzeit), moment de rupture dans lequel s'affrontent la destruction et la rédemption. En 1940, craignant d'être livré à la Gestapo par la police franquiste, il se suicide à Port-Bou.

B ~ L'école de Francfort

- L'Institut de recherches sociales de Francfort s'oriente, sous l'influence d'Adorno et de Horkheimer, vers une **théorie critique** du présent, dénonciation des effets d'intégration sociale et culturelle de la société de concurrence et de rentabilité. Les auteurs qui constituent cette école de pensée ou la fréquentent (H. Marcuse dans ses premiers écrits, K. Wittfogel, et dans une certaine mesure W. Benjamin) se réclament de Marx tout en prenant leurs distances avec les partis communistes et le marxisme-léninisme. L'Institut quitte l'Allemagne pour Genève avant l'arrivée des nazis au pouvoir, et ses membres se dispersent bientôt.
  - **Horkheimer**, prenant la direction de l'Institut en 1931, a souci de renouveler le marxisme en y intégrant les apports de la psychologie et de la psychanalyse. Il développe une *Théorie critique*, dont la lucidité doit nourrir et non entraver le souci constant d'œuvrer en faveur de la constitution d'une société plus conforme aux exigences de la raison. Il n'y a ni évidence ni fatalité d'un progrès de l'histoire, et toutes les régressions sont possibles : la rationalité et l'amélioration de la vie ne peuvent venir que de l'action et de la pensée humaine.
  - **Adorno** (1903-1969), théoricien de l'art de la musique, développe surtout une *Dialectique de la raison* (1947, avec Horkheimer) qui va prendre la forme d'une *Dialectique négative* (1966), qui regarde en face la « vie mutilée » et se confronte au négatif là où règne la positivité du système en place. Exilé à Londres, puis à Berkeley, Adorno rentre en RFA en 1949. Son œuvre s'attache au rôle de critique théorique qui revient dans la division du travail aux activités intellectuelles ; il mène une polémique avec l'épistémologue Popper à propos du positivisme dans les sciences sociales. Pour lui, « ce qui pourrait être différent n'a pas encore commencé » et « le renoncement à une science de la société est une démission : on n'ose plus penser l'ensemble parce qu'on désespère de le changer. »
  - **Habermas** (né en 1929), assistant d'Adorno de 1956 à 1959, peut être considéré comme un héritier de l'école de Francfort, mais sa pensée devient rapidement plus éclectique (voir Partie IX - fiche 96).
- L'effondrement historique des régimes politiques se réclamant du marxisme ne fait pas disparaître l'intérêt culturel et théorique de l'œuvre des théoriciens marxistes, dont nous avons essayé de montrer la diversité des intérêts et l'actualité des préoccupations. Balibar, Derrida, Michel Vadée (*Marx, penseur du possible*, 1992), ou encore Daniel Bensaïd (*Marx l'intempestif*, 1995) viennent de montrer tout récemment la fécondité d'une lecture non dogmatique de la pensée marxiste.

Bibliographie

Althusser, L., *Lire « le Capital »*, Paris 1968, Maspero.
Balibar, E., *La Philosophie de Marx*, Paris 1993, La Découverte, Coll. Repères.
Bensaïd, D., *Marx l'intempestif*, Paris 1995, Fayard.
Bloch, E., *Le Principe espérance, tome 1*, Paris 1976, Gallimard.
Derrida, J., *Spectres de Marx*, Paris 1993, éd. Galilée.
Labica, G. (sous la direction de), *Dictionnaire critique du marxisme*, Paris 1985, PUF.

NATION ET NATIONALISMES

La référence aux peuples, aux nations et aux nationalismes est de retour, avec, d'une part, la chute de l'empire soviétique et, d'autre part, la mise en cause de l'ordre mondial et occidental par ceux qui défendent les différences identitaires.

1. ÉVOLUTION DU NATIONALISME, DE GAUCHE À DROITE

A ~ Nationalisme républicain et idéaliste

- Au XIXe siècle, le nationalisme est à gauche, jacobin et patriote, pour les nationalités. Jules Michelet et Ernest Renan (voir texte 50/b) procèdent à une lecture idéaliste et universaliste de la Nation, issue d'un contrat, au-delà des déterminismes, unie dans sa capacité d'assimilation. L'esprit de 1848, l'universalisme républicain, la colonisation civilisatrice, les manuels scolaires laïques en sont issus.

B ~ Nationalisme conservateur et identitaire

- La Nation est alors héritage, origine, patrimoine historique. Déjà les romantiques allemands Herder et Fichte, les ultras de la Contre-Révolution Bonald et de Maistre, s'attachent au passé, aux cultures populaires. Taine écrit une histoire plutôt conservatrice et accuse la logique révolutionnaire. La mémoire nationale est cultivée après 1870. Le nationalisme, comme l'armée, glisse à droite, après l'Affaire Dreyfus ; la gauche cultive pacifisme, voire internationalisme. Les clivages idéologiques se renouvellent, avec le socialisme révolutionnaire de Georges Sorel et le nationalisme social du boulangisme.
- Maurice Barrès (1862-1923) plaide pour un socialisme communautaire solidariste et national, dénonce les oligarchies bourgeoises, pour souscrire ensuite, après l'Affaire Dreyfus, à une conception organique de la Nation avec les *Déracinés* et *Scènes et Doctrines du nationalisme.* Lié à une communauté définie, l'homme ne saurait être un individu abstrait. Conviction reprise par Charles Maurras (1868-1952) – hostile à la philosophie libérale, qu'il juge universaliste, individualiste et idéaliste, sans « réalisme » politique. Il définit idéalement une monarchie décentralisée, les concepts de corps intermédiaires, de « pays réel », opposé au « pays légal », institutionnel ; la Nation est une réalité organique, supérieure aux intérêts de classe. Maurras a soutenu un nationalisme de défense de l'identité collective, très hexagonal, anti-allemand et très peu européen. Les maurrassiens exerceront une certaine influence intellectuelle jusqu'en 1945 et revendiqueront l'héritage intellectuel rationaliste et gréco-latin. Barrès se réfère pour sa part à une tradition populaire et plébiscitaire, à un nationalisme romantique de l'instinct et de l'énergie, incarne une droite radicale à vocation nationaliste et sociale, hostile au libéralisme. Préfascisme français selon Zeev Sternhell ? *(Ni droite ni gauche,* Le Seuil*).*

2. Le nationalisme : orientations et devenir contemporain

A ~ Fascisme et modernité

- Le fascisme fut une lecture du nationalisme. Il est l'héritier du maurrassisme par le refus simultané du libéralisme individualiste, du parlementarisme et du marxisme, par une définition de la Nation supérieure aux classes, mais le dépasse par son apport spécifique : critique de l'intellectualisme rationaliste, thème nouveau de l'Europe impériale, État dirigiste et formateur de la Nation, restructuration de la société et rôle des élites nouvelles contre les oligarchies. La critique du libéralisme classique, la volonté d'une économie dirigée et communautaire furent partagées par une large fraction des intellectuels des années 30 et en particulier par les « non-conformistes », tel Emmanuel Mounier, disciple de Charles Péguy, apôtre d'un christianisme socialisant et antibourgeois.
- Le fascisme a suscité des jugements aussi contradictoires que celui des marxistes, l'assimilant à un produit de la crise, des conservateurs libéraux, rejetant en lui un socialisme autoritaire et constructiviste.

B ~ Chances et limites du nationalisme

- Les nationalismes contemporains furent divers : mouvements de décolonisation, refus de l'hégémonie américaine (Perón - Nasser - Castro), défense des identités, des peuples, patriotisme de gauche, inspiration nationale cultivée par Malraux et le gaullisme, en dépit de l'opposition des nationalistes partisans de l'Algérie française. Le conflit algérien a mis en rivalité, à droite, les partisans d'une France impériale, héritière de l'universalisme colonial, et les gaullistes, souhaitant développer la métropole par l'État colbertiste et l'industrialisation. Des années 60 à la fin de la décennie 80-90, nationalisme devient synonyme de droite extrême : opposition au libéralisme, au mondialisme, à la gauche intellectuelle...
- La fin des blocs a instauré un nouveau débat, entre d'une part l'universalisme occidental avec les droits de l'homme, l'ingérence humanitaire, et d'autre part la défense de l'identité des peuples au Sud et à l'Est. Pour les défendre, la référence aux nations est-elle la meilleure arme ? On peut en douter : historiquement, l'État-Nation s'est édifié sur les ruines des cultures et des pouvoirs locaux et représente une volonté subjective à mission universelle, souvent incapable de respecter l'existence des autres peuples. Par ailleurs, l'autonomie des États-Nations est aujourd'hui limitée, tandis qu'à l'intérieur les identités locales et régionales font retour. Le discours étatiste et jacobin a décliné, comme les idéologies.
- L'erreur du nationalisme classique a été de constituer la Nation en absolu, sans admettre la relativité et la diversité fondamentale du monde, alors que le débat s'est aujourd'hui déplacé vers une opposition de l'identité des peuples avec sa part d'imaginaire et de sacré, à la culture de masse et à l'économisme dominant.

Bibliographie

Girardet, R., *Le Nationalisme français*, Le Seuil, Coll. Points.

▶ Voir Partie V - texte 50 : « Deux philosophies politiques de la Nation », *Scènes et doctrines du nationalisme*, M. Barrès, *Qu'est-ce qu'une nation ?*, E. Renan.

LES PROBLÈMES DE LA DÉMOCRATIE

La démocratie peut se définir simplement comme l'exercice du pouvoir sur le peuple par le peuple. Autrement dit, le peuple comme communauté sociale organisée s'autodétermine et réalise par lui-même sa propre volonté, qu'on appelle la volonté générale, indépendamment de toute autre force ou autorité. Mais comment faire exercer le pouvoir par le peuple ? On rencontre là trois problèmes : celui de la forme de l'exercice, c'est-à-dire des institutions démocratiques ; celui de l'idéal du peuple, c'est-à-dire de sa véritable volonté à se gouverner ; celui du pouvoir et des inévitables contradictions puisque le peuple démocratique se veut à la fois détenteur et sujet du pouvoir.

1. LES DIVERSES FORMES DE LA DÉMOCRATIE OU LE PROBLÈME DES INSTITUTIONS

Toute démocratie repose sur un accord, ce que Rousseau appelait un « contrat social » [quoique le contrat social de Rousseau ne soit pas spécifiquement démocratique (voir texte 46)]. Selon cette convention, le peuple entend se gouverner lui-même. Mais comment ?

A ~ La démocratie directe

- Elle semble la plus naturelle ; on la trouve chez les Athéniens au Ve siècle av. J.-C. Le peuple discute en assemblée générale des questions de la cité ; il prend les décisions à la majorité ; il légifère en rédigeant et en adoptant lui-même ses lois ; il choisit en son sein des responsables chargés des affaires courantes (ministres, officiers d'État, etc.).
- Cette organisation, outre qu'elle suppose un peuple éclairé et sage, n'est réalisable que dans une société d'abondance et peu nombreuse ; il faut que les citoyens disposent de temps pour s'informer, discuter et gouverner. C'est pourquoi l'esclavage était une condition nécessaire à Athènes afin que les hommes libres puissent s'adonner à ce luxe de la démocratie.

B ~ La démocratie indirecte

- Elle est une solution au problème du nombre, de la compétence politique et du temps : le peuple élit des représentants qui vont exercer le pouvoir démocratique en son nom et qui devront rendre compte régulièrement de leur mandat, notamment à l'occasion des élections.
- Prenons l'exemple de l'établissement des lois en France : le gouvernement, ou l'Assemblée nationale, ou le Sénat dépose un projet de loi. Plusieurs commissions l'étudient et élaborent un rapport. Après audition de ces rapports, les deux chambres discutent et votent sur ce projet. Après deux « navettes », le dernier mot revient à l'Assemblée nationale. En cas de désaccord, on peut

recourir au Conseil constitutionnel, qui doit vérifier la conformité de la nouvelle loi avec les institutions fondamentales de la République. Quand la décision définitive est prise, la loi est promulguée par le président de la République et publiée au *Journal officiel*.

- On voit que diverses instances de contrôle et de représentation du peuple interviennent et garantissent la nature démocratique de la loi. Ce système est adopté dans la plupart des démocraties actuelles.

C ~ Les deux tendances parmi les démocraties

- Le **régime parlementaire** donne une grande place au pouvoir législatif, c'est-à-dire principalement aux députés. Le parti politique majoritaire choisit le chef du gouvernement et contrôle de près le pouvoir exécutif. Les difficultés apparaissent lorsque de nombreux partis se disputent la représentation du peuple ; des coalitions sont alors nécessaires et l'autorité de l'État pâtit grandement de cette dépendance à l'égard des manœuvres politiques.
- Le **régime présidentiel** compense le poids des partis par l'élection au suffrage universel d'un chef de l'État, responsable du pouvoir exécutif, qui nomme le chef du gouvernement dans le parti le plus représentatif. Un équilibre s'instaure alors entre le pouvoir des députés et celui du président. Cependant, le pouvoir du président doit être bien délimité pour éviter les dérives monarchiques ou tyranniques.

  L'histoire des institutions démocratiques est une histoire d'ajustements qu'il faut toujours améliorer.

2. La dégénérescence de l'idéal démocratique ou le problème de la volonté populaire

On assiste actuellement à un désintérêt croissant pour la vie politique, manifesté par un fort taux d'abstention aux élections et la mise en scène du discours politique tourné en dérision. Cependant, les citoyens tiennent à leurs droits et réclament, par exemple, la possibilité d'organiser un référendum d'initiative populaire. Comment comprendre ce paradoxe ?

A ~ Le danger

- Alexis de Tocqueville avait déjà perçu le danger principal qui menace les démocraties, à savoir l'étatisme. Le peuple démocratique, après s'être battu pour sa liberté, délègue ses responsabilités à l'État, et s'endort. Dans *De la démocratie en Amérique*, en 1835 (*voir texte 47*), Tocqueville estime que l'aspiration des hommes à l'égalité les pousse à se replier chacun sur soi, en perdant le sens de la patrie. Chacun démissionne et s'en remet à l'État : « Au-dessus de ceux-là s'élève un pouvoir immense et tutélaire, qui se charge seul d'assurer leur jouissance et de veiller sur leur sort. Il est absolu, détaillé, régulier, prévoyant et doux. »
- L'État est absolu car il s'occupe seul de toutes les questions, y compris les questions de la vie privée, et forme, par l'éducation, les citoyens selon sa guise. Il est détaillé car il édicte quantité de lois compliquées et minutieuses. Il est régulier en ce qu'il uniformise la vie de tous par des règles qui empêchent les initiatives individuelles. Il est prévoyant en gérant le bonheur présent et futur, en assurant la sécurité, en dirigeant l'économie. Enfin, il est doux parce qu'il n'opprime pas directement, mais dissuade d'agir et rend inutile toute entreprise

individuelle. « J'ai toujours cru que cette sorte de servitude, réglée, douce et paisible (...) pourrait se combiner mieux qu'on ne l'imagine avec quelques-unes des formes extérieures de la liberté, et qu'il ne lui serait pas impossible de s'établir à l'ombre même de la souveraineté du peuple. »

B ~ Le remède

- Quelle solution propose-t-il ? Tocqueville, comparant la vie politique américaine avec celle de la France de son époque, estime que le pouvoir des associations serait un excellent contre-pouvoir : « Ce sont les associations qui, chez les peuples démocratiques, doivent tenir lieu des particuliers puissants que l'égalité des conditions a fait disparaître. » Elles joueraient le rôle que les ducs et les princes jouaient auprès du roi, c'est-à-dire un rôle d'animation de la vie publique. Il donne l'exemple des ligues antialcooliques américaines qui mobilisent le peuple pour réagir et régler un problème au lieu d'attendre tout de l'État.
- Plus près de nous, Michel Foucault a repris une analyse semblable de l'exercice du pouvoir. Selon lui, le pouvoir ne doit plus être conçu comme une puissance s'exerçant d'en haut sur le peuple. Il faut admettre que le pouvoir est partout, dans de multiples lieux ; le pouvoir n'est pas un privilège possédé par un dominant et subi par des sujets ; il est ce que chacun laisse exercer sur lui-même, en déléguant ses responsabilités dans un rapport de force : « Le pouvoir est partout ; ce n'est pas qu'il englobe tout, c'est qu'il vient de partout » (*La Volonté de savoir*, Gallimard, p.122).

3. Les contradictions internes à la démocratie ou le problème de l'art politique

Quand un peuple est dominé par un pouvoir extérieur, les choses sont claires : la lutte pour la liberté se réduit à deux termes opposés. Mais quand le peuple doit se dominer lui-même, les choses sont plus complexes. C'est ce que Raymond Aron expose dans l'une de ses *Dix-huit Leçons sur la société industrielle* (leçon IV ; voir texte 51) ; l'art politique, dans nos sociétés démocratiques, est l'art d'affronter trois antinomies :

A ~ La participation

- La première oppose l'inégalité nécessaire des pouvoirs et des prestiges, et l'aspiration à une participation égale de tous à la vie de la communauté. En effet, il ne peut y avoir d'exercice efficace du pouvoir sans une certaine répartition des tâches et donc, une hiérarchie dans les responsabilités. Même dans les démocraties directes, il y a des chefs, des ministres, des décideurs. Il faut faire accepter au peuple démocratique le respect des décisions prises par ces individus, faire admettre la hiérarchie qui émane du peuple lui-même, tout en permettant une participation effective des citoyens à la vie politique.
- Montesquieu avait bien vu le problème : « Le principe de la démocratie se corrompt (...) quand on prend l'esprit d'égalité extrême, et que chacun veut être égal à ceux qu'il choisit pour lui commander. Pour lors le peuple ne pouvant souffrir le pouvoir qu'il confie, veut tout faire par lui-même, délibérer pour le sénat, exécuter pour les magistrats, et dépouiller tous les juges » (voir texte 52).

B ~ L'égalitarisme

- La deuxième oppose la hiérarchie de fait dans nos sociétés complexes et la volonté égalitaire du peuple. Nos sociétés ne fonctionnent que parce qu'il y a une organisation du travail fondée sur les compétences scientifiques et techniques de chacun. Au capital économique se superpose un capital culturel déterminant pour jouer un rôle dans la société. La compétence est rémunérée et il en résulte des disparités flagrantes des conditions de vie.
- En même temps, l'idéal d'égalité anime fondamentalement les peuples démocratiques qui ne se satisfont pas de la seule égalité formelle. Il faut donc tenir ensemble les deux exigences d'égalité et de hiérarchie des compétences.

C ~ La démagogie

- La dernière oppose la sagesse des gouvernants et la volonté des gouvernés. Chacun réclame des gouvernants élus qu'ils gèrent avec sagesse l'argent public, en trouvant des solutions acceptables par tous aux problèmes de la société. En même temps, chacun exige des élus qu'ils respectent leurs promesses, y compris les plus démagogiques... (voir texte 51). Le citoyen reproche aux gouvernants de céder à l'opinion publique et exige que l'on respecte sa volonté. Raymond Aron observe qu'en France, les groupes de pression ont un pouvoir qui tend à entraver l'action des gouvernements.

Comment concilier toutes ces exigences contradictoires ? Il n'y a pas d'autre moyen, semble-t-il, que d'entretenir l'hypocrisie. « Toutes les sociétés démocratiques sont hypocrites et elles ne peuvent pas ne pas l'être. (...) Une démocratie qui fonctionne bien est celle qui a trouvé le moyen de donner l'impression au peuple que les gouvernants exécutent sa volonté, tout en laissant la possibilité aux gouvernants de faire prévaloir la sagesse ». D'autre part, toute démocratie doit respecter ses principes internes comme la liberté d'expression, y compris des groupes antidémocratiques, en courant donc le risque de s'exposer par là à sa propre destruction. La devise de Saint-Just « Pas de liberté pour les ennemis de la liberté » est inacceptable en démocratie. La démocratie est donc un idéal permanent, une sorte d'aventure dangereuse, un régime à inventer sans cesse qui, par nature, ne saurait être stable. Pour Jean-Jacques Rousseau, c'est le système le plus sujet aux guerres civiles. La tyrannie serait, somme toute, plus tranquille. « Mais, je préfère, dit-il, une liberté dangereuse à un esclavage tranquille. S'il y avait un peuple de dieux, il se gouvernerait démocratiquement » (*Du contrat social*, L. III, chap. IV).

Bibliographie

Aron, R., *Dix-huit Leçons sur la société industrielle*, Paris 1962, Gallimard.
De Tocqueville, A., *De la démocratie en Amérique*, Paris 1968, Gallimard.

▶ Voir Partie V - texte 47 : « La menace de l'étatisme », *De la démocratie en Amérique*, A. de Tocqueville ;
texte 51 : « Les contradictions internes de la démocratie », *Dix-huit Leçons sur la société industrielle*, R. Aron ;
texte 52 : « De la corruption du principe de la démocratie » *De l'esprit des lois*, Montesquieu.

FICHE 52

DE L'ORIGINE ET DES FONCTIONS DU DROIT

Cette fiche ne prétend pas donner une présentation exhaustive de l'origine historique du droit, ni élucider toutes les fonctions qu'il remplit dans une société. Il s'agit davantage de proposer une réflexion sur deux aspects fondamentaux du droit : la régulation des rapports sociaux, mais aussi la gestion collective de la faute et de la culpabilité.

1. Les premières formes juridiques

A ~ La sédentarisation et la nécessité du droit

- La vie nomade ne nécessite pas nécessairement d'institutions juridiques. Parmi les documents que nous avons sur le Moyen-Orient antique, les récits bibliques, qui reprennent des traditions orales anciennes, nous montrent une gestion des conflits qui n'a pas recours à des juges : Sara, femme d'Abraham devenue mère d'Isaac, fait chasser la servante Hagar – qui a mis au monde Ismaël, lui aussi fils d'Abraham. Abraham renvoie Hagar et son fils, en leur donnant seulement du pain et une outre d'eau, et celle-ci erre dans le désert de Béer-Shéva (*Genèse*, chapitre XXI).

  « Riche en troupeaux, en argent et en or », Abraham est accompagné de Loth, qui « possédait lui aussi du petit et du gros bétail ainsi que des tentes. Le pays n'assura pas les besoins de leur vie commune, car leurs biens étaient trop considérables pour qu'ils puissent vivre ensemble » (*Genèse*, XIII, 2, 5 et 6). Une querelle éclate entre les bergers des deux hommes, et Abraham (ou Abram) propose la séparation : Loth choisit le district du Jourdain et part vers l'orient, Abraham va dans le pays de Canaan.
- Ainsi, les conflits peuvent-ils être réglés, soit par l'expulsion des indésirables, (qui erreront, puis mourront ou seront recueillis comme esclaves d'un autre clan), soit par la séparation à l'amiable en deux clans distincts. Mais la sédentarisation, en attachant une même population à un même territoire, oblige à une gestion des conflits plus complexe. En effet, le tort porté à l'un des habitants du village d'agriculteurs (vol de troupeau, blessure, viol d'une femme, etc.) risque d'entraîner une escalade de la vengeance. Non seulement avec une violence de plus en plus grande, selon la logique de la vengeance – celui qui m'a fait tort est mon ennemi, je lui fais donc à mon tour le plus de mal que je peux – mais avec un jeu d'alliances qui risque de s'étendre, du fait des liens de travail et de mariage entre les familles : c'est tout le village qui risque d'entrer dans une guerre sans merci des uns contre les autres. L'existence même du groupe et la survie de tous (il faut s'occuper des récoltes, et l'on a besoin de garder la main-d'œuvre disponible) sont menacées.

- Il faut donc une instance externe aux parties en présence, qui oblige le coupable à une réparation acceptable par la partie lésée. Il faut **des arbitres, des juges**, respectés de l'ensemble de la population, qui puissent trancher dans les cas épineux. Eux-mêmes ressentiront bientôt le besoin de se référer à des situations et à des décisions antérieures. Le droit est né.

B ~ Des juges aux Juges... et à l'État

- Qui sont ces juges ? Souvent des chefs de famille ou des notables, parfois des vieillards respectés. La fonction n'est pas d'emblée officielle, et le titre de juge de paix indique bien que l'arbitrage est confié à ceux que l'on juge dignes de confiance. De ce fait, c'est aussi vers eux que l'on se tourne en cas de danger.
- La fonction de Juge devient ainsi en Israël une fonction de chef politique, et plus particulièrement de chef de guerre, pour rassembler des armées et se défendre contre les belliqueux voisins, Philistins ou autres. L'unité politique tend à se constituer, d'abord sporadiquement, pour des campagnes ponctuelles, puis plus régulièrement, jusqu'au moment où Israël voudra un roi « comme les autres nations ». L'existence de l'État va renforcer l'institutionnalisation du droit, et poser les problèmes nouveaux du rapport entre droit et organisation politique.

C ~ Les origines du droit selon Rousseau

- Dans la reconstruction théorique que fait Rousseau de la nature de l'homme (Qu'est-ce que l'homme sans la société ?) et des origines de la société civile, l'instauration du droit correspond à un moment essentiel, très précisément caractérisé au début de la deuxième partie du *Discours sur l'Inégalité* (1755) : « Le premier qui, ayant enclos un terrain, s'avisa de dire : **ceci est à moi**, et trouva des gens assez simples pour le croire, fut le vrai fondateur de la société civile. Que de crimes, de guerres, de meurtres, que de misères et d'horreurs n'eût point épargnés au genre humain celui qui, arrachant les pieux ou comblant le fossé, eût crié à ses semblables : "Gardez-vous d'écouter cet imposteur ; vous êtes perdus si vous oubliez que les fruits sont à tous, et que la terre n'est à personne. "»

  Ainsi l'instauration de la propriété est-elle à la fois l'origine de la société civile et la source des malheurs engendrés par la société. Pour Rousseau, l'état de guerre de tous contre tous n'est pas l'état de nature, il est un état intermédiaire, où la société a déjà commencé à se développer, avec une socialisation de la vie quotidienne, une division du travail entre agriculture et métallurgie, et l'apparition d'une prétention à la propriété individuelle. **Le droit vient remédier à cet état de guerre, mais il est par essence ambigu** : en effet, il est à l'avantage de tous, puisque chacun y gagne la sécurité et la paix ; aussi relève-t-il d'un consensus, il est accepté et reconnu par l'ensemble des groupes sociaux, car il y va de la survie de la société elle-même, et des chances de survie de chacun. Mais il est proposé par les plus riches, et vient consacrer le degré d'inégalité existant, car « les riches surtout durent bientôt sentir combien leur était désavantageuse une guerre perpétuelle dont ils faisaient seuls tous les frais et dans laquelle le risque de la vie était commun et celui des biens, particulier » : ce sont surtout les riches qui ont intérêt à voir le droit garantir le maintien de leur propriété et le respect de leurs richesses. Ce sont eux qui avaient le plus à perdre à une violence généralisée. Ainsi « de la culture des terres s'ensuivit leur partage, et de la propriété une fois reconnue les premières règles de justice ».

2. Le droit et la gestion de la culpabilité

Mais si la première source du droit provient des conditions de la survie pacifique du groupe social, les fonctions du droit viennent aussi régler divers aspects de la culpabilité.

A ~ La cruauté du châtiment et la généalogie de la morale

- Dans la deuxième dissertation de la *Généalogie de la morale* (1887), Nietzsche s'attache à l'origine du châtiment. Nous pouvons nous offusquer de la violence des sanctions du passé, du recours à la mutilation, à la torture, à l'exécution publique. Mais c'est que nous ne tenons pas compte des conditions indispensables pour que l'homme, cet animal insouciant et oublieux par nature, devienne capable de « faire des promesses », d'entrer dans des engagements et des liens sociaux. Sans la cruauté du châtiment, l'homme ne pouvait devenir assez régulier et assez responsable pour intérioriser les exigences sociales, et il fallait que sa mémoire soit marquée, comme au fer rouge, par ces spectacles cruels, pour que la menace le rappelle aux exigences du groupe.
- Peu à peu, les châtiments ont pu se faire moins spectaculaires et moins violents, dans la mesure où l'intériorisation des règles communes s'était effectuée. Mais ce progrès de la conscience morale ne s'est pas effectué sans mal, ni sans conséquences négatives. La maladie de la civilisation, c'est en effet d'avoir étouffé le goût de vivre, la « volonté de puissance » sous le sentiment intérieur des règles sociales et le poids de la « mauvaise conscience », qui génère le ressentiment – et une cruauté plus dissimulée mais tout aussi forte qu'auparavant, contre soi-même souvent, mais aussi contre ceux qui s'affranchissent des exigences collectives ou simplement du conformisme social. Nous sommes encore loin de l'homme vraiment conscient, qui assume librement sa vie et dit oui à l'existence !

B ~ L'évaluation de la peine

- L'une des premières conditions du droit, c'est l'instauration d'une évaluation de la peine, qui ne sera ressentie comme « juste », par les victimes comme par les coupables, que s'il existe une régularité et qu'une même peine est infligée pour des fautes analogues. Cette préoccupation de l'évaluation de la peine est explicite dès les premiers codes connus, tel le **code d'Hammourabi** (roi de Babylone, 1730 avant J.-C.).
- Notons à ce propos que la célèbre **loi du talion** relève bien de ces premières évaluations juridiques. Loin de justifier la vengeance, elle vient au contraire codifier rigoureusement les limites des représailles autorisées : « œil pour œil, dent pour dent », cela signifie que l'on n'a pas le droit de tuer celui qui n'a fait que vous blesser, même intentionnellement. Et dès le début, les équivalences du tort subi ont été mesurées en richesse (or, terres, bétail), mettant en œuvre les réparations exigées autrement qu'en effectuant la même mutilation ou la même agression sur le coupable.

C ~ L'évaluation de la responsabilité

- Dans l'Antiquité grecque ou romaine, il faut un accusateur pour être obligé de répondre de ses actes devant un tribunal. Si nul ne se plaint, un meurtrier ne sera pas inculpé. Mais la question des intentions délibérées du criminel importe peu : ce qui est pris en compte, c'est le fait du meurtre. La constitution progressive de degrés de culpabilité (préméditation, ou au contraire circonstances atténuantes), et surtout de degrés de responsabilité (actes commis en état d'irresponsabilité passagère, évaluation du degré de responsabilité d'un malade mental, etc.) ont donné une importance nouvelle à la question de la culpabilité subjective. Ce qui ne va pas sans problème, car être reconnu irresponsable, c'est aussi ne pas être considéré comme pleinement humain, ne pas pouvoir expier sa faute – donc continuer à la porter subjectivement sans pouvoir « payer sa dette » et se sentir libéré.

- Il n'est en effet pas inutile de remarquer que la constitution subjective des hommes, comme les difficultés de la vie en commun, génèrent inévitablement dans la société des sentiments de culpabilité, précis ou diffus, que le droit, pour une part, contribue à expliciter et à régler. Pour une part, car pendant fort longtemps, les sociétés étaient également régies sur ce point par les rituels religieux, permettant l'expression de la culpabilité, son apaisement par les rites d'expiation ou les pratiques appelant le pardon divin. En témoigne aussi le rite juif du **bouc émissaire** : la plus belle bête du troupeau, parée de fleurs et parfumée, ayant reçu ablutions et bénédictions, prenant symboliquement sur elle les péchés du peuple est conduite solennellement hors de l'enceinte de la ville pour être abandonnée aux hasards du désert ; reproduisant l'expulsion du coupable hors de la tribu nomade, la cérémonie témoigne en même temps de la conscience d'un péché partagé par tous dont il faut se libérer par la punition d'un seul. De même, la peste de Thèbes appelle la dénonciation d'un meurtrier caché dans ses murs (Œdipe) : laisser la culpabilité exercer sa force dans la vie sociale, sans la punir ou la chasser, c'est susciter le malheur et la destruction.
- Désacralisé et libéré des croyances anciennes, le recours au bouc émissaire n'a pas cessé d'exister : projeter sur autrui, de préférence sur une catégorie sociale faible, opprimée ou différente, la responsabilité de tous les maux, quelle que soit la réalité, ce n'est pas seulement trouver une explication politique commode et détourner sa colère des vrais responsables, ou d'une analyse exacte des situations. C'est aussi éviter la tâche de gérer sa propre culpabilité, ainsi expulsée sur autrui, et s'épargner de prendre sa part des tâches morales et politiques engendrées par les délits, mais aussi par les fautes sociales et les impuissances inévitables ou par les situations de crise, toujours complexes. Mais devenu mise en acte et non plus rituel, le recours au bouc émissaire engendre une violence sans limites, et détruit même le droit... Explosions de violence, racismes et parfois même génocide relèvent trop souvent d'une telle logique.

Bibliographie

Rousseau, J.-J., *Discours sur l'origine et les fondements de l'inégalité parmi les hommes*, texte intégral, Paris 1987, Bordas, Coll. ULB. Commentaire de F. Khodoss.

Nietzsche, F., *Généalogie de la morale*, Paris 1981, Nathan, Coll. Intégrales de philosophie.

▶ Voir Partie V - Texte 52 : « De la corruption du principe de la démocratie », *De l'esprit des lois*, Montesquieu ; texte 53 : « La liberté est inaliénable », *Du contrat social*, J.-J. Rousseau.

FICHE 53

LA NOTION DE DROIT NATUREL

Un droit est ce qu'il est permis à un individu de faire ; ce droit est défini dans un ensemble de règles posées dans une société. L'énoncé des règles juridiques emploie des verbes caractéristiques comme falloir, permettre, devoir, etc., qui ne décrivent pas des faits, mais qui posent des injonctions. Par exemple, l'article 10 de la Déclaration des droits de l'homme et du citoyen de 1789 stipule : « Nul ne doit être inquiété pour ses opinions. » On ne peut pas dire que cette phrase soit vraie ou fausse puisqu'elle ne correspond pas à une réalité ; elle se réfère plutôt à une valeur ; elle ne dit pas ce qui est, mais ce qui doit être. Un droit peut être qualifié de juste ou d'injuste (et non de vrai ou de faux). Mais ne pouvant juger du droit par rapport à une réalité donnée, il faut, pour l'apprécier, discuter de la valeur sur laquelle il se fonde.

La question se pose alors de savoir quelles sont les valeurs qui peuvent servir de fondement au droit.

1. La théorie du droit naturel

A ~ L'objectif

- Les philosophes des XVIIe et XVIIIe siècles sont partis à la recherche d'un fondement incontestable du droit. Ils ont défini en la nature humaine une valeur universelle du droit ; le **droit naturel** est l'ensemble des règles prescrites à l'homme par la législation divine ou simplement inscrites dans la nature humaine. Par exemple, la liberté, l'égalité et la propriété sont les trois premiers droits naturels, innés de l'homme. Cette théorie qu'on trouve aussi bien chez Spinoza que Hobbes ou Rousseau prétend dépasser l'arbitraire et la relativité des droits existants. Le droit naturel serait indiscutable parce qu'il serait inné et universel.
- Il ne faut pas confondre le **droit naturel** et le **droit de nature**. Le droit de nature est un droit non reconnu et non garanti par la société ; c'est, par exemple, le droit de possession de tout ce dont on peut s'emparer, ou le droit de se venger. C'est donc le droit à l'état de nature – qui n'est que le droit du plus fort. Le droit naturel tire son appellation non de la nature sauvage, mais de la nature au sens de l'essence : c'est le droit compris dans la nature humaine.

B ~ Les déclarations universelles des droits de l'homme

Elles sont une application historique de cette théorie. Elles ont été proclamées en 1789, 1791, 1793, et en 1948 à l'ONU (voir texte 54/b).

- Dans le préambule du texte de 1789 (voir texte 54/a), on parle des « droits naturels, inaliénables et sacrés de l'homme », car ces droits faisant partie de l'essence humaine, ils ne peuvent être donnés ou vendus ; ils sont sacrés, c'est-à-dire immuables et intangibles.

- L'article premier déclare : « Les hommes naissent et demeurent libres et égaux en droits. » Ces deux premiers droits, la liberté et l'égalité, sont détenus dès la naissance et durent toute la vie, à partir du moment où un être est reconnu comme être humain.
- L'article 2 énumère les premiers droits naturels, à savoir la liberté, la propriété, la sûreté et la résistance à l'oppression. Curieusement, la propriété est redéfinie dans le dernier article comme un droit inviolable et sacré. On peut s'interroger sur la place de cet article alors qu'il concerne le second droit de l'homme d'après l'article 2.

2. La critique des droits de l'homme

A ~ La critique marxiste

Dans *La Question juive* (voir texte 54/d), Marx procède à une critique systématique des déclarations des droits de l'homme de la Révolution française ; il ne s'agit pas de les refuser, mais de dénoncer leurs limites. La critique principale de Marx consiste à montrer que les droits de l'homme sont ceux de l'individu bourgeois, avec une conception étriquée, individualiste des droits.

- La liberté est définie comme le droit de faire ce que l'on veut sans nuire à autrui ; la loi borne cette liberté « de même que la limite de deux champs est déterminée par un piquet. Il s'agit de la liberté de l'homme considéré comme une monade isolée, repliée sur elle-même ». Il n'est absolument pas envisagé de reconnaître des libertés collectives, comme le droit d'association ou le droit syndical.
- La propriété est le droit de jouir à son gré de « ses biens sans se soucier des autres hommes, indépendamment de la société ; c'est le droit de l'égoïsme » ; l'égalité n'est qu'une égalité formelle ; la sûreté se réduit à la notion de police ;

Marx conclut : « Aucun des prétendus droits de l'homme ne dépasse donc l'homme égoïste, l'homme en tant que membre de la société bourgeoise, c'est-à-dire un individu, séparé de la communauté, replié sur lui-même, uniquement préoccupé de son intérêt personnel et obéissant à son arbitraire privé. »

B ~ La critique ethnologique

- Aujourd'hui, ces droits naturels posent de nouveaux problèmes. En dehors des difficultés considérables que l'on éprouve à les faire respecter, il faut signaler le décalage culturel énorme entre la conception de l'homme qui paraît « naturelle » aux Occidentaux et l'idée de l'homme dans d'autres cultures. L'homme occidental est un homme abstrait, individualisé, issu de la modernité. Il vit au sein d'une nation dont les limites coïncident souvent avec celles de l'État. Dans d'autres régions du monde, l'individu est une notion floue ; les droits de la famille ou du clan, ou de la tribu sont bien plus importants.

Bibliographie

Hegel, F., *Principes de la philosophie du droit*, Paris 1940, Gallimard.

▶ Voir Partie V - Textes 54 : « Dossier de réflexion sur les droits de l'homme ».

FICHE 54

LE DROIT POSITIF

Le droit, du latin directus, *sans courbure, naît de la nécessité de régler, voire de rectifier les relations entre les hommes. Le droit est nécessairement institué : les faits ne justifient pas le droit. Le* **droit positif** *correspond aux* **formes effectives de cette institution**, *qui définit la* **légalité**, *ou conformité aux lois établies (indépendamment du degré de légitimité de ces lois).*

1. Constitution

A ~ Le droit romain

- L'empire romain se caractérise par une **unification** des lois applicables à tout l'empire, et par la mise en forme réfléchie de ce système juridique. Au VIe siècle de notre ère, l'empereur **Justinien** ordonna de rassembler l'ensemble de ces lois en des compilations qui forment le *Corpus juris civilis*, base de la réflexion des universités du Moyen-Âge. Il comporte un manuel de droit (les *Institutes*), un recueil de citations de jurisconsultes (le *Digeste*), et des lois impériales (*Code de Justinien*, auquel s'ajoutent des *Novelles*, textes complémentaires). Le droit de l'Église, ou droit canonique, s'est construit sur un modèle analogue.
- Amplement commenté, ce droit romain sera progressivement modernisé, selon la devise « par le droit romain, au-delà du droit romain », et les juges se référeront de plus en plus à ce droit modèle enseigné par les universités, le substituant aux divers droits coutumiers, habitudes juridiques anciennes, fondées sur des arbitrages traditionnels. Lorsque s'est imposé le recours à la **preuve rationnelle,** ainsi qu'une **procédure systématiquement écrite**, le rôle du juge a changé : non plus tant diriger la procédure que dire le droit et prononcer le jugement.

B ~ Le code napoléonien

- Le désir des Lumières était de mettre fin à la barbarie et à l'hétérogénéité des coutumes, en instaurant partout un droit conforme à la raison et à l'ordre même de la nature (école du droit naturel, voir Partie V - fiche 53). Cette aspiration donna lieu à une technique de **codification** qui fut réalisée en France, sur une vaste échelle, sous le Consulat et l'Empire. L'unification des lois à l'intérieur de chaque nation, ainsi que leur présentation organisée et systématique en fut un résultat essentiel, qui a favorisé l'extension des droits romanistes dans le monde.
- Mais à un droit commun à tous les juristes, s'est ainsi substitué un droit national, propre à chaque pays. La codification de chaque pays est l'œuvre du législateur. Jusqu'alors, la loi n'avait qu'un rôle modeste, simple aménagement, adjonction ou retouche apportée au corps du droit. Désormais, le législateur considère le droit dans son ensemble et élabore la loi pour définir ce qu'il doit devenir. Le droit en vient ainsi à se confondre avec la volonté du législateur – « positivisme juridique » limité par les latitudes assez grandes d'application des lois, qui laissent aux juges et aux juristes des possibilités importantes d'interprétation et même de création et de transformation du droit.

C ~ Les droits romano-germaniques

- Les droits romano-germaniques rassemblent ceux de l'Europe continentale et de l'Amérique latine, de l'Afrique francophone, des pays arabes et de Madagascar, ainsi que ceux du Japon, de l'Indonésie et de l'ex-Indochine – à l'exception de domaines où s'appliquent le droit musulman, ou des droits traditionnels.
- L'étude comparative des systèmes juridiques a mis en évidence la profonde parenté de ces législations. Les juristes anglais, qui ont un droit fort différent, ont constamment opposé le « droit continental » (appelé ailleurs romano-germanique) à la *common law* anglaise. Dans le droit romano-germanique, la source du droit est la loi, décidée par le législateur, et le travail juridique relève surtout de l'**interprétation**, tandis que dans les droits d'origine jusrisprudentielle (établis à partir du corpus des décisions antérieures), la méthode qui prévaut est celle de la distinction entre les situations soumises au jugement.

2. Repères sur les institutions juridiques

A ~ La structure du droit

- Le droit romaniste distingue partout le droit public et le droit privé. Il comporte les catégories du droit civil, du droit administratif (structures administratives, fonction publique, responsabilité de l'État) et du droit du travail. Le droit civil se divise lui-même en droit des personnes, droit de la famille, droit des obligations, droit des biens, droit des successions.
- Dans tous les pays régis par un droit romano-germanique, il y a partout des contrats et des délits civils, des juridictions de droit commun et des juridictions d'exception, des sociétés de personnes et des sociétés de capitaux, des établissements publics et des marchés de travaux publics. L'ensemble est généralement consigné dans des codes.

  En France, cinq recueils rassemblent la codification : *Code civil*, *Code de commerce*, *Code pénal*, *Code de procédure civile* et *Code de procédure pénale*.

B ~ L'organisation judiciaire

- En ce qui concerne les institutions pénales françaises, il importe de noter l'importance accordée aux droits de la défense, ainsi que l'existence d'un ministère public (représenté par un procureur). Certains délits relèvent du tribunal de simple police. Les délits passibles de la correctionnelle sont jugés par un magistrat tandis que les crimes et les délits graves sont jugés en cour d'assises, par des jurés qui ne sont pas des juges professionnels, mais des citoyens tirés au sort sur une liste préparée par les collectivités locales, manifestant ainsi que le tribunal siège au nom de l'ensemble de la société.
- Mais les situations de crise politique et sociale comportent et suscitent aussi une crise du droit…

Bibliographie

Batiffol, H., *La Philosophie du droit*, Paris 1960, Puf, Coll. Que sais-je ?

▶ Voir Partie V - textes 54 : « Dossier de réflexion sur les droits de l'homme ».

FICHE 55

RATIONALITÉ DU DROIT

L'évaluation de la faute et de la peine, l'arbitrage par un tiers et la codification manifestent la rationalité du droit ; Montesquieu et Hegel en soulignent certains enjeux.

1. Montesquieu et *L'Esprit des lois*

A ~ Montesquieu (1689-1755)

- Avant Montesquieu, Platon, Machiavel, Hobbes, Spinoza ou Grotius avaient réfléchi sur la société politique, mais ils raisonnaient sur la société en général.

  Montesquieu a d'abord le souci de rendre compte des sociétés réelles, diverses, qui se sont succédé dans l'histoire. Dès 1734, il s'interroge *sur les causes de la grandeur des Romains et de leur décadence*. Mais c'est surtout dans *De l'esprit des lois* (1748) que s'expriment ses thèses fondamentales.

B ~ Les lois

- Les lois expriment les règles transcendantes et constantes de l'universelle légalité : « dans la signification la plus étendue, elles sont les rapports nécessaires qui dérivent de la nature des choses ». Ainsi Montesquieu peut-il rapprocher les deux significations du terme loi : la disposition établie par une autorité compétente (le commandement légal) et le rapport naturel et nécessaire entre deux réalités (relation causale). Or dans les deux cas, s'exerce une fonction de conservation. L'ambition de Montesquieu est en effet de **dégager un ordre intelligible en s'appuyant sur une étude précise de la variété des mœurs et des institutions**. Il s'agit donc d'étudier les rapports entre les lois, de montrer la loi des lois, leur « esprit ».
- Les lois positives, qui sont l'œuvre des législateurs, ne sont pas des commandements arbitraires. Elles doivent participer de la grande loi de la nature, mais aussi correspondre à la nature propre du pays dans lequel elles sont établies. La « nature des choses » est ainsi présente en toute législation positive, comme le manifeste la **théorie des climats**, qui souligne l'effet direct des conditions géographiques sur le type de législation possible en un pays.

C ~ Les gouvernements

- Montesquieu présente également une **typologie des gouvernements**, opposant le despotisme aux gouvernements modérés que sont la monarchie ou la république. La monarchie est fondée sur la différenciation, la république sur l'égalité. La monarchie a pour principe l'honneur, la république se réfère à la vertu et à la modération. Toutes deux garantissent la sûreté tandis que le despotisme revient à l'égalité mais dans l'impuissance ; la république est l'exact opposé de ce mal. S'inspirant de l'Angleterre, et de son assemblée représentative, Montesquieu défend la séparation des pouvoirs exécutif, législatif et judiciaire, soucieux de l'instauration d'un État de droit.

- *De l'esprit des lois* a inspiré la Constitution américaine de 1787. C'est un texte fondateur des sciences politiques comme des théories de l'État constitutionnel.

2. La philosophie du droit de Hegel (1770-1831)

A ~ Tout ce qui est rationnel est réel

- L'idéalisme absolu de la pensée hégélienne nous présente un Esprit qui est la loi concrète de l'apparition des choses, et qui doit aussi s'apparaître à lui-même. L'Esprit et la vérité doivent se révéler à eux-mêmes, progressivement et dans un processus historique nécessaire et déterminé. Le vrai est un processus dialectique, qui passe par la négation des formes antérieures : ainsi le droit des codes civils a détruit les formes anciennes du droit coutumier, mais permis une synthèse supérieure.

B ~ Tout ce qui est réel est rationnel

- L'Esprit est donc ce qui se réalise dans l'histoire, fût-ce au travers des intérêts et des passions des hommes. La raison est à l'œuvre dans l'histoire, et les différentes institutions nous montrent les incarnations successives de l'Esprit. Les progrès du droit au cours des siècles en sont un témoignage éloquent.

C ~ Les *Principes de la philosophie du droit* (1821-1831)

- Présentés comme « la science de l'État », les *Principes de la philosophie du droit* étudient l'esprit objectif, qui se réalise dans l'histoire. Ils partent du concept de la volonté libre. Le droit et son ultime moment, l'État, sont la réalisation de la liberté, son existence concrète, effective. Le droit est la liberté comme Idée.
- Trois moments principaux forment le procès dialectique de l'Idée : **le droit abstrait** (droit de propriété, des contrats, droit pénal), où la volonté existe en soi, investie dans les choses ; **la moralité subjective**, existence pour soi de la vérité réfléchie en elle-même (le sujet moral) ; **la moralité objective**, existence en soi et pour soi de la volonté libre dont l'État est l'accomplissement. Il ne s'agit pas d'une succession chronologique, mais d'une construction dialectique du concept de l'État comme réalisation de la liberté. C'est ainsi que **l'État est le rationnel en soi et pour soi**, réconciliation de l'universel et du particulier.
- Il s'ensuit aussi que personne ne peut, en droit, appartenir à quelqu'un. Toute forme d'esclavage ou de servage est une « offense au concept de l'homme ». Le droit est toujours droit des personnes sur les choses. Jamais la personne ne peut être traitée elle-même comme une chose.

Bibliographie

Althusser, L., *Montesquieu. La politique et l'histoire*, Paris 1959, Puf.
Fleischmann , E., *La Philosophie politique de Hegel*, Paris 1964, Plon.

PARTIE VI

LES FIGURES DU MOI ET LA QUESTION DU SUJET DEPUIS LA RENAISSANCE

NARCISSE ET LE SUJET MODERNE

Le sujet moderne naît lorsque la pensée se conçoit comme un miroir, une autoréflexion du Moi, à l'instar de Narcisse.

Narcisse, *par Edgard Muller.*

FICHE 56

LE MOI CHEZ MONTAIGNE ET CHEZ PASCAL

*« Le sot projet qu'il a de se peindre ! » (*Pensée *62B). Ce jugement sévère de Pascal sur Montaigne n'est que le premier d'une longue suite de reproches adressés à l'auteur des* Essais, *comme si l'initiateur des études sur le moi avait commis un crime. Voltaire récuse cette condamnation : « Le charmant projet que Montaigne a eu de se peindre naïvement comme il l'a fait ; car il a peint la nature humaine » (*Lettre philosophique *XXV). Il le compte parmi les rares humanistes de la Renaissance, en un temps où l'intolérance s'opposait à l'idée d'humanité. Le rejet de Pascal s'explique peut-être par un malentendu sur ce qu'est le moi. De quel moi s'agit-il chez Montaigne et chez Pascal ?*

1. Le moi chez Montaigne ou l'expérience intérieure

A ~ L'« exercitation de soi »

- Montaigne est déçu par la raison humaine : elle est faible et ne permet pas de trouver la vérité (voir Partie IV - fiche 36). Ainsi, l'âme ne se connaît pas mieux elle-même qu'elle ne connaît le monde extérieur. Mais il voit bien que le scepticisme est une impasse. En effet, le sceptique ne peut plus rien affirmer, il doit suspendre son jugement, il ne peut même pas se proclamer sceptique. C'est pourquoi Montaigne en est réduit à une simple question « Que sais-je ? ». Après avoir renvoyé dos à dos le rationalisme et le scepticisme, il opte pour une recherche de la vérité en soi. Il se roule en lui-même, en espérant tirer de son observation intérieure les leçons nécessaires pour se guider dans la vie. Par exemple, une chute de cheval lui fait approcher la mort et il expérimente « cette douceur que sentent ceux qui se laissent glisser au sommeil ».
- C'est le sens qu'il faut donner au titre de son œuvre, les *Essais* : il s'agit d'un essai de ses facultés naturelles, d'une tentative de trouver une sagesse : « Toute cette fricassée que je barbouille ici n'est qu'un registre des essais de ma vie. » Il n'y a aucune présomption dans cette entreprise ; comme tout essai, c'est une œuvre inachevée que Montaigne remaniera sans cesse ; il ne veut pas enfermer sa pensée dans un système dogmatique. Il écrit un livre sans précédent à son époque, rédigé à la première personne, à la fois sincère et modeste. Il commente ainsi sa chute de cheval : « Ce conte d'un événement si léger est assez vain, n'était l'instruction que j'en ai tirée pour moi ; car, à la vérité, pour s'apprivoiser à la mort, je trouve qu'il n'y a que de s'en avoisiner. » Les *Essais* sont une « exercitation » de soi.
- Mais ce projet n'est pas dépourvu d'une certaine hardiesse, car la description de soi est un parcours semé d'embûches : on peut se laisser aller à la complaisance, à la curiosité étroite sur soi, voire à l'orgueil et sombrer ainsi dans la sottise.

« Il n'est description pareille en difficulté à la description de soi-même, ni certes en utilité. » Montaigne avoue donc autant ses défauts – comme l'irrésolution – que ses qualités – comme la liberté d'esprit. Ce travail est formateur ; l'expérience de soi permet d'atteindre la sagesse si l'on est bon écolier.

B ~ L'homme universel en soi

- « Ainsi, lecteur, je suis moi-même la matière de mon livre : ce n'est pas sans raison que tu emploies ton loisir en un sujet si frivole et si vain » (voir texte 55). En effet, derrière la description de soi, c'est l'homme universel qui est décrit. Montaigne est bien un humaniste (voir Partie IV – fiche 35) qui reconnaît à travers les livres une familiarité avec les Anciens. La lecture est d'ailleurs moins un moyen d'acquérir une science que de se connaître soi-même ; elle fait partie de l'expérience de soi. À travers la lecture, je me rencontre et je rencontre également l'autre comme en un miroir. Montaigne en tire une connaissance fine de ses amis : « Il m'advient souvent de voir et distinguer plus exactement les conditions de mes amis qu'ils ne font eux-mêmes. »
- L'humanisme est poussé à un tel point par Montaigne qu'il en devient un impératif : « Il n'est rien si beau et légitime que de faire bien l'homme et dûment, ni science si ardue que de bien et naturellement savoir vivre cette vie. » Cette belle formule donne toute sa dignité à l'homme, puisqu'elle le désigne comme celui qui a à se faire lui-même, tant comme individu que comme espèce universelle.

C ~ L'ordre du moi

- Chaque homme « porte la forme entière de l'humaine condition » ; tout ordinaire qu'il soit, chaque individu est un être universel. Les observations que Montaigne effectue sur son propre cas ont donc valeur universelle, mais à condition de savoir les adapter à chaque cas particulier. Les hommes ne sont pas uniformes et il revient à chacun de faire l'ordre en soi. La nature humaine n'est pas entièrement donnée ; elle est le produit de l'ordre que chacun impose en soi-même.
- Le premier principe universel est tout simplement le principe socratique de la connaissance de soi, cette connaissance étant d'abord une reconnaissance de sa propre ignorance. « C'est par mon expérience que j'accuse l'humaine ignorance, qui est, à mon avis, le plus sûr parti de l'école du monde. » Car à reconnaître ses erreurs, non seulement on augmente son savoir, mais on mesure la faiblesse de son entendement. L'homme est sujet aux croyances trompeuses ; il lui faut sans cesse combattre sa crédulité et la philosophie est le meilleur remède contre la présomption. « La mère nourrice des plus fausses opinions et publiques et particulières, c'est la trop bonne opinion que l'homme a de soi. »
- Montaigne a changé de position par rapport à la mort : d'abord stoïcien et se préparant à la mort, il prône ensuite la diversion et l'oubli, considérant que les plaisirs de la vie sont, somme toute, bons à prendre. Il admet le suicide : « Cela mesme à quoy en général la philosophie consent, cette dernière récepte qu'elle ordonne à toute sorte de necessitez, qui est de mettre fin à la vie que nous ne pouvons supporter. »
- Il n'est pas dogmatique ; il considère l'inconstance comme une donnée fondamentale de sa nature ; « si je parle diversement de moi, c'est que je me regarde diversement. Toutes les contrariétés s'y trouvent... » Cela ne veut pas dire qu'il faut changer d'idées à tous vents, car la vérité, elle, ne change pas. « Je ne peins pas l'être. Je peins le passage... Si mon âme pouvait prendre pied, je ne m'essaierais pas, je me résoudrais. »

2. Le moi chez Pascal ou sa critique épistémologique

A ~ Le doute sur le moi

- Chez Pascal, le moi est l'objet de critiques capables d'ébranler la certitude cartésienne du cogito (voir texte 56). Par exemple, au lieu d'admettre la nécessité de son existence, Pascal développe la conscience de sa contingence ; il construit un véritable « anti-cogito ». « Je sens que je puis n'avoir point été, car le moi consiste dans ma pensée ; donc moi qui pense n'aurais point été, si ma mère eût été tuée avant que j'eusse été animé ; donc je ne suis pas un être nécessaire. Je ne suis pas aussi éternel, ni infini ; mais je vois bien qu'il y a dans la nature un être nécessaire, éternel et infini » (*Pensée* 469 B). Alors que Descartes montre la nécessité d'exister pour pouvoir penser, puis, après la position du cogito, la nécessité de l'existence de Dieu, Pascal montre la contingence de son existence et la nécessité, avant lui, de l'existence de Dieu.
- Chacun a conscience du changement permanent qui se produit en lui-même avec l'âge : « Je me porte envie à moi-même. Le moi de vingt ans n'est plus moi. » Alors, on cherche à se rassurer en se prenant pour une unité identique, un « suppôt » (*Pensée* 115 B) ; ce terme de suppôt reprend le terme grec d'*hypokéimenon* que l'on traduit par la substance, le support des qualités.
- Mais la connaissance de ce support est impossible ; si on anatomise le moi, on entre dans une division à l'infini. Pascal établit une analogie avec la vision de la campagne (*Pensée* 115 B) ; de loin, la campagne nous montre ses arbres, et plus on s'approche, plus on descend dans l'échelle de ses composants : les feuilles, l'herbe, les fourmis, les jambes des fourmis... De même sous la tête de l'homme se trouvent le cœur, puis les veines, puis le sang, puis les humeurs dans le sang, etc., à l'infini. Et finalement, sous le « suppôt », on ne trouve plus rien.

B ~ L'illusion substantialiste du moi

- Où est ce moi ? il n'est que dans les apparences qu'il aime à se donner lui-même sous le regard des autres, au point qu'« on n'aime jamais personne, mais seulement des qualités... Aimerait-on la substance de l'âme d'une personne, abstraitement ? » (*Pensée* 323 B) Non, le moi cherche à se donner substance (comme on cherche à se donner contenance) par une composition d'apparences. Comme cet effort est avant tout adressé aux autres, on en vient à se fabriquer un moi mondain qui n'est pas le vrai moi ; le vrai moi est vide et le moi mondain est un autre être, un être qui n'existe que dans l'esprit des autres, qui finit par être plus substantiel que le moi lui-même. « Nous ne nous contentons pas de la vie que nous avons en nous et en notre propre être : nous voulons vivre dans l'idée des autres d'une vie imaginaire, et nous nous efforçons pour cela de paraître. Nous travaillons incessamment à embellir et conserver notre être imaginaire et négligeons le véritable. Et si nous avons ou la tranquillité, ou la générosité, ou la fidélité, nous nous empressons de le faire savoir, afin d'attacher ces vertus-là à notre autre être, et les détacherions plutôt de nous pour les joindre à l'autre » (*Pensée* 147 B).
- C'est pourquoi le projet de Montaigne est un sot projet : il cherche à connaître un néant, et s'expose naïvement à prendre pour véritable un être artificiel tout empli des apparences offertes à ses lecteurs. De plus, il se peint sans cacher ses nombreux défauts comme la volupté, la nonchalance, la mollesse. Pascal lui reproche surtout d'accepter le suicide. Pascal qualifie ce principe d'« extrême lâcheté » (lire l'*Entretien avec M. de Saci*).

C ~ La haine du moi

- Ce triste constat conduit Pascal à la haine du moi, une haine qui n'est pas première mais qui est réactive à la haine plus fondamentale qui anime le moi lui-même (voir texte 55/b). Le moi est en effet haïssable en ce qu'il se fait le centre de tout ; il est injuste envers soi et incommode aux autres ; il se fait l'ennemi de tous les autres moi. Chacun se considère comme un tout en soi-même, et par l'illusion égocentrique, chacun croit être tout à tous. Finalement, ce qui caractérise le moi est son amour propre : c'est une sorte de néant qui se prend pour centre de son tout et qui ne se soutient que de la haine envers les autres.
- Cette haine est alimentée de ce que les autres nous disent notre vérité, et comme cette vérité nous déplaît, la haine que nous devrions en retirer pour nous-mêmes est retournée et projetée en haine des autres. « L'homme n'est donc que déguisement, que mensonge et hypocrisie, et en soi-même et à l'égard des autres » (*Pensée* 100 B). En somme, il vaudrait mieux s'ignorer soi-même ; du moins, s'il peut être utile parfois de se connaître soi-même pour régler sa vie, il ne faut aucunement espérer arriver à la vérité en cette matière. C'est seulement en Dieu que l'on peut approcher la vérité.

L'opposition de Montaigne et de Pascal sur le moi annonce l'opposition du romantisme et des sciences humaines. Les romantiques, à commencer par Rousseau dans ses *Confessions*, croient en l'existence d'un moi profond, d'un noyau inaltérable de la personnalité. Les sciences humaines, à commencer par la psychanalyse, se déprennent de cette croyance et dénoncent dans le moi une illusion du sujet sur lui-même (voir Partie VI - fiche 64).

Bibliographie

Montaigne, *Essais*, Paris 1962, Gallimard, La Pléiade, Livre II, chapitres 6, 10 et 17 ; Livre III, chapitre 13.

Pascal B., *Pensées*, Paris 1954, Gallimard, La Pléiade, *Pensées* 100, 115, 147, 323, 455 et 469.

Pascal B., *Entretien avec M. de Saci*, Paris 1954, Gallimard, La Pléiade, p. 560.

▶ Voir Partie VI - textes 55 : « Morales du moi », *Essais*, Montaigne, *Pensées*, Pascal.

FICHE 57

LE COGITO CARTÉSIEN

La publication en 1641 des Méditations métaphysiques, *en latin, est une révolution intellectuelle considérable qui propose un nouveau fondement de la philosophie. Descartes répond aux questions et objections, notamment celles de Hobbes (le philosophe politique du contrat social), d'Arnaud (célèbre représentant du jansénisme), de Gassendi (savant et philosophe d'orientation matérialiste). Il correspond avec le père Marin Mersenne, avec le physicien Huygens...*

1. Du doute méthodique au cogito

A ~ Descartes

- René Descartes, né en 1596 en Touraine, fait des études de droit puis combat en 1618 dans les débuts de la guerre de Trente Ans. Mais il quitte la vie militaire en 1620, et voyage beaucoup (Allemagne, Hollande, Italie).

  Il séjourne à Paris de 1625 à 1628, puis s'installe en Hollande. Il envisage la publication d'un *Traité du Monde*, mais y renonce en apprenant en 1633 la condamnation de Galilée.

- Les titres des principales œuvres de Descartes, auxquelles il faut ajouter son importante correspondance, témoignent clairement des axes de sa pensée.
  - les *Règles pour la direction de l'esprit* (1628, publiées en 1701) ;
  - le *Discours de la méthode* (1637), publié en français, qui précède trois petits traités scientifiques, la *Dioptrique*, les *Météores* et la *Géométrie* ;
  - les *Méditations métaphysiques* 1641 ;
  - les *Principes de la philosophie* (1644), nouvel exposé synthétique de sa métaphysique et de sa physique.
  - *Les Passions de l'âme* (1749), qui développent et approfondissent bien des thèmes abordés dans la correspondance de Descartes avec la princesse Élisabeth de Bohême, sur les problèmes de l'union de l'âme et du corps, et sur la conduite de la vie.

  Sollicité par la reine Christine de Suède, Descartes se rend à Stockholm en octobre 1649, mais il y meurt le 11 février 1650.

B ~ Le doute méthodique

- Le doute est inévitable

  Descartes a reçu l'enseignement rénové des jésuites du collège de La Flèche ; il ne conteste pas leur valeur d'enseignants, mais constate son insatisfaction devant les incertitudes multiples de ce qu'il a appris : désaccords entre les auteurs, érudition inutile et ignorances fondamentales, tel est le tableau d'ensemble, qui suscite un doute légitime. Or il s'agit d'**établir un savoir fondé en raison**.

- Le doute est une méthode

  Pour parvenir à des certitudes rationnelles, il faut donc entretenir et systématiser le doute : **le doute méthodique est une opération intellectuelle délibérée**, qui porte sur tout ce qui peut être mis en doute.

  Notons cependant que le doute ne porte que sur les questions théoriques : dans le domaine pratique, il nous faut bien continuer à agir, donc à décider – et forger pour cela une **morale « par provision »**, adaptée à l'entourage, ferme et résolue en ses actions, capable de tenir compte des limites du possible, en attendant un plus ample examen.

  Dès que quelque chose est **susceptible du moindre doute, il faut par méthode le considérer comme faux**, pour ne pas courir le risque d'établir sur un fondement faux des affirmations qui en découleraient. Ainsi ne peut-on croire ses **sens**, car il arrive qu'ils nous trompent, comme en témoignent aussi bien les illusions d'optique que nos rêves (nous croyons marcher, alors que nous dormons). Ne pouvant faire confiance à nos sens, nous ne pouvons que mettre en doute l'existence même de notre corps.

  Même les raisonnements mathématiques, si assurés de leur rigueur, n'échappent pas à la mise en doute : un **dieu trompeur** peut nous égarer ! Ou du moins, si cette hypothèse semble un sophisme, presque une contradiction dans les termes, nous ne pouvons si aisément évacuer l'idée d'un **malin génie**. Rien ne nous garantit d'emblée, en effet, que nous ne soyons pas le jouet de puissances trompeuses, de capacités d'erreurs et d'illusions qui se jouent de notre raison.

- Doute méthodique et doute sceptique

  En recourant au doute, Descartes utilise consciemment une démarche sceptique : **douter de tout** ce dont il est possible de douter. Mais il diffère radicalement des sceptiques par son but, puisqu'il s'agit de **parvenir à une vérité certaine**, et même par sa voie, puisque le doute radical n'est pas une attitude permanente (reposant chez les sceptiques sur l'impossibilité pour l'homme d'atteindre à une vérité). Chez Descartes, le doute méthodique est un **moment unique** : une fois dans sa vie, se défaire de toutes les idées que l'on admet sans les avoir bien examinées, et rejeter toutes celles en quoi se peut trouver le moindre doute...

C ~ Une vérité première, indubitable

- Si dans cette expérience vertigineuse où la pensée se risque, quelque chose résiste au doute, alors nous serons en présence d'un fondement certain.
- Or il existe une réalité, et une seule, qui ne peut être mise en doute : le fait même de douter. Douter, c'est un mouvement de pensée qui suppose un être capable de penser. « Je pense, donc je suis » (***cogito ergo sum***) : l'acte du doute implique la certitude de mon existence comme « chose qui pense », ce que Descartes assimile à la notion traditionnelle d'**âme**, héritée du platonisme et reprise par la théologie chrétienne. Le « je » se définit ainsi essentiellement par sa capacité à penser, qui peut être établie et étudiée indépendamment de toute certitude relative à l'existence du corps. Ainsi se fonde le **dualisme** de Descartes, qui pose à sa philosophie le problème de rendre compte des rapports et des liens entre l'âme et le corps.

2. « Je pense, donc je suis » : sens et portée

Descartes est donc parvenu à une affirmation indubitable, **vérité première** susceptible d'engendrer toutes les autres. Indiquons quelques éléments décisifs pour la compréhension même du cogito.

A ~ L'affirmation du libre arbitre

- Le libre arbitre constitue une thèse explicite, mais est aussi impliqué par la démarche même.

  Douter suppose la capacité à suspendre son jugement, à ne pas se prononcer sur ce que l'on ne connaît pas suffisamment. La pensée humaine, si elle se garde de la précipitation et de la prévention (idées préalables, toutes faites), peut ainsi éviter toute erreur. L'erreur résulte en effet de l'adhésion de la volonté (infinie) en des matières insuffisamment connues de notre entendement (fini). Mais la suspension du jugement nous en délivre, et se montre à la fois la preuve et le premier exercice de ce libre arbitre qui nous permet d'échapper d'avance à la séduction d'un malin génie comme aux préjugés inévitables de notre enfance et aux erreurs éventuelles de notre raisonnement.
- La démarche cartésienne, en remettant tout en question, sans autre garantie que la rigueur de sa méthode, pose un sujet capable d'assumer par la seule force de sa pensée les questions de la vérité. Penser par soi-même n'y est pas seulement autorisé, comme l'avaient revendiqué les humanistes de la Renaissance prônant le libre examen du texte biblique, mais devient la seule voie d'une véritable pensée. Même si elle suppose courage et méthode.

B ~ Les règles de la méthode

- Car sans méthode, l'audace du doute ne peut aboutir. Elle risque même d'accroître les erreurs. La raison est partagée par tous les hommes, mais l'usage qu'ils en font détermine leur accès à la vérité.
- Il importe de ne rien retenir en son esprit qui ne soit vrai de manière **évidente**, c'est-à-dire qui ne soit clair et distinct et dont il soit impossible de douter. La formulation négative renforce la rigueur du critère proposé. Mais tout n'est pas immédiatement clair et distinct : il faut donc diviser les difficultés en autant de questions simples qu'il sera nécessaire, partir du plus simple pour n'aborder que graduellement les questions plus complexes, et prendre le temps de vérifier par des dénombrements exacts qu'aucun élément n'a été négligé. Construites sur le modèle de la démonstration mathématique, ces exigences de méthode visent à faire de la philosophie première un édifice rigoureux et convaincant.

C ~ L'existence de Dieu, garante de notre accès à la vérité

- Le rationalisme de Descartes peut ainsi prétendre démontrer même l'existence de Dieu. L'héritage scolastique s'y prête assez bien, moyennant une réinterprétation : penser Dieu, c'est poser son existence, incluse dans le concept même de Dieu (« argument ontologique ») ; de plus l'idée de parfait ne peut nous venir de nous-mêmes, qui ne connaissons que l'imperfection (l'argument est anthropologique ; il résistera mieux que le précédent à la critique kantienne).
- Le sujet cartésien trouve ainsi en lui-même et dans son acte de penser ce qui fonde en raison son affirmation de Dieu. Celle-ci lui est en même temps nécessaire : seule l'existence de Dieu déjoue radicalement le risque de puissances trompeuses et garantit à la fois la rationalité du monde et sa cohérence avec notre pensée.

3. Le je du « je pense »

L'héritage de la pensée cartésienne inclut d'une certaine manière toute la pensée occidentale, même celle qui refuse de faire du cogito un commencement. Avec Descartes, le « je » devient sujet philosophique. Mais quel sujet ?

A ~ Un « je » générique

Le je du « je pense » est celui de tout homme. Le doute méthodique est accessible à chacun, le bon usage de la raison est affaire de méthode, il s'agit de penser par soi-même. Chacun peut suspendre son jugement, donc éviter l'erreur, et accéder à la vérité. Ce « je » générique pose ce qui est commun à tous les hommes, **définit l'être humain comme conscience et libre arbitre**, mais pose en même temps le **sujet de la connaissance**, dans ses caractères généraux. La phénoménologie de Husserl (voir Partie VI - fiche 61) explorera cette voie.

B ~ Un « je » individuel

On ne peut cependant exclure l'idée d'un « je » individuel chez Descartes. Le *Discours de la méthode* et les *Méditations* sont écrits à la première personne, c'est son aventure intellectuelle qu'il nous rapporte. La philosophie cartésienne ancre la question de la connaissance dans l'expérience existentielle d'un savant qui trouve ses plus « extrêmes contentements » dans la recherche de la vérité.

C ~ Un « je » social ?

- Poser le cogito comme fondement premier, en faire un point de départ absolu, c'est peut-être oublier le contexte socio-historique nécessaire pour qu'un homme repense le fondement de toute vérité à partir de lui-même et de lui seul. Le rationalisme cartésien est idéaliste d'une part parce qu'il définit l'essence de l'homme par sa pensée, d'autre part parce qu'en instaurant l'individu humain dans sa pleine dignité de personne pensante et libre, il le pose comme donné d'emblée, indépendamment d'un devenir social (où sont précisément en train de s'affirmer l'initiative et la liberté individuelle).
- La pensée sociologique comme la pensée marxiste auront à cœur de situer le sujet individuel dans une genèse et des déterminations sociales, tandis que Nietzsche rappellera, contre la transparence cartésienne, la force de l'animalité. Viendront ensuite les réinterprétations nécessaires d'une conscience qui n'est pas à elle seule tout le psychisme (Freud), et dont la détermination est fondamentalement défensive (Lacan).
- Ces réévaluations ultérieures ne doivent pas nous faire sous-estimer l'apport novateur du cogito cartésien. Ses contemporains ne s'y sont pas trompés. Même Spinoza, qui conteste radicalement la notion cartésienne de libre arbitre, puise largement dans sa réflexion sur l'évidence de la vérité. Malebranche lui doit sa vocation philosophique et cherche à approfondir l'idée d'une Raison universelle. Leibniz poursuit sa réflexion sur les idées innées, et cherche à rendre compte de l'harmonie entre matière et pensée et de l'action de l'âme sur le corps.

Bibliographie

Descartes, *Discours de la méthode*, Paris 1981, Nathan, Coll. Les Intégrales de philo.

▶ Voir Partie VI - texte 56 : « Du doute au cogito », *Méditations métaphysiques*, II, R. Descartes.

LE MOI ET « LES MORALES DU GRAND SIÈCLE »

L'histoire du moi au XVIIe siècle ne se réduit pas à sa condamnation par le pessimisme pascalien : l'univers cornélien et Descartes ont d'abord tenté de lui donner une place.

1. LE MOI DANS L'UNIVERS HÉROÏQUE

A ~ Gloire et générosité chez Corneille

- L'idéal héroïque des grandes tragédies de Corneille, souvent confondu avec une étroite morale du devoir, ne subordonne pas systématiquement les exigences du moi aux intérêts de caste : il tend au contraire à les faire coïncider. Reliée aux valeurs de la société aristocratique, la « gloire » qui obsède les héros cornéliens — c'est-à-dire le sentiment aigu de ce que l'on se doit à soi-même, avant de se placer sur le terrain de la grandeur politique — habite déjà chez Corneille les personnages de la comédie baroque. Ainsi Alidor, dans *La Place royale* (1634), revendique-t-il à la fois les caprices de ses passions et l'affirmation de sa liberté : « C'est de moi seulement que je prendrai la loi », proclame-t-il malgré l'échec de ses désirs.
- Dans les tragédies, la morale héroïque reflète beaucoup moins l'héritage stoïcien de renoncement contraignant aux passions que l'adéquation entre les appétits du moi et les valeurs de la caste aristocratique. Quand il connaît le succès, un Rodrigue célèbre, en même temps que l'orgueil de sa race, la « gloire » de son moi. Quand un Polyeucte, martyr du christianisme, se voit condamner par une oppression extérieure, il convertit sa soumission à l'ordre des choses en expression sublime de son libre arbitre. Les renoncements des héros cornéliens ne sacrifient pas les exigences du moi, ils prétendent à une harmonie entre raison et liberté très proche de la générosité cartésienne.

B ~ Le moi entre connaissance de soi et esclavage des passions

- C'est la quête d'un « bon usage » des passions qui rapproche la morale héroïque et le *Traité des passions*. Mais alors que Corneille élude le caractère aliénant des désirs en les déplaçant sur le terrain de la grandeur politique, Descartes, malgré le rôle dynamique qu'il attribue à la volonté, reconnaît la dimension irrépressible des passions ; situées du côté du corps et des « esprits animaux » sur lesquels l'homme n'a pas de pouvoir, elles freinent la transformation de la volonté en acte. La métamorphose de l'égocentrisme aristocratique en générosité qui semble s'opérer spontanément chez Corneille devient chez Descartes un processus éducatif.
- La conjonction des valeurs héroïques et du cartésianisme est très sensible dans l'idéal d'équilibre social autant que moral proposé dans *La Princesse de Clèves* de Mme de La Fayette par une mère « extrêmement glorieuse » à sa fille. Exposée au jeu des désirs par un brillant mariage, qui met son éclat racé au centre d'une

cour avide d'intrigues amoureuses, l'héroïne a été avertie par une pédagogie très cartésienne des dangers liés à la passion. Elle cherche à les maîtriser par la connaissance de soi.

- Mais cette quête épuisante débouche sur une série d'apories. La transparence à soi-même aboutit à la censure de la passion tandis que l'héroïsme inutile des paroles – le très fameux aveu de la princesse – et des actes – la retraite – est nié par la parole incontrôlable du corps : rougeur, malaise, maladie. La rationalisation sincère crée des désordres sans fin. La conversion au repos, à l'ataraxie intervient trop tard. L'héroïsme cornélien et la morale cartésienne n'ont pu éviter la mutilation du désir et l'échec du libre arbitre.

2 Le procès de la gloire et l'humiliation du moi

A ~ Amour-propre et désir de gloire

- Tempéré par les vertus sociales de l'honnête homme, le pessimisme de l'âge classique a fait plus que menacer l'idéalisme aristocratique et l'optimisme cartésien. Que la condamnation pascalienne des prétentions humaines à la grandeur dans les trois domaines de la métaphysique, de la raison et de la morale ait influencé ou non les comportements, le moi a été perçu par les moralistes sinon comme « haïssable », du moins comme trompeur.
- L'univers politique des tragédies du vieux Corneille, comme *Suréna*, rend impuissante et même destructrice l'exaltation héroïque du moi. Les *Maximes* de La Rochefoucauld traquent, sous le masque de la vertu et du désir de gloire, les caprices aveugles et incontrôlables d'un homme prisonnier de ses « humeurs ». Dans ce naturalisme pessimiste, les ambitions nobles ne se distinguent pas des intérêts les plus bas, l'appétence à la gloire n'est qu'une forme de la *libido dominandi*, l'amour une figure de l'amour-propre : les aspirations du moi n'ont rien à voir avec la liberté et la raison.

B ~ La conscience malheureuse des héros raciniens

- C'est peut-être dans le théâtre de Racine, qui la donne à voir et à entendre dans un lamento incantatoire, que la défaite du libre arbitre humilié par les passions est la plus évidente. La folie d'Oreste dans *Andromaque*, le délire jaloux de *Phèdre* représentent même des cas d'aliénation pathologique. Les personnages de Racine sont en proie à une horreur profonde de leur être face à laquelle le souci de la « gloire », loin de favoriser un transfert héroïque, permet seulement de mesurer la profondeur de leur déchéance.
- De la confusion entre passions privées et ambitions politiques, le moi du bourreau, égaré par son propre pouvoir, sort plus humilié que celui de la victime. Le premier réalise ses désirs factuellement mais révèle sa misère intérieure. La seconde tire de son renoncement forcé une sorte de sérénité : comme si le rêve d'un moi autonome entre passion et raison hantait obstinément le pessimisme de l'âge classique.

Bibliographie

Bénichou P., *Morales du grand siècle*, Paris 1948, Gallimard, réédition Folio.
Descartes R., *Traité des passions.*
Madame de La Fayette, *La Princesse de Clèves.*

▶ Voir Partie VI - texte 57 : « L'exaltation cornélienne du moi », *Morales du grand siècle.*

FICHE 59

LES TENSIONS DU MOI LIBERTIN

Réduite probablement par une étymologie ambiguë – le libertinus *est un esclave affranchi – à sa forme morale, la notion de libertinage, péjorative, recouvre en fait une pensée forte dont les trois figures – philosophique, mondaine, morale – expriment les fluctuations du moi entre le* XVIIe *et le* XVIIIe *siècle.*

1. Un courant discrètement audacieux

- **Le libertinage érudit.** Grâce à la curiosité de l'humanisme renaissant et de la Réforme, les interrogations sur la foi au XVIe siècle se traduisent à la fois par le fidéisme d'un Montaigne, qui récuse toute capacité de la raison à établir la vérité dans l'ordre religieux, et par le courant libre-penseur italien. Après les flambées provocatrices, vers 1620, d'un épicurisme moral tragiquement réprimé, à l'ombre du cartésianisme montant, une pensée totalement détachée de la foi religieuse s'élabore.
- L'aspiration à la connaissance de soi, la recherche d'équilibre qui priment dans le traité de Pierre Charron *De la sagesse* sur les certitudes métaphysiques et le travail de la grâce s'épanouissent dans les premiers cercles libertins. Gassendi (1592-1657), mathématicien et philosophe, La Mothe Le Vayer (1588-1672), Naudé (1600-1653), familiers de la pensée antique — épicurisme, scepticisme pyrrhonien, du nom du philosophe grec (v. 340 av. J.-C.) qui a influencé Montaigne —, refusent le compromis entre la raison et la foi comme la combinaison déséquilibrée de l'aristotélisme et du christianisme. Le scepticisme de Gassendi est surtout un refus du dogmatisme, combiné avec une adhésion à l'atomisme de la physique épicurienne tandis que sa foi sincère et sa pratique religieuse orthodoxe nient toute évidence rationnelle de Dieu : en cela, il s'éloigne de Descartes au moment où paraissent les *Méditations métaphysiques*. Épicurien de mœurs, sceptique sur le plan religieux, La Mothe Le Vayer distingue nettement le domaine de la pensée et celui de la foi tandis que Naudé, rationaliste et athée, ajoute à la remise en question des idées établies une dimension politique en s'ouvrant au pragmatisme amoral de Machiavel.
- Discret quoique subversif, ce premier courant libertin connaît grâce à Descartes une reviviscence inattendue. Les défenseurs de la foi chrétienne voient dans le cartésianisme et son fondement métaphysique rigoureux un moyen de réconcilier raison et foi. Le mécanisme permet en effet à un esprit rationnel d'appréhender scientifiquement l'univers matériel et de congédier l'occultisme. Mais les libertins portent plus loin la nouvelle autorité reconnue au libre arbitre. La liberté de douter, négative aux yeux de Descartes, puisqu'elle permet seulement de ne pas tomber dans l'erreur, est ressentie par ces rationalistes sceptiques comme une invitation à circonscrire leurs connaissances dans les limites de l'univers matériel contenu dans les lois de la physique et de la géométrie. Les libertins en profitent pour se dispenser de toute interrogation sur les fins et sur Dieu.
- **Honnêteté et libertinage.** Mais alors que la chape glacée de l'absolutisme royal fige la plupart des grands débats après 1661, un écart important sépare le faire et le dire. Entre la pratique sociale tempérée d'un Miton que Pascal voudrait

convertir et la transgression revendiquée par Dom Juan : « Je crois que deux et deux font quatre, Sganarelle », la distance est énorme.

- Théorisée par le chevalier de Méré (1607-1684), l'honnêteté mondaine vide le libertinage de sa dimension libertaire en le socialisant. « L'honnête homme [qui] ne se pique de rien », selon La Rochefoucauld, conserve l'apparence des valeurs héroïques du début du siècle : élégance du corps, brillant de l'esprit et morale chrétienne. Mais son aristocratie, qui progressivement devient celle du mérite et non de la naissance, se fonde sur le compromis entre les désirs du moi, l'ambition à l'échelle humaine et le respect de l'autre.
- Les règles apparemment contraignantes de l'art classique recouvrent l'expansion d'un libre arbitre qui congédie les interrogations métaphysiques, chez La Bruyère ou La Rochefoucauld et probablement Molière. Mais le relativisme peut aller jusqu'à l'incrédulité chez La Fontaine et la formule célèbre d'un des premiers libertins – « *Intus ut libet, foris ut mos est* » (à l'intérieur fais ce qu'il te plaît, à l'extérieur fais selon la coutume) – correspond à un usage courant.

2. Les figures radicales du libertinage

- **Dom Juan.** Cible de l'apologétique pascalienne, le libertinage mondain n'éteint pas la vigueur subversive d'une revendication assez forte pour que son incarnation mythique, Dom Juan, apparaisse comme scandaleuse.
- De la libre pensée à l'amoralité souveraine qui brave la divinité pour mieux s'attribuer certains privilèges et se placer au-dessus de l'humanité moyenne, tel est le parcours de Dom Juan. Le scandale de la scène du pauvre (III, 2) tient au remplacement « de l'amour de Dieu » dans la bouche du libertin par « un amour de l'humanité » perverti. Dom Juan oppose la loi de son caprice aux obligations sociales, aux scrupules communs et surtout au code familial, moral et social que lui impose sa caste en contrepartie des privilèges aristocratiques dont il jouit. Avant d'être châtié, le héros a même le temps, dans une adresse directe au public (V, 2), d'indiquer la solution pour conserver de « douces habitudes sous le manteau de la religion » : l'hypocrisie déjà représentée dans *Tartuffe*.
- Du libertinage de pensée au libertinage de mœurs. Alors que la dissociation de la religion et du savoir fonde le rationalisme scientifique de savants et de philosophes comme Fontenelle et, par là, l'esprit des Lumières, le combat contre la religion perd progressivement sa raison d'être à partir de 1715.
- Le radicalisme libertin se déplace alors de la sphère métaphysique et religieuse à la sphère privée. La tension entre le moi social et le moi intime tend à se fondre dans un rôle mondain ; l'idéal d'honnêteté de Méré devient purement fonctionnel. Le libertin des romans de Crébillon fils se contente de manipuler autrui dans le registre des mœurs amoureuses. Incarné par la Merteuil et par Valmont dans *Les Liaisons dangereuses* (1782), ce libertinage s'achève en aporie par l'échec ou la mort. Il n'atteint de radicalisation absolue que dans l'univers de Sade, comme inversion totale des valeurs. Les figures du libertinage de mœurs dans la littérature contemporaine n'entretiennent qu'un rapport flou avec le courant initial. L'émancipation du sujet par rapport à la religion est pourtant le trait essentiel qui relie l'âge classique au temps des Lumières, qui prend avec Voltaire « le parti de l'humanité contre ce misanthrope sublime (Pascal) ».

Bibliographie

Pintard, R., *Le Libertinage érudit dans la première moitié du XVIIe siècle*, Paris 1983, Slatkine.
Benichou, P., *Morales du grand siècle*, Paris 1948, Gallimard, réédition Folio.

▶ Voir Partie VI - texte 59 : « L'honnêteté au XVIIe siècle ».

FICHE 60

ROMANTISME ET INDIVIDU

Rompant avec le rationalisme du XVIIIe siècle, le romantisme valorise les passions, insiste sur l'instinctif, l'affectif, au-delà de la raison et du langage. Déjà Rousseau accusait l'impuissance de la rhétorique à faire passer l'émotion et la sensibilité. De même, le romantisme est une idéologie de l'individu et du moi. Ce souci d'affirmation s'était déjà manifesté avec la Renaissance, les réflexions intérieures de Montaigne, le moi préféré à la comédie sociale, l'autoportrait. Mais les classiques, hostiles au « moi haïssable » (Pascal) et au lyrisme personnel, le récusèrent : l'individu doit suivre un ordre culturel normalisateur ; les apparences triomphent et l'artifice règne dans les mœurs. À l'acceptation de leur siècle par les classiques s'oppose l'attitude de défi des romantiques.

1. Le romantisme comme idéologie du moi

A ~ « Moi seul »

- Dès l'ouverture emblématique des *Confessions*, Rousseau entend se raconter et se justifier. Il marque une rupture avec la tradition classique de l'imitation, les codes mondains, les civilités littéraires, exprime sa différence et accuse l'humanité : « Je forme une entreprise qui n'eut jamais d'exemple et dont l'exécution n'aura point d'imitateur. » Ce souci de transparence caractérise aussi son œuvre politique lorsqu'il s'agit de construire l'homme idéal de l'état « civil » dans le *Contrat social.*
- Avant 1830, le sentiment dominant du moi est celui de l'ennui et de la mélancolie, le « mal du siècle ». L'autobiographie et le genre lyrique dominent.

B ~ « Venu trop tard… »

- Insatisfaits, les jeunes romantiques ont le sentiment de ne pas être à leur place, d'être nés trop tard. « Je suis venu trop tard dans un monde trop vieux », écrit Musset. Dans l'*Itinéraire de Paris à Jérusalem*, Chateaubriand exprime sa nostalgie d'un passé antique absent, défunt mais idéalisé et chargé de gloire, tout comme les *Mémoires d'outre-tombe* évoquent l'unité et la communauté perdues du monde traditionnel d'avant 1789.
- La souffrance est presque un signe de distinction, d'étrangeté au monde. Elle a ses décors privilégiés : l'automne, le crépuscule, la nuit, les ruines. *René* (1802) illustre ce mal du siècle, en écho à une nature sauvage et mélancolique dans l'âme de l'adolescent romantique. « Levez-vous vite, orages désirés ! » Dans la *Confession d'un enfant du siècle* (I, 2) (1836), Musset évoque ce sentiment du vide, postérieur à 1815. Bonaparte proscrit, l'épopée impériale est alors idéalisée et les jeunes romantiques récusent le bonheur bourgeois qui ignore l'idéal, le sens héroïque et tragique de la vie, primordial pour une jeunesse aux passions inassouvies. L'ennui, la désillusion sont le lot des romantiques, attentifs aux diverses figures de la différence : l'enfance, la folie, l'exil, l'enfermement, le voyage…

2. Romantisme et ambition

A ~ Volonté de pouvoir...

- Après 1830, la passion est désormais extravertie et anime créateurs, comme personnages de roman, d'une ardente ambition intérieure.
- L'univers romanesque de Balzac évoque de fortes individualités, dans la perspective de l'énergie romantique, du désir, manifesté dans *La Peau de chagrin*, de l'or et du plaisir, de la passion dévorante, des nouvelles forces issues de la Révolution : argent et individualisme libéral. Initié aux mécanismes du cynisme et de l'intérêt par Vautrin, abandonnant l'idéalisme de sa jeunesse, Rastignac lance un défi à la société à la fin du *Père Goriot*. C'est la fonction du roman d'apprentissage de nous présenter des jeunes provinciaux venus « naviguer » dans la société, évoluer sur la scène de la « comédie humaine », du monde comme théâtre. Dans les tirades du *Père Goriot*, Vautrin révèle à Rastignac un certain darwinisme social : « Si vous êtes un homme supérieur, allez en droite ligne et la tête haute... Il faut vous manger les uns les autres comme des araignées dans un pot... l'honnêteté ne sert à rien. » Cette même ambition animera Duroy dans *Bel Ami*, où l'auteur dresse un portrait impitoyable de la « coulisse » politique et médiatique. Le nouveau pouvoir, fascinant pour Balzac, est celui de la presse, née de l'âge bourgeois. « Vous êtes à la veille de devenir l'une des cent personnes privilégiées qui imposent des opinions à la France », lance Lousteau à Rubempré dans les *Illusions perdues*.

B ~ ~ et de participation au siècle

- La perspective de l'ambition rend compte de l'implication des romantiques dans leur siècle. La figure de Bonaparte exprime le culte de l'énergie ; Chateaubriand se définit comme homme d'action. Dans *Les Rayons et les Ombres* (« Fonction du poète »), Hugo plaide pour un engagement à la fois élitiste, missionnaire, progressiste et messianique. L'étudiant Enjolras lance au peuple parisien une harangue idéaliste du haut d'une barricade (*Les Misérables*). La génération de 1848 affiche un socialisme humanitaire ; des intellectuels se lancent dans la bataille des élections.
- Les déconvenues de 1830 et de 1848, le divorce entre l'artiste et la société bourgeoise utilitariste expliquent ensemble le reflux de l'engagement, la préférence accordée à l'art pour l'art, à l'esthétisme. Le culte de l'artifice se substitue à celui de la Nature.

Bibliographie

Tadié, *J.-Y., Introduction à la vie littéraire du XIX*e *siècle,* Paris 1970, Bordas Études.
Richard, J.-P., *Paysage de Chateaubriand,* Paris 1967, Le Seuil.
Dumont, L., *Essai sur l'individualisme,* Paris 1983, Le Seuil.

▶ Voir Partie VI - texte 60 : « La nostalgie romantique face au bonheur bourgeois béat », *Au coin de la rue, l'aventure,* P. Bruckner.

LE SUJET DANS LA PHÉNOMÉNOLOGIE

Par phénoménologie, on entend à la fois un concept présent chez plusieurs philosophes (avec des développements fort divers, mais un même sens de base : étude descriptive) et l'ensemble de la philosophie d'Edmund Husserl. Le terme s'applique aussi à des philosophies issues de la pensée de Husserl, dont celle de Maurice Merleau-Ponty. Les études phénoménologiques s'attachent notamment à la mise en évidence des procédures de constitution du sujet et d'exercice de son activité.

1. La conscience de soi dans *La Phénoménologie de l'esprit*

A ~ La phénoménologie de l'esprit

- Apparu en 1734, avec le sens de « doctrine de l'apparence », le terme de phénoménologie est repris par Kant, et surtout par Hegel dans sa *Phénoménologie de l'esprit* (1807). Celle-ci présente le développement progressif de la conscience, depuis la simple sensation jusqu'à la raison universelle ou « savoir absolu », progression qui s'effectue selon une logique de négation : chaque nouvelle figure de l'esprit s'opère par des passages dans le négatif et la suppression de la figure précédente.

B ~ La conscience de soi

- Un des moments essentiels de cette dialectique est l'apparition de la conscience de soi par la négation du sensible naturel dont elle se distingue. Or la conscience de soi ne s'accomplit et ne trouve satisfaction que par la rencontre d'une autre conscience de soi qui accomplit le même mouvement de négation : la reconnaissance de soi suppose la rencontre et la reconnaissance de l'autre – même si c'est du même coup la lutte pour la reconnaissance (affirmer sa liberté) et le conflit des consciences qui se trouvent engagés. Cette affirmation hégélienne est capitale : **l'autre est constitutif de toute conscience de soi**. Nous devenons nous-mêmes à partir d'autrui et à son contact. La réflexion contemporaine sur la subjectivité est profondément marquée par cette thèse.

2. Le sujet dans la phénoménologie de Husserl

Or la pensée de Husserl (1859-1938), qui publie en 1929 les *Méditations cartésiennes*, s'inscrit au contraire dans une reprise du projet cartésien :

- fonder la philosophie de façon rigoureuse, à partir d'un commencement absolu ;
- concevoir le sujet à partir de sa pensée (et non à partir de sa relation à l'autre). Il s'agit d'instituer la philosophie comme « science rigoureuse » dans un contexte de crise des fondements des mathématiques et de crise de la philosophie. À

l'orée du XXe siècle, en effet, dominent le **psychologisme** (qui réduit les lois logiques au fonctionnement psychologique de l'esprit humain) et le **positivisme** (la vérité n'est à chercher que du côté des sciences, voir fiche 41). Husserl montre la nécessité irréductible de la philosophie par une **description rigoureuse des activités de la conscience** qui sous-tendent les opérations en jeu dans la signification et dans les relations logico-mathématiques.

A ~ Le retour aux choses mêmes et la réduction eïdétique

- Dès les *Recherches logiques* (1901), il s'agit de « *revenir aux choses mêmes* », c'est-à-dire à ce qui est présent à la pensée. Avant toute tentative d'explication, il faut simplement décrire la façon dont quelque chose se donne à une conscience. La phénoménologie naît moins comme une école attachée à une doctrine que comme un mouvement de pensée qui se donne la tâche, toujours à reprendre, de décrire ce qui apparaît grâce à une « méthode phénoménologique ». En l'occurrence, il s'agit des « évidences originaires » de la logique, se donnant elles-mêmes « en personne » ; car la phénoménologie est une description des essences. Elle décrit **ce qui se passe quand la conscience vise un objet** : elle a recours à une variation imaginaire de ses formes possibles, ou variation eïdétique (*eïdos* : forme, idée), qui en fait apparaître l'essence invariante : le triangle peut être de taille diverse, avoir un angle obtus, être isocèle, etc., mais il ne serait plus triangle s'il avait plus ou moins de trois côtés.
- Par cette « réduction eïdétique » (ramener l'idée à l'activité de conscience) devient possible une « vision des essences » dans une intuition directe. Il y a corrélation entre la **noèse**, acte de conscience qui vise un objet, et l'objet visé, ou **noème**. Les « activités noétiques » sont « *intentionnelles* », « *donatrices de sens* » et sous-tendent l'apparition phénoménale dans l'immanence même de la conscience.

B ~ L'intentionnalité

- Ainsi, « *tout état de conscience est, en lui-même, conscience de quelque chose* » ; il peut l'être de multiples façons, comme désir, comme perception, comme souvenir, comme jugement... Mais la conscience est toujours une visée et n'existe qu'en acte ; elle n'est donc pas une substance, une chose pensante comme l'avait définie Descartes.
- L'intentionnalité désigne l'acte par lequel la conscience se rapporte à l'objet visé. Pure transcendance, c'est-à-dire mouvement permanent au-delà d'elle-même, la conscience ne coïncide pas avec elle-même : elle est fondamentalement temporalité, ouverture au passé et au futur ; elle implique la signification qui dépasse le simple donné et confère du sens à ses objets et, par là, à elle-même et au monde.

C ~ La réduction transcendantale

L'intentionnalité de la conscience rend possible la « *réduction phéno ménologique* », qui est « *mise entre parenthèses du monde* » et « *réduction transcendantale* ».

- ***L'épochè***

Même si ma conscience perçoit son objet comme corrélat de son acte de pensée, rien n'est plus assuré que l'existence d'un monde qui déborde la conscience que j'en ai. Comment comprendre et fonder cette certitude que le monde existe en dehors de moi ?

Reprenant la démarche de Descartes (*Méditations cartésiennes*, 1929), Husserl suspend tout jugement d'existence à propos du monde, et pratique l'*épochè* (du grec, arrêt, suspension). L'existence du monde est mise entre parenthèses.

■ **L'ego transcendantal**

Par cette « réduction phénoménologique », ou « transcendantale » (puisque le phénomène ou l'objet extérieur – transcendant – y est provisoirement mis en suspens), la certitude absolue de l'existence du sujet est atteinte. La démarche répète le *cogito* cartésien, mais le précise : la certitude d'exister porte sur l'« *ego* transcendantal », c'est-à-dire sur le sujet comme sujet de la connaissance, et, plus largement, comme sujet de l'acte intentionnel de la conscience. Les phénomènes sont ainsi ramenés à la conscience comme à la source qui les constitue.

■ **La réalité du monde extérieur**

Or le sujet vise alors un objet qui n'est pas épuisé par cette visée. Ainsi l'objet visé dans la perception dépasse la perception : la maison que je perçois comme surface a aussi une profondeur, elle est visée comme un objet qui n'est pas la simple somme de mes sensations à son propos, mais qui est plus riche que la perception que j'en ai. Corrélat immanent de mon acte de conscience, l'objet comporte aussi une réalité qui le déborde, le transcende.

De simple méthode pour trouver un accès au monde des essences, la phénoménologie devient ainsi une philosophie phénoménologique d'inspiration « transcendantale ». Déjà les *Ideen I et II* (*Idées directrices pour une phénoménologie pure et une philosophie phénoménologique*) esquissent en 1913 une « *phénoménologie de la constitution du sens* », où apparaît toute la structure intentionnelle du sujet transcendantal.

D ~ L'intersubjectivité

À partir du sujet transcendantal se déploient les significations, et le monde qu'elles permettent d'appréhender. Mais la réduction phénoménologique n'isole pas le sujet. La constitution du monde présuppose au contraire l'existence d'autrui, comme Husserl tente de l'établir dans la *Cinquième méditation cartésienne.* Autrui n'est pas simplement un objet de conscience, il est un autre sujet, un *alter ego.* Autrui vise un monde d'un autre point de vue que le mien, en fonction de ses propres perspectives. C'est pourtant le même monde qui est ainsi constitué.

Sans cet enrichissement mutuel des visées, aucune culture n'est possible. La visée d'un monde commun, toujours déjà là alors même que ma conscience le reconnaît en le constituant, est donc nécessaire et l'intersubjectivité s'avère fondamentale.

Par la suite, la phénoménologie husserlienne s'infléchit dans le sens d'un retour à ce « *monde de la vie* » où règne une activité synthétique et téléologique encore antérieure à toute opération subjective d'une conscience égologiquement centrée (voir *La Crise des sciences européennes et la phénoménologie transcendantale* – 1935-1937 ; édition posthume, 1962).

E ~ Influence et portée de la phénoménologie husserlienne

La phénoménologie comporte une tension interne entre l'exigence de décrire un monde qui précède la conscience et celle de montrer que la conscience est à l'origine de tout sens.

Comme méthode, la phénoménologie n'a cessé de dialoguer avec les sciences humaines. Elle s'est toujours opposée au « psychologisme » qui réduit la conscience à n'être qu'un objet de la nature alors que la conscience n'est jamais un phénomène, mais ce qui rend possibles les phénomènes. Elle a fourni des outils descriptifs à des théoriciens de la psychiatrie (Jaspers, Binswanger) ou de la sociologie.

- Paradoxalement, les sciences cognitives qui veulent réduire la conscience à un phénomène naturel observable (positivisme psychologique) tendent en même temps à reprendre les analyses husserliennes de l'intentionnalité, tant elles sont indispensables à l'étude des phénomènes de conscience.

3. Les phénoménologies postérieures à Husserl

Elles ont tendance à mettre en question le caractère absolu de la conscience et son rôle de fondement. Elles ne sont donc plus directement des figures du sujet, mais relèvent plutôt d'une mise en perspective de celui-ci.

A ~ Merleau-Ponty et la phénoménologie de la perception

- Merleau-Ponty (1908-1961) recueille le double héritage des traditions phénoménologique (Husserl) et existentialiste (Heidegger et Sartre). **L'être-au-monde** caractérise la situation humaine qui n'est ni un « en-soi » analysable entièrement par la science, ni un « pour-soi » (conscience et liberté absolues). Les comportements ont un sens, **le corps est expressif** et représente un ensemble de significations incarnées, ouvertes au monde et dialoguant avec d'autres consciences sur le mode de l'intersubjectivité. La recherche du sens s'effectue dans la relation entre les consciences plutôt qu'en elles.
- L'intermonde, où se déploie la relation à autrui comme réciprocité conflictuelle et communication possible, est aussi le monde culturel des institutions et des symboles, héritage symbolique en même temps qu'histoire et vérité à faire. Le langage est le tissu essentiel des relations intersubjectives, qui culminent dans le dialogue.

B ~ La pensée éthique de Lévinas

Né en 1905, attaché à la tradition juive, Emmanuel Lévinas élabore une philosophie éthique qui développe des valeurs humanistes et spirituelles en réaction contre le non-sens des seuls faits. Sa pensée garde quelques traits phénoménologiques, notamment dans l'analyse de la dissymétrie de toute rencontre et de l'appel qu'adresse à tout homme le visage d'autrui.

Bibliographie

Husserl , E., *La Crise de l'humanité européenne et la philosophie*, Paris 1992, Hatier, Coll. Profil, textes philosophiques. Présentée par N. Depraz.

▶ Voir Partie VI - texte 61 : « Le sujet connaissant », *Introduction à la phénoménologie*, J.-T. Desanti.

FICHE 62

LIBERTÉ ET SUBJECTIVITÉ CHEZ SARTRE

L'existentialisme de Jean-Paul Sartre est essentiellement une philosophie de la liberté qui ne cherche pas à prendre systématiquement le contrepied des pensées déterministes comme le marxisme et la psychanalyse, mais qui cherche à redéfinir la problématique de la liberté à partir de la subjectivité concrète de l'homme.

1. LE PRINCIPE DE L'EXISTENTIALISME

A ~ La position du problème

- La complainte habituelle consiste à dire que nous ne sommes pas libres ; nous sommes cernés par des contraintes de toutes sortes (les autres, la morale, les lois, le travail, l'argent, etc.). La liberté nous apparaît comme un paradis perdu. Sartre répond deux choses : 1 – loin de n'avoir pas le choix, nous avons sans cesse à faire des choix ; 2 – loin d'être cernés par les contraintes, nous n'avons à subir qu'une seule nécessité, « nous sommes condamnés à être libres ».
- Cette double réponse n'est pas une provocation gratuite ; elle signifie que l'homme est sans cesse en **situation**, c'est-à-dire plongé dans un ensemble de données au milieu desquelles il a à résoudre des problèmes ; il n'y a pas d'existence humaine sans situation. La liberté humaine n'est pas un état préalable, un ensemble de conditions permettant le choix ; la liberté est dans l'action ; c'est une liberté en acte.

B ~ Le principe

- Cette analyse s'appuie sur le principe fondamental de l'athéisme (voir texte 92). Quand Dieu crée l'homme, il en définit tous les caractères avant de le faire être ; ainsi, chez l'homme créé, l'essence précède l'existence. Mais si l'on refuse l'existence de Dieu, les données sont complètement changées ; l'homme arrive au monde sans être prédéfini. C'est à lui que revient la tâche de se définir. Dans ce cas, l'homme existe et se définit ensuite ; l'existence précède l'essence. « L'homme n'est que ce qu'il se fait. »
- Evidemment, cette condition fondamentale est beaucoup plus lourde à porter que la prédestination. Quand on se pense comme défini en essence avant même son existence, on peut faire appel à l'idée de nature humaine, à sa constitution profonde, pour excuser ses faiblesses, ses lâchetés, ses fautes. Pour Sartre, la nature humaine n'existe pas, ou, du moins, la seule caractéristique commune à tous les hommes, c'est qu'ils ont à être libres.

2. La morale existentialiste

A ~ La responsabilité

- La morale existentialiste est extrêmement rigoureuse. En effet, elle n'épargne à l'individu aucune responsabilité, elle ne lui accorde aucune excuse. C'est pourquoi on lui a reproché sa vision sombre de la condition humaine. Tout homme est responsable de son existence, non seulement pour lui-même, mais aussi pour les autres. À chaque fois que je pose un acte, je crée sous le regard des autres un modèle de l'homme tel que j'estime qu'il doit être. Chacun de mes choix a donc une valeur universelle.
- En conséquence, la conscience de notre responsabilité s'accompagne de trois sentiments pénibles :

  – L'**angoisse**, état d'attente d'un danger inconnu, nous envahit au moment de prendre une décision car nous ne pouvons pas estimer à l'avance toutes les conséquences de nos actes ; l'angoisse est pénible, mais elle fait partie de l'action.

  – Le **délaissement**, sentiment d'abandon, caractérise l'homme sans Dieu. Puisqu'il est seul, sans père pour le guider, l'homme libre ne peut pas compter sur des valeurs *a priori* que la morale religieuse lui enseignerait : il doit inventer lui-même ses valeurs, au risque de se tromper.

  – Le **désespoir,** que Sartre redéfinit comme une forme de la lucidité, d'action sans espoir, c'est-à-dire sans illusions consolatrices, est une condition de l'action réaliste ; je ne dois pas compter sur la chance, sur la volonté d'un dieu, sur des hommes que je ne connais pas. Je dois déterminer mon acte dans le strict cadre du possible, et ne pas rêver.

B ~ Le Cogito pluriel

- On a accusé Sartre de sombrer dans l'individualisme bourgeois en recentrant la liberté sur l'action d'un sujet. Pour répondre à cette attaque venue à la fois des chrétiens et des communistes, Sartre reprend le Cogito cartésien sous une forme plurielle. Le Cogito n'est pas un acte solitaire ; il est accompli sous le regard de l'autre (voir texte 62). La conscience est « un être pour lequel il est dans son être question de son être en tant que cet être implique un être autre que lui ». L'*ego* ne se saisit pas comme une conscience pure ; il est conscience de et pour. Dans le Cogito, l'*ego* saisit une double existence, celle des autres en même temps que la sienne. Le monde n'est pas un simple décor pour une conscience individuelle. C'est un lieu de relations complexes entre des cogitos qui n'existent et ne se connaissent que les uns par les autres : c'est un monde d'intersubjectivité. « Autrui est le médiateur indispensable entre moi et moi-même. »
- Ainsi, Sartre ne pouvait affirmer sa philosophie que dans l'action, par un engagement permanent pour défendre la liberté des autres. Sa philosophie de la liberté n'est pas individualiste ; elle restaure la valeur de la solidarité. « Je suis obligé de vouloir en même temps que ma liberté la liberté des autres, je ne puis prendre ma liberté comme but, que si je prends également celle des autres pour but. »

Bibliographie

Sartre J.-P., *L'existentialisme est un humanisme*, Paris 1995, Gallimard.

▶ Voir Partie VI - texte 62 : « Le garçon de café », *L'Être et le Néant*, J.-P. Sartre ;
texte 92 : « Le principe de l'existentialisme », *L'existentialisme est un humanisme*, J.-P. Sartre.

FICHE 63

LA DÉCONSTRUCTION CONTEMPORAINE DU SUJET

« Le sujet, ce revenant du pathologique, cet absent de la santé... » (Michel Serres, Les Origines de la géométrie, *p. 42)*

Après la notion de Dieu éliminée par les philosophes du soupçon (Marx, Nietzsche, Freud), ce fut le tour de la notion de sujet d'être attaquée par la pensée du XXe siècle. L'émergence des sciences humaines a montré que l'être humain n'est pas toujours, loin s'en faut, le libre auteur de ses actes : il est bien souvent déterminé par des lois qui lui échappent et dont il n'a aucune conscience. La psychanalyse, la linguistique, la sociologie, l'histoire, l'économie et surtout l'ethnologie ont mis en évidence les déterminismes du comportement humain (voir texte 63).

Le structuralisme, né notamment des travaux ethnologiques de Claude Lévi-Strauss, a ruiné cette notion de sujet. « Les hommes n'agissent pas, en tant que membres du groupe conformément à ce que chacun ressent comme individu : chaque homme ressent en fonction de la manière dont il lui est permis ou prescrit de se conduire. Les coutumes sont données comme normes externes, avant d'engendrer des sentiments internes, et ces normes insensibles déterminent les sentiments individuels, ainsi que les circonstances où ils pourront, ou devront se manifester » (Le Totémisme aujourd'hui, *Puf, p. 101). Et d'accuser les philosophes qui voudraient sauver la notion de sujet... « Les philosophes se préoccupent surtout d'aménager un refuge où l'identité personnelle, pauvre trésor, soit protégée. Et comme les deux choses sont impossibles à la fois, ils préfèrent un sujet sans rationalité à une rationalité sans sujet » (*L'Homme nu, *Plon, p. 614).*

Le débat est vif entre les partisans du sujet et leurs critiques. En effet, détruire la notion de sujet, c'est enlever toute liberté, toute responsabilité, voire toute conscience à l'être humain. C'est ruiner les fondements de la philosophie classique depuis Descartes ; c'est invalider la théorie des droits de l'homme. C'est peut-être même retirer toute valeur à la pensée si elle n'est plus qu'un « effet de structure ».

1. Le procès du sujet

A ~ La substance

- Que reproche-t-on au juste à cette notion de sujet ? D'abord sa signification étymologique : le sujet (de *subjectum* en latin, de *hypokeimenon* en grec) est un « jeté dessous » (par opposition à l'objet qui est un « jeté devant »). Jeté dessous quoi ? Le sujet est ce qui est sous les actes qu'il accomplit. Le sujet est un « supposé-se-tenir-sous » ce qu'il fait. Il est donc une substance (*sub-stans*) stable, permanente, qu'on peut retrouver à tout instant derrière ses faits et gestes.
- On présuppose par là qu'il n'existe aucune déchirure entre le sujet et ses actes ; il sait ce qu'il fait, il se sait auteur de ses actes. Le rapport de soi à soi, dans le sujet, n'est pas brisé. Le sujet forme un tout indivisible. C'est un individu.

B ~ L'agent

- Second reproche : sa dimension morale. Le sujet est à l'origine de toute activité (la pensée, l'art, la politique...) ; c'est un agent. La structure grammaticale de la langue nous pousse sans cesse à attribuer l'action au sujet (le sujet du verbe) ; le sujet n'est pas seulement l'origine, mais aussi la cause de ses actes ; il devra donc en répondre. C'est pourquoi, dans un État de droit, le sujet est le citoyen en tant qu'il accomplit ses devoirs. Il est l'être responsable qui constitue la loi mais qui, par là-même, est aussi constitué par la loi.
- Critiquant le cogito de Descartes, Nietzsche a bien vu le piège de la grammaire qui nous fait croire en la nécessité d'un sujet. Le philosophe est pris dans les filets du langage. Le langage est trompeur, il ne peut pas être le reflet des choses, il n'est fait que de métaphores ; par exemple, le concept de feuille n'existe pas dans la nature ; dans la nature, il n'y a que des feuilles singulières. Le penseur est victime d'une croyance... « celle que "penser" soit une activité à laquelle il faille imaginer *un sujet*, ne fût-ce que "quelque chose" ; et l'*ego sum* ne signifie rien de plus. Mais c'est la croyance à la grammaire, on suppose des "choses" et leurs "activités", et nous voilà bien loin de la certitude immédiate » (*La Volonté de puissance*, T. I, L.1, p. 98). Rien n'assure que derrière un acte il y ait un sujet cause de cet acte.

C ~ Le savoir

- Le troisième reproche concerne le sujet de la connaissance. Kant a montré que le sujet est le centre d'une activité considérable consistant à synthétiser une multiplicité d'impressions sensibles pour en faire un objet de connaissance. Cette activité d'unification serait la même chez tout être doué de raison. Le sujet connaissant est habilité par là à énoncer des lois universelles sur la nature. Ainsi le principe de la gravitation universelle ne vaut pas que pour celui qui l'énonce – Newton –, mais pour tout sujet qui en prend connaissance.
- Cependant, cette activité de construction des connaissances ne consiste qu'à présenter théoriquement des objets matériels qui nous échappent dans leur structure profonde. Que savons-nous de la vérité définitive de nos théories ? Le sujet croit qu'il détient la vérité sur les objets qu'il se représente par des idées, mais peut-être n'a-t-il pas fait mieux que mettre un nom sur une chose qu'il confond avec le savoir sur cette chose. La plupart des lois scientifiques sont des hypothèses provisoirement confirmées jusqu'à nouvel ordre. Le sujet qui les prend pour un savoir définitif est en pleine illusion de toute-puissance sur le monde ; il se place au centre du savoir, mais chacun sait que si le centre est le point à partir duquel on trace un cercle, c'est aussi le point par lequel passent toutes les divisions de ce cercle.

D ~ L'identité

- L'identité psychologique fait l'objet du quatrième reproche ; l'impression de stabilité de soi, d'être toujours le même être en dépit du changement des apparences physiques, fait croire en l'identité de soi. La distinction d'avec l'autre renforce chaque jour cette conviction d'être un moi unique, échappant à toute fusion ou confusion possible.
- Ce qui fait le sujet, selon Lacan, c'est essentiellement la parole : « Ce que je cherche dans la parole, c'est la réponse de l'autre. Ce qui me constitue comme sujet, c'est ma question. Pour me faire reconnaître de l'autre, je ne profère ce qui fut qu'en vue de ce qui sera. ». Le sujet cherche son identité par l'échange de paroles avec l'autre. Les psychanalystes, qu'il s'agisse de Freud ou de Lacan, ont

montré qu'il n'y a pas d'identité en dehors des identifications. « Je est un Autre »; « Ça parle en Moi » ; on pourrait multiplier les formules qui dissolvent ce mythe du moi psychologique, de l'identité originale et prétendument irréductible.

E ~ Le cogito

- Enfin, le dernier reproche adressé à la notion de sujet remonte à son introduction philosophique : le cogito cartésien. Le sujet qui pense et qui se pense pensant est un être qui se pose lui-même, sans déduction préalable. « Cette proposition "Je suis, j'existe" est nécessairement vraie toutes les fois que je la prononce ou que je la conçois en mon esprit », déclare Descartes.
- Le sujet est non seulement l'auteur des représentations du monde, mais il est aussi l'auteur de sa propre représentation ; il se pose lui-même comme autoreprésentation ; fatalement, il tombera dans les illusions narcissiques de la pensée. Plus généralement, toute tentative de représentation du sujet, ne pouvant être l'œuvre que d'un sujet, sera toujours sujette à suspicion ! Ce cercle de l'autoreprésentation a son versant dramatique. Se poser soi-même comme seul sujet peut conduire au racisme, voire au totalitarisme si l'autre n'est pas admis dans la dimension de la subjectivité. C'est ce qui arrive quand une masse ne reconnaît plus son identité que dans un chef.

2. VERS UNE RÉHABILITATION DU SUJET ?

Le procès de la philosophie du sujet ne se clôt pourtant pas sur ces cinq chefs d'accusation. De nouvelles pièces sont constamment versées au dossier, et des apports récents permettent de repenser un peu le sujet sans pour autant rétablir le sujet classique cartésien.

A ~ La singularité

- Tout d'abord, le sujet peut être reconsidéré sous l'angle de ses actes. Par rapport à l'agent responsable, régulier, prévisible et donc corollaire des lois, on peut souligner la singularité de chaque sujet, c'est-à-dire son irréductibilité à des calculs, à des lois déterministes. Le sujet déterminé est ordinaire, sans surprise ; on peut le ranger dans des catégories ; mais le sujet considéré dans sa singularité est extra-ordinaire, remarquable, propre à des décisions de jurisprudence et non à des applications impersonnelles de la loi. Le sujet échappe, au fond, aux sciences humaines.

B ~ La fiction

- On peut aussi considérer le sujet sous l'angle de son savoir. Se prenant lui-même comme objet d'étude, le sujet est extrêmement exposé à des *a priori*, à des fictions. Tout savoir sur soi est au fond une méconnaissance qui s'étaye sur des croyances. Déjà Platon soulignait bien l'impossibilité de se connaître soi-même sans intermédiaire : « Demande-toi si tu peux concevoir une vue qui ne soit pas la vue des choses qu'aperçoivent les autres vues, mais qui serait la vue d'elle-même et des autres vues et aussi de ce qui n'est pas vue, qui ne verrait aucune couleur, bien qu'elle soit une vue, mais qui se percevrait elle-même et les autres vues. Crois-tu qu'une pareille vue puisse exister ? » (*Charmide*, 168a).

- Parlant de lui-même comme de toute chose, le sujet génère des nominations en croyant se saisir vraiment ; il parle de « personne «, de « moi profond », d'« individualité », de « Je », de « Soi » etc. dans une sorte d'autodésignation absolue. « Un sujet est l'autonymie d'une langue vide », dit Badiou. Le sujet est ce qui se désigne soi-même, croyant se saisir alors qu'il n'embrasse que du vide. Le sujet est d'abord une fiction. Le sujet est une fable ; il est l'irreprésentable à lui-même, l'impensable par lui-même. C'est pourquoi toute théorie qui voudrait faire complètement le point sur ce qu'est un sujet se prendrait immédiatement au piège puisqu'elle est d'abord la production d'un sujet ! Le sujet est un terme infini, ce qui n'en finit pas de se chercher soi-même.

C ~ La division

- Enfin on peut reprendre la question du sujet sous l'angle de la division. Contrairement à l'individu (l'in-divisé), le sujet est profondément déchiré. C'est une énorme confusion, très répandue dans la philosophie classique que d'assimiler sujet et individu. Le sujet n'est pas un individu ; il en est même tout le contraire. Sa division peut s'observer sous deux perspectives : la mise en évidence des processus inconscients et l'analyse des faits de langage. Les processus inconscients, déjà entrevus au XIXe siècle, ont été établis par Freud (voir Partie III, fiche 32). La division est un trait essentiel du psychisme : sous l'action du refoulement, une bonne part des représentations psychiques échappent à la conscience et, loin d'être perdues, continuent à déterminer les actes de la vie quotidienne, si bien que le sujet ne peut échapper à ce sentiment étrange d'être obscur à lui-même. Cette vérité de la division du sujet est refoulée par les adultes, alors que les enfants, par leurs questions, nous la rappellent avec insistance : « Pourquoi suis-je moi et pas un autre ? », « Pourquoi suis-je moi et pas toi ? », etc.
- Les faits de langage, abordés par les linguistes, ont été repris par Lacan pour expliquer comment l'inconscient était constitué par le langage : dans une proposition dans laquelle le sujet se met en scène (par exemple : « Je pense »), le sujet de l'énoncé (celui dont il est explicitement question dans le pronom personnel « Je ») et le sujet de l'énonciation (celui qui accomplit l'acte de parole lorsqu'il profère l'énoncé) ne sont pas nécessairement en coïncidence parfaite. L'un (le sujet de l'énonciation) peut même dire le contraire de ce que l'autre (le sujet de l'énoncé) voulait dire, ce qui est probant dans les lapsus. Cette division du sujet du langage remet totalement en cause la doctrine cartésienne du cogito : du fait qu'il énonce la proposition « je pense. », celui qui se désigne par « Je » ne peut être certain d'être celui qui est. « Je pense, je suis » : ces deux « je » sont-ils le même ?

Bibliographie

Descartes R., *Les Méditations métaphysiques*, Paris 1967, Vrin.
Nietzsche, F., *Le Livre du philosophe*, Paris 1991, Garnier-Flammarion.

▶ Voir Partie VI - texte 56 : « Du doute au cogito », *Méditations métaphysiques*, R. Descartes ;
texte 63 : « La mort de l'homme », *Les Mots et les choses*, M. Foucault.

FICHE 64

DU MOI CHEZ FREUD AU SUJET CHEZ LACAN

Sigmund Freud n'utilise pas de manière spécifique la notion de sujet ; il se sert de la notion de Moi – Ich *– pour lui donner une valeur conceptuelle. Le Moi ne recoupe pas l'idée classique de la personne ; c'est une instance de la personnalité qui remplit essentiellement un rôle de médiateur entre des exigences contradictoires – les pulsions du Ça, les impératifs moraux du Surmoi et les lois de la réalité (voir Partie III - fiche 32). Freud conçoit le Moi comme un appareil de régulation et d'adaptation à la réalité. Certains psychanalystes ont alors donné à la psychanalyse une orientation normative que Lacan a contestée en préférant parler de sujet.*

1. LE MOI CHEZ FREUD (1856-1939)

A ~ Les origines du Moi

- Reconstituer la genèse du Moi est une entreprise ambiguë car il est difficile de départager ce qui vient en quelque sorte de l'intérieur du Moi et ce qui provient de l'extérieur, la limite entre l'intérieur et l'extérieur mettant déjà en jeu la notion de Moi. Cependant, on peut préciser que le Moi ne coïncide pas avec la conscience, comme dans le Cogito cartésien. Le Moi n'est pas un et permanent ; il est conflictuel, divisé. Le Moi ne recouvre pas l'ensemble du psychisme : il n'en est qu'une composante.
- Le Moi est issu du Ça ; il s'en est différencié progressivement sous l'action du monde extérieur, par l'intermédiaire du système préconscient-conscient ; il est comme une couche superficielle remontée des profondeurs du Ça à la surface de l'appareil psychique. Freud en parle comme d'une « projection mentale de la surface du corps » car il serait dérivé des sensations corporelles externes (*Le Moi et le Ça*, 1923).

  Avant cette différenciation, le Moi est narcissique, il est l'unité qui centre l'auto-érotisme de l'enfant ; le **narcissisme** est l'état précoce où l'enfant investit toute sa libido sur lui-même. Puis, le Moi va s'enrichir par différentes identifications successives. L'**identification** est une assimilation par le Moi d'un aspect, d'une propriété de l'autre et une transformation du Moi sur ce modèle de l'autre. Par exemple, dans l'homosexualité, « le jeune homme n'abandonne pas sa mère mais s'identifie avec elle et se transforme en elle » (*Psychologie collective et analyse du Moi*, 1921) ; c'est pourquoi l'homosexuel recherchera comme objet d'amour un autre jeune homme. Ainsi, en passant d'un objet d'amour à un autre, l'individu se constitue peu à peu et son Moi est comme la sédimentation progressive de ses identifications.
- A la suite de Freud, certains auteurs distinguent parmi les identifications deux notions qui se ressemblent : le **Moi idéal** est un idéal de toute-puissance narcissique forgé sur le modèle du narcissisme infantile, antérieur au complexe d'Œdipe ; l'**Idéal du Moi** est un modèle auquel l'individu cherche à se conformer, après le complexe d'Œdipe, et qui résulte d'une convergence entre le narcissisme et les identifications aux parents et aux idéaux collectifs (l'idéal du Moi est un équivalent du Surmoi).

B ~ Les fonctions psychiques du Moi

À partir de 1920, Freud fait du Moi une instance psychique dotée d'une mission d'équilibre de la personnalité. Ses fonctions sont multiples : contrôle de la perception et des mouvements corporels, épreuve de la réalité, direction des processus mentaux, pensée rationnelle, mais surtout méconnaissance de l'inconscient et défense contre les conflits psychiques.

- Lors d'un conflit entre un désir et un interdit, le Moi procède au **refoulement**, c'est-à-dire au rejet inconscient de la représentation du désir dans l'inconscient ; cette action de défense est bien entendu inconsciente elle-même. Le Moi la méconnaît au moment où il l'accomplit, et, par suite, il n'en voudra rien savoir.
- Le Moi participe également au travail de **censure**, fonction qui tend à interdire aux désirs inconscients l'accès au système préconscient-conscient. Les rêves sont des élaborations destinées à contourner cette censure pour exprimer des désirs interdits.
- Le Moi est également à l'œuvre dans les résistances : une **résistance** est ce qui, dans les paroles et les actions du patient en analyse, s'oppose à l'accès de celui-ci à son inconscient, comme par exemple les oublis ou la fatigue. Une résistance est souvent l'indice que l'on touche à une information inconsciente essentielle.
- Enfin, le Moi apparaît comme ce qui s'oppose le plus souvent au désir, au nom du principe de réalité. Le principe de réalité impose à la recherche de plaisir le respect des conditions du monde extérieur (argent, lois, morale...) ; au principe de plaisir qui a pour but d'éviter le déplaisir et de procurer du plaisir, le Moi oppose donc le respect des exigences du monde extérieur ; par exemple, pour permettre l'autoconservation, le Moi fait la part entre un simple souvenir vif et une hallucination.

À travers ces diverses fonctions, le rôle principal du Moi apparaît bien comme l'adaptation du psychisme à la réalité extérieure.

C ~ La psychanalyse comme rééducation du Moi

- « Le Moi est soumis à une triple servitude et, de ce fait, est menacé par trois sortes de dangers : celui qui vient du monde extérieur, celui de la libido du Ça et celui de la sévérité du Surmoi (...). Comme être-frontière, le Moi tente de faire la médiation entre le monde et le Ça, de rendre le Ça docile au monde, de rendre le monde, grâce à l'action musculaire, conforme au désir du Ça » (*Le Moi et le Ça*). Dans la célèbre métaphore du cavalier qui doit conduire un char tiré par trois chevaux qui veulent se séparer, Freud définit le Moi comme le médiateur qui doit tenir compte d'exigences incompatibles ; nécessairement, il lui arrive d'être complètement dépassé. Il sombre alors dans la névrose.
- La cure psychanalytique est proposée comme un moyen de faire retrouver au Moi sa prééminence sur le Ça ; la célèbre formule « *Wo Es war, soll Ich werden* » (31e des *Nouvelles Conférences sur la psychanalyse*, 1932) qu'on peut traduire par « Là où était le Ça, le Moi doit advenir », ouvre la porte à une conception éducative de la psychanalyse. Freud décrit le Moi du névrosé comme incapable d'assumer les tâches sociales qui lui incombent ; il est dépassé par les contradictions, par les conflits non liquidés ; il est affaibli. Le psychanalyste intervient alors pour renforcer le Moi : « Nous nous faisons conférer l'autorité du Surmoi, nous incitons le Moi à lutter contre chacune des exigences du Ça et à vaincre les résistances qui surgissent alors. En même temps, nous remettons de l'ordre dans le Moi en y dépistant les contenus et les pulsions émanés du Ça que nous soumettons à la critique en les ramenant à leur origine. C'est en assumant diverses fonctions, en devenant pour le patient une autorité et un substitut de ses parents, un maître et un éducateur, que nous pouvons lui être utile » (*L'Abrégé de psychanalyse*, Paris 1970, Puf, p. 50). On a pu légitimement s'inquiéter de cette définition de la cure psychanalytique ; d'invention révolutionnaire à son

origine, elle pourrait en effet évoluer, sous couvert de soins, vers une entreprise de normalisation des conduites et des individus. La réintégration des élèves en difficulté dans le système scolaire, la réinsertion des délinquants, l'injonction thérapeutique imposée aux toxicomanes, toutes ces pratiques sociales de récupération et de contrôle doivent-elles passer par la psychanalyse ? Le psychanalyste doit-il devenir le père de substitution, le nouveau confesseur, le maître à penser, l'éducateur polyvalent, le consolateur universel ?

2. Le sujet chez Lacan (1901-1981)

A ~ La subversion du sujet

- La formule « *Wo Es war, soll Ich werden* » est traduite par Lacan par « Là où c'était, Je doit advenir » ; Je n'est pas le Moi mais le sujet de l'inconscient. Pour Lacan, le Moi est une fonction qui se déploie sur l'axe de l'imaginaire, comme une image de soi-même qui empêche d'apercevoir le désir ; le Moi est essentiellement une fonction de méconnaissance. Les psychanalystes américains, adeptes de l'égopsychologie, s'imaginent pouvoir réparer la personnalité du névrosé en reconstituant son Moi. Mais vouloir renforcer ainsi le Moi, c'est tomber dans l'illusion de pouvoir rétablir l'unité de l'individu, de pouvoir suturer (recoudre) le sujet. Le Moi se prend alors pour le Je.
- Lacan veut retrouver l'originalité subversive du concept d'inconscient en parlant du sujet plutôt que du Moi. Le sujet, c'est le sujet de l'inconscient, le sujet du désir, qui échappe à l'emprise de la pensée consciente. L'être véritable est dans le désir, non dans la pensée : « Je pense où je ne suis pas, donc je suis où je ne pense pas » (*Écrits*, p. 517).

B ~ Le sujet et le langage

- Le désir ne doit pas être confondu avec le besoin ; le **besoin** est une tension vers un objet qui n'est satisfaite qu'avec l'obtention de cet objet. Le **désir**, lui, ne peut être satisfait que dans la relation à l'autre (à l'origine, la mère) et il implique nécessairement une demande et donc le passage par le langage ; dans la demande, ce n'est plus l'objet qui compte, mais c'est la reconnaissance ; c'est même l'amour ; le désir vise l'autre, et donc le désir de l'autre.
- Il en résulte une nouvelle définition de l'inconscient : « L'inconscient, ce sont les effets de la parole sur le sujet, c'est la dimension où le sujet se détermine dans le développement des effets de la parole en suite de quoi l'inconscient est structuré comme un langage » (*Le Séminaire* XI, p. 137). On pourra l'étudier à l'aide des concepts de la linguistique, comme la métaphore et la métonymie, l'énoncé et l'énonciation, le signifiant et le signifié. Le **sujet** reçoit une nouvelle définition : « Un signifiant est ce qui représente un sujet pour un autre signifiant » (*id.*, p.180) et « Le sujet, c'est ce surgissement qui, juste avant, comme sujet, n'était rien, mais qui, à peine apparu, se fige en signifiant » (*id.*, p. 181). Le sujet n'a pas d'être propre ; il n'est pas substantiel ; il est ponctuel et évanouissant ; il n'est que représenté. Il n'est pas une réalité préalable au langage, il est pris dans la chaîne des signifiants, renvoyé d'une parole à l'autre, insaisissable.
- « L'inconscient est la somme des effets de la parole sur un sujet, à ce niveau où le sujet se constitue des effets du signifiant. Cela marque bien que, dans le terme de sujet – c'est pourquoi je l'ai rappelé à l'origine –, nous ne désignons pas le substrat vivant qu'il faut au phénomène subjectif, ni aucune sorte de substance,

ni aucun être de la connaissance dans sa pathie, seconde ou primitive, ni même le *logos* qui s'incarnerait quelque part, mais le sujet cartésien, qui apparaît au moment où le doute se reconnaît comme certitude – à ceci près que, par notre abord, les assises de ce sujet se révèlent bien plus larges, mais du même coup bien plus serves, quant à la certitude qu'il rate. C'est là ce qu'est l'inconscient » (*id.*, p. 116). Après avoir désubjectivé le sujet en lui ôtant ses attributs classiques, Lacan définit paradoxalement le sujet de l'inconscient à partir du sujet cartésien, comme ce qui le met en échec permanent dans son désir de certitude sur lui-même.

C ~ La finalité de la cure psychanalytique

- Le travail psychanalytique consiste à ouvrir la porte au sujet de l'inconscient, à faire traverser le fantasme fondamental par lequel le sujet reconnaîtra l'objet *a* de son désir, dont le psychanalyste, par le processus du transfert, est considéré comme le support. Ce que Lacan appelle l'**objet a** est un objet privilégié, non symbolisé par des mots, un objet auquel le sujet est fixé. Il ne s'agit pas d'un objet du monde, mais d'un objet illusoire constitué au-delà de la représentation dans le rapport à l'autre. Il ne peut qu'être identifié à des parties détachées du corps (sein, fèces, voix, regard). C'est l'objet cause du désir.
- « Le sujet est un appareil. Cet appareil est quelque chose de lacunaire, et c'est dans la lacune que le sujet instaure la fonction d'un certain objet, en tant qu'objet perdu. C'est le statut de l'objet *a* en tant qu'il est présent dans la pulsion » (*id.*, p. 168). La cure n'a pas pour finalité de colmater la fissure du sujet – elle aurait plutôt comme effet de l'accuser –, mais elle a à séparer le sujet de la chaîne de son discours, à le désaliéner, à lui permettre de retrouver sa place dans le désir de l'autre (de l'autre, signifiant à la fois pour l'autre et à partir de l'autre).

Bibliographie

Freud, S., « Le Moi et le Ça, » *Essais de psychanalyse*, Paris 1970, Payot.
Lacan, J., *Le Séminaire* XI, *Les quatre concepts fondamentaux de la psychanalyse*, Paris 1973.

▶ Voir Partie III - fiche 32 : « La psychanalyse ».

FICHE 65

LE SUJET DE L'ÉCRITURE

La littérature moderne développe une **attention aux procédures effectives de l'acte d'écrire**. *Chaque mot est fondation, architecture et engage toute l'œuvre.*

1. La notion d'auteur

La **notion d'auteur** suppose une conception individualisée et personnalisée de l'acte d'écrire. Elle ne va pas de soi.

A ~ Apparition de la notion d'auteur

- Les littératures ont d'abord été des traditions orales, légendes ou poèmes de sagesse, oracles prophétiques ou contes populaires, récits héroïques ou courtois, répétés et modifiés sans valorisation particulière du rôle de l'auteur initial.

B ~ Auteur classique et auteur moderne

- Le modèle classique s'attache au contraire l'œuvre d'un auteur, clairement identifié ; l'étude biographique, essentielle, ouvre aux secrets de la créativité. Le style dévoile l'homme, le texte nous livre sa pensée ou son expérience. Mais le rapport de l'artiste à son œuvre s'est transformé : les classiques ne nous livrent guère les tourments de leur création, mais, depuis le romantisme, s'effectue une identification du créateur à sa création, tandis que le travail de l'écriture devient fréquemment l'objet même de l'œuvre.
- Se développent aussi des effets de distanciation entre l'auteur et l'œuvre, ainsi qu'entre le lecteur et le texte. Le « je » du texte n'est pas nécessairement le « je » de l'auteur – même sans narrateur expressément désigné comme tel.
- Ainsi, l'**assignation d'un texte à un auteur** ouvre la **question du sujet de l'écriture** : qu'est-ce qu'écrire, qui écrit, pourquoi écrit-on ?

2. L'acte d'écrire, de Rimbaud aux surréalistes

Plaque tournante dans l'évolution de la poésie, **Charles Baudelaire** (1821-1867) est à l'origine de deux lignées, les voyants et les artistes, tous attachés à l'investigation des secrets de l'écriture. Du côté des voyants, l'acte d'écrire est expérience violente, risque, exigence de « changer la vie » .

A ~ Les « voyants »

- **Arthur Rimbaud** (1854-1891) écrit son œuvre lors d'une adolescence tumultueuse, suivie d'un silence radical. Rappelons *Le Bateau ivre* (1871), allégorie de l'aventure poétique, *Une saison en enfer* (1873), traces de sa liaison orageuse avec Verlaine, les *Illuminations*, visions et enluminures énigmatiques.

- L'*Alchimie du verbe* procède de bouleversements qui arrachent le poète à lui-même : « **JE est un autre**. Si le cuivre s'éveille clairon ; il n'y a rien de sa faute. » Dans cette même lettre à Paul Demeny (15 mai 1871), Rimbaud précise : « Je dis qu'il faut être **voyant**, se faire **voyant**. Le Poète se fait voyant par un long, immense et raisonné **dérèglement de tous les sens**. Toutes les formes d'amour, de souffrance de folie, il cherche lui-même, il épuise en lui tous les poisons, pour n'en garder que les quintessences. (...) Il arrive à l'inconnu, et quand, affolé, il finirait par perdre l'intelligence de ses visions, il les a vues ! »

B ~ Dadaïstes et surréalistes

- Après 1914, l'hostilité aux anciennes valeurs est ferment de création pour les futuristes ou avant-gardistes. **Tristan Tzara** (1896-1963) rassemble en un laboratoire poétique peintres, poètes et sculpteurs ; le **mouvement Dada** veut faire scandale, supprimer les cloisonnements entre les formes d'expression et **créer un langage total**. Mais pour Tzara, l'art reste un acte spontané et fugace.
- Constitué vers 1919 autour d'**André Breton** (*Manifeste du surréalisme*, 1924), le groupe surréaliste comporte peintres, poètes, cinéastes..., mais la poésie y exerce un rôle moteur. Le mot d'ordre est d'abolir tout contrôle pour livrer brutes les productions de l'inconscient (écriture automatique, hypnose...). Seule compte l'inspiration, mais elle n'est pas extérieure, ni même propre à l'artiste. Elle est une « voix qu'il ne tient qu'à chacun d'entendre ».

C ~ Au-delà des limites...

Le poète est voleur de feu, disait Rimbaud. Lautréamont et Artaud écrivent l'excès et la fulgurance, Bataille se fait le chantre de la transgression.

- Isidore Ducasse, dit **Lautréamont** (1846-1870), laisse à 24 ans une œuvre violente et énigmatique, les *Chants de Maldoror*. L'océan est l'image du Mal et le héros, Maldoror, en célèbre les perversions, se faisant bête immonde, poulpe, grillon d'égout..., en une langue oratoire et hallucinée, littérature qui dénonce toutes les littératures...
- **Antonin Artaud** (1896-1948) cherche le spectacle total, libérateur de l'angoisse ; le « théâtre de la cruauté » arrache aux réassurances apparentes, exprime les forces primitives et bouscule les interdits. Après avoir rompu avec les surréalistes, Artaud poursuit son chemin solitaire, halluciné et tourmenté. La parole d'Artaud manifeste l'effondrement central de l'âme...
- La pensée de **Georges Bataille** (1897-1962) est un « voyage au bout du possible de l'homme », tragique, affrontée à ce qui la dépasse et la nie : l'impossible éprouvé dans la frénésie d'un érotisme libérateur, la provocation suppliciante, l'extase et la violence du sacré, l'informe... La vérité de l'homme est dans la «consumation» qui passe par la transgression systématique. Les mots exaspèrent. Mais le langage est notre seule chance, fût-elle truquée. La haine de la poésie ramène indéfiniment à une écriture fragmentée qui ne cesse de se raturer elle-même, dans un travail d'annulation « brûlant, consumant, gaspillant les mots dans l'affirmation gaie de la mort » (Derrida).

3. Le livre à venir : Mallarmé, Valéry, Blanchot

La lignée des artistes fait de la littérature un absolu...

A ~ Mallarmé : vers l'idéalité pure

- **Stéphane Mallarmé** (1842-1898) rêve « d'azur », d'un ailleurs qui se formule en théorie esthétique. Il s'agit de « donner un sens plus pur aux mots de la tribu », mais tout a été dit, chaque vers risque d'être une banalité de plus. Pour échapper à la stérilité et à l'ennui, l'exigence littéraire se fait aspiration radicale.
- Le poème est « **magie verbale** », musique, incantation qui vise « l'idéalité pure » – au risque d'être peu compréhensible (hermétisme). L'écriture audacieuse désarticule une syntaxe néanmoins rigoureuse, élabore des poèmes aériens, semble frôler le silence. La figure d'une pensée naît en contraste avec le blanc de la page, et le poète même est comme effacé par l'œuvre : « L'œuvre pure implique la disparition élocutoire du poète qui cède l'initiative aux mots par le heurt de leur inégalité mobilisée. » Mallarmé évoque la poésie future « où courra le grand vers initial avec une infinité de motifs empruntés à l'ouïe individuelle. (...) Au fond, le monde est fait pour aboutir à un beau livre ».

B ~ Valéry : le jeu des figures

- **Paul Valéry** (1871-1945) se réfère à Mallarmé ; ce ne sont pas les éclats affectifs qui produisent la beauté mais le travail du technicien éclairé. Ce retour au classicisme n'est pas antimoderniste, par son intérêt pour la manipulation du langage et sa polysémie. « Si le poète pouvait arriver à construire (...) des poèmes où la continuité musicale ne serait jamais interrompue, où les relations de signification seraient elles-mêmes perpétuellement pareilles à des rapports harmoniques, où la transmutation des pensées les unes dans les autres paraîtrait plus importante que toute pensée, où le jeu des figures contiendrait la réalité du sujet, – alors on pourrait parler de poésie pure... » Confronté aux sortilèges d'un texte, source inépuisable de significations, le lecteur devient à son tour poète, créateur de sens – car il n'est pas de sens vrai ni définitif.

C ~ Michaux : le langage désarticulé

- La poésie d'**Henri Michaux** (1984-1899) fait du langage un exorcisme ; il en désarticule les conventions avec hardiesse et humour, au service d'une aventure intérieure explorée avec rigueur.

D ~ Blanchot : le texte est présence

- Pour **Maurice Blanchot** (né en 1907) « Le récit n'est pas la relation de l'événement, mais cet événement même (...), le lieu où celui-ci est appelé à se produire » (*Le Livre à venir*, 1959). Qui parle ? est l'unique question. La vie et ses activités ne sont que la figure de ce que l'acte d'écrire met en jeu. Critique littéraire, Blanchot se pose en lecteur qui se prête à l'œuvre pour qu'elle s'achève en lui. La critique est un « espace de résonance », « la chose même augmentée d'un regard » ; elle vise à rejoindre l'origine de l'œuvre, et conduit à une interrogation radicale sur l'acte d'écriture qui la constitue. « Le langage exige de jouer son jeu sans l'homme qui l'a formé. La littérature (...) est la présence des choses, avant que le monde ne soit, leur persévérance après que le monde a disparu, l'entêtement de ce qui subsiste quand tout s'efface et l'hébétude de ce qui apparaît quand il n'y a rien » (*La Part du feu,* 1949).

4. Du roman à la théorie du roman

A ~ Proust : *À la recherche du temps perdu*

■ **Marcel Proust** (1871-1922) édifie sur l'élaboration d'un style sa « recherche » d'une conscience qui veut s'affranchir du temps, écoulement et destruction ; l'art va réveiller les traces du passé. *À la recherche du temps perdu* forme un immense roman fait de cycles, de réminiscences et d'allusions, avec des jeux de miroirs et des métaphores qui épousent les vertiges et les détours de la mémoire d'une vie marquée par les usages des salons. C'est le **pouvoir réfléchissant de l'art** qui en donne une vision vraie.

B ~ Aragon : le mentir-vrai

■ **Louis Aragon** (1897-1982) n'est pas seulement l'ancien surréaliste, l'amoureux d'Elsa, le romancier réaliste des *Cloches de Bâle* ou le narrateur complexe d'*Aurélien*. *Blanche ou l'oubli* et *Théâtre/Roman* développent une théorie du « **mentir-vrai** » romanesque ; l'art poétique y fait partie de l'écriture du roman.

C ~ Joyce : une cathédrale en prose

■ *Ulysse*, l'œuvre magistrale de **James Joyce** (1882-1941), sa « cathédrale en prose », est un voyage initiatique truffé d'allusions et de symboles, construit en parodie de l'Odyssée, dans le cadre de Dublin. Ces « dix-huit livres en dix-huit langages » caractérisent chaque thème par un mode d'écriture spécifique dont les repères spatio-temporels et le monologue intérieur assurent l'unité.

5. Théorie du texte

A ~ Barthes et la théorie du texte

■ **Roland Barthes** (1915-1980) distingue l'*écrivain*, qui travaille sa parole et crée un style qui s'écarte de la langue commune, des *écrivants*, pour qui l'écriture n'est qu'un moyen d'exprimer des idées ou des pratiques. Il est des écrivains de plaisir, que l'on peut commenter. Mais l'écrivain de jouissance en vient au texte intenable, impossible, dont on ne peut parler de l'extérieur.

B ~ Le groupe Tel Quel

Le groupe **Tel Quel** a réuni des écrivains (Philippe Sollers) et des chercheurs (dont Derrida et Barthes) intéressés par les fondements de la « production signifiante ». Écrire confronte à la « barre » (à la fois ce qui barre, rature, et ce qui fait barrage ou barrière). C'est une expérience de la discontinuité. Le discours se cherche, impossible à penser hors l'acte même de l'écrire. Le jeu de l'écriture est aussi un « déjeu », une lecture de la lecture du jeu, dans laquelle il n'y a pas d'écriture qui ne soit lecture, ni de réelle lecture qui ne soit déjà une écriture...

Bibliographie

Raymond M., *De Baudelaire au surréalisme*, Paris 1969, J. Corti.

▶ Voir Partie VI - texte 64 : « Dérive et excès : le plaisir du texte », *Le Plaisir du texte*, R. Barthes.

PARTIE VII

LES LUMIÈRES ET LEUR DESTIN

LE BONHEUR BOURGEOIS

Pour les morales antiques, le bonheur était avant tout la paix de l'âme, un idéal intérieur.

Au XVIII*e siècle, il se lie à de nouvelles idées : la « civilisation », la prospérité en ce monde, la jouissance, la morale et la nature. C'est l'idéal bourgeois « qui se moque de l'impossible et ne sait pas rêver », selon R. Mauzi, universitaire contemporain, dans cet extrait de* L'Idée de bonheur dans la littérature et la pensée françaises au XVIIIe siècle.

Le bonheur bourgeois est le bonheur sans histoire du devoir facilement accompli. Le bourgeois est spontanément vertueux. Faire ce qu'il doit ne lui coûte rien. C'est son mode d'existence habituel, le style de vie qui lui est destiné. La vertu est pour lui de l'ordre et de la nature. C'est dire qu'il est un être simple : aucune dualité ne le divise ; il est également préservé du déchirement des passions et de la contrainte des devoirs (...).

Le bourgeois devient l' « heureux habitant de ce monde », parce qu'il vit de façon immédiate cette harmonie que tant d'autres n'obtiennent jamais. Ignorant le remords et la nostalgie, il réalise pleinement l'être qu'il porte en lui, en assumant jusqu'au bout sa condition. Il est l'homme qui coïncide avec lui-même, qui se moque de l'impossible, et ne sait pas rêver. Sans chimères et sans faille, il est exactement ce qu'il doit être et paraît exactement ce qu'il est (...).

L'éloge des vertus bourgeoises est lié au thème de la médiocrité heureuse. Le bourgeois est préservé par sa situation « mitoyenne » contre l'avilissement de la misère et la corruption de la grandeur. Son âme demeure intacte. La bourgeoisie est la seule classe de la société à ne pas être aliénée par le fait même de sa condition. Un bourgeois peut être plus parfaitement homme qu'un homme du peuple ou un courtisan. Le visage du premier est défiguré par la pauvreté, la maladie, l'ignorance, l'aigreur. Le cœur du second se durcit ou se dissout dans l'égoïsme ou la futilité. Seul le bourgeois, installé à mi-chemin, est à l'abri de ces deux tares (...).

Du début à la fin du siècle, les traits fondamentaux du bourgeois demeurent les mêmes. On rencontre toujours le même idéal d'ordre, de travail, et de bonheur domestique. Le bourgeois se reconnaît à cette immuable stabilité. Ce qui a changé pourtant, c'est la conscience qu'il prend de son importance. D'un bout à l'autre du siècle, en tout cas, le bourgeois ne cesse d'affirmer et de décrire la réalité de son bonheur, qu'il oppose à la condition frivole des gens du monde, comme à la situation misérable de la « populace ». Ce bonheur, il l'éprouve comme un bonheur mérité, justifié à la fois par la rectitude de sa vie personnelle et par l'utilité de son rôle dans l'État. Le bourgeois demeure à cet égard le champion de la bonne conscience. Il réalise, mieux que quiconque, le grand rêve de l'époque, qui tend à concilier la jouissance et la vertu. On peut fort bien en ce sens qualifier le XVIIIe siècle de « bourgeois ». Bien mieux que l'épicurien cynique ou le futile mondain, c'est le bourgeois qui incarne son idéal.

Mauzi, R., L'Idée de bonheur dans la littérature et la pensée françaises au XVIIIe siècle, *Paris 1944, Albin Michel, pp. 274-275, 288-289.*

FICHE 66

QU'EST-CE QUE LES LUMIÈRES ?

Référence obligée pour ceux qui, en l'étendant généralement à tout le XVIIIe siècle, désignent par là une période de progrès par rapport à un âge d'obscurantisme dans l'histoire des idées, l'image des Lumières recouvre un contenu problématique. Au-delà d'une métaphore dont les connotations peuvent égarer, le pluriel du terme met en évidence la dimension optimiste d'un courant de pensée complexe. Il rend également compte d'une aventure de « la conscience européenne » commencée bien avant le XVIIIe siècle. On a parlé pour l'Angleterre d'« Enlightenment *» et c'est Kant qui en 1784 a posé la question « Qu'est-ce que les lumières ? » À propos du mouvement allemand l'«* Aufklärung *». Or la diversité de ces trois courants est telle, leur influence si diffuse, leur héritage si controversé que l'expression a été assimilée par certains à un slogan. À travers un corpus de textes qui mêlent étroitement interrogation philosophique et formes littéraires, en France, du moins, les Lumières s'analysent aujourd'hui comme un esprit, un combat et un idéal à construire.*

1. POLYSÉMIE D'UN TERME : HISTOIRE ET GÉOGRAPHIE D'UNE AVENTURE

A ~ De la lumière aux Lumières

- Depuis la *Genèse*, la métaphore de la lumière dissipant l'ombre avait été essentiellement réservée aux manifestations du divin. Reprise par les tenants de la Réforme pour désigner la vérité, l'image fleurit au pluriel pour s'identifier aux connaissances rationnelles sous la plume de Pierre Bayle (1647-1706) quand il oppose aux vérités imposées par la religion l'efficacité de la conscience critique. Contrairement aux idées reçues, l'acception laïcisée de l'image ne concerne pas exclusivement le XVIIIe siècle. Voltaire désigne par la formule « le siècle le plus éclairé qui fut jamais » le degré élevé de civilisation atteint par le siècle de Louis XIV : la pensée des Lumières rompt sans doute avec un certain ordre établi, elle ne renie pas l'héritage du classicisme.
- Dans la première moitié du XVIIIe siècle, l'expression « les Lumières » devient synonyme d'une philosophie de la raison qui privilégie l'expérience dans l'acquisition du savoir scientifique. Plus précisément encore, le pluriel recouvre les connaissances acquises par l'usage exclusif de la raison en dehors de tout recours à la tradition et à la religion. Là s'opère véritablement la rupture entre savoir révélé et savoir empirique. Par extension, la référence aux Lumières connote l'état d'affranchissement par rapport à toutes les formes d'autorité – politiques et religieuses – que ce moment historique a légué à l'Europe.
- Ce mouvement de libération, très polémique en France, n'est pas perçu dès son apparition comme entièrement positif. Bien avant sa rupture avec les Encyclopédistes, Jean-Jacques Rousseau, dans le *Discours sur l'origine de*

l'inégalité (1762), identifie ces connaissances à une nécessité et non à une avancée de la civilisation. Les Lumières correspondent dans la pensée de Kant au moment où l'humanité passe de la minorité à la majorité. Pour autant, comme l'a souligné Michel Foucault, dans un commentaire récemment publié (1994) du texte de Kant, le philosophe allemand, qui ne s'en inspire que partiellement, n'envisage pas le processus comme un progrès absolu.

B ~ Le temps et l'espace des Lumières

- Loin de rompre avec l'héritage du siècle précédent, c'est au « paradigme méthodologique de la physique newtonienne » (Ernst Cassirer) que se réfère l'ambition de la raison conquérante. Dans le véritable « manifeste des Lumières » que sont les *Lettres philosophiques* (1734) de Voltaire, apparaît clairement, vulgarisée plus ou moins adroitement, l'origine anglaise de la pensée. C'est en Angleterre que s'opère ce qui est moins une rupture qu'un déplacement du statut de la raison dans la recherche des connaissances. Le régime d'intelligibilité universelle établi par Newton (1642-1727) grâce aux lois de la gravitation conditionne le grand mouvement qui permet à la physique de congédier la métaphysique. La méthode inductive de Bacon (1561-1626) qui privilégie la raison et place l'observation des phénomènes avant l'identification des principes est célébrée par Voltaire avant d'inspirer le travail de l'*Encyclopédie* (1751-1766). L'influence de Locke (1632-1704) dont l'empirisme renonce à saisir la nature ou l'essence des choses, tout en s'ouvrant à la connaissance rationalisée de l'expérience, s'exerce aussi dans le domaine politique : son adhésion à la théorie du contrat définit une première forme de libéralisme.
- La pensée des Lumières en France s'est identifiée à un combat contre l'autorité religieuse et de façon plus sourde contre l'absolutisme royal. Si l'avènement de la raison s'est fait en Angleterre à l'ombre de la monarchie constitutionnelle et de la tolérance religieuse, il s'est transformé en France en une machine de guerre. Après les *Lettres philosophiques* qui idéalisent la pluralité des religions en Angleterre sous la plume d'un Voltaire exilé en 1726 pour des raisons politiques – elles seront condamnées par le Parlement –, c'est la bataille interminable menée pour la réalisation de l'*Encyclopédie* qui met les résistances en évidence. Sans la concentration des attaques portées contre ce monument dédié à la raison, l'aspect « excentrique » du mouvement (G. Benrekassa) l'aurait peut-être emporté sur la dimension « concentrique » des lumières. Grâce à l'*Encyclopédie*, la diversité de pensée entre des participants exceptionnels comme Montesquieu et les maîtres d'œuvre Diderot, d'Alembert se fond en une énergie commune ; le résultat est à la mesure d'un siècle philosophe (voir Partie VII - fiche 72 et texte 70). Pour ces hommes la raison n'est plus un être mais un « faire » au service de l'homme, de la tolérance religieuse et de la liberté politique dans un climat pourtant très tendu : la polémique avec les Jésuites, l'âpreté des oppositions radicalisent en anticléricalisme militant une entreprise de laïcisation émancipatrice de la pensée.
- Par comparaison, l'« *Aufklärung* » germanique apparaît comme une entrée beaucoup plus tempérée dans une sorte de modernité. Axés sur l'idée de progrès, l'attachement de Mendelssohn (1729-1786) à des normes scientifiques, l'empirisme de Crusius (*Logique*, 1747) n'ont que partiellement influencé Kant. Le versant allemand des Lumières est souvent éclairé par sa dimension politique : le « despotisme éclairé » identifié à Frédéric II, souverain en 1740, promoteur d'un savoir bourgeois, universitaire mais toujours chrétien. Plus tournée vers la responsabilité de l'État que la liberté du citoyen, l'adhésion de l'empereur Joseph II aux Lumières se traduira par une rationalisation de l'absolutisme.

2. L'ACQUIS DES LUMIÈRES

A ~ Puissance de la raison et liberté religieuse

- On considère en général avec Cassirer que vers le milieu du XVIIIᵉ le *Traité de métaphysique* de Voltaire, le *Discours préliminaire de l'Encyclopédie*, rédigé par d'Alembert, comme les *Recherches sur la clarté des principes de la théologie et de la morale* de Kant affirment, malgré la divergence de leurs résultats, la primauté de l'analyse rationnelle au départ de toute connaissance. Cet optimisme est indissociable d'un retrait et d'un refus. Il s'agit d'un renoncement modeste aux grands systèmes métaphysiques qui associaient les actes de la raison à une participation à l'essence divine chez Descartes et Malebranche. On ne possède plus la vérité, on conquiert des connaissances.
- Ce renoncement conduit au refus de tous les dogmatismes et au triomphe du savoir scientifique. Légitimée par la méthode expérimentale alors qu'elle était discréditée par la théologie et assimilée à l'orgueil, la curiosité du chercheur est la clef de la libération dans tous les domaines. Le principal maître d'œuvre de l'*Encyclopédie*, d'Alembert, est un mathématicien et les mathématiques illustrent ce double mouvement : elles sont « l'exemple et le modèle de la raison sans pouvoir en épuiser le contenu ». L'esprit d'analyse s'exerce à partir de là dans tous les domaines : religieux, politique, social et moral.
- La religion peut donc s'inscrire dans un ordre satisfaisant pour l'intelligence. De même que la connaissance est laïcisée, la religion est ramenée à sa dimension morale dès lors que l'homme est impuissant à connaître Dieu et l'infini. La critique des religions révélées débouche sur le déisme de Voltaire. L'image de Dieu, grand horloger de l'univers, explique la cohérence du monde et garantit l'adhésion à la loi morale. Pour Montesquieu, la religion vient conforter « la vertu », c'est-à-dire le sens de l'intérêt général qui aboutit à la construction d'une société idéale. Le théisme de Rousseau, c'est-à-dire la perception sensible de la voix de Dieu dans l'univers, s'inscrit dans une perspective différente ; par un processus affectif de libération il rejoint les autres penseurs des Lumières dans le rejet des églises et des prêtres.
- Le degré le plus élevé d'émancipation est atteint par le courant matérialiste des Lumières. Héritier de Locke, Condillac (1715-1780) reste croyant dans sa théorie du sensualisme, mais Diderot, Helvétius (1715-1771) et d'Holbach (1723-1789) tirent de l'idée d'une sensibilité de la matière des conclusions matérialistes : la transformation perpétuelle du monde, les progrès scientifiques excluent l'idée de Dieu.

B ~ Un combat pour la nature

- Prendre ses distances avec le divin, c'est arracher l'homme à la conscience tragique de sa nature. « Pourquoi nous faire horreur de notre être ? », reproche Voltaire à Pascal dans le chapitre célèbre qui clôt les *Lettres philosophiques*. Au lieu de séparer la nature humaine déchue de Dieu, l'idée de nature désigne dans l'homme et dans le monde un élément commun, moteur de progrès. Dans cette vision de la nature, les passions jouent un rôle positif et leur dynamisme est revendiqué.
- L'optimisme des Lumières tient en grande partie à cette adhésion à la nature instaurée comme norme dans tous les domaines : le déisme est une « religion naturelle » ; la réflexion politique des Lumières définit en face du droit positif et avec la fortune que lui a donnée la Déclaration des droits de l'homme en 1789, la notion de « droit naturel ». En marge des débats futurs et des nuances, l'esprit des Lumières ne se sépare pas d'une « morale naturelle » dans laquelle « la vertu

n'est point une chose qui doive nous coûter » (Montesquieu). Jusque dans l'ordre esthétique, Diderot critique d'art recherche la norme « naturelle ».

C ~ L'idée de bonheur

- Militant pour l'homme, l'esprit des Lumières ne l'envisage pas comme « un accident en ce monde ». L'harmonie de la vie sociale se trouve dans un va-et-vient entre l'individu et la collectivité ou plutôt les collectivités : la pensée politique de Montesquieu et la fameuse théorie des climats prennent en compte toutes les réalités.
- Le bonheur collectif est donc un idéal à construire et un devoir politique ressenti comme l'aboutissement presque spontané d'une chaîne : la pratique du commerce et des échanges, en favorisant ce qu'on appellerait aujourd'hui le relativisme culturel, joint l'efficacité économique à un cosmopolitisme facteur de liberté politique et de tolérance. La critique de l'esclavage chez Montesquieu et Voltaire participe de cette idée. Diderot utilise la mode des voyages dans le *Supplément au voyage de Bougainville* (1772) pour décrire le bonheur d'« une société libérée de tous les despotismes ». L'idée de liberté, moins présente dans la pensée des Lumières que celle de nature ou de bonheur, devient dans ces conditions le dernier maillon de la chaîne et non le premier.
- Le bonheur par la vertu, le lien entre prospérité collective et bonheur individuel seront rudement mis à mal dans la deuxième partie du siècle. L'acquis le plus solide de la chaîne optimiste reste cependant en France la tolérance religieuse. Le mouvement général de laïcisation de la pensée qui fait de la philosophie une action met la raison au service des minorités : éloge de la pluralité religieuse en Angleterre, lutte contre le fanatisme catholique à l'égard des protestants (article « Réfugiés » de l'*Encyclopédie, Dictionnaire philosophique*), plaidoyer pour le théâtre contre l'austérité calviniste (article « Genève ») de d'Alembert, la dimension humaniste des Lumières trouve son emblème dans les combats de Voltaire contre l'intolérance (voir partie VII - fiche 71).

On ne traitera pas ici de la postérité controversée des Lumières ni des débats polémiques que leur héritage alimente. Dans son commentaire cité *supra* du texte de Kant, Foucault met en garde contre une vision optimiste un peu courte de cette idée. Il voit plus l'« *Aufklärung* » comme une tension par rapport à l'humanisme que comme une identité, « c'est une attitude, un *ethos*, une vie philosophique où la critique de ce que nous sommes est à la fois analyse historique des limites qui nous sont posées et épreuve de leur franchissement possible ».

Bibliographie

Voltaire, *Lettres philosophiques*, Paris 1986, Gallimard, Coll. Folio.

Encyclopédie ou dictionnaire raisonné des arts, des sciences et des métiers, Paris 1986, Flammarion, Coll. GF, 2 volumes.

Cassirer, E., *La Philosophie des lumières*, Paris 1966 (texte de 1932), Fayard, réédité par Presse Pocket.

Mauzi, R., *L'Idée de bonheur dans la littérature et la pensée françaises au XVIIIe siècle*, Paris 1979, Slatkine reprints.

FICHE 67

L'ESPRIT PHILOSOPHIQUE

L'esprit des Lumières a donné naissance à une acception spécifique du terme « philosophe » pour répondre, en 1765, à la campagne de dénigrement menée contre les Encyclopédistes par les autorités religieuses et politiques. Si le « philosophe » dynamise les potentialités de « l'honnête homme » du XVIIe siècle et préfigure par ses combats « l'intellectuel » né au XXe siècle avec l'affaire Dreyfus, le modèle social qu'il représente se constitue à partir de « l'esprit philosophique ».

1. Le rôle social du philosophe

A ~ De la spéculation à l'action

- Savant « qui s'applique à l'étude des sciences et qui cherche à en connaître les effets par leurs principes », au plan intellectuel, « sage qui mène une vie tranquille et retirée », au plan moral, telle est la définition jusqu'à Descartes et Malebranche dans le *Dictionnaire de l'Académie française*, du philosophe, « ami d'un savoir » spécialisé et solitaire. Le philosophe des Lumières sera, pour reprendre le titre de l'œuvre du marquis de Mirabeau (1715-1789), un « ami des hommes », élargissant singulièrement le champ sémantique de la notion. Alors que l'Académie, effarouchée par l'aube des Lumières, assimile le rationalisme émancipateur au « libertinage d'esprit » (voir Partie VI - fiche 59), le dictionnaire *Robert*, aujourd'hui, décrit le modèle en ces termes : « personne qui par le culte de la raison appliquée aux sciences de la nature et de l'homme, par l'honnêteté morale mise au service de l'humanité, cherchait à répandre le libre examen et les lumières ».
- L'esprit philosophique dispose donc celui qui en est pourvu à une ambition plus vaste que la recherche de la vérité, plus exigeante que l'art mondain de la conversation, apanage du « bel esprit » et de l'honnête homme au XVIIe siècle. « Le bel esprit suppose moins de culture, moins d'étude et n'exige aucune philosophie » (voir texte 66). « Il porte plus loin son attention et ses soins », précise Dumarsais (voir texte 65).
- Sa dimension essentiellement critique est donnée, dans l'article « Esprit philosophique » de l'*Encyclopédie*, par le chevalier de Jaucourt (1704-1780) : « L'esprit philosophique est un don de la nature perfectionné par le travail, par l'art et par l'habitude pour juger sainement de toutes choses » : il vise l'universel sans avoir de prétention à l'absolu. La recherche d'une vérité « saine » est celle d'un savoir relatif auquel on peut aboutir en réconciliant dans la connaissance de l'univers les arts libéraux, axés sur le travail de l'esprit, et les arts mécaniques, destinés à produire des objets utiles grâce à l'approche expérimentale. Cette connexion entre différentes disciplines, si éloignée de la spécialisation, n'est pas totalement nouvelle : Descartes, « nourri aux lettres » dès l'enfance, ne distingue pas la philosophie des sciences exactes. Mais la curiosité de l'homme des Lumières qui va « des épines des mathématiques aux fleurs de la poésie » est allée plus loin sur le plan social.

B ~ L'action d'une élite

- Quand il évoque plusieurs années après, dans les *Rêveries du promeneur solitaire* sa rupture idéologique et sociale avec le parti philosophique, Rousseau, qui a pourtant cherché à le rejoindre, l'assimile à la caste « des riches et des gens de lettres ».
- L'esprit philosophique, selon le chevalier de Jaucourt, n'est pas donné à tous ; il est « le partage de bien peu de savants ». C'est une supériorité d'essence. Il suffit que « certains grands génies le possèdent éminemment » pour pouvoir répandre « sur tout le corps de l'État, sur tous les ouvrages de l'esprit ou de la main, et principalement sur ceux de la littérature ».
- Cet élan du petit vers le grand nombre – limité, il est vrai, à l'aristocratie et à la bourgeoisie cultivée – explique, par le désir de séduire le public, la variété des formes d'expression de cet esprit.

2. De la pratique sociale à l'action politique

A ~ Esthétique et morale

- Le rôle civilisateur que se donne l'esprit philosophique a souvent été comparé à une foi dans le progrès, à une religion laïque qui aurait succédé à l'enthousiasme – au sens premier « d'inspiration par les dieux » – propre aux religions révélées. En utilisant « la gloire des belles-lettres » pour diffuser leur morale et leur politique, les philosophes ont, certes, exprimé des convictions très fortes mais en jouant sur le plaisir : celui qu'ils trouvaient à décloisonner les disciplines et à inventer des formes – théâtre, conte philosophique, etc., et celui qu'ils cherchaient à susciter dans le public.
- L'éloge récurrent du luxe, que l'on trouve surtout chez Voltaire et certains des Encyclopédistes comme moteur de progrès économique et social au service du bonheur collectif, est inséparable d'un art de vivre individuel, épicurien et brillant, qui légitime l'existence d'une aristocratie du mérite intellectuel.

B ~ Une garantie contre l'obscurantisme

- Le lexique de l'éclat et de la gloire, régulièrement convoqué par les philosophes pour désigner les belles-lettres et le talent de leurs auteurs, au-delà d'une nécessaire propagande, est justifié par le rôle essentiel à leurs yeux de l'esprit philosophique : la lutte contre toutes les formes d'intolérance et, au premier rang, l'intolérance religieuse.
- La conclusion de l'article « Fanatisme » du *Dictionnaire philosophique* de Voltaire (1764) place l'esprit philosophique comme thérapeutique contre l'intolérance à un rang plus élevé que « les lois et la religion qui ne suffisent pas ». Inné, inégalement réparti, immergé dans les charmes de la littérature et les plaisirs de l'élite, l'esprit philosophique est donc bien au service de tous et réunit dans la voie du progrès la littérature et la philosophie.

Bibliographie

Encyclopédie, op. cité, articles « Esprit philosophique » ; (XII, 1765) ; « Génie », « Luxe », « Genève ».
Voltaire, *Dictionnaire philosophique*, article « Fanatisme », Paris 1986, Gallimard, Coll. Folio.

▶ Voir Partie VII - texte 66 : « Gens de lettres », l'*Encyclopédie*, Voltaire.

FICHE 68

EMPIRISME, RATIONALISME ET CRITICISME

Il y a deux façons de faire la vérité : – la vérité comme adéquation de l'intellect à la chose, l'intellect devant se conformer à ce qu'il perçoit de la réalité ; dans ce cas, c'est l'expérience qui s'impose ; – la vérité comme adéquation de la chose à l'intellect ; dans ce cas, c'est le concept qui a toute autorité sur l'expérience. Quelles sont les places respectives de l'expérience et de l'intellect dans l'établissement de la vérité scientifique ? Ce débat a opposé les philosophes du XVIIe et du XVIIIe siècles.

1. L'EMPIRISME

A ~ Le principe

L'**empirisme** est la théorie selon laquelle nos connaissances sont des acquisitions de l'expérience (au sens de l'ensemble des phénomènes).

Pour les empiristes (Hobbes, Locke, Berkeley, Hume, Condillac), la source de toute connaissance, c'est l'intuition sensible des phénomènes, c'est-à-dire le recueil des faits par les organes des sens (vue, ouïe, odorat, toucher, goût). Privé de ses cinq sens ou placé dans l'impossibilité de les utiliser, l'homme ne pourrait avoir aucune connaissance. Ce sont les conditions nécessaires de la connaissance.

- Cette conception de la connaissance fait de l'esprit de l'homme, à sa naissance, un esprit entièrement vide de toute connaissance, une « table rase », selon l'image de John Locke. « Supposons qu'au commencement l'âme est ce qu'on appelle une table rase, vide de tout caractère, sans aucune idée quelle qu'elle soit. » En effet, puisqu'aucun des sens n'a encore pu fonctionner, aucune donnée sensible n'a pu parvenir dans cet esprit, qui n'a aucune connaissance.

B ~ La connaissance

- Comment se forment donc les idées, puis les connaissances ? Par une double opération de l'esprit qui réfléchit sur les données des sens. Un concept est construit par la double opération d'abstraction-généralisation.

  Partant de la perception de caractères communs à un ensemble de phénomènes (ex. : des hommes), on tire une représentation commune à ces phénomènes ; c'est l'**abstraction** du concept.
- Puis on étend cette représentation à des phénomènes non encore observés mais dont on a la forte présomption qu'ils existent : c'est la **généralisation**. Cette représentation commune porte un nom (ici, « homme ») et est associée à une image propre à chaque individu (ex. : le voisin de son enfance) mais qui a valeur universelle.
- On voit donc que les connaissances ne proviennent que de l'expérience. « D'où puise-t-elle tous ces matériaux, qui sont comme le fonds de tous ses raisonnements et de toutes ses connaissances ? À cela je réponds en un mot, de

l'expérience : c'est là le fondement de toutes nos connaissances ; et c'est de là qu'elles tirent leur première origine. » Locke ajoute une formule : « *Nihil est in intellectu quod non fuerit in sensu.* » Rien n'est dans l'intellect qui ne fut d'abord dans les sens.

C ~ Les limites

- L'empirisme en vient à distinguer les concepts réellement fondés sur l'expérience, et qui sont établis sur des faits, et les concepts purement imaginaires et contestables comme celui de la causalité.

  En effet, aussi surprenant que cela puisse paraître, la relation de cause à effet n'a jamais pu être tirée d'une observation. On a souvent perçu la succession dans le temps de deux phénomènes (exemple : le feu, puis la chaleur), mais qui peut dire qu'il a « vu » la relation de cause à effet, comment le feu crée de la chaleur ? David Hume donne l'exemple de deux billes de billard dont l'une est lancée sur l'autre. On perçoit deux événements, conjoints dans le temps : A - le choc des deux billes ; B - la propulsion de la seconde . Mais de quel droit pouvons-nous affirmer que A est cause de B ? Ce n'est que par habitude que nous inférons cette relation parce que la répétition de cette succession nous pousse à l'anticiper. Mais, si nous avons le droit d'affirmer une conjonction dans le temps, nous n'avons pas le droit d'affirmer une connexion logique dans les choses.
- L'attitude empiriste est ruineuse pour la science ; si l'on ne peut faire que des observations de phénomènes sans pouvoir établir des relations constantes et nécessaires entre eux, il devient impossible de poser des lois scientifiques ; aucune vérité ne peut acquérir une valeur universelle, parce qu'elle sera toujours soumise à l'observation individuelle ; inéluctablement, l'empirisme débouche sur le **scepticisme**, c'est-à-dire sur la conception selon laquelle l'esprit humain ne peut atteindre avec certitude aucune vérité.

2. LE RATIONALISME

A ~ Le principe

- Le **rationalisme** est la théorie qui fait de la raison le fondement de toute connaissance possible, et qui affirme, par conséquent, que la raison porte en elle des germes de la connaissance avant que toute expérience nous soit donnée.

  Les rationalistes (Descartes, Spinoza, Leibniz, Malebranche) ne nient pas la nécessité de l'intuition sensible pour avoir des connaissances ; mais ils estiment qu'elle n'est pas une condition suffisante ; il faut pouvoir tirer des leçons de l'observation par un raisonnement. Prenons le début des recherches de Lavoisier sur la combustion : la théorie du phlogistique implique que la combustion s'accompagne d'une perte de matière (THÉORIE). Or, je constate que la chaux de plomb est plus lourde que le plomb avant sa combustion (INTUITION SENSIBLE). Donc, la théorie du phlogistique est fausse (THÉORIE). Lavoisier raisonne en encadrant son observation par de la théorie ; la raison joue donc un rôle essentiel dans la construction d'une connaissance.
- Leibniz considère que la table rase de Locke n'est qu'une fiction. L'esprit recevrait d'abord passivement des données sensibles sur lesquelles il réfléchirait ensuite pour construire des idées ; mais comment a-t-il eu l'idée de faire des idées ? ! il faut bien que l'esprit dispose d'emblée d'une faculté d'abstraire, de comparer, de regrouper, etc., pour tirer des idées de la simple observation des faits. De plus, pour abstraire des idées, il faut déjà avoir des idées (par exemple, l'idée de « même », pour pouvoir comparer). Leibniz réplique à la formule de

Locke : « *Nihil est in intellectu quod non fuerit in sensu, excipe : nisi ipse intellectu.* » Rien n'est dans l'intellect qui ne fut dans les sens, excepté, si ce n'est l'intellect lui-même.

B ~ La connaissance

- À l'opposé des empiristes, les rationalistes soutiennent que nous naissons avec déjà quelques idées, des idées innées. Ces idées ne sont pas tirées de l'expérience puisque nous en avons besoin au préalable pour tirer des connaissances de l'expérience. Ainsi les idées de cause, d'espace, de temps, de substance.
- Dans sa deuxième *méditation métaphysique*, Descartes fait la démonstration de l'innéité de l'idée de substance à l'aide d'un exemple, le morceau de cire. Si nous prenons un morceau de cire, nous pouvons en percevoir toutes les qualités sensibles grâce à nos cinq sens (sa forme et sa couleur, son odeur, sa saveur, sa dureté, le son qu'il rend) ; mais lorsque nous approchons cette cire près d'une flamme, toutes ses qualités sensibles se changent (elle fond, elle perd son odeur et sa saveur, elle s'amollit et ne rend plus aucun son). Qui peut dire que c'est le même objet ? Certes, nous n'en doutons pas, mais ce n'est pas grâce à nos sens que nous en jugeons ; c'est parce qu'en dessous des qualités sensibles, nous affirmons l'existence d'un substrat, d'une permanence de la matière dans l'espace. C'est l'idée de substance (*sub-stans* : ce qui se tient dessous).

C ~ Les limites

- Le rationalisme est foncièrement optimiste sur la capacité de l'homme à connaître le monde. Si la connaissance est possible, c'est parce que l'esprit humain possède des catégories adaptées à la réalité, qui permettent de comprendre cette réalité.
- Mais le présupposé des idées innées est infondé, difficilement confirmable par l'expérience, et peu probable puisque les idées ne peuvent être fixées dans l'esprit avant l'apparition du langage. Enfin, le rationalisme aboutit au **dogmatisme**, c'est-à-dire à l'affirmation d'une connaissance vraie, y compris en métaphysique, grâce à la puissance de la raison. On a cru pouvoir démontrer rationnellement l'existence de Dieu alors que l'on était victime de l'illusion de toute-puissance de la raison.

3. Le criticisme

A ~ La position du problème

- Comment expliquer l'origine de nos connaissances à partir de l'expérience, tout en étant fondés à poser des relations constantes et nécessaires, des lois, entre les phénomènes ? En 1781, dans sa *Critique de la raison pure*, Emmanuel Kant reprend tout le problème en introduisant des distinctions tout à fait éclairantes.

  « Que toute notre connaissance commence avec l'expérience, cela ne soulève aucun doute. (...) Mais si toute notre connaissance débute AVEC l'expérience, cela ne prouve pas qu'elle dérive toute DE l'expérience. » Bien que, dans le temps, toutes nos connaissances commencent avec l'expérience, Kant distingue parmi elles les connaissances ***a posteriori*** (ou empiriques), qui dépendent de l'expérience, et les connaissances ***a priori,*** qui ne dépendent pas de l'expérience. Les premières ne posent pas de problème : empiristes et rationalistes sont d'accord sur leur existence. Mais les connaissances *a priori* posent problème : Existent-elles ? Comment les reconnaître ?

- Toute connaissance est composée d'impressions sensibles qui, perçues par les organes des sens, sont données à l'esprit, et d'une organisation qui ordonne ces impressions sensibles ; par exemple, la connaissance d'une succession de deux événements (A, puis B) contient, d'une part, l'intuition sensible des deux événements et, d'autre part, leur mise en relation ordonnée dans le temps (A est suivi de B). Cette connaissance est donc la composition d'une matière (les données de l'expérience) et d'une forme (les concepts) : « Des pensées sans contenu sont vides, des intuitions sans concepts, aveugles. »

B ~ Les connaissances *a priori*

- Comment les données sensibles sont-elles ordonnées ?

  Pour donner une forme à cette matière, l'esprit a recours à des connaissances *a priori*. Pour reconnaître une connaissance *a priori*, Kant propose deux critères qu'on ne trouve pas dans les connaissances *a posteriori* : la **nécessité** (ce qui fait qu'une chose ne peut pas ne pas être) ne se trouve pas dans l'expérience qui nous enseigne qu'une chose est telle ou telle, mais non pas qu'elle ne peut être autrement. L'**universalité** (ce qui convient à tous les êtres sans exception) ne se trouve pas non plus dans l'expérience qui nous enseigne des propositions valables pour les cas particuliers observés, sous réserve d'inventaire complet (selon une induction amplifiante). Une connaissance *a priori* se reconnaîtra donc à ces deux critères : la nécessité et l'universalité.
- Ces connaissances existent bien et elles sont en grand nombre ; d'abord, toutes les connaissances mathématiques sont *a priori* puisqu'elles ne sont pas formées par l'observation de la nature, mais uniquement par le raisonnement. Des jugements plus courants sont également *a priori* ; par exemple, « tout changement a une cause ». La causalité n'est pas tirée de l'expérience comme l'avait bien remarqué Hume, mais elle est nécessaire et universelle dans la mise en ordre des phénomènes. L'idée de substance est aussi une idée *a priori*, car elle permet de poser un substrat des apparences sensibles, mais elle n'est pas elle-même perceptible. De même, l'espace et le temps sont des formes *a priori*.
- Cependant, il ne faut pas confondre, comme les rationalistes le font, *a priori* avec inné. Une idée innée est donnée dès la naissance. Mais une idée *a priori*, si elle est originaire (puisqu'elle ne dépend pas de l'expérience), n'est toutefois pas donnée. Il faut l'acquérir au contact de l'expérience. Les concepts *a priori* ne sont pas donnés originairement, mais doivent être réalisés à l'occasion de l'expérience ; ainsi, l'ordre dans l'espace, principalement acquis par le toucher et la vue, n'est pas donné d'emblée au nouveau-né ; c'est une virtualité que l'enfant doit réaliser en rencontrant des objets dans l'espace.

Bibliographie

Kant, E., *La Critique de la raison pure* (préface de la seconde édition de), Paris 1981, Nathan, Coll. Les Intégrales de philo.

FICHE 69

LECTURES DE ROUSSEAU

L'intérêt philosophique de l'œuvre de Jean-Jacques Rousseau n'a pas été reconnu d'emblée. Le pré-romantique à la prose ample et saisissante, sensible à la nature et à l'effusion des sentiments, était opposé au théoricien politique, tandis que l'on invalidait aisément ses propos sur la morale et l'éducation sous prétexte d'incohérence avec son comportement. L'unité de sa pensée, peu systématique dans sa forme, échappait à des lecteurs effarouchés par la radicalité de sa critique.

1. Rappels biographiques

A ~ Les années de formation

- Né en 1712 à Genève, fils d'un horloger, Rousseau connaît une jeunesse d'abord libre, puis difficile, marquée d'errances. A dix ans, il est placé chez le pasteur Lambercier, est apprenti graveur en 1726, mais en 1728 Mme de Warens le prend sous sa protection. Le voici à Paris en 1741, puis secrétaire d'ambassade à Venise (1742-1743). Sa liaison avec Thérèse Levasseur date de 1746.

B ~ L'œuvre

- En 1746 il connaît une première célébrité avec son *Discours sur les sciences et les arts* (prix de l'Académie de Dijon), mais son deuxième *Discours sur l'origine et les fondements de l'inégalité parmi les hommes* suscite bien plus de résistances. Cette œuvre essentielle rompt avec l'idée d'une inégalité naturelle source d'une inégalité sociale inévitable, mais aussi avec l'*a priori* que le développement économique entraîne nécessairement un progrès de l'ensemble de la société. Or sa publication coïncide avec celle du premier volume de l'*Encyclopédie*. La pensée critique de Rousseau se démarque aussi bien des conceptions conservatrices que des autres penseurs des Lumières, et il souffre profondément des conflits qu'il suscite (1765 à 1770).
- Installé à l'Ermitage, puis à Montmorency (1756-1757), Rousseau publie la *Lettre à d'Alembert sur les spectacles* (1758), son roman *La Nouvelle Héloïse* (1761) et surtout, en 1762, ses réflexions sur l'éducation (*L'Émile)* et sur les fondements de la légitimité politique (*Du contrat social)*. Ce dernier ouvrage est condamné à Genève comme à Paris. Après des séjours à Motiers (en Suisse) et en Angleterre, Rousseau s'installe à Paris (1770), et meurt à Ermenonville en 1778, un an après la rédaction des *Rêveries d'un promeneur solitaire.*

2. Le problème Jean-Jacques Rousseau

A ~ L'apport de Cassirer

Philosophe allemand néo-kantien, Ernst Cassirer marque une **étape décisive** dans la compréhension de la philosophie de Rousseau en publiant *Le Problème*

Jean-Jacques Rousseau (1932). La pensée en est également résumée dans *La Philosophie des Lumières* (1932), remarquable vue d'ensemble des problèmes intellectuels du XVIIIe siècle.

- Cassirer reconnaît la **cohérence** de la pensée de Rousseau, qui justifie pleinement le respect que lui portait Kant dès le XVIIIe siècle.

La distinction entre l'homme naturel et l'homme artificiel repose sur la conception théorique d'un état de nature « qui n'a peut-être jamais existé et n'existera vraisemblablement jamais », précise Rousseau ; mais il est nécessaire de s'en faire une idée pertinente pour rendre un juste verdict sur notre état actuel. Alors apparaît avec force combien chacun met son être dans le seul paraître.

Il faut la puissance d'une volonté générale pour que se brise toute volonté particulière, permettant l'unité de l'État, nécessaire à la construction d'une véritable communauté (*Gemeinschaft*) humaine, capable d'échapper à la décomposition de la société (*Gesellschaft*). La liberté sociale est le rejet de l'arbitraire et réside dans le mouvement autonome de la volonté qui adhère à cette volonté générale. Par l'universalité de la loi, Rousseau refuse donc la privation des droits engendrée par la pauvreté et développe une conception éthique de la liberté qui, loin de s'y opposer, consonne fortement avec la valorisation des sentiments et l'individualité esthétique. De même, dans l'éducation l'élève ne peut accéder que par lui-même aux intuitions profondes, y compris religieuses, dans un contact immédiat avec les objets.

B ~ Enjeux de l'œuvre de Rousseau

- Cassirer permettait ainsi de lire Rousseau sans le démanteler, mettait en valeur sa singularité (qui n'est plus bizarrerie, mais pertinence d'une intuition féconde) et ouvrait la voie à des lectures renouvelées. Bernard Grœthuysen étudie notamment les caractères révolutionnaires de la pensée de Rousseau (*J.-J. Rousseau*, Gallimard, 1949) tandis que Robert Derathé en souligne la rationalité. Bronislav Bačzko analyse longuement l'aliénation du monde des apparences et les antinomies de la solitude pour mieux rendre compte de l'Idéal de la Cité démocratique (*Rousseau, solitude et communauté*, Mouton, 1974). Jean Starobinski revient aux images et nostalgies de Rousseau ; la création d'un style tisse des liens entre la pensée philosophique et l'expression littéraire de la singularité.
- La pluralité des lectures de Rousseau témoigne moins de ses contradictions que de sa richesse, d'autant plus que les « problèmes posés par l'époque se présentent comme les problèmes personnels (...) du penseur » (Bačzko, op. cit. p 392).

Bibliographie

Cassirer E., *Le Problème Jean-Jacques Rousseau*, Textes du XXe siècle, Paris 1987, Hachette.

Collectif, sous la direction de Gérard Genette et Tzvetan Todorov, *Pensée de Rousseau*, Paris 1984, Le Seuil, Coll. Points.

FICHE 70

LA RELIGION NATURELLE

La religion naturelle est un projet, né à la Renaissance, consistant à établir une religion sur le seul secours de la raison, appelée aussi la « lumière naturelle », et ce, indépendamment de la Révélation. On entend par **religion** *un ensemble de croyances et de rites collectifs, mettant en rapport les croyants avec une puissance spirituelle surnaturelle. Vouloir établir une religion sur les lumières de la raison, c'est vouloir éviter l'obscurantisme, la superstition et le fanatisme, fruits indirects de l'impossibilité de démontrer les dogmes religieux. C'est donc à l'origine un projet généreux, pacifique, destiné à surmonter les déchirements violents entre les Églises, à libérer la foi du carcan artificiel des institutions. Malheureusement, ce projet va donner naissance à un nouveau dogmatisme, celui de la raison. On retiendra la discussion autour des arguments principaux des tenants de cette religion, c'est-à-dire des philosophes rationalistes classiques.*

1. L'ARGUMENT COSMOLOGIQUE

A ~ Le débat

- Tout effet est le résultat d'une cause ; par conséquent, l'existence et l'organisation de l'univers résultent d'une cause qui doit être à la mesure de son effet : c'est Dieu. Reprenant la définition aristotélicienne de Dieu comme premier moteur (voir Partie I - fiche 4), les rationalistes soutiennent que Dieu est nécessairement la cause de l'univers.
- Leurs détracteurs leur opposent l'objection suivante : s'il faut une cause à l'univers, et si Dieu est cette cause, quelle est la cause de Dieu lui-même ? Pourquoi vouloir s'arrêter à cette cause plutôt qu'à une autre (par exemple, le hasard, le néant, l'éternité, etc.) ? Le philosophe rationaliste Gottfried Wilhelm Leibniz répondit à cela par son principe de raison suffisante : « Jamais rien n'arrive sans qu'il y ait une cause ou du moins une raison déterminante, c'est-à-dire qui puisse servir à rendre raison *a priori* pourquoi cela est existant et pourquoi cela est ainsi plutôt que de toute autre façon. » S'il y a de l'existence plutôt que rien, c'est par la volonté de Dieu.

B ~ Les limites

- On ne peut trouver aucune réplique à ce principe sinon en niant la nécessité d'une cause à l'univers ; c'est ce que firent les philosophes de l'absurde au XXe siècle, comme Jean-Paul Sartre et Albert Camus. Pour eux, l'existence est contingente ; elle aurait pu ne pas être ; rien n'est nécessaire dans l'univers.
- Au XVIIe siècle, David Hume avait déjà remis en cause la légitimité du principe de causalité en montrant qu'il est essentiellement une croyance dérivant de

l'habitude. Mais c'est surtout Emmanuel Kant qui a ruiné le projet de la religion naturelle en montrant à propos de l'argument cosmologique que la cause de l'univers est en dehors de notre expérience, c'est-à-dire en dehors de l'ensemble des phénomènes que nous pouvons percevoir. Si notre raison exige tout naturellement une cause à l'univers par analogie avec les phénomènes de la nature, elle ne peut cependant pas obtenir une connaissance de cette cause car celle-ci dépasse notre expérience. Nous ne pouvons donc rien savoir de certain sur cette question.

2. L'ARGUMENT TÉLÉOLOGIQUE

A ~ Le débat

- Le nom de cet argument provient du mot grec *télos,* qui signifie la fin en tant que but ; les rationalistes s'appuient sur le constat d'un ordre entre les moyens et les fins dans l'univers ; tout est ordonné ; chaque être a sa place ; dans chaque organisme vivant, par exemple, chaque organe remplit une fonction au service de la vie du tout. L'adaptation des parties au tout est tout à fait harmonieuse, à tel point qu'au XVIIIe siècle on comparait sans cesse le monde à une gigantesque machine nécessairement conçue et animée par une intelligence supérieure : *deus ex machina*. Les analogies ne manquent pas ; Fontenelle parle du théâtre du monde, Voltaire parle du Dieu-horloger. Les détracteurs des rationalistes contestent l'évidence de l'ordre du monde ; de nombreuses exceptions permettent d'en douter, comme la naissance de monstres, les épidémies, les catastrophes naturelles (volcans, raz de marée, tremblements de terre, etc.), dont on ne voit pas quelle fonction utile elles pourraient remplir. Le monde est loin d'être parfait.
- À cette objection, on peut répondre que le monde n'est qu'une œuvre, qu'une création nécessairement inférieure à son créateur. Si le monde était parfait, il serait à la hauteur de son créateur, il serait Dieu lui-même. Il est donc nécessaire que le monde comporte quelques imperfections qui, somme toute, ne sont rien à côté de toutes les merveilles qu'il contient. À nouveau, on peut objecter que cette réponse est grandement discutable, car dire que le monde est nécessairement imparfait pour ne pas égaler Dieu, son auteur, c'est user d'une pétition de principe. La **pétition de principe** est une faute de raisonnement consistant à glisser subrepticement la thèse que l'on veut démontrer dans une prémisse du raisonnement pour paraître la découvrir dans la conclusion. Ici, Dieu est posé comme le créateur de l'ordre de l'univers, d'où l'on déduit que l'univers est imparfait, ce qui justifie l'argument téléologique dont le but est justement de démontrer l'existence de Dieu.

B ~ Les limites

- Sur cet argument téléologique, David Hume, dans ses *Dialogues sur la religion naturelle* de 1779, refuse la valeur de l'analogie artisanale qui le sous-tend : « Le beau raisonnement ! La pierre, le bois, les briques, le fer, le cuivre n'ont pas encore acquis, sur le petit globe terrestre, un ordre ou un arrangement sans l'art et le travail de l'homme. Et l'on en conclut que l'univers ne pouvait acquérir une organisation et de l'ordre, sans quelque chose de semblable au travail ! Une partie de la nature serait-elle donc une règle pour une autre partie bien éloignée de la première ? Serait-elle une règle pour le tout ? » Autrement dit, de ce que les œuvres d'un artisan sont inférieures à l'artisan lui-même, on ne peut déduire que la même règle doit s'appliquer à l'univers entier.

- Selon Kant, pour juger de l'ordre de l'univers, il faudrait en outre en avoir une vision globale ; il faudrait se trouver à l'extérieur de l'univers pour l'observer tout entier. Si l'on reprend l'image de l'horloger, on peut effectivement comparer l'horloger et son horloge parce qu'on se trouve en dehors de l'horloge, à côté de l'horloger. Mais pour comparer Dieu et l'univers, il faudrait pouvoir sortir de l'univers et se trouver à côté de Dieu ; il faudrait sortir de notre expérience. Là encore, nous devons renoncer à toute connaissance sur cette question et admettre que nous ne formulons que des analogies incertaines.

3. L'ARGUMENT ONTOLOGIQUE

A ~ Le débat

- Le nom de cet argument vient d'un mot grec, *To ontos on*, qui signifie l'être en tant qu'être. Cet argument est celui dont on a discuté le plus. Il remonte à saint Anselme de Cantorbéry, au XIe siècle. Dieu est un être si grand et si parfait qu'il ne peut pas ne pas exister ; son essence implique son existence. Saint Anselme définit Dieu comme un être tel que rien de plus grand ne peut être conçu ; il concède que tout concept n'a d'existence que dans l'esprit de celui qui le pense, comme un tableau de peinture n'existe que dans l'esprit de l'artiste tant que celui-ci n'a pas commencé à le réaliser. Mais, s'agissant de Dieu, l'essence désignée par ce concept fait exception. L'être tel que rien de plus grand ne peut être conçu ne serait pas le plus grand s'il lui manquait l'existence ; il faut donc qu'il existe.
- Descartes reprend cet argument sous deux formes. D'abord, par les effets de Dieu en moi : si j'ai en moi l'idée d'un être parfait alors que, moi-même, je suis imparfait, c'est qu'un être parfait l'a placée en mon esprit ; cet être ne peut être que Dieu. D'autre part, par la perfection même de Dieu : si Dieu est un être parfait, il est tout aussi inconcevable qu'il lui manque l'existence comme il est inconcevable qu'une vallée n'ait point de montagne (voir textes 20).

B ~ Les limites

- Cet argument si sophistiqué n'est pourtant qu'une pétition de principe. On peut en juger en remplaçant le superlatif « rien de plus grand » par un autre comme « rien de plus fort », ou « rien de plus laid » ou encore « rien de plus monstrueux » ; par cette technique, on peut « démontrer » l'existence de n'importe quoi, y compris du diable ; en effet, l'être le plus monstrueux existe puisque sa monstruosité est telle qu'il n'épargne à personne sa présence ! La déduction de l'argument ontologique est fausse : d'un concept comme la perfection, je ne peux rien tirer, sinon peut-être des idées sur celui qui l'emploie ; en effet, l'idée de perfection, en désignant ce qui n'est pas imparfait, renvoie une image inversée de l'homme qui se sent toujours limité, impuissant, imparfait.
- L'homme crée Dieu à son image. Hume faisait déjà observer que le Dieu des partisans de la religion naturelle est un anthropomorphisme. Un peu plus tard, Feuerbach écrira : « L'homme affirme en Dieu ce qu'il nie en lui-même. » Pour en revenir aux analyses critiques de Kant, nous pouvons lire dans *La Critique de la raison pure* (voir texte 20) que le concept d'un objet possible ne permet pas d'avoir un objet réel. Le verbe être dans « Dieu est parfait » ne donne pas son existence et ne fait que poser une relation entre le concept de Dieu et le concept de perfection. Kant donne un exemple monétaire : je ne peux pas me donner cent thalers réels par le fait de poser le concept de cent thalers en mon esprit.

4. L'ARGUMENT DU MAL

A ~ Le débat

■ Il faut également considérer l'aspect moral de cette discussion, notamment l'argument du mal. Pour les chrétiens, Dieu nous a donné l'existence ; il est donc infiniment bon. Les incroyants font immédiatement observer que si Dieu était réellement bon, il n'aurait pas permis l'existence du mal ; nous appuyant sur la classification de Leibniz, nous pouvons nous interroger sur la cause du mal physique (la maladie, la souffrance, la douleur), du mal moral (le péché, l'agressivité, les guerres, etc.) et du mal métaphysique (la mort, la finitude, l'ignorance, toutes les limites de l'homme).

B ~ Les limites

■ La réponse des croyants consiste à soutenir que Dieu a permis le mal mais ne l'a pas voulu ; Dieu a voulu faire des hommes des êtres libres, c'est-à-dire capables de choisir entre le bien et le mal. Le mal est donc le prix de notre liberté. Mais Dieu corrige infiniment le mal par le bien dans ses œuvres. Les incroyants pessimistes trouvent que le mal l'emporte sur le bien dans notre monde (ce débat est particulièrement bien mis en scène par Voltaire dans *Candide*, œuvre écrite contre l'optimisme de Leibniz). Aux pessimistes, les croyants peuvent toujours répondre que Dieu compense le mal par le bien au moins dans l'au-delà, ce qui, bien sûr, ne peut faire l'objet d'aucune vérification aux yeux de leurs adversaires. Toute cette discussion aboutit à une conclusion inattendue à la fin du XVIIIe siècle. Au lieu d'établir la vérité sur Dieu, elle établit une vérité sur l'homme ; elle révèle son irrémédiable ignorance métaphysique.

Rétrospectivement, la religion naturelle apparaît donc comme un dogmatisme ; c'est le dogmatisme de la raison qui s'illusionne sur ses propres pouvoirs : elle croit être capable de démontrer l'existence de Dieu et de convertir ainsi tout le genre humain. On peut entrevoir les conséquences malheureuses qu'une telle prétention aurait entraînées si elle avait pu s'établir ; les incroyants auraient été considérés comme raisonnant mal, comme en erreur. La notion d'hérésie commence là ; celui qui est dans l'erreur et qui ne veut pas le reconnaître commet une faute et doit être puni. À vouloir chasser l'obscurantisme par la raison, la religion naturelle peut aboutir à un certain fanatisme.

Bibliographie

Hume, D., *Dialogues sur la religion naturelle*, Paris 1982, Hatier, Coll. Profil.

▶ Voir Partie II - textes 20 : « L'argument antologique de l'existence de Dieu », Descartes et Kant ; Partie VII - texte 68 : « L'idée de vertu », *Les Lettres persanes*, Montesquieu.

FICHE 71

LE RIRE DE VOLTAIRE : UNE ARME DE COMBAT

« Nul mieux que lui n'a donné au combat de la Raison l'allure d'une fête », écrit Roland Barthes à propos de Voltaire en 1964. « Il nous fait voir la profondeur insondable du non-sérieux », précise en 1989 Milan Kundera. Identifiés à l'idéal des Lumières ou cités à comparaître dans un procès pour anticléricalisme aggravé par la postérité, les écrits de Voltaire sont vidés de leur sens si l'on en retire le « principe d'ironie ».

1. L'incarnation des Lumières

- **L'insolence conquérante**. Les philosophes professionnels ont choisi d'annexer Jean-Jacques Rousseau mais refusent de compter Voltaire, qui d'ailleurs n'y prétendait pas, au nombre des leurs. Sa pensée s'exprime, se précise ou se nuance au fil des fausses *Lettres philosophiques* (1734), des articles de l'*Encyclopédie* ou du *Dictionnaire philosophique* (1764), dans des formes courtes et volontairement inachevées, quand elle ne revêt pas le masque du conte. Elle anime sa correspondance. Quand le jeune Voltaire représente, comme des disputes de pré de foire, les querelles entre Jansénistes et Jésuites, son insolence est plus efficace contre l'obscurantisme que tous les traités. Les apories de la métaphysique font d'abord de lui un disciple de la physique, et surtout de Newton. Le refus des religions révélées au bénéfice de la religion naturelle, fondée sur l'adhésion à une harmonie rationnelle du monde et dégagée de tout enthousiasme mystique, est d'abord provocant : « Le paradis terrestre est où je suis », écrit-il dans *Le Mondain* (1736).
- Sa foi en l'homme passe par la revendication de ses faiblesses et ne peut être assimilée à un optimisme naïf. Comme le « philosophe » de Du Marsais, il inscrit sa recherche et son amour de la vérité dans les « Bornes de l'esprit humain » (titre d'une rubrique du *Dictionnaire philosophique*). Le rationalisme voltairien est tourné vers l'action et non vers un scientisme acharné à l'élimination des mystères de l'univers. Son « déisme obstiné » est « entretenu par son exaspération des limites humaines ». Le problème du mal resurgit à travers ses œuvres, aggravé par le pessimisme politique, dès lors que l'angoisse métaphysique se réveille : fils révolté du jansénisme, il doute de l'ordre du monde au moment (1755) où le tremblement de terre de Lisbonne ébranle l'Europe en guerre. Cette crise profonde de Voltaire apparaît dans *Candide*, le plus abouti des contes philosophiques, genre créé pour exprimer sa pensée inclassable.
- **Écrasons l'infâme**. Derrière le relativisme scientifique dans *Micromégas* (1752), les limites du providentialisme de Leibniz posées dans *Zadig* (1748) avant d'habiter *Candide* (1759), se profile une idée fixe, les méfaits du fanatisme religieux, « l'infâme ». L'image d'une société idéale où la religion naturelle favoriserait la tolérance et une politique éclairée s'efface. Le regard faussement naïf de *L'Ingénu* (1767) se porte de façon plus polémique sur un passé proche : l'intolérance religieuse et les dérives de l'absolutisme à la fin du règne de Louis XIV.

- La réponse « aux convulsions de l'inquiétude et à la léthargie de l'ennui » (*Candide*), qui était celle de Martin le philosophe pessimiste : « Travaillons sans raisonner, c'est le seul moyen de rendre la vie supportable », est réactivée par l'action quand Voltaire par une suite de hasards devient « le premier militant des droits de l'homme ». Le renoncement définitif à un ordre du monde satisfaisant pour l'esprit est compensé non seulement par le travail qui « est une jouissance » mais par la jouissance du combat. À partir de 1760, ses lettres portent en abrégé la mention : « Écr. l'inf. » (écrasons l'infâme).

2. Les armes du combat

- **Insolence et ingénuité.** La fausse révérence, la mauvaise foi joyeuse pour ridiculiser ses ennemis – tels les Jésuites mais aussi Rousseau –, ont parfois chez Voltaire l'allure d'un jeu intellectuel non dénué d'esprit de parti. Il aime à ridiculiser « les grandeurs d'établissement », mais on lui connaît des faiblesses de courtisan. Pourtant, dès que le conte philosophique transforme le récit d'apprentissage (*Candide*, *L'Ingénu*) ou le récit de la désillusion (*Zadig*) en interrogation, l'ironie change de sens. La disproportion entre les prétentions humaines et les contingences saugrenues qui les mettent en échec n'aboutit pas seulement à la dérision. Elle invite à une forme d'action libérée des illusions.
- D'un « coup de pied dans le derrière » qui le chasse d'un paradis improbable à la dégustation « de cédrats confits et de pistaches » dans un Orient de pacotille, Candide parcourt l'univers ; les leçons amères du périple débouchent sur des consolations prosaïques qui ramènent le héros à sa place intermédiaire entre l'animal et Dieu. Mais le combat est toujours possible.
- **Polémique et pamphlet.** La forme du pamphlet – adresse directe au lecteur, recours à l'anecdote révélatrice puisée dans l'actualité du moment, tonalité polémique – a toujours convenu à Voltaire. Qu'il s'agisse de défendre les Encyclopédistes contre la résistance jésuite ou de combattre par antiphrase généralisée la censure des idées, la charge est constamment renouvelée.
- L'engagement personnel du « souverain des Lumières » dans la réhabilitation posthume du protestant Calas victime de la collusion entre la justice de Toulouse et le fanatisme catholique, puis du chevalier de La Barre, condamné à mort pour avoir craché sur un crucifix un soir d'ivresse provoque la dernière métamorphose de son écriture polémique. L'homme de la froide raison se mue en imprécateur passionné. « Il invoque la raison, mais touche au cœur », écrit Valéry en 1944. Le déisme rationnellement argumenté qui traverse son œuvre prend des accents nouveaux dans la « Prière à Dieu » du *Traité sur la tolérance*. En déplaçant vers le dieu indéterminé qui habite la raison des hommes, la forme oratoire de la prière, Voltaire se donne une mission qu'il résume ainsi en 1776 : « La saine philosophie gagne du terrain (...) le sang du chevalier de La Barre fume encore. » Figure fondatrice de l'intellectuel militant, Voltaire a été accusé, hier, par une réduction facile, d'avoir armé le bras de la Terreur contre le clergé. Héritier admiratif du grand siècle, il se voulait poète tragique ; ce sont les contes philosophiques, ses œuvres les plus lues, qui ont fait de sa fausse ingénuité un nom commun et un rôle : qu'est-ce qu'un « Candide » sinon celui qui pose des questions parfaitement inutiles et parfaitement dérangeantes ?

Bibliographie

Voltaire, *Dictionnaire philosophique*, Paris 1995, Gallimard, Coll. Folio.
Voltaire, *Traité sur la tolérance*, Paris, Gallimard, Coll. Folio.

▶ Voir Partie VII - texte 69 : « La vigueur polémique du pamphlet voltairien », *De l'horrible danger de la lecture*, Voltaire.

FICHE 72

DIDEROT ET LES ENCYCLOPÉDISTES

*Les dix-sept volumes de textes, les onze volumes de planches de l'*Encyclopédie *(1745-1772) concrétisent par la méthode adoptée l'esprit du temps et la modification du rapport au savoir. Si la liste des collaborateurs permet une recension facile de tous les grands penseurs des Lumières, la signature symbolique de l'œuvre et son achèvement même sont à attribuer à Denis Diderot ; son influence donne au projet une dimension révolutionnaire.*

1. Diderot (1713-1784) : « Oser voir... »

- **« Tout remuer ».** Dans le long article « Encyclopédie », qui constitue avec le *Prospectus* (1750) et le *Discours préliminaire* de d'Alembert (1751) un exposé des motifs de l'entreprise, Diderot emploie la formule citée ci-dessus et caractéristique de sa vision du monde : tout est mouvement dans l'univers, tout est fermentation, énergie, hasard, y compris l'homme lui-même.
- L'obsession du mouvement qui s'exprime d'abord dans une traduction du penseur anglais Shaftesbury (1745) l'amène à laïciser radicalement l'origine de la création artistique ou technique et le jugement moral. L'enthousiasme créateur n'est pas la manifestation du divin réservée à quelque élu, c'est une énergie qui anime universellement la matière et les hommes, les artistes et les artisans. Le sens moral ne naît pas de la foi religieuse ; le choix entre le bien et le mal se situe dans une harmonie des tendances naturelles, dans le lien établi entre l'intérêt général de l'espèce humaine, l'utilité sociale et la réalisation du bonheur personnel. Mais, alors que Voltaire ne cherche pas à théoriser l'association de la vertu et du bonheur dont il décrit l'enchaînement, Diderot va beaucoup plus loin dans son exploration de ce credo des Lumières.
- **Le matérialisme.** De l'éloge de l'enthousiasme universel et de la vertu spontanée, Diderot était nécessairement conduit à réhabiliter les passions en contradiction avec la morale chrétienne. La vision d'un monde en mouvement perpétuel est attribuée par déduction dans les *Pensées philosophiques* (1746) à un atomisme inspiré par Lucrèce qui exclut Dieu de la création. Le matérialisme franchement affirmé conditionne la pensée de Diderot dans sa maturité.
- Marquée par la discontinuité et le déterminisme atomiste, la présence humaine dans l'univers est accidentelle et l'on est loin de l'optimisme d'un Du Marsais. Le renoncement de Diderot à l'idée d'une liberté originelle de l'homme n'aboutit pas cependant à l'angoisse cosmique mais à une poésie du chaos. Sa technique romanesque, aussi bien dans *Le Neveu de Rameau* (1762-77) que dans *Jacques le fataliste,* transforme en jeu sur les contradictions et le double son consentement à l'inachevé, à « l'informe » (voir texte 70). La conversion en énergie stoïcienne et en travail de l'inquiétude existentielle propre à Diderot inspire la méthode encyclopédique : au lieu d'être hiérarchisé par la religion, l'univers va être « expliqué » au sens propre, c'est-à-dire déplié, ouvert au regard dans une passion du savoir qui ne se fixe pas de limites.

2. Le projet et la méthode de l'Encyclopédie

■ **Inventaire et système.** Héritière, comme le souligne d'Alembert, d'un esprit de recherche savante mais académique né à la Renaissance, l'*Encyclopédie* puise à des sources diverses, et notamment l'Anglais Chambers. Selon l'usage du temps, ces sources sont souvent recopiées. Engagé par le libraire Le Breton avant Diderot, l'autre grand maître d'œuvre, d'Alembert, membre de l'Académie royale des sciences, ne se veut pas révolutionnaire. Le *Dictionnaire historique et critique* de Pierre Bayle a posé les premiers jalons. Le triple patronage de Bacon, Locke et Newton à la naissance de l'entreprise se manifeste ailleurs. Les planches mêmes, un des apports les plus connus de l'*Encyclopédie*, se rattachent par le principe au modèle de Vésale (1534). C'est dans l'organisation de l'ouvrage, qui place au même rang que les travaux érudits les connaissances axées sur le travail des hommes, les arts et métiers, que se trouve la philosophie des Encyclopédistes.

■ Le souci d'ordonner et d'enchaîner les connaissance s'inspire de Bacon. La méthode de classement construite autour de trois facultés humaines essentielles : mémoire, imagination, raison, empruntée à l'Anglais est reproduite deux fois dans l'œuvre en texte et sous la forme d'un tableau, l'arbre encyclopédique. La comparaison entre Diderot et Bacon fait cependant apparaître la place privilégiée de la raison, placée en deuxième position et qui inclut les sciences de Dieu, celles de l'homme, et les sciences exactes. Le choix de l'ordre alphabétique, le système des renvois donnent la mesure humaine de l'ouvrage : imparfait, inachevé, provisoire, il est revendiqué comme l'audace d'un « temps raisonneur ».

■ **Un savoir anthropocentrique.** La théologie est ramenée à une place plus modeste que précédemment, les sciences et les arts connaissent une fortune nouvelle dont témoignent les volumes de planches. La supériorité traditionnelle depuis le Moyen Âge des « arts libéraux », qui sollicitent un travail de l'esprit, sur les « arts mécaniques », qui produisent des objets utiles, subordonnés depuis la Renaissance aux beaux-arts, comme l'artisan l'est à l'artiste, est corrigée. L'iconographie de l'*Encyclopédie* reflète une philosophie et une morale du travail digne, créateur, formateur et non plus perçu comme le châtiment divin du péché originel.

■ La diversité des entrées et l'éclatement de la hiérarchie des savoirs au profit des arts et métiers s'expliquent par l'abondance et l'originalité des collaborateurs. Cette « société de gens de lettres » rassemble des collaborateurs d'origines très différentes dont la réunion devient le « sacre de l'écrivain » et pour les Jésuites une concurrence insupportable : isolés, le matérialisme de d'Holbach et de Diderot, le rationalisme scientifique de d'Alembert, la liberté de pensée aristocratique du chevalier de Jaucourt ou d'un Marmontel, la participation des physiocrates Quesnay et Turgot et la griffe de Voltaire étaient dérangeants. Quand l'*Encyclopédie* lui donne corps, cette synthèse des audaces philosophiques, littéraires et esthétiques devient un contre-pouvoir insupportable pour les relais de l'autorité religieuse.

■ L'augmentation considérable au XXe siècle du savoir humain réactualise à sa manière l'héritage essentiel de l'*Encyclopédie*. Les questions méthodologiques posées par Diderot se retrouvent dans le débat sur les savoirs, les risques de l'encyclopédisme, le rôle du document. Mais l'entreprise reste le symbole-phare du moment où le savoir prend des distances définitives avec le pouvoir.

Bibliographie

Darnton, R., *L'Aventure de l'Encyclopédie*, Paris 1982, Perrin.
Proust, J., *Diderot et l'Encyclopédie*, Paris 1965, A. Colin.

▶ Voir Partie VII - texte 70 : « Une ambition raisonnée » : l'*Encyclopédie*, D. Diderot.

CONDORCET

Condorcet représente un des aboutissements du mouvement des Lumières. Précurseur, acteur et victime de la Révolution, il est une figure emblématique de ce moment où le programme des Lumières est confronté à sa réalisation historique.

1 - Les valeurs essentielles

A ~ Penseur et politique

- Condorcet se fit connaître d'abord comme mathématicien. Lié à d'Alembert, il participa à la rédaction des derniers articles de l'*Encyclopédie*, et aux combats des philosophes contre les droits féodaux, les abus de la justice et le système des Parlements de l'Ancien Régime. Collaborateur de Turgot, lorsque celui-ci fut contrôleur général des finances de 1774 à 1776, il apparut comme un réformateur radical, tant sur le plan économique (liberté de circulation des grains) que sur le plan politique (mise en place d'un système représentatif).
- Il participa à la Révolution par une grande activité de journaliste, puis comme député à l'Assemblée législative et à la Convention. Défenseur de l'idée républicaine, il intervint sur les institutions et l'instruction publique. Lié aux Girondins, ennemi de Robespierre, il vit son projet de Constitution repoussé.
- Après la chute des Girondins, et l'adoption de la Constitution montagnarde, contre laquelle il prit violemment parti, il fut décrété d'accusation, en octobre 1793. Caché à Paris, il écrivit son œuvre majeure, *Esquisse d'un tableau historique des progrès de l'esprit humain.* Ayant dû quitter son refuge en mars 1794, il fut arrêté. On le trouva mort dans sa cellule.

B ~ Liberté-Égalité

- La liberté est pour Condorcet, comme pour tous les philosophes, la valeur suprême. Les combats pour l'égalité doivent se comprendre comme une lutte contre les inégalités qui mettent l'homme, libre par nature, dans une situation d'asservissement. Très tôt, il dénonce l'inégalité des droits des protestants et le statut des juifs du royaume. Il est l'un des premiers à défendre la cause des Noirs et l'abolition de l'esclavage. Il est le premier enfin à soutenir l'égalité des femmes, y compris sur le plan politique.

C ~ La raison mathématique au service de la démocratie

- On trouve chez Condorcet plusieurs applications de la théorie des probabilités aux sciences sociales et politiques : études démographiques, essai de rationalisation des décisions de justice, quand elles sont prises par un jury, étude des conditions de prise de décision collective dans un scrutin (1785, *Essai sur l'application de l'analyse à la probabilité des décisions rendues à la pluralité des voix*).

- La liberté ne se réduit pas à un droit abstrait, elle doit s'exercer dans une pratique sociale et politique. L'exercice des droits politiques suppose donc que soient remplies un certain nombre de conditions d'abord formelles. « Le suffrage est philosophiquement fondé, pourvu que la volonté universelle soit interrogée, et pourvu que ce soit elle qui réponde » (Catherine Kintzler, p. 24).

2. Le modèle démocratique

A ~ Des institutions provisoires

- Ainsi la décision du suffrage universel contraint légitimement parce qu'elle est prise en suivant des procédures fondées en raison. Le peuple peut se tromper, il faut donc que les lois et les institutions soient provisoires et révisables.
- Le suffrage universel permet de prendre la décision juste, c'est-à-dire non pas d'atteindre la vérité, mais d'obtenir la meilleure probabilité de décision juste. C'est ce calcul qui le conduit à se prononcer contre la peine de mort : on ne peut prononcer une peine **absolue**, car on ne peut pas avoir une certitude **absolue**.

B ~ L'instruction publique

- La condition nécessaire à l'établissement des lois est enfin la généralisation de l'instruction. L'ignorant n'est pas libre, ni face à la nature qu'il ne connaît pas, ni face à une machine sociale ou politique qu'il ne peut ni comprendre ni contrôler. D'où un programme d'instruction publique, destiné à tous, qui fournisse à la fois un ensemble de connaissances générales, et surtout une possibilité d'exercice de la raison.
- Si l'instruction est génératrice d'inégalités apparentes, en développant en chacun des capacités inégales, elle répond à une exigence essentielle d'égalité, en ne laissant pas le développement de ces capacités au hasard de la naissance ou de la fortune, en sollicitant une raison également présente en tout être humain.

C ~ Le progrès

- Contre Rousseau, Condorcet affirme le caractère nécessaire et bénéfique du progrès. Dans L'*Esquisse historique*, il insiste sur le fait que les inconvénients nés du développement des sciences et des arts viennent non pas de leur extension, mais au contraire de l'insuffisance de leur approfondissement. La masse des moyens techniques et des connaissances scientifiques augmente inéluctablement, mais ce progrès implique un progrès moral et intellectuel pour que l'humanité puisse maîtriser les moyens nouveaux dont elle se dote.
- Cette ambition d'extension du savoir, ce constat du développement nécessaire des moyens, cette exigence d'une conscience des responsabilités qui en résultent peuvent être encore aujourd'hui les fondements d'une morale et d'une politique dans les sociétés industrielles. On voit que sur ce point le débat n'est pas clos.

Bibliographie

Condorcet, *Esquisse d'un tableau historique des progrès de l'esprit humain*, Paris 1970, Vrin.
Kintzler, C., *Condorcet, L'Instruction publique et la naissance du citoyen*, Paris 1984, Folio- Essais.

▶ Voir Partie VII - texte 71 : « Le bonheur par la vertu », *L'Idée de bonheur dans la littérature et la pensée françaises au XVIIIe siècle*, R. Mauzi.

FICHE 74

L'OPÉRA, LUMIÈRES ET OMBRES

1. Incertitudes

A ~ *Les Noces de Figaro*

- En 1786, Mozart et Da Ponte tirent un opéra de la comédie de Beaumarchais, créée deux ans plus tôt. On prétend que le public aristocratique y avait vu un texte prémonitoire de la Révolution à venir. Dans l'opéra, tous les éléments de contestation sociale présents dans l'intrigue se retrouvent : l'affirmation de la suprématie des « talents » sur les « conditions », la critique de l'ordre ancien, l'étalage des vices d'une société en perdition.
- Au dénouement, l'ordre établi se remet en place, peut-être même se conforte-t-il, mais de nouvelles forces se font jour, l'habileté de Figaro, la vitalité de Chérubin, l'honnêteté de Suzanne. L'aspect le plus important apporté par Mozart est peut-être le développement du rôle de la Comtesse, représentant cette vertu, précisément la valeur de l'amour conjugal, que nous verrons apparaître comme un *leitmotiv* dans tous les exemples que nous avons retenus.

B ~ *Don Giovanni*

- Dans *Les Noces*, tout finit par des chansons. Apparemment les forces de la vertu et de la raison l'ont emporté sur le vieux monde qui se résigne, bon gré mal gré, à reconnaître le triomphe des valeurs nouvelles. Les tensions sont plus fortes dans *Don Giovanni*, que Mozart présente l'année suivante.
- Ici l'opposition du bien et du mal est plus problématique. D'un côté, des victimes vertueuses et pitoyables, mais qui ne sont porteuses d'aucune valeur de contestation de l'ordre établi, de l'autre, « le grand seigneur méchant homme », qui en appelle, pour asseoir sa domination, aux valeurs de liberté et de raison. La scène la plus significative est le finale du premier acte : les victimes se présentent masquées à la fête que donne don Juan. Tandis qu'elles chantent une sorte de prière : « *Protegga il giusto, cielo* », celui-ci chante « *Viva la libertá* », et les invite, les oblige à chanter avec lui cet hymne à la liberté qui a toute la dimension d'un défi, voire d'un blasphème. Si le juste en appelle au ciel, la liberté que revendique don Juan conduit-elle au bonheur terrestre ou à la damnation éternelle ?

2. Lumière de la Raison ou lumière du Cœur ?

A ~ *La Flûte enchantée*

- Il y a de la jubilation et de l'inquiétude dans *Don Giovanni*. Dans le dernier des opéras de Mozart, écrit en 1791, le ton est résolument optimiste ; les ambiguïtés se lèvent, le bien et le mal sont clairement identifiés, et l'œuvre se termine par le triomphe de la lumière.

  Mozart écrivit cet opéra sur un livret d'Emmanuel Schikaneder, dignitaire maçonnique et directeur de théâtre. Nous y trouvons à la fois une histoire fabuleuse, presque un conte pour enfants, avec dragons et magiciens, mais aussi, de façon très précise, un récit d'initiation.

Après s'être vu refuser l'entrée des trois temples de la Raison, de la Sagesse et de la Nature, Tamino accède à la conscience et à la Vérité, en subissant toute une série d'épreuves. Avec l'aide des forces du Jour, représentées par Sarastro, le grand prêtre d'Isis (référence aux rites initiatiques maçonniques), il libère Pamina des forces de la Nuit. Et tous deux accèdent au temple de la Lumière.

- À travers le rituel maçonnique, ce sont bien les idéaux des Lumières qui sont ici célébrés. À la fin du premier acte, le chœur chante son espérance de voir l'homme accéder au bonheur : « Quand règnent la paix et l'équité... les hommes sont semblables aux dieux. » On voit se retourner la formule prononcée par le Malin pour séduire Ève : « Vous serez comme des dieux. » Cette promesse de bonheur cesse d'être une tentation sacrilège et maléfique.

A ~ *Fidelio*

- Nous retrouvons une thématique très proche dans l'unique opéra de Beethoven, et ce n'est pas un hasard que la commande en ait été passée par le librettiste de *La Flûte enchantée*, Schikaneder.

  Léonore, sous le nom de Fidelio, s'introduit, déguisée en garçon, dans la citadelle où Pizarro détient prisonnier son mari Florestan. Elle parvient à le délivrer au moment où Pizarro veut l'assassiner pour faire disparaître ce témoin de sa tyrannie.

- La première version de l'opéra date de 1805. On y retrouve l'essentiel des principes de la Révolution française : hymne à la liberté, à la justice, à la fraternité, l'œuvre exprime, autant qu'il l'est possible dans l'Autriche impériale, les idéaux d'un républicain et d'un héritier des Lumières. Un des passages les plus saisissants est, à la fin du premier acte, le chœur des prisonniers, que Léonore a fait sortir de leur cachot, et qui chantent leur bonheur de retrouver le jour : la montée vers la lumière comme symbole de l'aspiration à la liberté.

  Mais un autre accent apparaît. *Fidelio* est avant tout un hymne à l'amour et à la fidélité conjugale. Cette thématique qui apparaissait en mineur dans *La Flûte enchantée* est ici placée au premier plan. Le déplacement est significatif : ce n'est plus la Raison qui est la valeur dominante, c'est le Sentiment. La tonalité n'est plus celle de l'*Aufklärung*, c'est celle du *Sturm und Drang*.

- On voit donc à travers ces œuvres majeures l'opéra assumer l'héritage du XVIIIe siècle, et prendre aussi une dimension nouvelle. Même si bien des œuvres restent conventionnelles ou frivoles, l'opéra jouera pendant tout le XIXe siècle un rôle essentiel, que l'on pense, par exemple, à la place des œuvres de Verdi et de Wagner dans la montée des nationalismes en Italie et en Allemagne.

Bibliographie

Starobinski J., *1789, Les Emblèmes de la Raison*, Paris 1979, Champs-Flammarion.
Fidelio, L'Avant-Scène-Opéra, n° 10, mai-juin 1977.

▶ Voir Partie VII - textes 72 : « De l'idéalisme juridique américain à la vertu civique et républicaine selon Robespierre », *Déclaration d'indépendance américaine*, cité par *Le Monde diplomatique* ; « Discours de Robespierre du 18 pluviôse an II sur les principes de morale politique qui doivent guider la Convention dans l'administration intérieure de la République », *Discours et rapports à la Convention*, Robespierre.

FICHE 75

LUMIÈRES ET POLITIQUE

L'apport politique des Lumières est à la fois celui du libéralisme d'inspiration anglo-saxonne et du civisme selon l'idéal de Jean-Jacques Rousseau.

1. Le conservatisme libéral

A ~ Limiter le pouvoir

- Le libéralisme plaide pour une monarchie parlementaire à l'anglaise, au pouvoir limité. Déjà Boulainvilliers et Fénelon défendaient un pouvoir éclairé, réglé par des lois supérieures, conseillé par des sages, dans son intérêt même. Avec *Télémaque* (1698), la fiction de l'âge d'or critique implicitement le « despotisme », vante le développement rural, dans une ligne anti-colbertiste et physiocratique naissante.
- Pour Montesquieu, les pouvoirs sont liés aux milieux, d'une manière relativiste et conservatrice. Le meilleur pouvoir est modéré, distant de l'absolutisme comme du despotisme populaire, pour prévenir les révolutions.
- Déjà Aristote avait jugé que la capacité politique revenait au citoyen assez aisé, sans opulence et prémuni de la misère. Corps intermédiaire responsable, la noblesse soutient le pouvoir modéré. « Point de noblesse, point de monarque » (*Esprit des lois,* II). D'où le respect nécessaire des libertés traditionnelles, le rôle des Parlements, futurs obstacles aux réformes nécessaires du pouvoir central inspirées par des dirigeants novateurs (Necker, Turgot, Quesnay).
- Non révolutionnaire, Voltaire est partisan d'un pouvoir bourgeois, soutenu par une élite « active », cultivée et possédante, méprisante envers la « populace » : jugée ignorante, paresseuse, aliénée à la « superstition », elle devrait plutôt travailler au lieu de prier. Dans l'Angleterre victorienne du XIXe siècle, elle sera mise au travail sans ménagement. La religion est réduite au maintien de l'ordre moral contre la « populace » jugée dangereuse de même que l'« absolutisme » doit être limité, pour laisser sa place à l'activité marchande. C'est ce qu'expliquent les *Lettres anglaises*. La richesse serait le vrai fondement du pouvoir. Selon Locke, l'État-veilleur garantit la propriété. Les normes juridiques et la morale conjurent le « désordre », permettent de limiter la supériorité du politique, de penser le « contrat ». Le jeu politique doit se fonder sur l'harmonie des intérêts.

B ~ Contrat et droit naturel

- La France monarchique était considérée comme une société communautaire, un corps hiérarchisé et solidaire. Hobbes y substitue le mécanisme politique avec *Le Léviathan* : le corps politique est pensé comme une machine. Ainsi, l'art humain imite la Nature et produit un animal artificiel. L'État doit garantir la paix civile.

- En rupture avec l'organicisme, le libéralisme substitue l'artificialisme et le contractualisme au naturalisme politique traditionnel. La société est pensée différemment : les individus, indifférenciés, sont détachés de leurs identités particulières, dotés individuellement et universellement de droits naturels, selon la *Déclaration américaine des droits*, s'agrègent entre eux, sur le mode juridique et commercial. La société devient une collection d'atomes sociaux, égaux en droit : juridisme abstrait et individualisme, selon Alain Finkielkraut dans *La Défaite de la pensée*. Le pouvoir à construire doit s'appuyer sur ce droit naturel idéal, donnée première, antérieure au politique et conforme à la raison et à la morale. De fait, c'est une arme polémique et critique du pouvoir établi, du droit positif, sous l'apparence d'une revendication morale (Diderot, l'*Encyclopédie* « Autorité politique »). Pour Locke, le jeu politique se calque sur le jeu économique. Le représentant sera à l'image du marchand négociateur : le libéralisme préfère le compromis, le « dialogue », aux convictions fortes jugées « extrêmes », « dangereuses »...
- Dominant au XIXe siècle, le libéralisme sera dénoncé par les marxistes comme idéalisme bourgeois, par les monarchistes pour l'oubli de valeurs communautaires, par les socialistes français pour ses orientations individualistes et inégalitaires. Avec la fiction de la « nation », le peuple est-il vraiment au pouvoir ?

2. L'idéal civique et romain de Rousseau

- Avec une lecture autoritaire et plébéienne de la démocratie, Rousseau envisage un état civil, grâce à la politique à instaurer. La nécessaire socialisation est consécutive à l'hypothétique « état de nature » ; alors l'« état civil » est à préférer à l'« état social ». Le spirituel doit inspirer le temporel, devenu conscient et transparent. Le contrat crée le Peuple comme concept politique, corps souverain. Pour devenir libre, il faut accepter la loi comme expression de la volonté générale, vérité objective du groupe, supérieure aux intérêts particuliers. Idéal défendu par la Révolution, avec l'idée d'unité, de fondation d'un corps social, d'une mystique nationale. Le serment crée la souveraineté, autrefois transcendance, et le discours de la Terreur veut retrancher du nouveau corps du Peuple ses ennemis mythiques. Les critiques libéraux de Rousseau, comme Benjamin Constant, ont accusé les virtualités autoritaires de son projet : l'individu devrait renoncer à ses intérêts pour devenir citoyen, vraiment homme ; chacun, se donnant à tous, ne se donne ainsi à personne. Le citoyen est la personne, maintenant laïcisée. Selon Condorcet, pour diffuser les Lumières, l'État dispenserait l'instruction publique, un savoir « objectif ».
- Les hésitations politiques de la France avant 1789 vont la mener à la Révolution. Conséquence plus que rupture, ce pas résulte, selon Tocqueville dans *L'Ancien Régime et la Révolution*, du mouvement politique et social du XVIIIe siècle : déclin relatif de l'inégalité dans une France forte en Europe, souci de la liberté économique avec, comme héritage, l'individualisme bourgeois.

Bibliographie

Finkielkraut, A., *La Défaite de la pensée*, Gallimard - Folio Essais.
Starobinski, J., *Jean-Jacques Rousseau, la transparence et l'obstacle*, Gallimard.

▶ Voir Partie VII - textes 72 : « De l'idéalisme juridique américain à la vertu civique et républicaine selon Robespierre », *Déclaration d'indépendance américaine* ; *Discours de Robespierre du 18 pluviôse an II.*

FICHE 76

BILAN, POSTÉRITÉ, CRITIQUE DES LUMIÈRES

Loin d'une rupture avec le XVIIe siècle, le XVIIIe siècle s'inscrit dans une certaine continuité avec lui. Voltaire fait référence au goût classique et le « philosophe » est parent de l'honnête homme, cultivé et sociable, même s'il hérite aussi du libertin et de la raison critique. Toutefois, des mutations intellectuelles décisives interviennent. Quel bilan peut-on établir des Lumières ?

1. Mutations intellectuelles

A ~ Histoire et relativité

- Au XVIIe siècle, la condition humaine était étudiée comme donnée éternelle et universelle. Or, la dimension moderne de la réflexion des Lumières est historique et politique, déjà ouverte par Fénelon et La Bruyère. Ainsi, en témoigne la préface de l'*Esprit des lois* de Montesquieu, en 1748. Montesquieu veut établir une science des lois positives en discernant un ordre, établir des causes générales et nécessaires. L'Histoire n'est pas le fait du hasard ou de la subjectivité de certains. Il faut définir des déterminismes historiques et une typologie des régimes.
- Par ailleurs, le second grand acquis du XVIIIe siècle est la relativité : les valeurs traditionnelles ne sont plus perçues comme les meilleures. La fonction de la nouvelle littérature de voyage est l'exercice de cette relativité, sous couvert de fantaisie. Le regard de l'autre, le Persan de Montesquieu, le Huron ingénu de Voltaire, ou bien les personnages de *Micromégas, Candide* enfin, permettent l'étonnement et la critique. Dans l'autre sens, pour la même conclusion, les Européens valorisent un Orient, une Turquie, une Chine idéalisés. Diderot, avec le *Supplément au voyage de Bougainville*, s'empare du mythe du bon sauvage, sans aucune valeur ethnologique, mais qui lui permet de préciser un idéal humain, de relativiser les usages européens. La fonction de l'utopie est similaire : critique implicite de la société établie, plaidoyer pour les valeurs nouvelles : raison, vertu et bonheur, pratiquées par les « bons troglodytes » de Montesquieu (*Lettres persanes*) et dans l'Eldorado de *Candide*.

B ~ Profil du philosophe

- Le philosophe est un « honnête homme », au sens du XVIIe siècle, sociable et cultivé. La culture du « philosophe » est la culture générale, ouverte aux sciences, familière des salons, des clubs, des cafés, lieux de sociabilité du XVIIIe siècle, où se pratique l'art français de la conversation.
- C'est aussi un esprit sceptique et critique, à la suite de Pierre Bayle (*Dictionnaire historique, Pensée sur la comète*) et de Fontenelle (*Histoire des oracles, Entretien sur la pluralité des mondes*, apologie de la physique cartésienne). Le « philosophe », comme l'intellectuel, examine la légitimité du fondement du savoir et des pouvoirs établis. Le monde doit être mis en question au nom de

l'esprit d'examen et du rejet de l'argument d'autorité. Rien ne doit être tenu pour acquis. Pour Diderot, dans la définition du projet de l'*Encyclopédie*, il faut douter, pratiquer un scepticisme plus contestataire que conservateur, « tout remuer sans ménagement ». Avec l'empirisme, l'expérience forme le jugement. La vérité appuyée sur les faits est préférée à la seule vraisemblance.

- L'*Encyclopédie* se réfère à la raison comme méthode pour distribuer le savoir disponible dans un système rationnel, signe de la modernité selon Foucault (*Les Mots et les choses, La Volonté de savoir*) mais aussi instrument intellectuel privilégié, préféré au « fanatisme » ou aux passions, caricaturées pour les besoins de la cause.

2. Dimension critique de la « philosophie »

A ~ Métaphysique et religion sont jugées incertaines

- En témoignent *Micromégas* et les *Lettres philosophiques* de Voltaire, en réponse à Pascal. Traditionnellement, la raison était articulée à la foi pour fonder l'existence de Dieu, comme dans le thomisme. Il fallait savoir pour croire, et croire permettait de mieux savoir. Puis le scepticisme de Montaigne, le fidéisme de Pascal situèrent la foi au-delà de la raison, en position de force – je ne peux pas montrer alors que Dieu n'existe pas – mais, au XVIIIe siècle, la foi faiblit puisque les élites « philosophiques » lui opposent la raison cartésienne.
- Le sectarisme anti-religieux de Diderot se révèle dans l'article « Prêtres » de l'*Encyclopédie*, disqualifie ainsi la croyance : « La Raison finira toujours par avoir raison », comme si elle pouvait apporter un savoir définitif, par la relégation historique *a priori* du questionnement métaphysique, des croyances, du sacré, discrédités comme « obscurantistes » ou « fanatiques ».

  En fait, les passions ainsi dévaluées ont peut-être leurs « raisons » et, d'autre part, il existe bien un dogmatisme de la Raison.

B ~ Critique des rites

- Indifférent au sacré, adversaire des religions révélées, Voltaire prône le déisme, idée d'un Dieu créateur mais non providentiel. Il renvoie dos à dos les diverses liturgies, les « querelles » vaines, contradictoires, sans nous montrer leur sens logique respectif, comme dans le *Traité sur la tolérance*. Les cérémonies, les rites sont également caricaturés, absurdement présentés (*Candide*, chapitre XVII).

3. Valeurs et propositions des « philosophes »

A ~ Croyance au Progrès

- Ils manifestent un souci de connaissance, comme contribution à la « civilisation ». Œuvre didactique et de propagande idéologique, l'*Encyclopédie* doit contribuer à l'instruction de l'humanité, à sa vertu, à son bonheur. Le progrès intellectuel passe pour la condition du progrès moral. Réputée « objective » et émancipatrice, la science est privilégiée.
- Le palais des sciences, au chapitre XVII de *Candide*, éduque la cité. Condorcet écrit une *Esquisse d'un tableau des progrès de l'esprit humain* et rédige des rapports sur la nécessité de l'instruction publique. Le savoir est indispensable au

civisme. Optimisme et perfectibilité, sans l'horizon traditionnel des limites de la nature humaine, relevée par la Grâce, tel est le nouveau credo. Nature, vertu et morale s'accordent spontanément. L'idée de progrès devient un dogme ou un mythe, comme si le présent et l'avenir étaient supérieurs au passé jugé « obscurantiste ». Les défenseurs de la tradition religieuse endossent alors le mauvais rôle tandis que les « philosophes » semblent participer au cours prestigieux du Progrès. Plus tard, le « sens de l'Histoire » sera revendiqué par ceux qui s'assignent pour mission d'« éclairer » le genre humain. Instrument de la lutte idéologique, le vocabulaire des « philosophes » est alors « piégé » selon ses connotations positives ou négatives.

B ~ La « vue du monde » bourgeoise

- En rupture avec le XVIIe siècle religieux, les Lumières font l'apologie des passions, mais bien réglées, du profit, de la propriété. Selon Bernard Mandeville, auteur de la *Fable des abeilles*, la société serait animée par le jeu harmonieux des intérêts. Pour le libéralisme classique, l'intérêt général résulterait de la somme des intérêts particuliers satisfaits. En économie, Adam Smith établit la théorie de l'autorégulation par la « main invisible ».
- Le travail méthodique et prudent permet le profit et la propriété, ainsi légitimés pour Locke, en toute moralité. « Le bourgeois réalise le grand rêve de l'époque, concilier la jouissance et la vertu » (Robert Mauzi). L'intérêt pacifierait les mœurs, par opposition aux conduites imprévisibles. D'où l'éloge de l'Angleterre marchande et libérale, rivale de la France au XVIIIe siècle, l'apologie du commerce pacifiant et de l'argent comme réel pouvoir, le discrédit des figures du guerrier – contraire au pacifisme bourgeois – et du religieux, aux passions « aveugles » et « ténébreuses », on assiste donc à un réel renversement des valeurs. La bourgeoisie calculatrice et « éclairée » s'oppose à l'aristocratie jugée oisive et fastueuse, tout comme elle méprise la « populace ».
- À partir de là, le bourgeois « invente » l'idée du bonheur « naturel », fondé sur la prospérité et non plus sur la paix de l'âme, idéal antique. Le bonheur est atteint par le Progrès, qui n'est plus l'accomplissement d'une finalité, mais l'accumulation de bien immanents : « Le bourgeois est insensible à l'infini, à la métaphysique, au sacré, à la poésie ou au sens héroïque et tragique de la vie, aux antipodes de la spiritualité », selon Emmanuel Mounier. « J'appelle bourgeois tout ce qui pense bassement » (Flaubert). Le monde est réifié et doit être calculé, possédé. Ainsi pensent Locke, Benjamin Franklin et l'idéologie puritaine, ennemie des valeurs aristocratiques et populaires et défenseur de l'ordre et des normes, surtout juridiques et morales, conjurant l'aléa et le « désordre ». Tout doit être rationalisé, utilitaire, à l'inverse de l'Antiquité qui préférait les fins aux moyens. Le marché s'impose comme référence à la société. Autrefois privilège de Dieu, le temps lui-même devient une marchandise. Désacralisée, la Nature doit être dominée, transformée et individuellement appropriée, pour le puritanisme anglo-saxon néo-biblique, antithèse exacte du *culte* de la terre des Indiens.

  Selon Baudrillard (*Amérique*), le bonheur américain est pensé comme immédiat, comme utopie réalisée.

4. Héritage et critique des Lumières

A ~ Idée de Progrès au XIXe siècle

- Les Lumières porteront un héritage influent au XIXe siècle avec le rationalisme, le scepticisme critique, le libéralisme, avec Ernest Renan, Auguste Comte, Victor

Hugo. La Raison ferait la lumière et guiderait l'Humanité vers un avenir radieux. « Reculant devant le savoir, l'ignorance laisserait la place à une humanité débarrassée de ses conflits » (Jean-Marie Domenach).

- Divinisant la société et le Progrès, Saint-Simon et Auguste Comte instaurent un nouveau sacré. Toutefois, l'idéal des Lumières, sensible aux arts et à la civilisation, avec *Le Mondain*, ne saurait être assimilé au scientisme étroit.
- Leurs valeurs diffèrent, même si la bourgeoisie dominante est bien l'héritière des Lumières, même si le libertin ou l'« esprit fort » est devenu louis-philippard.

B ~ Critique des Lumières

- Par ailleurs, le positivisme, soucieux de l'expérience et des faits, défenseur du passé, se distingue de l'idéalisme des Lumières et peut même s'y opposer.

  Les « ultras », les contre-révolutionnaires, tels Edmund Burke, Louis Bonald et Joseph de Maistre, critiquent l'idéologie libérale des droits de l'homme, qu'ils jugent fortement abstraite et universaliste, par l'oubli de la réalité et de la diversité des peuples, individualiste, par la réduction des communautés organiques aux individus, et enfin idéaliste, par la réduction de la politique à la seule morale. La nation ne résulte pas d'un contrat, ou de constitutions artificielles, hors de la politique et de l'Histoire. De même, le romantisme et le nationalisme allemand défendent l'idée de « culture » face à celle de « civilisation » française, universaliste et cosmopolite, issue des Lumières.

  Plus tard, les sciences humaines, reconnaissant la diversité des cultures, adopteront un point de vue relativiste contre l'universalisme occidental ethnocentriste.
- En son temps, Karl Marx avait salué les Lumières comme fossoyeurs révolutionnaires de la féodalité mais dénoncé l'idéalisme, le naturalisme, le juridisme formel des droits, arme bourgeoise. Ceux-ci doivent recevoir un contenu social et économique concret. Mais, même hostile à l'exploitation, l'économisme dominant de Marx l'empêche de critiquer radicalement les valeurs bourgeoises. La société sans classes, n'est-ce pas la bourgeoisie pour tous ?
- Loin de représenter quelque « obscurantisme féodal », la fin de l'Ancien Régime est un âge de mutation des valeurs, d'affirmation de la bourgeoisie selon Tocqueville, d'où le pas vers la Révolution. Un pouvoir culturel se crée avec l'« opinion publique » éclairée, influente à la cour et qui entend donner le ton intellectuel, mener souvent une guerre de subversion idéologique, discréditer ses adversaires, déchristianiser les élites... Enfin, la raison, l'idée de Progrès, vont constituer l'idéologie occidentale universaliste, origine de la colonisation, jusqu'aux remises en cause de la modernité.

Bibliographie

Launay, M., *Introduction à la vie littéraire du XVIIIe siècle*, Bordas Études.

▶ Voir Partie VII - texte 73 : « Le paganisme ethnique », *La Dissolution de la culture*, A. Finkielkraut ; texte 74 : « Des Lumières aux guerres révolutionnaires », *Voyage au bout de la nuit*, L.-F. Céline ; texte 75 : « Pouvoir culturel, opinion publique et révolution », *La Contre-Révolution*, T. Molnar.

PARTIE VIII

QUELQUES COURANTS ARTISTIQUES ET ESTHÉTIQUES DEPUIS LA RENAISSANCE

L'ART ET LA VIE

Vue de Delft *par J. Vermeer.*

« La grandeur de l'art véritable, au contraire de celui que M. de Norpois eût appelé un jeu de dilettante, c'était de retrouver, de ressaisir, de nous faire connaître cette réalité loin de laquelle nous nous écartons de plus en plus au fur et à mesure que prend plus d'épaisseur et d'imperméabilité la connaissance conventionnelle que nous lui substituons, cette réalité que nous risquerions fort de mourir sans l'avoir connue, et qui est tout simplement notre vie. La vraie vie, la vie enfin découverte et éclaircie, la seule vie par conséquent réellement vécue, c'est la littérature ; cette vie qui, en un sens, habite à chaque instant chez tous les hommes aussi bien que chez l'artiste. »

Proust, M., « Le temps retrouvé », À la recherche du temps perdu, *Paris 1966, Gallimard, Coll. La Pléiade, tome III, p. 895.*

FICHE 77

ENTRE CIEL ET TERRE, L'INDIVIDU DANS L'ART AU XVe SIECLE

Où situer l'avènement de la conscience artistique ? Quand nous instaurons l'art grec au commencement de l'esthétique ou que nous parlons d'arts primitifs, nous n'avons pas d'idée précise du regard porté alors sur les objets par ceux qui les avaient créés. La coupure de la Renaissance matérialise une double division. Au moment où la connaissance de l'univers permet au microcosme humain de s'arracher au macrocosme divin, la fonction symbolique de la peinture change : jusqu'alors chargée de consoler l'homme de sa condition en lui signifiant la présence du divin, elle témoigne de sa présence. La peinture du XVe siècle nous aide à saisir le mouvement qui permet à l'individu de désacraliser l'univers en se représentant lui-même.

1. La sécularisation du regard

A ~ Le marchand et l'artiste

- Avec le *Quattrocento* (XVe siècle) italien, la distinction entre l'artisan et l'artiste, entre « les arts mécaniques » utilitaires et les beaux-arts se fixe dans la langue au moment où l'idée de l'art, c'est-à-dire d'une création entièrement tournée vers la recherche d'un beau idéal se généralise.
- L'épanouissement de la peinture au XVe siècle atteint son degré le plus achevé en Italie et en Flandre, puis en Hollande, dans des régions de grande prospérité économique. L'avènement du portrait témoigne de la laïcisation du regard porté sur l'univers par ceux qui le maîtrisent le mieux, les riches bourgeois, les marchands. La présence humaine dans l'art ne se manifeste plus seulement par une discrète représentation du donateur dans les œuvres d'inspiration nécessairement religieuse : l'artiste et le marchand se reconnaissent réciproquement comme les acteurs individuels du monde dans lequel ils vivent.
- Ce monde est celui du capitalisme naissant. Un siècle avant que, comme l'a montré Max Weber, les calvinistes ne légitiment la réussite sociale, signe d'élection divine, le bourgeois peut apparaître dans la toile avec sa prospérité et l'artisan devenir artiste en signant l'œuvre.

B ~ Le réalisme symbolique de Jan Van Eyck

- L'esprit de la Renaissance anime déjà *Les Époux Arnolfini,* de Jan Van Eyck, qui célèbrent l'opulence d'un marchand le jour de ses noces sur le mode profane.

  Mais cette invasion du matériel dans un cadre entièrement humain – un intérieur bourgeois –, qui ne cherche ni à embellir ni à généraliser l'instant commémoré, est constellée de symboles chrétiens. Le sens mystique du mariage est suggéré par la main droite du marchand levée dans le geste de la prière tandis que la main gauche tient celle de la jeune femme dans un signe d'union. Le regard baissé de l'épouse a la même pureté que celui de Marie dans le tableau *La Vierge au chancelier Rolin* où Van Eyck mettait face à face un riche financier et la Vierge. La robe verte, couleur de l'espérance, et la protubérance abdominale rappellent la finalité reproductrice du mariage ; aux pieds des époux, un petit chien matérialise le bonheur domestique mais symbolise la vertu chrétienne de fidélité. Dans une recherche encore tâtonnante de la perspective, l'axe vertical donné par le lustre souligne l'unique bougie, rappel de la torche antique dans les rites matrimoniaux.

- Dans le même axe, le miroir reflète la présence de deux témoins extérieurs, identifiés par l'inscription solennellement placée au-dessus : « *Johannes Van Eyck fuit hic* » (Jan Van Eyck se trouvait ici), véritable acte de naissance de la dignité artistique. L'embourgeoisement du marchand s'étend à l'artiste : le reflet dans le miroir et la signature confirment son accès à la respectabilité.

2. Liberté de l'homme, triomphe de la bourgeoisie

A ~ Un moment d'équilibre

- Par le choix de ses sujets comme par son regard, l'artiste de la Renaissance témoigne du déplacement opéré dans la relation entre l'homme, le divin et le monde. L'image artistique qui reliait à Dieu une humanité angoissée délimite peu à peu un espace serein à la mesure de l'homme.
- En se détachant du ciel dont la présence se fait discrète et symbolique, l'œuvre d'art à la Renaissance indique ce que l'individu choisit d'aimer, dans une affirmation tranquille de ses possibilités.

B ~ Le triomphe des activités bourgeoises

- En 1533, le fameux portrait *Les Deux Ambassadeurs* (voir document) de Hans Holbein immortalise la réussite temporelle des ambassadeurs du roi de France appuyés sur un meuble chargé d'objets révélateurs de la puissance acquise par l'homme sur l'univers. Seule l'insertion par anamorphose (c'est-à-dire le choix d'une perspective différente de celle qui organise le sujet principal du tableau) d'une tête de mort permet de lire l'œuvre pour ce qu'elle est, un *memento mori*, un rappel de la vanité des biens et de la vie humaine.
- Cette orientation anthropocentrique de l'homme renaissant, apparue avec l'autonomie des artistes organisés en corporations spécifiques culmine dans la peinture hollandaise classique. Roland Barthes y note un déplacement dans la représentation du pouvoir : une série de caractéristiques communes dans la morphologie des visages sépare l'identité bourgeoise de celle des paysans. La puissance est signifiée par un regard, investi de la même force que le *numen* antique des dieux, geste muet de la tête qui manifestait leur volonté.
- La naissance du regard artistique correspond donc à une libération. Le tableau ne présente plus un monde unifié sous le regard de Dieu mais réinventé par l'homme.

Bibliographie

Debray, R., *Vie et mort de l'image*, Paris 1992, Gallimard.
Butor, M., *Les Mots dans la peinture*, Genève 1969, Skira.

▶ Voir Partie VIII - texte 76 : « L'émergence de l'individu dans l'art à la Renaissance », *Anthropologie du corps et modernité*, D. Le Breton ; documents 77 : *Les Époux Arnolfini*, J. Van Eyck, *Les Deux Ambassadeurs*, H. Holbein.

FICHE 78

LE THÈME DE LA REPRÉSENTATION AUX XVIe ET XVIIe SIÈCLES

L'homme moderne issu de la Renaissance est un individu qui ne reçoit plus sa représentation du monde de la part des mythes et des traditions ancestrales ; il veut vérifier par lui-même l'ordre des choses, en exerçant librement sa raison. L'héliocentrisme de Copernic, puis le relativisme de Galilée ont montré que la représentation du monde n'est pas une évidence qui s'impose d'elle-même ; pour se représenter un monde infini dans lequel il n'est qu'une poussière, il faut que l'homme détermine arbitrairement un point de vue.

Cette nécessité du point de vue s'est imposée pendant la Renaissance avec la redécouverte de la perspective par Leon Battista Alberti et Albrecht Dürer. Dans les deux siècles suivants, l'art porte une interrogation sur la fonction représentative.

1. Le théâtre dans le théâtre

A ~ Une pièce

- En 1639, Pierre Corneille écrit *L'Illusion comique*, pièce d'un genre inclassable, à la fois tragédie et comédie, une sorte de mixte dont Corneille reconnaît lui-même la bizarrerie. Trois histoires s'y enchâssent l'une dans l'autre.
  - Dans l'acte I, Pridamant, père désespéré en quête de son fils, a recours aux services d'Alcandre, un magicien ; celui-ci lui montre son fils et ses amis sous forme de spectres. Une seconde scène s'ouvre alors sur la scène du théâtre et l'on voit se dérouler une seconde pièce, Pridamant et Alcandre devenant des spectateurs.
  - Dans les actes II à IV, Clindor, le fils de Pridamant, est au service d'un maître fanfaron appelé Matamore ; il est amoureux d'Isabelle qui l'aime également ; mais elle est courtisée par Adraste. Lyse, la servante d'Isabelle est dépitée de n'être pas préférée par Clindor ; elle veut se venger des deux amants. Après plusieurs péripéties, Clindor est surpris par Adraste et sa troupe ; il se bat avec son rival et le tue. Clindor se retrouve en prison et attend son exécution ; il est délivré par Isabelle et Lyse réconciliées, avec la complicité du geôlier.
  - Dans l'acte V, Isabelle assiste en cachette à une scène amoureuse entre Clindor et la princesse Rosine. Clindor et Rosine sont assassinés par les hommes du prince qui séduit Isabelle. Pridamant qui assiste à la scène est désespéré, mais il s'aperçoit que l'action de cet acte V n'était que l'interprétation d'une tragédie : Clindor et ses amis étaient devenus des comédiens.

B ~ Une interprétation

- Corneille a donc écrit une apologie du théâtre en mettant sur scène le fonctionnement de l'illusion théâtrale. Pridamant est le spectateur-type, subjugué par la magie d'Alcandre, *alias* l'auteur dramatique. Clindor est l'acteur, mais aussi l'homme à qui, dans le théâtre du monde, arrivent toutes les aventures comiques ou tragiques de la vie. La scène supporte elle-même une autre scène, dans une composition en abyme, et le spectateur est invité à se perdre entre la réalité et la fiction.

2. La peinture dans la peinture

A ~ Un tableau

- Seize ans plus tard, en 1656, Velásquez peint *Les Ménines*. C'est un curieux tableau, fort complexe, analysé par Michel Foucault au début des *Mots et les choses*. On y voit des personnages de la famille royale d'Espagne fixer le point occupé par le spectateur. Le peintre s'est lui-même représenté en train de peindre et de contempler son modèle qui se trouve être justement à ce point de vue du spectateur. Sa toile est tournée vers le fond de la pièce de sorte que nous ne voyions que le revers. Mais un miroir au fond de la pièce réfléchit l'image des deux personnages observés de tous : c'est le couple royal. Enfin, un témoin s'apprête à monter un escalier et jette un regard sur toute la scène.

B ~ Une interprétation

- Selon Michel Foucault, ce tableau est le paradigme de la représentation, « la représentation de la représentation classique », dit-il. Le tableau fonctionnerait parce que le sujet, à savoir le couple royal, en a été élidé. Mais dans le tableau de Velásquez, on peut soutenir contre Foucault que le sujet, c'est le spectateur qui vise la réalité au-delà de la représentation et qui s'identifie tellement à l'objet représenté – le roi – qu'il en occupe la place. Le point de fuite infini du tableau coïncidant avec le miroir représente l'image reflétée et fausse (par rapport à la position des personnages dans la pièce) du couple royal. Le roi symbolise le réel immanent à la représentation, pas du tout absent, mais plein du désir du spectateur, recherché par tous les yeux.

  La représentation est essentiellement une répétition (re-présentation) du réel, mais qui ne peut pas être le réel lui-même. C'est un double du réel arbitrairement délimité par le sujet représentant qui, en fait, s'observe lui-même à travers sa représentation. C'est le moyen adopté par un sujet, qui ne peut sortir de soi pour s'observer de l'extérieur, pour parvenir tout de même à une certaine conscience de soi. En 1641, René Descartes publie ses *Méditations métaphysiques*, dans lesquelles il expose son fameux cogito (voir Partie VI, fiche 57). On peut décrire le cogito comme une sorte de théâtre intérieur. Deux « personnages » jouent sur la scène intérieure de la méditation cartésienne : *Sum* (je suis), qui est condition d'existence de la pensée, et *Cogito* (je pense), qui est condition de la connaissance de l'existence. Dans cette réflexion sur le miroir intérieur, l'*ego* est un point de vue qui projette en son monde la scène de sa vérité.

Bibliographie

Panofsky, E., *La Perspective comme forme symbolique,* Paris 1975, Minuit.

▶ Voir Partie VIII - Documents 77 : *Arnolfini et sa femme*, J. Van Eyck, *Les Ambassadeurs*, H. Holbein ; Documents 78 : « Le baroque, invention et démesure », Le *Printemps, Stances et Odes*, A. d'Aubigné, *La Transverbération de sainte Thérèse*, Le Bernin.

FICHE 79

LE CLASSICISME DE LA RENAISSANCE

1. Le cadre historique et social

A ~ Les renouvellements matériels

- Dans la seconde partie du Moyen Âge, se produisent un ensemble de transformations économiques, d'améliorations techniques et agricoles, une densification de la population, dessinant ce « croissant fertile » qui va de Londres à l'Italie centrale, déjà perceptible au XVe siècle, et qui donne à l'Europe occidentale une supériorité matérielle avant même la première révolution industrielle.
- De plus un glissement progressif s'opère : à mesure que se ferment les routes terrestres vers l'Extrême-Orient, la façade méditerranéenne perd de son importance, l'Europe se tourne vers l'Atlantique. En simplifiant, on pourrait dire que la Renaissance naît dans les villes italiennes, Venise, Florence, et qu'elle connaît son dernier éclat dans les grands ports du Nord, Londres et Amsterdam.

B ~ L'imprimerie

- Une des inventions décisives est bien entendu l'imprimerie. Les foyers de la Renaissance et de l'humanisme sont les ateliers des imprimeurs. Avec le livre, imprimé et diffusé, le texte conçu et écrit en fonction de cela, le statut de la littérature change. C'est l'imprimerie qui permet la redécouverte des œuvres antiques. Le rapport au langage lui-même s'en trouve modifié. Il faut y ajouter le développement simultané de la gravure, qui va populariser les œuvres d'art.
- L'art va ainsi se trouver lié au commerce. Non que le rôle des mécènes disparaisse, mais un processus nouveau s'engage. Le livre est réservé à un petit nombre de gens, qui peuvent lire, qui peuvent acheter. La fracture entre la culture savante et la culture populaire va rapidement s'accentuer.

C ~ La ville, la cour

- C'est donc dans un cercle relativement restreint que s'épanouissent les idéaux de la Renaisssance, et on ne peut les comprendre sans prendre en compte la transformation de l'aristocratie, l'apparition d'une nouvelle bourgeoisie, le développement des villes, lieux d'invention, d'éducation, d'échange, de diffusion.
- Il faut y ajouter les cours princières, et plus encore les cours royales, au fur et à mesure que se développe la puissance des Etats au sens moderne, de plus en plus centralisateurs et « organisateurs », y compris dans le domaine culturel.

2. Le cadre idéologique

A ~ Le rapport à l'Antiquité

- Si les hommes du début du XVIe siècle ont conscience de vivre une « renaissance », c'est principalement dans leur rapport à l'Antiquité grecque et romaine. Un de ses étudiants écrit à Érasme, en 1518 : « Heureux sommes-nous de vivre en un siècle où renaissent les Lettres et le Christianisme véritable, grâce à tes leçons, à ton impulsion, à ta direction. »
- Cette référence à l'Antiquité a d'abord une fonction critique, elle marque une volonté de rupture avec l'époque précédente, présentée comme barbare (les *Antibarbares* est le titre d'un des premiers ouvrages d'Érasme dirigé contre les théologiens traditionnels). Le Moyen Âge a bien entendu continué à parler latin, et n'ignorait pas les œuvres anciennes. Mais les humanistes estiment que cette langue de l'Église et de l'Université est une langue dégénérée et abâtardie. Il veulent, dans un mouvement contradictoire, retrouver la langue de Cicéron et en faire une langue de communication pour le monde nouveau. L'humaniste est d'abord, c'est le premier sens du mot italien *umanista*, un professeur de langues anciennes.
- Cela suppose que l'on dispose des textes anciens, et les grands humanistes seront d'inépuisables éditeurs de textes littéraires et philosophiques, de textes scientifiques et techniques (par exemple le *Traité d'architecture* de Vitruve), et aussi de textes sacrés (la Bible ou les Pères de l'Église). Éditer, traduire aussi, en langues vulgaires, mais d'abord du grec au latin ; car l'innovation majeure est la redécouverte du grec, qui permet de retrouver tout un monde qui n'était plus connu que de façon indirecte. L'humaniste florentin Marsile Ficin, par exemple, publie une traduction latine et un commentaire du *Banquet* de Platon. L'ouvrage, traduit ensuite dans la plupart des langues nationales, aura un succès considérable, et va populariser une thématique platonicienne que l'on retrouve constamment dans toute la littérature européenne. De plus, n'oublions pas que la plus grande partie du Nouveau Testament est écrite en grec ; apprendre le grec, c'est donc se donner le moyen de contester la version traditionnelle, en latin, imposée par l'Église. L'apprentissage du grec constitue donc un symbole de l'esprit nouveau ; contre lui se dressent toutes les forces conservatrices (en 1523, la Sorbonne interdit l'enseignement du grec).

B ~ La langue et l'éducation

- On voit donc que la question de la langue et de l'éducation est au cœur des débats de la Renaissance. On le perçoit bien dans les modèles que proposent Érasme, Rabelais ou Montaigne, dans la création des ordres religieux qui joueront un rôle important dans la mise en place des structures éducatives à venir, les Jésuites par exemple, ou dans le programme d'alphabétisation porté par la Réforme qui veut que chacun puisse lire la Bible.
- La base de cette éducation est l'étude des langues et des textes anciens, latins et grecs. On voit se dessiner le modèle de ce qui sera pour longtemps l'étude des « humanités classiques », et se créer, contre la langue traditionnelle de l'Église et de l'université médiévale, un latin nouveau revivifié par l'imitation de Cicéron. Certes le rêve des humanistes de faire du latin la langue commune à toute l'Europe n'aboutit pas, mais ce latin devient, grâce à eux, la langue qui sera pour deux siècles encore la langue des philosophes et des savants.
- Mais il ne faut pas oublier les langues nationales. Le mouvement amorcé en Italie par Dante et Pétrarque se répand dans toute l'Europe. On retrouve partout

l'idée défendue par Joachim du Bellay dans la *Défense et illustration de la langue française* : les langues modernes sont capables d'exprimer tout ce qu'expriment les langues anciennes et de remplir toutes leurs fonctions. Mais pour cela il faut un travail d'enrichissement et de normalisation, d'où cette masse de manuels, de grammaires, les premiers dictionnaires, etc.

C ~ L'idée de classicisme

- À partir de la redécouverte des civilisations antiques et sur les valeurs esthétiques que l'on en retire, se construit une nouvelle image de l'homme. Le dialogue que les humanistes et les poètes engagent avec l'Antiquité conduit à l'idée d'une permanence de l'homme par-delà les distances et les différences. La découverte des Anciens se fait sur le mode de la reconnaissance. Comme le dit Montaigne : « J'étais platonicien avant d'avoir lu Platon. »
- À travers ce modèle, est exalté un idéal d'ordre d'équilibre et d'harmonie. Cela vaut pour l'œuvre littéraire, que ce soit le poème, le sonnet par exemple, ou l'architecture du recueil poétique, ou la recherche de l'équilibre des masses dans les châteaux (Chambord) et les églises (la basilique Saint-Pierre). Un bon exemple en est la figure humaine inscrite à la fois dans un cercle et un carré que trace Léonard de Vinci en s'inspirant des proportions qu'avait définies Vitruve. Sous l'influence des philosophies platoniciennes et pythagoriciennes, on recherche une structure mathématique de la beauté, qui rend sensible un ordre présent dans l'homme, dans l'univers et dans l'œuvre d'art.
- Les artistes de la Renaissance sont conscients de la décadence et de la ruine des civilisations (du Bellay, *Les Antiquités de Rome*), mais ils ont le sentiment de la capacité de l'œuvre à manifester à travers la Beauté un ordre pérenne qui est comme l'image du divin. L'œuvre ainsi échappe à l'éphémère et à l'apparence pour faire resplendir la Vérité. Parmi toutes les œuvres de la Renaissance, c'est l'œuvre d'art qui a la dignité la plus grande.

3. Imitation et invention

A ~ La reprise des modèles antiques

- Les artistes de la Renaissance vont d'abord tenter de reproduire les modèles antiques, en particulier dans l'architecture et de la sculpture. Les œuvres antiques encore intactes ou redécouvertes sont imitées ; ainsi la coupole du Panthéon, le seul temple romain resté intact, est une source constante d'inspiration (la coupole de Saint-Pierre dessinée par Michel-Ange), les traités d'architecture antiques fournissent à Palladio le modèle des villas qu'il construit en Vénétie, appropriation exemplaire des formes antiques au service de la création d'un monde nouveau.
- En littérature, les poètes vont s'efforcer de redonner vie aux grands genres : odes, épopées, tragédies seront inlassablement composées sur le modèle de Pindare ou d'Horace, d'Homère et de Virgile, d'Euripide ou de Sénèque. Ce n'est pourtant pas de la littérature de la Renaissance ce que nous avons retenu.
- L'essentiel est de s'appuyer sur les œuvres antiques pour faire apparaître des valeurs nouvelles. *La Naissance de Vénus* de Botticelli n'est pas l'imitation d'une œuvre antique, mais l'exaltation de la beauté, de la sensualité, du corps féminin. La référence à l'Antiquité est avant tout l'instrument d'une rupture, le point d'appui d'un dynamisme et d'une invention.

B ~ L'invention

- S'inspirant des modèles antiques, les artistes de la Renaissance vont inventer des formes nouvelles. Un exemple simple pourrait être celui de l'invention de l'opéra, dans les dernières années du XVIe siècle. On savait que la tragédie antique était pour une part chantée, accompagnée de chœurs et de danses. Poètes et musiciens voudront restituer cette forme disparue et rompre avec la polyphonie traditionnelle, mais, hormis les textes, ils ignoraient à peu près tout de ce qu'était une tragédie grecque. Le mirage de l'imitation de l'Antiquité permettra l'invention d'une forme absolument nouvelle.
- Les plus grands artistes de la Renaissance n'ont pas pratiqué l'imitation, mais l'appropriation : ils se réfèrent à des cadres établis comme universels et généraux, ils utilisent une thématique empruntée, mais célébrer Vénus ce n'est pas « croire » aux dieux antiques, c'est célébrer ces valeurs nouvelles de la beauté du corps et de la vie, contre le vieux monde, contre une époque révolue. Les sonnets de Ronsard sont des chefs-d'œuvre de l'esthétique classicisante par leur recherche de l'équilibre et de l'harmonie, par la célébration des jeunes filles dont la beauté est comme un reflet de la lumière de l'éternité, mais ni les vers ni la forme poétique ne doivent rien aux techniques de l'Antiquité. « Les abeilles, dira Montaigne, pillotent deçà delà les fleurs, mais elles en font après le miel, qui est tout leur. »

C ~ Effervescences

- Il serait enfin inexact de réduire la création de la Renaissance à cette référence à l'Antiquité ; elle se déploie dans les directions les plus diverses.

  Il suffit de prendre deux exemples : Rabelais au début du siècle, et Shakespeare à la fin. L'un et l'autre sont pleinement des hommes de la Renaissance, familiers des auteurs antiques et, surtout pour Rabelais, acteurs dans les polémiques qui imposent l'esprit nouveau.
- Mais ils s'inscrivent dans une tradition étrangère à la culture savante, faite de culture populaire et de motifs médiévaux. Les foules que met en scène Shakespeare dans *Jules César* ne sont pas des foules romaines ; et si l'abbaye de Thélème répond au souci d'harmonie de l'idéal humaniste, sa thématique peut être perçue comme un prolongement des motifs médiévaux de l'amour courtois.
- L'un comme l'autre sont des exemples de l'effervescence créatrice d'un siècle, qui sans doute s'est tourné vers l'Antiquité, qui a fait de cette référence un instrument de contestation et de rupture, mais qui se préoccupait surtout d'inventer un monde nouveau.

Bibliographie

Delumeau, J., *La Civilisation de la Renaissance*, Paris 1967, Arthaud, Les Grandes Civilisations.

FICHE 80

LE BAROQUE

1. Repères

A ~ L'histoire d'un mot

- On sait que le terme « baroque », emprunté au portugais, désignait d'abord une perle de forme irrégulière. C'est en ce sens que l'emploie, en 1654, un poète que l'on peut donner comme exemplaire de la poésie « baroque », Georges de Scudéry, lorsqu'il décrit une grotte ornée de pierres précieuses :

  Là se voit la turquoise ainsi que l'améthiste...
  Et la perle barroque et la topase encor

  pour qualifier un objet précieux donc, bien que (ou parce que) on n'y retrouve pas la simplicité, la régularité et la perfection attendues de la perle.
- Plus tard, le terme est employé en un sens péjoratif, par Jean-Jacques Rousseau par exemple dans l'*Encyclopédie*, qui qualifie de « baroque » une musique « dont l'harmonie est confuse, chargée de modulations et de dissonances ».
- C'est au XIXe siècle enfin qu'on verra employé le terme « baroque » pour désigner à la fois une période et un style.

B ~ Domaines

- On voit l'ambiguïté. Tantôt le mot est employé pour caractériser un goût et des formes repérables à toute époque, voire dans toute civilisation. Tantôt il désigne un moment identifiable dans l'histoire de l'art et de la civilisation occidentale.
- De plus peut-on donner le même sens au mot « baroque » lorsqu'on l'emploie pour qualifier la peinture, ou l'architecture, ou encore la littérature ?

C ~ Une période, un espace

- Pour nous donner un objet saisissable, mieux vaut choisir une esthétique historiquement déterminée. Dans la dernière partie du XVIe siècle, on voit se développer des tendances nouvelles, après une Renaissance classicisante. Le maniérisme serait ainsi le premier visage du baroque : la « *maniera* », c'est la volonté affirmée de la recherche personnelle, la liberté des formes (la « ligne serpentine », la distorsion des formes – chez le Greco), la recherche des prouesses techniques ou de l'effet chez des poètes comme l'Italien Marini ou l'Espagnol Gongora. Deux siècles plus tard, le rococo représente une exacerbation de cette tendance dans une profusion ornementale du décor. Nous pouvons donc repérer une période qui va du dernier tiers du XVIe siècle au milieu du XVIIIe.

- Par opposition à l'austérité de l'Europe protestante, le baroque est l'art du monde catholique de la Contre-Réforme : Italie, Allemagne du Sud, Espagne, jusque dans les formes originales qu'il prendra dans les colonies d'Amérique.

2. Le Baroque romain

A ~ Le style de la Contre-Réforme

- Le baroque se développa après le concile de Trente (1545-1563), qui organisa la riposte catholique à la Réforme. La Réforme préconisait une religion plus intérieure, fondée sur le Livre et la relation personnelle avec Dieu, elle condamnait la vénération des images et des reliques, associée à l'idolâtrie et à la superstition, elle critiquait la richesse de l'Église romaine et le pouvoir temporel des papes, et refusait la primauté du siège de Rome.
- La Contre-Réforme riposte en développant la vénération des images, les manifestations extérieures de la piété, une religion qui fait appel à l'émotion, une théâtralisation des cérémonies religieuses, l'étalage ostentatoire des richesses et du pouvoir de l'Église, une exaltation de la puissance pontificale.

B ~ Saint-Pierre de Rome

- La basilique Saint-Pierre de Rome est un lieu baroque exemplaire. La vaste esplanade enfermée dans la colonnade du Bernin organise l'espace pour que le regard se porte sur la façade de la basilique, comme un immense théâtre dont la scène serait le balcon où apparaît le souverain pontife.
- A l'intérieur, sous la coupole de Michel-Ange, le Bernin a édifié le baldaquin monumental, soutenu par quatre colonnes torses, gigantesques. Elles s'opposent par leur forme et leur couleur aux pilastres blancs de la basilique, et animent de leur mouvement le vaste espace central.

  A l'arrière, placée au fond de l'abside, une fastueuse composition s'élève supportant le trône de saint Pierre : statues de bronze doré, marbres multicolores, motifs de stuc, tous les matériaux sont associés pour glorifier le siège apostolique (« *chiesa* » en italien signifie à la fois le « siège » et l'« Église »).

C ~ Le Bernin

- L'œuvre du Bernin (1598-1680) est considérable. Architecte et décorateur, urbaniste (la piazza Navona, et la fontaine des Fleuves), sculpteur (le retable de *Sainte Thérèse*), il représente bien dans sa diversité le baroque romain.
- La *Sainte Thérèse en extase* de l'église Sainte-Marie de la Victoire est une œuvre essentiellement spectaculaire. Tableau vivant, il reçoit d'une fenêtre dissimulée une lumière qui joue avec les rayons de bronze doré (le même effet est recherché dans le *Trône de saint Pierre*). La sainte est comme posée sur un nuage suspendu entre ciel et terre au milieu d'un scène de théâtre, le visage et la posture du corps traduisent toute la dimension émotive et même physique de l'expérience mystique, les plis extravagants de la robe créent des jeux de lumière et d'ombre et enlèvent toute continuité aux lignes. Tout ici est en contradiction absolue avec l'esprit classique (voir document 78/b).

A ~ Le mouvement

- Si les formes utilisées par l'architecture baroque sont les mêmes qu'auparavant, leur utilisation est bien différente. On recherche le mouvement au lieu de la perfection statique, l'illimité au lieu de l'achevé, l'exubérance au lieu de la pureté. La courbe ou la ligne brisée remplacent la ligne droite.
- Pour encadrer le retable de *Sainte Thérèse*, le Bernin reprend le dessin traditionnel du fronton. Mais l'ensemble est pris dans un mouvement courbe, la ligne supérieure est brisée et la surface plane se dédouble. Le mouvement n'affecte donc pas seulement les personnages, il affecte chaque élément du décor.

B ~ L'émotion

- L'œuvre baroque cherche essentiellement à transcrire et à produire une émotion, elle est « pathétique ». Cela peut se marquer d'abord par un aspect que nous pourrions appeler « réaliste ». La scène, la situation évoquée n'est pas tirée vers l'idéal ou la généralité mais, au contraire, vers la singularité. Dans l'image de sainte Thérèse, ce qui est donné à voir, ce n'est pas **la** sainteté, mais **une** femme saisie par l'extase mystique.
- Le sentiment y est exprimé sous une forme exarcerbée. On retrouve ce caractère dans la poésie amoureuse d'Agrippa d'Aubigné, par exemple. L'amour est traduit en termes de « fureur », c'est-à-dire de folie furieuse ; on ne parle plus de « cœur », mais d'« entrailles » dont l'amant désespéré laisse sur son chemin les traces sanguinolentes (voir texte 78/a).
- L'artiste veut provoquer l'étonnement, recherche l'effet inattendu. Les poètes baroques usent et abusent de l'oxymoron, rapprochement de deux termes contradictoires, et de l'hyperbole. Autant l'art classique est un art de la litote : dire moins pour exprimer plus, autant l'art baroque est un art de l'hyperbole : pousser l'expression à son point extrême de violence.

C ~ La théâtralité et l'artifice

- Le monde est perçu comme un immense théâtre. Cette théâtralisation signifie l'exacerbation des effets. Mais, au-delà de la simple violence de l'expression, il faut y percevoir une inquiétude plus profonde. Rien n'y apparaît stable ou assuré, tout est mouvement ou illusion.

  Cette incertitude peut prendre des aspects euphoriques, comme dans les plafonds en trompe l'œil des églises romaines du Gesù ou Saint-Ignace. L'œil du spectateur est emporté dans un vertigineux mouvement ascendant, comme s'il était porté jusqu'à la contemplation de la lumière de l'Au-Delà.
- Mais l'incertitude conduit le plus souvent à l'inquiétude et à l'angoisse. Ainsi un motif caractéristique de l'imagination baroque est celui du « théâtre dans le théâtre », que ce soit sous une forme comique, dans *L'Illusion comique* de Pierre Corneille, ou sous une forme tragique dans l'*Hamlet* de Shakespeare. Mais si ridicule que soit le personnage de Matamore, comment ne pas être troublé devant un discours qui dispose ainsi des mots sans les choses, où il n'y a parfois que d'imperceptibles différences entre les paroles du bouffon et celles du héros.
- Pour l'homme baroque, la raison comme les sens sont des instruments imparfaits et faillibles. À l'idéal de maîtrise et de clarté, il oppose le jeu infini des apparences et des illusions. « Les deux voies naturelles pour entrer au cabinet des Dieux, disait Montaigne, sont la fureur et le sommeil. »

A ~ Le développement des moyens

- C'est de développement plutôt que d'invention qu'il convient de parler. Les baroques utilisent les formes qui ont été inventées au siècle précédent. Les architectes reprennent les éléments de construction et de décor empruntés aux modèles antiques : coupoles, frontons, colonnades ; les poètes reprennent la rhétorique, les formes poétiques du sonnet, les thèmes mythologiques de la Renaissance.
- Ce que feront les baroques, c'est utiliser ces formes de façon nouvelle, développer jusqu'à l'extrême de leurs possibilités les ressources techniques et conceptuelles dont ils sont les héritiers. Le XVIIe siècle voit, en musique, le développement et la mise au point d'une nouvelle instrumentation, de nouvelles formes et de nouvelles techniques musicales qui seront, pour l'essentiel, celles de la musique savante jusqu'au début du XXe siècle.

  S'il y a une ivresse baroque, c'est peut-être celle de l'utilisation exubérante des pouvoirs nouveaux que l'artiste s'est donnés dans le domaine de la création. Cette jubilation n'est pas contradictoire avec l'inquiétude dont nous parlions plus haut.

B ~ Des frontières incertaines

- Le XVIIe siècle, siècle classique, ou le XVIIe siècle, siècle baroque ? Il ne s'agit évidemment pas de trancher. Si je regarde la façade de l'église Saint-Charles-Borromée, à Vienne, elle peut m'apparaître aussi bien comme un exemple de l'architecture classique, que comme un chef-d'œuvre du baroque.
- Le jeu peut se développer à l'infini. Dans une pièce comme *Le Tartuffe*, il n'est pas abusif de dire qu'on voit se développer toute une thématique baroquisante : face au pouvoir de séduction du faux dévot, figure caricaturale et polémique de la religion de la Contre-Réforme, quel est le pouvoir de l'évidence et de la raison ? Le parti du bon sens ne viendra à bout de l'hypocrite (*hypocritès*, en grec le comédien) qu'en le prenant au piège d'une comédie dont, pour une fois, il ne maîtrisera pas les mécanismes. Il est vrai que même cela ne suffira pas et qu'il faudra qu'intervienne, de l'extérieur, le pouvoir royal pour rétablir un ordre qui a été singulièrement menacé par le pouvoir du mensonge et de l'illusion.
- Il convient de ne pas forcer le trait et de ne pas voir du baroque dans toute œuvre du XVIIe siècle. Mais le concept de baroque nous permet de mieux percevoir la complexité d'une époque de transformation, dont l'image du classicisme ne suffit pas à rendre compte.

Bibliographie

Chaunu, P., *La Civilisation de l'Europe classique*, Paris 1970, Arthaud, Les Grandes Civilisations.
Dubois, C.- G., *La Poésie baroque*, choix de poèmes, Paris 1969, Larousse.

FICHE 81

LES FORMES DE L'ESTHÉTIQUE CLASSIQUE

Après l'humanisme conquérant et optimiste, la fin du XVIe siècle avait été marquée par les conflits religieux, l'affaiblissement du pouvoir monarchique, le scepticisme de Montaigne, relativiste et nominaliste, l'artificialisme de l'art baroque. À partir de 1640, c'est une nouvelle période qui s'ouvre, spécifique à la France, caractérisée par la normalisation et l'ordre esthétique : le classicisme.

1. L'ORDRE CLASSIQUE

A ~ Valeur des modèles

- La Pléiade avait déjà défendu une culture d'élite d'inspiration antique, en préfigurant la codification esthétique classique. L'imitation est valorisée. La Bruyère le reconnaît au début des *Caractères* : « Tout est dit et l'on vient trop tard depuis plus de sept mille ans qu'il y a des hommes et qui pensent. » Rousseau contestera au contraire cette tradition d'imitation au début des *Confessions*. L'imitation est bénéfique, permet la formation de la personnalité littéraire, se distingue de la copie mécanique du modèle.
- Par ailleurs, l'intérêt porté à l'Antiquité se justifie par une philosophie humaniste universaliste. L'esprit humain entend étudier l'homme « dans sa vérité éternelle ». Par le théâtre ou le portrait, l'artiste classique étudie l'homme du point de vue psychologique et moral, alors que le XVIIIe siècle l'inscrira dans une perspective historique et politique relativiste.

B ~ Travail et normes esthétiques

- Les classiques mettent l'accent sur le rôle du travail. Boileau, comme Malherbe, définit le poète comme un ouvrier, un technicien du vers, et non pas un mage ou un prophète. C'est Hugo qui définira plus tard le caractère visionnaire et prophétique du poète. Au XVIIe siècle, l'artiste n'est pas investi d'une mission particulière. « Un bon poète n'est pas plus utile à l'État qu'un bon joueur de quilles. » La technique s'impose comme l'inspiration. Écrire est une fonction. Le style doit être clair et rigoureux ; la pensée doit passer à l'épreuve des mots. Les classiques dénoncent l'« obscurité » ou l'emphase des précieux et baroques, souhaitent l'adéquation du style à la pensée, pour atteindre la perfection.

2. VÉRITÉ ET NORMALISATION

A ~ Vérité de l'art

- Ils pensent qu'il existe une vérité objective de la création comme du jugement esthétique. « Il y a dans l'art un point de perfection. Il y a donc un bon et un mauvais goût, et l'on dispute des goûts avec fondement » (La Bruyère, *Les Caractères*, « Des ouvrages de l'esprit »). La vérité objective est celle de l'art, qui doit saisir, par l'imitation, le sens intérieur d'un modèle, interprété par l'esprit. Il s'agit de la *mimésis*, selon Aristote dans la *Poétique*, et reprise par Boileau dans l'*Art poétique*. Illusion pour Platon, l'art était porteur de vérité pour Aristote. Telle scène théâtrale, tel portrait doit nous révéler tel caractère, en nous aidant à nous y reconnaître et à nous en délivrer, c'est la *catharsis* ou purgation des passions. Plus tard, pour les romantiques et les modernes, la vérité de l'art sera plutôt dans la subjectivité créatrice. La vérité classique est la vraisemblance de la fiction, où l'art l'emporte sur la nature. La tragédie peint moralement l'humanité en exprimant la grandeur et la noblesse des situations, mais aussi l'horreur, le mal, le destin tragique, en suscitant la crainte, la terreur, la pitié, sans se restreindre aux « beaux sentiments » comme le fera la littérature moralisatrice du XVIIIe siècle que Baudelaire contestera.

- La vérité est enfin celle du jugement. L'« honnête homme », esprit sociable et cultivé, sait juger. Ainsi, une hiérarchie des œuvres est possible, à la fois élitiste et universaliste, en antithèse à la culture de masse relativiste contemporaine critiquée par Alain Finkielkraut dans *La Défaite de la pensée*. L'art tend à la perfection, selon le finalisme aristotélicien. « Entre toutes les expressions, il n'y en a qu'une seule qui soit la bonne », écrivait La Bruyère. L'art nous permet d'atteindre le naturel, dont Céline disait qu'il était le comble de l'artifice. Il est supérieur à la nature, comme en témoignent les jardins à la française.

B ~ Normalisation classique

- En accord avec son siècle selon Sainte-Beuve, ridiculisant la marginalité par la comédie, l'artiste doit plaire au public et être reconnu. Pour Molière dans la *Critique de l'École des femmes*, la plus grande des règles est de plaire.

  L'artiste s'efface derrière son œuvre. Au lyrisme des romantiques parfois incompris, s'oppose le lyrisme impersonnel des classiques, sauf dans les préfaces des œuvres.

  L'art classique s'inscrit dans une période de normalisation. Le XVIIe siècle voit en effet la naissance de l'idéologie de l'État, théorisée par exemple par Richelieu dans son *Testament politique* (1642), avec ses implications : pérennité, unité, autorité centralisatrice, voire recours à la « raison d'État », pouvoir qui se montre spectaculairement (Michel Foucault, *Surveiller et punir*). Du point de vue religieux, c'est l'âge de la Contre-Réforme, les progrès des Jésuites et du point de vue culturel, une volonté dirigiste de codification et de normalisation selon une exigence d'ordre et de raison. L'Académie française est fondée en 1635, publie ensuite sa première édition du *Dictionnaire* ; se constituent grammaires, lexiques, arts d'écrire, de penser, de parler avec la rhétorique, de prier et de méditer avec les *Exercices spirituels*. « La moralisation bourgeoise et étatiste relègue la liberté aristocratique et la culture populaire » (Raymond Aron). Foucault révèle la naissance d'institutions disciplinaires, de systèmes de mise en ordre, d'habitudes dans *Surveiller et punir*. Le corps se soumet à des règles, à des mouvements ritualisés dans l'espace social, avec le codage des positions mondaines, à la cour comme pour la danse. La nature se soumet à l'artifice.

  Les valeurs sont codifiées enfin par les morales du Grand Siècle : héroïsme cornélien, jansénisme pascalien, sociabilité pour l'« honnête homme »...

Bibliographie

Van Tieghem, P., *Les Grandes Doctrines littéraires en France*, Paris 1965, Puf.
Foucault, M., *Surveiller et punir*, Paris 1975, Gallimard.

FICHE 82

LE ROMANTISME : MYSTIQUE ET CONNAISSANCE

Les clichés qui connotent le mot « romantisme » – sentimentalité projetée dans la nature, abandon contemplatif à un individualisme rêveur – en trahissent gravement le sens. On méconnaît surtout l'ampleur et la profondeur d'un mouvement qui ne peut être réduit à un courant esthétique et littéraire. Le romantisme ne s'est pas dessiné seulement à l'horizon de l'Histoire, il en a influencé le cours. Tous les grands créateurs du XIXᵉ siècle européen se définissent par rapport à la vague des « romantismes » comparables, selon Albert Béguin, à des « civilisations ». D'une impulsion à l'origine confuse, se détachent en même temps ou successivement des courants nationaux, une ambition métaphysique, une mythologie et, peut-être, une pathologie qui conditionnent les deux lectures les plus courantes du romantisme : l'affadissement et la dérision.

1. La conscience romantique et les romantismes

A ~ Les avatars d'un adjectif

- Présent dans la langue française dès le XVIIᵉ siècle, le mot romantique fait l'objet d'un malentendu ; il est employé comme doublet de romanesque pour désigner, sous la plume de Jean-Jacques Rousseau dans la « Cinquième Promenade » des *Rêveries*, « un paysage pittoresque proche de l'atmosphère que l'on trouve dans les romans ». Ce n'est qu'entre 1804 et 1808 qu'il revêt une acception plus précise et surtout plus philosophique.
- Les poètes allemands donnent corps dans l'usage de l'adjectif « *romantisch* » à l'expression d'une spiritualité diffuse réactionnelle à l'influence des Lumières. En 1804, Jean-Paul écrit : « L'origine et l'originalité de la poésie moderne se déduisent si facilement du christianisme que l'on pourrait appeler cette poésie "chrétienne" aussi bien que "romantique". » Il ne s'agit donc pas seulement de la revendication d'affects discrédités par le rationalisme triomphant mais d'une autre manière de penser le monde dans laquelle le « poète » au sens étymologique de « celui qui fait » occupe une place centrale. La contamination de l'anglais « *romantic* » à connotation romanesque, la traduction en 1814 par Mme de Staël de l'allemand « *romantisch* » en « romantique » achèvent la transformation du terme : il résume imparfaitement un mouvement européen multiforme dont l'ancrage historique est la Révolution française.

B ~ L'Europe romantique

- S'il n'y a pas d'unité du romantisme, on peut repérer dans toutes ses formes une aspiration à l'harmonie originaire de l'individu. La résolution tragique d'un idéal de progrès, les soubresauts de l'aventure napoléonienne accentuent la conscience d'une division de l'être : d'un côté, le pouvoir surévalué de la raison gouvernant l'homme social et politique ; de l'autre, le travail de forces obscures réfractaires aux limites. Dans cette faille le pouvoir de l'imaginaire se réinstalle. « Maîtresse d'erreur et de fausseté », selon Blaise Pascal, l'imagination sera définitivement devenue « souveraine des rêves » chez un des héritiers révoltés du romantisme, Charles Baudelaire.

- L'impulsion allemande est contrastée : le premier romantisme allemand, le « *Sturm und Drang* » (« Tempête et Assaut », 1786-1788) réagit avec violence à la pensée froidement rationnelle de l'« *Aufklärung* » (voir Partie VIII, fiche 77). Porté par les figures de Goethe et Schiller, il est politiquement réactionnaire, chantre d'une âme germanique qui redécouvre ses racines épiques et populaires. L'ambition du romantisme philosophique des années 1800-1815 va beaucoup plus loin dans la recherche d'une « théorie » de la connaissance plus mystique que scientifique.
- Dans le mouvement anglais, entre roman noir et poésie, les romantiques se retrouvent autour d'une mystique de la nature, proche du panthéisme grec, aspirant à la fusion entre l'homme et l'âme universelle du monde. Entre les effusions de Richardson et de Gray, dont l'effet de mode sera puissant en France, et les visionnaires comme William Blake ou Byron et Shelley, théoriciens et prophètes de la nature, on trouve plus une origine commune qu'une connivence réelle. Comme en Allemagne, l'enthousiasme pour les idées révolutionnaires est éteint par le rejet du despotisme napoléonien.
- En France, au cœur même des lumières, Denis Diderot, un des premiers à employer le terme de « *spleen* », matrice du futur mal du siècle, ou Julie de Lespinasse réaffirment le pouvoir légitime de la passion en concurrence avec la raison. Les torrents de larmes de *La Nouvelle Héloïse* (1761) poétisent l'affirmation de Rousseau dans *L'Émile* : « On n'a prise sur les passions que par les passions. » L'explosion romantique proprement dite, nourrie des travaux de Mme de Staël (*De l'Allemagne*, 1814), potentialisée par Chateaubriand, bouleverse les années 1820-1840.
- Sa tonalité pessimiste trop souvent affadie en mélancolie vague est liée au dégoût de l'Histoire selon des modalités contrastées sur le plan politique : Chateaubriand est divisé entre prophéties libérales et héritage de l'Ancien Régime, le jeune Victor Hugo réagit en conservateur et en monarchiste au désastre napoléonien ; dans *La Confession d'un enfant du siècle* (1836), Alfred de Musset déclare sa génération orpheline, malade du rêve épique de 1802 échoué dans les caricatures de la Restauration. De là naît la tension constante entre la dimension prophétique qui annonce « un XXe siècle heureux » et la volupté de la mort dans le romantisme français.

2. Le « savoir romantique »

A ~ Le romantisme allemand

- La quête d'une unité primitive qui traverse toutes les expressions du romantisme s'exprime dans la pensée allemande de façon absolutisante. Les limites que se sont assignées l'« *Aufklärung* » puis Kant, la primauté de la science et son renoncement à la connaissance de l'absolu sont ressentis comme insupportables. La religiosité resurgit comme les penchants mystiques disqualifiés par une « religion naturelle » interdite au mystère. La faculté de dissociation et de classement propre au savoir scientifique est récusée.
- L'ambition du romantisme métaphysique et poétique devient celle de réparer la déchirure qui sépare le particulier de l'universel, de retrouver par la poésie le lien secret qui unit les êtres individuels à un tout imaginaire en transcendant par l'imagination les limites de l'entendement. La création esthétique s'empare de la science en lui assignant dans la « *Naturphilosophie* » de Schelling une place

secondaire (voir texte 80/b). Ouvert à l'illuminisme, qui tente de retrouver par des pratiques magiques et spirituelles une unité perdue, à l'ésotérisme, aux sciences occultes, le romantisme allemand invente une mythologie de la science : l'oxygène nécessaire à la vie végétale, animale et humaine devient un témoignage de l'unité primitive du monde.

- L'univers est à la fois chaos et cosmos, nature et culture. Les éléments naturels, mer, montagne, volcans, donnent à voir l'unité primordiale dans sa confusion dont l'homme est intimement solidaire (voir document 81). Les grands poètes visionnaires comme Novalis poussent à l'extrême cette ambition divinatoire et métaphysique dans laquelle pensée et parole se créent réciproquement l'une l'autre (voir texte 80/b). Dans la mesure où la raison ne connaît que la lumière extérieure des choses, l'imagination privilégie la parole poétique pour recréer l'harmonie primitive entre la nature et l'homme. Un commentateur résume ainsi sa vision : « Penser, c'est parler tout bas, parler c'est penser tout haut. »
- Le terme de la quête devient alors l'effacement des frontières entre la vie et la mort. *Les Hymnes à la nuit* (voir texte 80/a) expriment cette tentative qui renouvelle l'expérience d'Orphée : plus que le jour qui correspond à la séparation homme/nature, le monde de la nuit et la quête d'une jeune fiancée morte précocement permettent de retrouver la vérité éternelle. La contemplation de la nature (voir document 81) se confond avec l'appréhension active du divin.

B ~ Le « temps des prophètes » et des « mages romantiques »

- La dimension mystique et fantastique du romantisme allemand, la communication entre matière et esprit ont eu une influence assez diffuse sur la conscience romantique en France. Seul Gérard de Nerval, traducteur du *Faust* de Goethe, a tenté par le pouvoir de l'écriture d'abolir la frontière entre rêve et réalité. Partie de la contestation des canons classiques dans la poésie et le théâtre qui culmine symboliquement avec la bataille d'*Hernani* (1830), la révolte romantique en France s'est identifiée à une forme de messianisme social.
- Le terreau politique du romantisme, ce sont les convulsions de l'Histoire. Le pessimisme individuel, le mal du siècle expriment une blessure collective mais diversement perçue. L'évolution personnelle de Victor Hugo, passé du lyrisme à une incantation visionnaire et du conservatisme monarchiste à la défense des *Misérables,* résume les préoccupations sociales et politiques du groupe. C'est sur ce terrain que le romantisme français participe d'un savoir dynamique alors que le narcissisme élégiaque affaiblit ailleurs la puissance du mouvement. À l'horizon des utopies post-révolutionnaires (Fourier, Saint-Simon) et des écrits contre-révolutionnaires, le poète devient prophète de l'avenir et missionnaire du futur. Au rôle social de guide des gens de lettres du XVIIIe siècle, il ajoute une fonction divinatoire. De la souffrance du moi romantique naît une vision religieuse du futur.

3. La mythologie romantique

- **Le Moyen Âge.** La fièvre mystique entretenue en Europe par le courant romantique s'est traduite partout par une redécouverte des racines médiévales. Romanesque en Angleterre et chez Hugo, légendaire et pangermaniste en Allemagne, ce mythe permet à Chateaubriand de christianiser la sensibilité romantique avant même qu'elle ne se soit déclarée. L'identification entre la nature et Dieu est symbolisée dans le *Génie du christianisme* (1802) par la comparaison entre les arceaux de la voûte gothique et l'entrelacement des branches de l'arbre dans la forêt. On retourne à une histoire héroïque et mal connue comme à un « ailleurs » temporel.

- **L'arbre, la nature, l'Orient.** Le thème de la nature et le motif de l'arbre, envahissants dans l'univers romantique, expriment dans la poésie française plus la projection d'une insatisfaction que le désir de fusion avec le tout du romantisme allemand. Chez Hugo, cependant, l'arbre est bien, comme l'a montré le mythologue Mircea Eliade, « un emblème de la vie primitive qui participe à l'intériorité de l'homme, envers de l' « horloge » de Voltaire (voir Partie VII, fiche 66), « emblème de l'intelligibilité mécaniste ». « L'ailleurs » géographique de la nature sauvage et désertée est redoublé par une autre forme de fuite : le voyage en Orient, en Italie, en Allemagne. Pèlerinage-méditation de Grèce en Palestine pour Chateaubriand, engagement politique pour la liberté de la Grèce occupée par les Turcs pour l'Anglais Byron, le dépaysement déplace sans l'apaiser le mal-être romantique.

4. La pathologie romantique

- **Le mal du siècle.** Mystique, connaissance, voyance, le romantisme est riche de germes dangereux pour l'ordre établi. Pourtant, la pensée romantique en France, contestataire mais incapable de se dégager des convulsions historiques évoquées supra, aboutit à la faillite d'une génération « venu[e] trop tard dans un monde trop vieux ». Tension entre la dimension infinie des aspirations du moi dilaté par l'imagination et l'étroitesse des limites temporelles et spatiales où elles pourraient se réaliser, le « vague des passions » a été perçu comme une inhibition de l'action, un dangereux poison destructeur.
- **La mort offerte et le refus du réel.** Omniprésente dans le romantisme allemand, la fascination de la mort s'est traduite très concrètement par des suicides, comme celui de Kleist après la disparition de Novalis. La figure du poète maudit, envers de celle du prophète, est modélisée par la pièce de Vigny, *Chatterton,* qui mythifie le suicide d'un poète anglais. La critique du narcissisme et du pessimisme trouve sa forme la plus achevée dans deux héros de Flaubert qui incarnent la fascination-répulsion de l'auteur à l'égard de la passivité romantique. Frédéric Moreau dans *L'Éducation sentimentale* (1861) caricature l'ambition romantique par son inertie : les rêves conquérants se diluent en paresse bourgeoise. La mort atroce de l'héroïne de *Madame Bovary* (1857) condamne définitivement la dégradation par les romans à l'eau de rose de la rêverie romantique.

  Insaisissable et dévorante, irriguant toutes les formes d'expression artistique, ferment du nationalisme des « *carbonari* » italiens ou des révoltés d'Europe centrale, la sensibilité romantique fait entrer l'artiste dans la modernité. On serait tenté de conclure avec René Char : « L'action de la justice est éteinte… là où brûle la poésie, là où quelques soirs s'est réchauffé le poète. »

Bibliographie

Gusdorf, G., *Fondements du savoir romantique*, Paris 1982, Payot.
Béguin, A. , *L'Âme romantique et le rêve*, Paris 1994 (réédition), Livre de poche-Hachette, Coll. Biblio.

▶ Voir Partie VIII - textes 80 : « La pensée romantique : parole mystique et prophétie sociale », *Hymnes à la nuit*, Novalis ; *Le Savoir romantique de la nature*, G. Gusdorf ; *William Shakespeare*, V. Hugo et document 81 : « Le moi, le monde : une distance infinie », *Le Voyageur devant la mer de nuages*, C. D. Friedrich.

FICHE 83

ESPACES ROMANTIQUES ET ROMAN COMME PARCOURS DU MONDE

Venu de l'Europe celtique et germanique, opposé au rationalisme comme au classicisme, dont on connaît le lourd héritage dans la culture française établie – avec la mythologie gréco-latine –, le romantisme illustre un nouveau rapport au monde.

1. L'AILLEURS, LA NATURE ET L'ORIGINE

A ~ Espaces nouveaux

- Le romantisme se tourne vers de nouveaux espaces, s'ouvre au monde celtique et germanique. Ainsi, l'art sort du cadre strict gréco-latin.

B ~ Nature, animisme et origine

- Autrefois décor pastoral, la Nature devient privilégiée. À la Nature classique, harmonieuse, humanisée, s'oppose la Nature romantique, infinie, sauvage et mystérieuse : décor alpestre de Rousseau et nouveau monde américain vu par Chateaubriand. À l'ordre lumineux des classiques, s'oppose le goût romantique pour la nuit, l'étrangeté, les profondeurs. Le « romantisme de la nuit » s'étendra jusqu'au décor urbain moderne (Victor Hugo, *Les Misérables* ; Honoré de Balzac, *Ferragus* ; Eugène Sue, *Les Mystères de Paris*).
  Les romantiques défendent l'idée d'une Nature organique et vivante. Il y a là une opposition implicite à l'anthropocentrisme et au rationalisme contemporain qui réifieront la Nature, la transformeront en marchandise. Le « recours aux forêts » écologiste a une origine romantique. Pour le panthéisme de Hugo, tout vit, tout est plein d'âmes. La Nature devient un paysage d'âme.
  Elle est enfin une figure de l'origine inviolée. Insatisfait du présent, le romantique se tourne vers le primitif et les figures de l'instinct, de la sensibilité, comme celle de l'enfant. La Révolution vint se préoccuper surtout de l'instruction civique et politique des enfants ; enfin, le romantisme, à l'âge bourgeois, idolâtra l'enfance.
- Le passé est aussi une figure exprimant le prestige des origines. Décrié comme « obscurantiste » par le rationalisme « progressiste » des Lumières, il est valorisé par les romantiques. D'où l'intérêt porté à un Moyen Âge gothique et idéalisé, à la littérature médiévale lyrique et épique, à la culture populaire et à la couleur locale. D'où, enfin, le goût des ruines, expression de la nostalgie de l'unité perdue, brisée par la modernité, ce qui est le fond de la psychologie des premiers romantiques. Déjà, des esthètes peuplaient leurs jardins à l'anglaise du XVIIIe siècle de fausses ruines.

2. Parcours du monde et ambition romantique

A ~ Le roman, expression de l'énergie du siècle

- Le langage romantique n'est pas toujours nostalgie du sens ou de l'unité perdue. Il devient, surtout après 1830 avec le romantisme engagé, affirmation et lyrisme. Un souffle épique et lyrique inspire la littérature et le roman, l'expression par excellence du XIXe siècle. Libre dans son esthétique, il parcourt le monde, dans le mouvement du siècle lui-même. Le roman « ressemble aux sociétés modernes », par son esprit inventif, sa vitalité (Marthe Robert, *Roman des origines et Origines du roman*).
- Comme le théâtre romantique évoqué par Hugo dans la *Préface de Cromwell*, la vocation du roman est de saisir la vie – dans l'avant-propos de la *Comédie humaine*, Balzac lui assigne pour but d'épuiser le monde, d'en établir une somme ; tout doit être exploré, d'où la vague du roman social et historique que Jules Michelet illustre de son idéalisme républicain –, la peinture du peuple, des bas-fonds, des marginaux et des sociétés secrètes, le pittoresque de la couleur locale, l'imaginaire fantastique, source du roman policier populaire : du réalisme, on passe à la métamorphose. Spiritualiste, Balzac s'attache à peindre l'énergie intérieure des personnages, avec les tirades théâtrales du moi conquérant.

B ~ Force du verbe

- La primauté du langage lyrique et affirmatif se révèle à travers le pamphlet, la polémique, le discours politique expression de l'énergie du moi et du verbe. Ainsi, Hugo se définit comme grande conscience universelle de l'Humanité, en appelle à un sens spirituel de l'Histoire, plaide pour l'engagement. Le verbe exprimerait la raison et la conscience dans l'Histoire. L'art se veut missionnaire, utile, humanitaire, édifiant et social, engagé au service du Peuple comme mythe, et des nationalités en Europe.
- Chateaubriand défend une écriture appuyée sur l'action, une conception de l'écrivain acteur de son siècle. Écrire et parler, c'est agir. Dans « Réponse à un acte d'accusation » (*Les Contemplations*, I, 7), Hugo voit l'esprit porté par le langage et affirme le pouvoir des mots : évocation, transfiguration, métamorphose…
- Ouverts à de nouveaux horizons, romantisme et roman sont bien les expressions achevées du siècle, caractérisé par l'affirmation de l'individu de l'âge bourgeois (voir Partie VI, fiche 60) dans la logique de l'énergie, de la passion, du défi, de la volonté de pouvoir qui animent en particulier les personnages balzaciens. Fiction qui « fait concurrence à l'état civil », précisait Balzac.

Bibliographie

L'Esthétique romantique en France, une anthologie, Paris 1994, Pocket-Agora.
Anthologie des préfaces de romans français du XIXe siècle, Paris 1971, 10-18.

▶ Voir Partie VIII - textes 82 : « Ambition, romantisme, engagement et opposition », *Mémoires d'outre-tombe*, F. R. de Châteaubriand, *L'Écrivain et l'opposition*, P. Barbéris ; document 83 : « Le romantisme des vagues », *La Mer vue des hauteurs de Dieppe*, E. Delacroix.

FICHE 84

L'ART POUR L'ART ET L'ESTHÉTIQUE DU REPLI

L'éclatement des courants de pensée du XIXe siècle en mouvements esthétiques et littéraires dissimule leur solidarité d'origine : l'ambition totalisante du romantisme. Mais le déferlement lyrique des utopies sociales et républicaines dans les années 1835-1840 a provoqué des dissidences.

1. L'ART CONTRE LA NATURE

- **L'art pour l'art et l'ascèse parnassienne.** Théophile Gautier revendique la gratuité de l'acte artistique et son incompatibilité avec l'utile en mêlant les arguments anti-républicains et le refus de la trivialité populaire à une fièvre toute romantique. Avec lui, les tenants de l'Art pour l'Art opposent au moralisme sentimental et à la facilité les jouissances de la recherche formelle. Replié dans sa tour d'ivoire, le poète du Parnasse dépasse les provocations joyeusement amorales et morbides des « petits romantiques » pour atteindre une pureté de la forme, dégagée des effusions du moi.
- L'héroïsme de l'artiste ne le transforme plus en messager du futur mais ramène la quête de l'autre monde dans « l'ailleurs » de la pure écriture. C'est dans les ressources techniques de la forme que resurgissent les mondes oubliés jadis convoqués par les romantiques. L'artiste est avant tout un travailleur réfractaire aux assauts de « la multitude vile » (Baudelaire).
- **La « modernité ».** Si Charles Baudelaire construit son univers poétique autour de la théorie des « correspondances » proche de l'illuminisme romantique, il ne reconnaît qu'au poète le pouvoir provisoire de trouer la chape du *spleen* pour atteindre l'Idéal. Cette volonté aristocratique de « ferme[r] partout portières et volets pour bâtir dans la nuit [de] féeriques palais » correspond à un mouvement de concentration du moi créateur. Le poète absorbe l'extérieur, « le transitoire, le fugitif, le contingent » et atteint le beau éternel et immuable par la voie du « bizarre ».
- La revendication de l'Art pour l'Art passe alors, comme l'attestent ses écrits théoriques, par la haine de la nature. Récusant l'idée chère à l'esthétique du XVIIIe siècle d'une « belle nature » dispensatrice spontanée de la vertu, il identifie au contraire la nature au mal moral et au « laid » esthétique auquel l'artiste a pour mission de s'arracher. La raison esthétique, « rédemptrice et réformatrice » (*Éloge du maquillage*), peut seule retrouver, grâce à la « parure », la « noblesse primitive de l'âme humaine ».

  Le masque et les couleurs bizarres « noir » et « rouge » permettent aux femmes de corriger par l'artifice du maquillage leur nature « abominable ». Cet accès à la « surnature » transforme le visage féminin en fenêtre de l'infini.
- Par là Baudelaire donne une dimension métaphysique à la vogue du dandysme, « science de manières et d'attitude » autant que mode vestimentaire importée d'Angleterre par Brummel (1778-1840). Les fluctuations de la figure du dandy épousent assez bien le mouvement de repli qui s'accentue jusqu'à la fin du siècle : né de l'exhibitionnisme romantique des jeunes gens en gilet rouge de la bataille

d'*Hernani*, le dandysme souligne la fragilité des héros de Balzac sur le mode de la dérision. L'art de vivre dandy installe une distance méprisante réactionnaire entre l'excentrique révolté et la foule. Pour Baudelaire, seul capable « de combattre et de détruire la trivialité », le dandysme « confine au spiritualisme et au stoïcisme » et devient « le dernier éclat d'héroïsme dans les décadences ».

2. Esthétique et religion de la forme

- **L'asile des symboles.** Contemporain de l'impressionnisme en peinture, le mouvement symboliste, qui n'est formalisé sous ce nom qu'en 1886, résume imparfaitement l'ultime rétractation sur elle-même de l'aventure artistique. En marge de la voyance de Rimbaud et du dérèglement des sens qui met la poésie « en avant » comme « un boulet de canon » (René Char), le culte de la forme évacue progressivement le sujet et le monde.
- Entre Verlaine (1844-1896) et Mallarmé (1842-1898), la prise en charge de la parole poétique par la musique du vers, la fusion entre le signifié et son signifiant aboutissent à un absolu du signe. Le jeu platonicien de l'analogie porteuse de sens, cher aux correspondances baudelairiennes, se resserre : les liens entre l'image, le son et la pensée qui les produit se tendent jusqu'à leur « disparition vibratoire » dans la quête rigoureuse de Mallarmé. « Toute pensée émet un coup de dés » dont la configuration s'offre comme un espace libre à l'interprétation. Mais la gamme des sensibilités symbolistes se joue plus souvent sur des modes moins exigeants. Mallarmé ne trouvera de postérité véritable dans sa recherche de poésie pure que chez Paul Valéry. Tandis que les mélodies de Debussy et Fauré rencontrent Verlaine et Maeterlinck, l'œuvre de Laforgue et de Moréas a un ton plus désabusé.
- **Le vertige décadent.** La fascination ambiguë de la décadence, propre aux périodes d'incertitude, apparaît comme le dernier mouvement de repli de tendances esthétisantes et réfractaires à l'idée de progrès. Le culte symboliste de la forme, le culte de soi-même contenu dans le dandysme se rejoignent dans une impasse. Le personnage de Joris-Karl Huysmans, dans *À rebours* (1884), emblématique de l'esprit « fin de siècle », donne à voir à la fois un dandysme pathologique et une névrose examinée sous l'angle naturaliste.
- Amplifiée par le vieux poncif du cycle grandeur-décadence et le désastre historique provoqué par la guerre de 1870, l'obsession décadente se fait esthétique. Il est presque impossible de démêler dans la prolifération des œuvres artistiques et des textes théoriques une ligne de force. L'explosion picturale de l'œuvre de Gustave Moreau (voir document) suggère mieux que tout autre exemple les contradictions du moment : richesse visionnaire de l'invention de couleurs très sensible dans le mouvement viennois et chez le peintre Gustav Klimt (1862-1918), bric-à-brac intellectuel et mystico-religieux à l'image de la bibliothèque de Des Esseintes, dans *À Rebours*, nihilisme et pessimisme surtout.

  Difficile à cerner, l'esthétique décadente est essentiellement un creuset, celui dans lequel viennent se fondre les exigences impossibles de l'art absolu et se nourrir les prémices de la pensée contemporaine.

Bibliographie

Baudelaire., C., « Le Peintre de la vie moderne » *in Écrits sur l'art*, Paris 1995, Hachette.

▶ Voir Partie VIII - texte 84 : « La revendication de l'art pour l'art », *Préface de Mademoiselle de Maupin*, T. Gautier.

FICHE 85

RÉALISME ET NATURALISME : UN PARI IMPOSSIBLE

Le titre du roman de Balzac La Recherche de l'absolu *(1834) et le destin de son héros, Balthazar Claës, détruit par la rage de découverte qui le dévore, préfigurent métaphoriquement l'ambition esthétique connue sous le nom de « naturalisme » : celle de fondre la création artistique – et principalement le roman – dans un système et d'établir une « vérité » esthétique comparable à la vérité scientifique. Inspirés par des peintres, les naturalistes sont lus aujourd'hui comme créateurs de mythes : l'ambition totalisante les a trahis, l'œuvre est restée.*

1. La « grande question du réalisme » (Flaubert)

- **La proximité du quotidien.** La notion vague de réalisme dépasse largement les limites de la *mimèsis*, tendant à reproduire une réalité quelconque. La perspective est plus englobante ; dans le seul chef-d'œuvre de l'« école » naturaliste déclarée, *Boule de Suif*, Guy de Maupassant utilise un fait anecdotique pour brosser une série de « scènes » réalistes ; un voyage à l'issue incertaine réunit, dans une diligence, un microcosme des classes et des types sociaux du moment.
- Dans la toile emblématique de Gustave Courbet *L'Atelier du peintre* (1855) apparaît la prise en compte comme support de création, de la vie ordinaire, de la société dans sa totalité : on voit, à gauche, « l'autre monde, la vie triviale, le peuple, la pauvreté, la misère, la richesse, les exploités, les exploiteurs » ; à l'extrême droite, Baudelaire et Champfleury. Chez Degas, le travail du dessin et de la couleur ne cherche aucunement à embellir la vulgarité presque animale du corps des femmes au travail. Le regard réaliste se définit donc moins par son objet que par le choix du contemporain au détriment de l'historique, d'une réalité sociale au détriment d'une individualité originale.
- **Le modèle balzacien.** En ce sens *La Comédie humaine* et ses 2 000 personnages intégrés à six types sociaux relèvent du réalisme en déplaçant le point de vue romanesque du héros, du passé historique et de l'aventure vers le type social, les mœurs contemporaines et la « scène ».
- La fascination, exprimée sur le mode visionnaire, de Balzac pour la phrénologie pseudo-scientifique de Gall (1758-1828) et la physiognomonie de Lavater (1741-1801) qui prétendaient établir une correspondance entre le caractère des hommes et leurs traits, entre l'intérieur et l'extérieur n'est pas non plus étrangère à l'illusion scientifique des naturalistes. Mais le déterminisme balzacien naît de l'appartenance du héros à un univers typé : aristocratie du faubourg Saint-Germain, bohème et prostituées de Paris, retraités en demi-solde des armées napoléoniennes.
- Obsédé par l'animalité qui lui suggère la peinture des « Espèces sociales » sur le modèle des « Espèces animales » Balzac imprime comme Courbet sa toile en couleurs sombres, perçues comme provocantes : « l'ultime variété de la nature humaine », la fécondité du hasard, tournent le regard de l'artiste vers le « bas matériel ». Ce qui semble « réaliste » chez Flaubert et insupportable au public conservateur, c'est la trivialité des détails dans l'agonie d'Emma Bovary (1857).

Là où l'écriture de Flaubert travaille jusqu'à l'épure le matériau fourni par le réel, « l'indiligent lecteur » ne voit que chute dans le banal et le vulgaire.

2. Le projet naturaliste (1876-1884)

- **Du concept au système.** L'ambition doctrinale et littéraire des naturalistes – matérialisée, après le scandale de *L'Assommoir* (1877) de Zola par des écrits théoriques et la parution en 1880 d'un recueil collectif inspiré par la guerre de 1870, *Les Soirées de Médan* – a été infléchie par le passé du concept. Depuis le XVIIIe siècle le terme désignait les théories purement rationalistes qui refusent toute origine surnaturelle à la création. En s'emparant de la notion, les romanciers naturalistes manifestent un scientisme à l'image de leur temps, accentué par le refus de la mystique romantique (voir Partie VIII - fiche 82). Pour autant, la fusion panthéiste homme-nature de Hugo n'est pas absente des grands espaces obscurs créés par Zola (la mine, la terre, etc.).
- Tout comme le courant réaliste dont il se réclame, le projet naturaliste s'inspire de la peinture et notamment d'Édouard Manet. Il se nourrit surtout de la méthode critique d'Hippolyte Taine – la race, le milieu, le moment – qui a appliqué aux sciences humaines l'idée du déterminisme de la vie. C'est à lui que Zola emprunte la double loi de l'hérédité et du milieu autour de laquelle se construit l'arbre généalogique des Rougon-Macquart directement inspiré du docteur Lucas (1868).
- Disqualifiée par la postérité, cette source n'enlève rien à l'intérêt philosophique et scientifique du roman naturaliste. L'influence positiviste d'Auguste Comte, l'intérêt pour le transformisme de Darwin – qui est traduit en 1862 – et même la physique qui formule les principes de la thermodynamique – sensible dans les images de circulation du sang et du feu dans l'œuvre de Zola – irriguent le roman naturaliste et lui donnent une force de vie sans égale. L'erreur se précise cependant quand Zola déclare sa dette directe à l'*Introduction de la médecine expérimentale* (1865) de Claude Bernard, prétend remplacer le mot « médecin » par le mot « romancier » et confond dans une voie sans issue une prétention savante et un projet esthétique.
- **Déterminisme et pessimisme.** Zola, qui sera pratiquement le seul véritable représentant de son école, a oublié qu'il était impossible de traduire l'idée de progrès en art. Si l'uniformité de son système s'est trouvée transcendée par sa création, l'unité du mouvement naturaliste n'est pas dans la méthode. Le lien entre le nom des frères Goncourt, Daudet si apprécié de Van Gogh, Huysmans et Maupassant est assuré par le pessimisme. Le déterminisme de la nature observé d'abord dans une religion du progrès révèle le peu de place faite à la liberté de l'homme dans l'univers.
- Fils spirituel de Flaubert, Maupassant, influencé par Schopenhauer et une vision de la nature monstrueuse, a probablement senti le piège lorsqu'il prend ses distances avec le naturalisme dans la préface de *Pierre et Jean* (1887) (voir texte 85/b). Sans congédier le réalisme, il oppose au naturalisme qui a « prétendu nous montrer la vérité, rien que la vérité et toute la vérité » la liberté sélective de l'artiste, capable en « illusionniste » d'inventer un vrai plus puissant que le vrai.

Bibliographie

Zola, É., *Le Roman expérimental*, Paris 1964, Flammarion, Coll. G.F.
Serres, M., *Feux et signaux de brume, Zola*, Paris 1975, Grasset.

▶ Voir Partie VIII - Textes 85 : « Réalisme et naturalisme dans le roman », *Avant-propos à la Comédie humaine*, H. de Balzac ; *Préface de Pierre et Jean*, G. de Maupassant.

FICHE 86

LES RÉVOLUTIONS DANS LA PEINTURE DEPUIS LE XIXe SIÈCLE

L'évolution dans l'art est étroitement liée à l'évolution dans les sciences et les techniques. Au XIXe *siècle, la peinture subit l'influence de plusieurs inventions techniques qui auraient pu la faire disparaître, comme la photographie et le cinéma. Mais cette crainte de voir disparaître un art procède d'une idée naïve sur la fonction de l'art : ce n'est pas parce qu'une technique produit une image plus exacte de la réalité que la peinture perd toute sa valeur ; cela voudrait dire que la fonction du peintre ne serait que de reproduire fidèlement les objets ; or, telle n'est pas sa finalité. Il faut donc se poser la question : que peint le peintre ?*

1. L'IMPRESSIONNISME

A ~ Le projet

- En 1839 est mis au point l'appareil photographique. Les portraits de famille étaient jusque-là peints sur commande par des peintres professionnels ; c'était une source de revenus essentielle pour tout peintre, y compris pour les plus confirmés. Avec la photographie, cette source disparaît : la photographie est bon marché, rapide et objective. Elle suffit aux exigences du père de famille qui veut transmettre une image à ses descendants.
- Les peintres vont devoir chercher autre chose que la reproduction fidèle de la réalité. Inspirés par les tableaux de l'anglais William Turner (1775-1851), les impressionnistes renversent les règles de la peinture classique. Il fallait d'abord dessiner les formes avant de poser les couleurs : désormais, les impressionnistes ne dessinent qu'à grands traits les principaux volumes et placent immédiatement les couleurs ; grâce à des techniques du geste du pinceau, ils font apparaître progressivement les formes. La couleur est première, la forme est seconde. En 1874, Claude Monet (1840-1926) peint *Impression, soleil levant* qui va donner son nom à cette nouvelle école.

B ~ Exemples

- L'accueil est des plus hostiles. Pourquoi ? Parce que Monet ne peint pas les objets, mais ce que son œil voit.

  Or, que voit son œil ? Une lumière qui trouble les formes et change les couleurs d'instant en instant. Monet ne peint pas un objet choisi comme modèle à représenter sur sa toile, il peint ce qui sépare son œil de l'objet. Monet est un peintre de l'eau, des brumes, du brouillard. Quand il s'installe en face de la cathédrale de Rouen, en 1894, ce n'est pas pour reproduire les détails de la façade avec ses multiples sculptures, c'est pour traduire l'impression faite sur son œil, à telle heure de la journée, par la lumière traversant l'atmosphère humide et brouillant les formes de la pierre taillée. Ce serait un contresens d'interpréter le mot impression au sens psychologique. Monet ne veut pas exprimer une émotion privée, un sentiment personnel, un état affectif. Il veut exprimer l'impression – au sens optique du terme – de la lumière sur son œil.

- Auguste Renoir (1841-1919) est plutôt le peintre de la foule, des femmes, de la fête. Les couleurs chatoient dans un tourbillon qui ne permet plus de distinguer les formes. Dans *Le Moulin de la galette*, les visages, les cheveux et les chapeaux s'emmêlent au point de ne plus former qu'une masse de couleurs indistinctes.
- Les peintres de la fin du XIXe siècle continuent de chercher dans cette voie, stimulés par des découvertes en optique et par les techniques de reproduction des images. Ainsi, après l'invention de l'imprimerie en couleur, dont le principe est de passer trois fois une page pour imprimer des points plus ou moins rapprochés dans les trois couleurs fondamentales, Georges Seurat (1859-1891) pratique le pointillisme.

2. LE CUBISME

A ~ Le projet

- Pablo Picasso (1881-1973) arrive à Paris fasciné par le cinéma : voilà une technique de l'image qui permet de montrer, en quelques secondes, plusieurs perspectives d'un même objet ; par exemple, on peut tourner autour d'un couple enlacé et voir sur un même écran en quelques instants le visage de la femme, puis celui de l'homme. Les premiers spectateurs du cinématographe sont tellement subjugués par l'image qu'ils la vivent comme une réalité.
- Cette invention pourrait décourager les peintres ; au contraire, Picasso relève le défi. Il se demande comment obtenir un effet similaire sur une toile fixe en deux dimensions. En dessinant l'une sur l'autre trois ou quatre perspectives d'un même objet, on aboutit rapidement à une grande confusion : on ne discerne plus les formes, tous les traits se mélangent. Il faut donc sélectionner les traits les plus significatifs dans une forme. Par exemple, un nez tire sa valeur représentative de son contour de profil, alors que de face, il ne se distingue du visage que par les orifices peu attrayants des narines. Les cornes d'un taureau ne sont vues comme une menace que si on les représente de face, alors que vues de profil l'une recouvre l'autre et en diminue la valeur agressive. Chaque objet et chaque partie d'un objet doivent donc être traités séparément, ce qui donne, certes, un aspect désarticulé à l'ensemble – d'où l'appellation « cubisme » –, mais rend une image forte.

B ~ Exemples

- *Les Demoiselles d'Avignon* (1907) (voir document 87) ont provoqué le scandale ; bien sûr, elles sont nues et trois d'entre elles portent un masque africain en guise de visage. Mais le moins acceptable, à l'époque, a été de voir ces cinq corps désarticulés, composés d'un visage avec un nez de profil et des yeux de face, des oreilles décollées, un sein de profil et l'autre de face, des genoux monstrueux, des positions tordues : les belles ne répondaient plus aux canons traditionnels de l'harmonie.
- Le public non averti juge souvent qu'« un enfant en ferait tout autant ». Ce jugement est à la fois faux et vrai. Il est faux parce que, bien entendu, Picasso est un excellent peintre qui a appris et maîtrisé toutes les techniques et toutes les théories classiques de son art. Mais il contient une part de vérité en ce sens que

l'enfant, spontanément – et non à la suite d'une réflexion – dessine en choisissant pour chaque élément de son dessin la perspective la plus significative. Cependant, l'enfant dessine ainsi par ignorance alors que Picasso est parvenu à cette manière après un long parcours. Picasso est un révolutionnaire. Comme les impressionnistes, il invente en renversant les règles établies.

3. Le surréalisme

A ~ Le projet

- A partir de 1920, un large mouvement artistique, marqué par la diffusion des théories de Freud en France, se constitue autour d'André Breton. Paul Eluard, Louis Aragon, Max Ernst, Salvador Dali, René Magritte sont ses amis les plus connus. Le surréalisme touche la poésie, la peinture, le cinéma, la musique. L'idée commune est d'explorer par divers moyens les ressources de l'inconscient à des fins créatrices. La psychanalyse comporte des techniques qui peuvent, moyennant quelques adaptations, être pratiquées par l'artiste : l'utilisation des rêves, l'association libre d'idées sont reprises dans des exercices individuels ou collectifs comme le cadavre exquis ou l'écriture automatique.
- C'est pourquoi les œuvres surréalistes laissent une grande place au hasard, au rêve, à l'illogique. Souvent déroutantes et provocatrices, elles choquent les esprits rationalistes. Les surréalistes considèrent que la réalité du rêve est une surréalité, c'est-à-dire une réalité bien plus réelle que la réalité banale et quotidienne de la vie normale.

B ~ Un exemple

- Magritte (1898-1967) peint un tableau représentant un parapluie noir ouvert, surmonté d'un verre d'eau, le tout ayant pour titre *Les Vacances de Hegel* (1958). D'un point de vue technique et esthétique, ce n'est pas une grande œuvre ; tout son intérêt vient de la façon dont Magritte a rassemblé ces trois éléments : le parapluie, le verre et le titre. Dans une lettre à Suzi Gablik du 19 Mai 1958, il expose sa démarche : « Chère mademoiselle Suzi, mon dernier tableau a commencé par la question : Comment montrer un verre d'eau dans un tableau, de manière qui ne soit pas indifférente ? ni fantaisiste, ni arbitraire, ni faible – mais disons le mot : géniale ? (sans fausse honte). J'ai commencé par dessiner beaucoup de verres d'eau, avec toujours un trait sur le verre ; ce trait, au bout du centième ou cent-cinquantième dessin s'est évasé ; et a pris ensuite la forme d'un parapluie ; celui-ci a été placé ensuite dans le verre ; et, pour finir, en-dessous du verre : ce qui est la solution exacte à la question initiale : comment peindre un verre d'eau avec génie ? J'ai ensuite pensé que Hegel (un autre génie) aurait été très sensible à cet objet qui a deux fonctions opposées : à la fois ne pas vouloir d'eau (la repousser) et en vouloir (en contenir). Il aurait été charmé, je pense, ou amusé (comme en vacances) et j'appelle ce tableau : *Les Vacances de Hegel*. Bien cordialement... »
- Il n'y a donc pas de message philosophique, ni politique, ni sentimental dans cette œuvre. L'artiste s'amuse, joue avec son inconscient. À partir d'un défi, il ne cherche pas une solution réfléchie et intellectuelle. Il compte sur le hasard du griffonnage, de l'association libre des idées pour trouver une solution inattendue. Il faut surtout suspendre le contrôle de la raison, la censure morale, l'observation des règles formelles. L'intérêt est de créer la surprise, le choc entre les éléments de l'œuvre. Rien ne doit être savamment calculé. Il faut laisser parler le génie de l'inconscient.

4. L'ART ABSTRAIT

A ~ Le projet

Les trois révolutions que nous venons d'évoquer respectent cependant encore une règle commune, celle de la figuration. Un tableau impressionniste, cubiste ou surréaliste représente des objets tirés de la réalité dont on peut reconnaître les formes, que l'on peut identifier (par exemple, un chapeau). Prenant modèle sur la liberté acquise par la technique sur la nature, les peintres abstraits – Kandinsky (1866-1944), Malevitch (1878-1935), Mondrian (1872-1944) – se retirent, « se soustraient » de la figuration des objets naturels. Il n'est plus question de représenter quoi que ce soit de la réalité. La peinture abstraite consiste à dessiner des lignes et à appliquer des couleurs sans aucun souci de la représentation. C'est un art difficile, exigeant pour le public, car celui-ci ne peut plus se raccrocher au jeu de l'identification des objets. Il faut cependant distinguer difficile et abstrait : ainsi, ce serait une erreur de qualifier un tableau cubiste de Picasso de « tableau abstrait » sous prétexte qu'on ne le comprend pas.

B ~ Un exemple

- Le tableau de Joan Miró (1893-1983), *Terre bleue* (1927), présente sur un fond d'un beau bleu profond quelques traits d'une ligne noire, deux formes noires et quatre formes d'aspect triangulaire de couleurs vives. Il est impossible d'associer ces couleurs et ces formes à une quelconque réalité externe ou interne. Là n'est pas le but de l'artiste ; sa recherche est celle d'un jeu libre des formes et des couleurs, d'un équilibre qui satisfasse l'œil ; les lignes et les couleurs évoquent un peu l'art indien de l'Amérique latine, mais Miró ne veut pas reproduire un décor ou faire passer une idée. Il veut créer un espace de liberté, de disponibilité complète pour l'œil. L'art abstrait, encore peu admis dans le grand public, est un art qui impose une ascèse car il faut abandonner tous les critères traditionnels pour l'apprécier. Mais c'est peut-être l'art le plus révolutionnaire dans la mesure où, échappant à toute règle, il exige du public qu'il se dégage lui-même de toute règle. C'est un art de la liberté.
- « Il (le public) veut y trouver toutes sortes de choses (l'imitation de la nature, la nature à travers le tempérament de l'artiste, donc ce tempérament, un simple état d'âme, "de la peinture", de l'anatomie, de la perspective, une ambiance, etc.). Jamais il ne cherche à sentir la vie intérieure du tableau, à la laisser agir directement sur lui. » Wassily Kandinsky, *Du spirituel dans l'art* (1912).

Bibliographie

Breton, A. *Le Manifeste du surréalisme*, Paris 1979, Gallimard.
Faure, E., *Histoire de l'art*, Paris 1985, Denoël, Folio-Essais, 5 vol.

▶ Voir Partie VIII - document 87 : « La révolution cubiste », *Les Demoiselles d'Avignon*, P. Picasso.

LE NOUVEAU ROMAN

1. Les œuvres

A ~ Fictions

- En 1953, paraissent *Les Gommes* d'Alain Robbe-Grillet. L'œuvre se présente comme un roman policier, mais la machinerie attendue fonctionne mal. La prétendue victime n'est pas morte et, à la fin du récit, c'est l'enquêteur qui commettra effectivement le meurtre. De plus apparaissent, en transparence, des similitudes entre les événements rapportés et le mythe d'Œdipe. Le lecteur sort de cette lecture déconcerté. La cohérence du récit est incertaine, les motivations des personnages restent inexpliquées, de plus, la description s'attarde outre mesure sur des éléments du décor sans intérêt perceptible, sans signification lisible.
- Il apparut progressivement que ces remises en cause du récit, du personnage, du sens se retrouvaient chez d'autres romanciers, par exemple chez Nathalie Sarraute (1947, *Portrait d'un inconnu*), Samuel Beckett (1951, *Molloy*), Marguerite Duras (1953, *Les Petits Chevaux de Tarquinia*), Michel Butor (1954, *Passage de Milan*), Claude Simon (1954, *Le Sacre du printemps*).

B ~ Théorie

- Quelles que soient les différences entre les œuvres, chacun y vit une remise en cause des pratiques romanesques qui avaient jusqu'alors le caractère de l'évidence. Deux articles célèbres de Roland Barthes, « Littérature objective », « Littérature littérale », consacrés aux deux premiers romans de Robbe-Grillet, *Les Gommes* et *Le Voyeur*, marquèrent l'importance de la rupture avec ce qu'on peut appeler le « roman réaliste ». L'élaboration théorique la plus complète fut entreprise par Jean Ricardou (*Problème du nouveau roman*, 1967), et par les romanciers eux-mêmes (Nathalie Sarraute, *L'Ère du soupçon*, 1956, Michel Butor, *Répertoires*, 1960, Robbe-Grillet, *Pour un nouveau roman*, 1963).
- De façon générale, l'entreprise du Nouveau Roman ne peut se comprendre si l'on ne prend pas en compte l'ensemble des recherches théoriques sur la fiction romanesque, qui, se détournant de la valeur mimétique des œuvres, insiste sur l'aspect structural : le récit est un mécanisme dont on peut décrire le mode de fonctionnement, le personnage, un objet sémiotique décomposable en unités pertinentes ; de la production du sens enfin, on peut faire apparaître la logique.

2. Les formes nouvelles

A ~ Le récit

- Le récit traditionnel apparaît comme un système relativement simple de causes et d'effets, on pourrait dire que la fiction réaliste ignore l'accident. Ce que le lecteur y cherche et y trouve, c'est la cohérence d'un sens, comme direction aussi bien que comme signification. De plus chaque sous-genre obéit à des contraintes spécifiques (roman policier, roman historique, etc.).

- Cette linéarité du récit est remise en cause par exemple dans les romans de Simon, ainsi *Les Géorgiques*, où plusieurs champs de référence apparaissent successivement, les guerres de la Révolution et de l'Empire, la Seconde Guerre mondiale, le présent de l'énonciation. Le fil narratif est remplacé par une sorte de « feuilleté », provoquant un jeu d'interférences, sans qu'il soit possible de construire une intrigue proprement dite.

  De façon plus radicale on peut voir dans les premiers romans de Robbe-Grillet une mise en dysfonctionnement systématique des fictions institutionnalisées. Que se passe-t-il si dans un système comme celui du roman policier, on supprime telle pièce du mécanisme, la victime par exemple (*Les Gommes*), ou l'enquêteur (*Le Voyeur*) ? Tout simplement la machine ne fonctionne plus, le lecteur en sort insatisfait, non que la fiction ne ressemble pas au « réel », mais parce qu'elle ne reproduit plus un modèle culturel. S'il est banal qu'une enquête policière reste irrésolue, il est insupportable qu'à la fin d'un roman, l'enquêteur ne désigne pas le coupable.

- L'œuvre invite donc à une prise de conscience des modes de construction de la fiction. Le nouveau roman n'est lisible qu'à condition que le lecteur ne soit plus mystifié. Il n'y est plus donné un monde à voir, mais un texte à lire.

B ~ Le personnage

- Il en est de même du personnage, qui est dans la fiction traditionnelle une pièce essentielle, à la fois colonne vertébrale d'une intrigue érigée en destin, et lieu d'investissement fantasmatique du lecteur.
- Ce jeu de l'identification est d'abord troublé par les incertitudes de la narration : qui parle ?, question récurrente dans les romans de Sarraute ; incertitude créée par la narration à la seconde personne dans *La Modification* de Butor, absence de profondeur, de consistance, de cohérence, de passé identifiable dans les œuvres de Beckett, autant d'éléments qui interdisent au lecteur d'entretenir avec ces personnages les relations qu'il entretient avec ceux des fictions traditionnelles.

  Si l'on traite le personnage en objet sémiotique, analysable comme tout signe en éléments distinctifs (âge, sexe, nom, traits physiques), rien n'empêche de composer, de décomposer et de recomposer ces figures. Les jeux formels dans *Watt*, de Beckett, ou dans *Projet pour une révolution à New York*, de Robbe-Grillet représentent le point extrême de cette décomposition de la fiction.

- Le Nouveau Roman n'est pas une aventure isolée. Il est l'aboutissement d'un rapport critique avec la fiction, présent déjà chez les romanciers du siècle précédent (Flaubert évidemment mais aussi Stendhal, à qui l'on doit la formule « l'ère du soupçon »), poursuivi dans l'œuvre de Marcel Proust ou de James Joyce, et que l'on retrouve dans les grandes œuvres cinématographiques contemporaines (Fellini, Godard).

Bibliographie

Ricardou, J., *Problèmes du nouveau roman*, Paris 1967, Le Seuil.

▶ Voir Partie VIII - texte 88 : « L'art et la vie », *Le Temps retrouvé*, M. Proust.

FICHE 88

L'ARTISTE

La figure de l'artiste reflète la place progressivement prise par l'individualité dans les problématiques modernes.

1. La critique platonicienne de l'art

A ~ L'art, imitation de l'apparence

Pour Platon (IVe siècle av. J.-C.), le sensible nous égare, la seule réalité est celle des Idées ; la représentation est ainsi un simulacre de ce qui n'est déjà qu'une ombre (voir texte 4). Image d'une image, l'art est imitation de l'apparence. La fonction de l'artiste est donc pernicieuse : il nous détourne de la vérité et nous attache à l'illusion.

B ~ La beauté

Mais Platon ne récuse pas la beauté. La beauté des corps éveille le désir, celle des discours fascine. L'amour naît du désir qui apprend à s'élever du corps vers l'âme, et de l'individu aimé vers la contemplation de l'Idée du Beau.

C ~ L'inspiration poétique

L'apport des poètes, essentiel, ne relève pas d'un art (au sens antique de maîtrise rationnelle d'une technique, fût-elle esthétique), mais de l'inspiration divine. « Le poète est chose légère, ailée, sacrée, et il ne peut créer avant de sentir l'inspiration, d'être hors de lui et de perdre l'usage de sa raison. Tant qu'il n'a pas reçu ce don divin, tout homme est incapable de faire des vers et de rendre des oracles » (*Ion*, 533). Ainsi la poésie est-elle assimilable à la divination, et les poètes ne sont que les interprètes des dieux.

2. L'art est création, non imitation

A ~ La poïèsis selon Aristote (IVe siècle avant J.-C.)

La *Poétique* d'Aristote traite de la tragédie et de l'épopée, aspect de la théorie générale de la production d'œuvres, ou *poïèsis* ; son influence sur le théâtre fut considérable à partir de la Renaissance. La poésie est bien « imitation » (*mimèsis*) mais il ne faut pas entendre ce terme comme un simple décalque de la réalité. Il s'agit d'une re-création de l'acte (*energeia*) qui constitue la vie.

B ~ La critique classique de l'imitation, aux XVIIIe et XIXe siècles

Si l'art n'est qu'imitation de la nature, alors l'artiste n'a que l'habileté d'un faiseur, et ne produit qu'un exploit superflu. Mais l'art le plus représentatif (nature morte ou portrait) n'est pas une simple re-production de la réalité.

« L'art et les œuvres, dans la mesure où elles sont jaillies de l'esprit et produites par lui, sont eux-mêmes de nature spirituelle, quoique leur représentation implique l'apparence du sensible et insère le sensible dans l'esprit. À cet égard, l'art se rapproche déjà plus de l'esprit et de la pensée que de la nature extérieure, qui est étrangère à l'esprit ; les créations de l'art lui sont apparentées » et il « se reconnaît lui-même sous ce revêtement du sentiment et de la sensibilité » (Hegel, *Esthétique,* 1829). Les relations de l'homme à l'art ne sont pas de l'ordre du désir, mais de la contemplation qui laisse l'œuvre exister librement.

3. Du génie au poète maudit

Le beau suscite donc un plaisir désintéressé (Kant) ; l'art relève d'un don spécifique, le « génie ».

A ~ La conception kantienne du génie

Kant (*Critique de la faculté de juger*, 1790) considère le génie comme la disposition innée de l'esprit par laquelle la nature donne ses règles à l'art : ce talent ne peut être produit par une règle déterminée, mais se caractérise par l'originalité et la production d'œuvres exemplaires qui, ensuite, servent de règle du jugement. Chaque chef-d'œuvre change ce que l'on entend par poème ou par œuvre picturale.

B ~ L'idéalisation romantique

Avec les romantiques, le thème du génie renoue avec l'idée d'une inspiration non assignable, qui transcende la pensée consciente et se caractérise par l'enthousiasme, c'est-à-dire étymologiquement par la possession divine. Ce transport au-delà de soi-même (parfois figuré par la Muse) ne dévalorise plus la part active de création humaine. Cependant, le destin de l'artiste se paie de tourments particuliers ; le « mal du siècle » prédispose à s'accomplir par l'expression esthétique, faute de trouver dans la vie sociale un champ d'action à la mesure de ses aspirations infinies.

C ~ La figure du poète maudit

Le thème du poète maudit se systématise au XIXe siècle, mais il a ses précurseurs.

- **Dès le Moyen Âge, Villon**

La poésie révoltée de François Villon (1431-ap. 1463) s'accompagne d'une réputation de marginal et de délinquant, qui risque de cacher sa culture, la variété des milieux qu'il fréquente, et le contexte de violence de la fin de la guerre de Cent Ans. Il devient au XIXe siècle l'emblème d'une conception du « poète maudit » qui accentue l'opposition établie entre poésie et société et tente de penser l'absence de statut de l'artiste.

- **Baudelaire, Verlaine, Rimbaud**

Charles Baudelaire (1821-1867) présente le poète partagé entre la soif d'idéal (l'art, l'amour, la beauté) et les « longs ennuis » ou l'angoisse de sa vie (« Spleen et Idéal », *Les Fleurs du Mal*, 1857). Le poète est l'image tragique de la condition humaine affronté aux issues douloureuses et inutiles de l'existence ; l'ivresse de l'art, seule, suscite, au sein du texte, des « correspondances » profondes. À la recherche du sens caché et de la musique du vers, mais sensible à la « décadence », comme Paul Verlaine, ou dans le dérèglement de la « voyance » comme Arthur Rimbaud, le poète maudit de la mouvance symboliste devient une sorte de mythe de la **bohème** littéraire.

4. L'INTELLIGENCE DE L'ARTISTE ET LE TRAVAIL DE L'ŒUVRE

A ~ L'objectivité du beau

Insister sur l'inspiration et le destin malheureux de l'artiste, c'est faire de l'art un destin, au risque de minimiser l'œuvre. Emmanuel Kant affirme le caractère objectif du beau : j'attends de tout homme qu'il puisse reconnaître la beauté d'une œuvre tandis que l'agréable ne renvoie qu'à mon plaisir subjectif ; la beauté est qualité de l'objet, même si elle suppose un regard capable de la percevoir et de la ressentir. Le jugement de goût est spécifique, sans concept, mais c'est véritablement un jugement, capable de saisir la « finalité sans fin » de l'œuvre.

B ~ La vérité du sensible

L'artiste ne pense pas à la manière du philosophe, et l'idée ne se présente pas dans l'œuvre sous la forme de son universalité conceptuelle. C'est pourtant l'intelligence active de l'artiste qui donne forme à l'œuvre et manifeste ainsi la vérité de l'idée sous une forme sensible, particulière. Car « l'idée n'est pas seulement **vraie**, mais elle est également **belle**. Le beau se définit ainsi comme la **manifestation sensible** de l'idée » (Friedrich Hegel, *Esthétique,* 1829).

C ~ Le travail de l'œuvre

Il est donc trop rapide de réduire l'artiste à sa sensibilité inspirée : « Les dieux gracieusement nous donnent **pour rien** tel premier vers ; mais c'est à nous de façonner le second, qui doit consonner avec l'autre » (Paul Valéry, 1871-1945, *Au sujet d'Adonis*). Pas d'art sans mise en forme, et sans travail de communication à l'intention d'un public. La manifestation des sentiments passionnés du personnage suppose la froide maîtrise du comédien, affirmait Denis Diderot dans *Le Paradoxe sur le comédien* (1773). À la transe romantique s'oppose donc tout un courant qui souligne le travail de l'artiste ; le génie, c'est l'active intelligence, précise Friedrich Nietzsche (*Humain, trop humain*, 1878) ; si nous la qualifions de géniale, c'est-à-dire de divine, c'est pour pouvoir nous dire que nous n'avons pas à rivaliser avec sa perfection.

Même lorsque de nos jours l'art « cherche refuge auprès de sa propre négation et veut survivre par sa mort » (Theodor Adorno, *Autour de la théorie esthétique*, 1976), l'esthétique garde une fonction nécessaire : non prescrire des normes, mais devenir lieu (inhérent à la création) d'une réflexion de l'art sur lui-même.

5. Inconscient et créativité : l'art est sublimation

A ~ L'artiste connaît les secrets de l'inconscient

Le psychanalyste ne fait qu'appréhender rationnellement ce que les poètes disent depuis toujours. Les mythes et la littérature sont, après le rêve, nos meilleurs repères dans l'exploration de l'inconscient.

- Tragédie du destin, ***Œdipe-Roi*** est une révélation progressive du fait qu'Œdipe est meurtrier de son père Laïos et époux de sa mère Jocaste. Œdipe réalise ainsi le vœu destructeur refoulé par chacun d'entre nous.
- *Hamlet* a selon Freud les mêmes racines qu'*Œdipe-Roi*, mais les fantasmes refoulés ne s'y manifestent que par l'inhibition.
- Dans une nouvelle, ***La Gradiva***, Jensen présente le délire et la guérison d'un jeune homme, Norbert Hanold, tombé amoureux d'un bas-relief de pierre, dont il poursuit la trace dans les ruines de Pompéi, sans y reconnaître les traits et la démarche de sa jeune voisine – qui se charge de ramener Hanold à sa réalité vivante. Freud commente en 1907 ce récit dont il souligne la pertinence clinique.

B ~ L'inconscient de l'artiste est la source de son œuvre

- ***Un souvenir d'enfance de Léonard de Vinci*** (1910) est une tentative pour montrer comment un fantasme significatif permet de reconstituer les conditions de la première enfance et leur effet sur la constitution sexuelle du peintre et du chercheur, éclairant en même temps des aspects énigmatiques du rapport à son œuvre. Freud y met en évidence les notions de narcissisme et de sublimation.
- La **sublimation** est un destin pulsionnel par lequel le désir, échappant au refoulement, est détourné de son but sexuel initial au profit d'une réalisation socialement valorisée susceptible de procurer une satisfaction authentique. L'art est le type le plus achevé de sublimation.

C ~ La psychanalyse appliquée et ses limites

Freud n'a jamais renoncé à la psychanalyse « appliquée » aux œuvres littéraires. Mais il en rappelle soigneusement les limites :

- elle ne peut expliquer la beauté de l'œuvre, ni révéler les secrets de la création ;
- elle montre à la fois les parentés et la différence entre **l'artiste et le névrosé** : « L'artiste, comme le névropathe, s'était retiré loin de la réalité insatisfaisante dans ce monde imaginaire, mais à l'inverse du névropathe il s'entendait à trouver le chemin du retour et à reprendre pied dans la réalité. Ses créations, les œuvres d'art, étaient les satisfactions imaginaires de ses désirs inconscients, tout comme les rêves » (*Ma vie et la psychanalyse*, 1925). Or les œuvres attirent la sympathie des autres hommes, dont elles éveillent les mêmes inconscientes aspirations du désir.

L'art est-il règne de l'apparence et de l'illusion ? C'est une apparence essentielle, et une illusion vitale. Et la figure paradoxale de l'artiste se fait à la fois symbole de la plus grande vulnérabilité et gage d'éternité.

Bibliographie

Comte-Sponville, A., *Le Mythe d'Icare*, chapitre 3, Paris 1993, Puf.
Freud, S. , *Un souvenir d'enfance de Léonard de Vinci*, Paris 1991, Gallimard, Coll Folio.
Hegel, *Esthétique*, textes choisis, Paris 1962, Puf.

▶ Voir Partie VIII - texte 88 : « L'art et la vie », *Le Temps retrouvé*, M. Proust.

PARTIE IX

COURANTS DE PENSÉE CONTEMPORAINS

ÉLOGE DE LA POLITIQUE ET DU DISCOURS

Initialement théoricien politique du Tiers-Monde dans les années 60, R. Debray s'est intéressé aux nouvelles théories et technologies du pouvoir, aux formes contemporaines d'influence médiatique, à l'idéologie humanitaire. En conclusion de L'État séducteur, *il défend les concepts d'histoire et de politique.*

Un État trop chevillé à la transcendance, confident de Dieu ou de l'Histoire, expose ses assujettis à la répression généralisée. Communisme, islamisme. Un État qui ne se réfère plus à aucune transcendance, simple prestataire de services, s'expose lui-même à la dépression généralisée. Il se corrompt par osmose, à son insu. Libéralisme triomphant, socialisme résigné. Il se met aux normes du solvable et du visuel. Cédant aux tyrannies conjointes de l'œil et de l'or, il succombe sous ces banales machines qui ne savent que représenter ce qui est, non le devoir-être, utopie ou valeur : les caméras. Et pourquoi résisterait-il à l'argent et à l'image puisqu'il n'admet plus rien au-dessus de ce qui résonne, se chiffre et se pèse ?

L'homme est le seul animal qui n'est comblé que par l'absence, ce qui fait de lui un animal proprement politique, que l'économie jamais ne comblera. Le Christ a longtemps rassasié parce qu'il est l'absent radical, celui dont l'ange annonce qu'il n'est pas ici mais ailleurs. Son tombeau n'aurait pas aimanté les imaginaires s'il n'avait été vide. Son corps : une parole. N'étant plus le porte-parole de la nation ni le défenseur du peuple, l'État ne nous parle plus, ou plutôt ne nous parle-t-il plus de la nation et du peuple, sa raison d'être, mais de lui-même. Le moyen a supplanté la fin.

Alors, à défaut de foi, il y a ce murmure, sous le charivari : « Gestion économique cherche projet de société. Enarques cherchent légende. Présent cherche Histoire. Horizontales demandent verticales. Moins de physique, s'il vous plaît, et un peu plus de métaphysique ! Nous asphyxions ! Enfoncez les murs d'images, rouvrez avec des mots les fenêtres du grand large ! »

Debray, R., L'État séducteur, *Paris 1993, Gallimard, pp. 191-192.*

DU XIXe AU XXe SIÈCLE : MODERNITÉ, CRISE DE L'ESPRIT ET DES CERTITUDES

La génération romantique antérieure à 1830 avait récusé le rationalisme historique des Lumières, et valorisé les origines, par opposition au « progressisme » politique. Mais les romantiques s'engagèrent, après 1830, à l'enseigne du messianisme humanitaire, démocratique et populaire, avec Lamartine, George Sand, Hugo et Michelet.

1. Esthétisme et subjectivisme

A ~ « L'art pour l'art »

- Victor Hugo avait défendu l'engagement à la fois élitiste et progressiste. La génération désenchantée après 1848, Baudelaire et Théophile Gautier dans la préface à *Mademoiselle de Maupin* valorisent l'esthétisme et l'art inutile, tare selon la bourgeoisie utilitariste, et font face aux philistins qui réduisent l'art à un ornement, à un divertissement.

B ~ « Culte du moi »

- Jean-Marie Domenach affirme que « science et commerce ont désenchanté le monde » ; la fin du XIXe siècle voit naître des perspectives nouvelles : l'esthétisme, l'individualisme libertaire avec le jeune Barrès, le dandysme avec des Esseintes dans *À Rebours* de Huysmans, les écrivains spiritualistes…
- En son temps, Baudelaire insiste sur la distinction, la singularité de l'homme irréductiblement distinct de l'agitation du monde (*Petits Poèmes en prose*, « Le port »). Il y a dissociation entre l'individu et la société, sentiment d'exil, d'altérité, d'étrangeté. Dégagés de l'académisme et de la mythologie, privilégiant l'expression pointilliste du vécu de la perception de nouveaux espaces maritimes et urbains, les impressionnistes illustrent parfaitement la perspective de la modernité.
- La volonté de se démarquer, en art, à la fin du XIXe siècle, est résolument moderne. Les formes classiques sont décomposées, l'art se libère du réel et l'on invente des formes révolutionnaires liées à la politique : les futuristes italiens choisiront le fascisme et des surréalistes, le communisme.

2. Crise des certitudes humanistes

A ~ L'héritage des Lumières contesté

- A propos du tournant essentiel du XIXe au XXe siècle, Domenach établit l'existence d'une seconde modernité, en révolte contre les valeurs de la première, devenues obsolètes : Raison, Progrès, utilité, égalité, dévaluées sous la poussée d'une critique radicalisée. Le nihilisme nietzschéen se révèle plus moderne que le rationalisme, le marxisme et le saint-simonisme.

- Nietzsche, Freud, Darwin, le socialisme révolutionnaire de Georges Sorel, aristocratique de Jack London, ainsi que les sciences de l'homme portent le soupçon sur le discours idéaliste de la philosophie humaniste du sujet. Bientôt, la Grande Guerre, la fin des vieux empires, des monarchies et des aristocraties, l'ébranlement de la bourgeoisie, l'irruption de la violence révolutionnaire, de l'âge des foules puis des masses sonnent le glas de l'humanisme dominant au XIXe siècle, héritier des Lumières. L'homme aurait été un être de raison : or, on découvre l'importance de l'instinct et de la violence, pressentie par un certain naturalisme réaliste et pessimiste.
- Le Progrès, la civilisation et la paix comme religion de l'Europe dominante sont anéantis par la Première Guerre. Les forces longtemps accumulées se dissolvent et toute société court à sa fin : tel est le message réaliste et pessimiste d'Oswald Spengler. La guerre meurtrit toute une génération d'intellectuels, de Charles Péguy à Louis-Ferdinand Céline ; désormais, tous les intellectuels des années 20 à 40 éprouvent la fin du libéralisme classique et cherchent des voies nouvelles, guidés par une mystique révolutionnaire (Malraux, Drieu), voire romantique, sans hésiter à s'engager : le militant se substitue à l'érudit universitaire, au notable des Lettres traditionnel.

B ~ Désarroi des intellectuels

- Beaucoup s'inquiètent, tels Alain, Bernanos, de la montée des pouvoirs : guerrier, étatique, voire totalitaire, pouvoir de la technique et forces de l'économie, oligarchies d'intérêts... Disciple de Péguy, fondateur de la revue *Esprit*, Emmanuel Mounier (1905-1950) fit partie des « non-conformistes des années 30 ». Il critique vivement la modernité dépersonnalisée, l'ordre social et politique rendu responsable du déclin des valeurs spirituelles. Au matérialisme et à l'individualisme, il oppose une « révolution personnaliste et communautaire », fondée sur une éthique du service et de la justice, inspiratrice d'une économie sociale. En effet, « c'est vers la masse que tend le monde des prolétaires, perdu dans la servitude morne des conformismes politiques, de la machine économique ».
- La philosophie rationaliste, idéaliste et humaniste du sujet est mise en cause avec *L'Étranger* de Camus (1942), *La Nausée* de Sartre (1938) et *Voyage au bout de la nuit* (1932) de Céline, où s'exprime le déclin du personnage romanesque, de type balzacien, avancé par Robbe-Grillet dans *Pour un nouveau roman*. Anti-épopée picaresque, le *Voyage* nous présente Bardamu, individu anonyme enlisé dans la banlieue sordide, errer de misère en misère, dans un univers totalement désenchanté. Le patriotisme cocardier et jacobin traditionnel, l'Amérique et le Progrès, la colonisation « civilisatrice » issue des Lumières, l'espoir prolétarien, le « bon peuple » des romantiques sont démythifiés. Avec le nihilisme célinien, tous les espoirs religieux ou politiques sont évanouis. Trotsky avait compris que Céline n'était pas révolutionnaire. Seuls restent l'art et le style.
- L'idéalisme de Malraux, l'humanisme athée de Camus, l'existentialisme sartrien s'inscriront dans la perspective moderne de la mort de Dieu, du retrait de la transcendance, sens à l'existence des hommes. La mort des hommes n'est-elle pas ainsi en vue, à moins de définir, comme Camus, un nouvel engagement, sans faire de l'Histoire un absolu totalitaire (*L'Homme révolté*) ?

Bibliographie

Spengler, O., *Le Déclin de l'Occident*, Gallimard Idées.

▶ Voir Partie IX - textes 89 : « Remise en cause de la modernité », *Approches de la modernité*, J.-M. Domenach ; *L'Art du roman*, M. Kundera.

FICHE 90

LA VIE INTELLECTUELLE

Les remarques qui suivent se limitent délibérément à la vie intellectuelle française.

1. Les trois âges du pouvoir intellectuel en France

Régis Debray distingue dans *Le pouvoir intellectuel en France* (1979) trois moments successifs, ce qui n'exclut, bien sûr, ni les approximations ni les chevauchements.

A ~ Le cycle universitaire (1880-1930)

- Charles Péguy appelait l'université de son temps « le grand appareil de discernement », vénéré et redouté, et attribuait une « puissance illimitée » à ces hommes qui conféraient diplômes et grades universitaires. Mais ce que Péguy croyait éternel n'a eu qu'un temps : si les diplômes universitaires fonctionnent toujours, le centre de la vie intellectuelle s'est déplacé, au rythme approximatif des trois dernières Républiques, chacune avec sa bourgeoisie de prédilection et ses formes économiques et sociales...
- Grand corps d'État, le milieu universitaire, avec ses écoles prestigieuses (École normale, École pratique des hautes études, École polytechnique, Arts et Métiers) a plus de poids que le nombre de ses membres, vivant en milieu assez fermé, ne le laisserait penser. La dissolution des Jésuites en 1880 a accentué l'enjeu : État ou Église. L'organisation institutionnelle de l'université n'est donc pas idéologiquement neutre, mais joue dans la lutte pour la laïcité et la séparation de l'Église et de l'État comme une pièce maîtresse de l'arsenal républicain. Cent ans après, l'enjeu s'est transformé. Non plus Église ou État, mais : État ou marché ?
- Jusqu'en 1930, l'université reste assez stable, y compris démographiquement. Son expansion rapide ensuite s'accompagne ensuite d'une perte importante de son pouvoir et de son prestige. Mais c'est aussi une déontologie, voire une morale, qui recule.

B ~ Le cycle éditorial (1920-1960)

- Dans la vie culturelle, les ruptures créatrices sont la règle ; c'est d'ailleurs en dérivation de la vie universitaire que naît le microcosme de l'édition. Mais ce « milieu NRF » (pour reprendre le sigle de Gallimard qui représente particulièrement bien ce mouvement) est autonome, affranchi des contraintes du monde scolaire. La quête des auteurs a un parfum de grand air, tandis que l'aura de maître à penser (voire de maître spirituel), passe d'Ernest Renan à André Gide. La vie intellectuelle veut à la fois le recueillement solitaire et la communication, la diffusion. L'éditeur devient le centre de gravité de ce difficile équilibre. Bernard Grasset fonde sa maison d'édition en 1907, et les écrivains des la Nouvelle Revue française (NRF) créent Gallimard en 1910 : cette fois, la revue fabrique l'éditeur, et ils cooptent Gaston Gallimard pour la gérer.

- L'hégémonie éditoriale dure jusqu'aux années 60. Un livre aujourd'hui, c'est trois indications : un titre, un nom d'auteur, un nom d'éditeur. Du XVIe au XXe siècle, les livres se sont faits sans éditeurs, un imprimeur suffisait. L'institution juridique apparaît au XVIIIe siècle, et de relais devient peu à peu centre de pouvoir et de responsabilité légale. Et bon nombre de publications paraissaient sans nom d'auteur (almanachs, missels, fabliaux, vies de saint, littérature populaire, telle la « bibliothèque bleue », etc.). **L'attribution à l'auteur, la référence à un éditeur** témoignent d'une personnalisation de la production, même si les chiffres des tirages sont redevenus ternes après les grands succès de Zola, de Maupassant et de Renan dans les années 1880.
- La république des Lettres est sereinement bourgeoise, humaniste et libérale, formant une sorte d'oligarchie intellectuelle qui génère de grandes générations de critiques (Rivière, Grœthuysen, Paulhan). Après 1945, sous l'influence de Jean-Paul Sartre, milieu universitaire et milieu éditorial se mêlent davantage, notamment autour des revues. **Une revue**, c'est le contraire d'un magazine. Nécessairement déficitaire, ou presque, elle cherche la cohésion et l'influence intellectuelle, non la diffusion maximale. Elle ne veut pas séduire, mais former ou stimuler. Elle rayonne dans les champs de l'avant-garde esthétique, de la recherche universitaire et de l'action politique, favorisant les passerelles et les liens entre ces domaines. Le passage de la revue à l'épanouissement des magazines signifie bien plus que l'étouffement des pages rédactionnelles sous les pages de publicité. C'est un retour à l'inertie sociale du confort intellectuel et du prêt-à-penser. L'éditeur cherchait à transformer l'événement en conscience et la conscience en action. Désormais, l'éditeur continue à faire imprimer et à vendre, mais il n'est plus tant agent d'initiative qu'opérateur, d'autant que les contraintes économiques du marché de l'édition se font beaucoup plus dures. Et que la suprématie de la littérature dans le champ des pratiques symboliques a reculé.

C ~ Les médias (à partir de 1968)

- À l'appareil scolaire de la IIIe République vient se substituer l'appareil d'information de la Ve, qui suscite une profonde recomposition interne du champ intellectuel. La séduction du public (en attendant l'Audimat !) l'emporte désormais sur la reconnaissance par les pairs. Les *mass-media* font sauter les clôtures de l'*intelligentsia* traditionnelle, ses normes et ses valeurs, aboutissant à un monde dispersé, éclaté, atomisé, dépendant davantage de « relations » que de rapports de travail et de discussion dans un même champ de compétence. La personnalité, bientôt l'image de marque, l'emporte sur le collectif ; la sensation est privilégiée par rapport à l'intelligible ; la singularité est préférée à l'universel. Les problématiques et les concepts importent moins que les effets de choc ou d'aura. Le journalisme et le sacre de l'événement font vivre au rythme des *news*, et l'édition s'efforce de rattraper le journalisme par les livres-minute, les livres-affiches, les livres-entretiens. L'air du temps se substitue à la pensée, tandis que les diffuseurs dépendent de plus en plus des publicitaires.
- Il faudrait ici étudier le fonctionnement de l'image : dans *Vie et mort de l'image* (1992), Debray analyse le « complexe médiologique » c'est-à-dire la totalité du contexte dans lequel les images sont produites et reçues. **Le visuel** fait s'estomper la notion d'auteur (que l'art avait promue), ainsi que la référence à la réalité, car l'image se donne pour la réalité (voir les effets de réel de la télévision en couleurs et le développement des images de synthèse) et masque la distance nécessaire à la pensée.

2. Aspects de la vie culturelle

A ~ La vie littéraire

- La vie littéraire et cinématographique tend désormais à s'organiser autour des « événements médiatiques » dont le caractère promotionnel est évident. La période des prix littéraires, celle du festival de Cannes pour le cinéma, deviennent les rituels décisifs qui font le destin d'un livre ou d'un film. Hors de ces périodes, les « produits » sont précédés d'une campagne médiatique qui détermine d'avance l'attente du public. Davantage soumis aux décisions des grands distributeurs, les films sortent dans un grand nombre de salles simultanément, avec un rythme de rotation extrêmement rapide : un film qui a bénéficié d'une promotion médiatique est partout à l'affiche dans le mois qui suit sa sortie. Ensuite, il devient difficile de le trouver.
- Les émissions culturelles et littéraires se trouvent aussi placées en position majeure ; leur influence sur les libraires et leur effet sur les ventes est quasi immédiat, bien au-delà de leur public effectif. Le théâtre relève en partie des mêmes processus économiques et idéologiques, mais l'extension ou le renouveau des pratiques théâtrales permet la production de pièces et le développement d'un public hors des grands circuits commerciaux.

B ~ Les pratiques culturelles

- Le trait le plus marquant des trente dernières années est sans doute l'apparition de pratiques culturelles liées à la classe d'âge, quelle que soit l'appartenance sociale, notamment chez les jeunes. Une enquête de 1990 sur les pratiques culturelles des Français, publiée par le ministère de la Culture et de la Communication, souligne à la fois l'accentuation de ce caractère générationnel (concerts rock des jeunes, restaurants et visites culturelles du troisième âge, etc.), et sa relativité. Car ce trait massif ne fait que masquer une assez rigoureuse différenciation sociale, tous âges confondus, dès qu'il s'agit de pratiques traditionnellement plus élitistes (opéra, théâtre, ballets, galeries de peinture), mais aussi pour le cinéma.
- Les écoles municipales de musique et parfois d'arts plastiques, ainsi que les troupes locales de théâtre amateur amènent à nuancer quelque peu ce constat quant à l'accès des enfants aux pratiques esthétiques effectives, sans infléchir globalement les tendances. L'apparente démocratisation sociale dans l'accès à la culture, et le caractère éventuellement plus accessible ou moins exigeant de celle-ci, qui en serait la conséquence, sont donc largement illusoires.

C ~ L'auto-réflexion sociologique

- Peut-être est-ce une caractéristique de la culture laïque française de n'être pas d'emblée assurée d'elle-même et de ses valeurs. En tout cas, elle a suscité avec constance, notamment sous l'influence de Pierre Bourdieu, des représentations critiques d'elle-même, élaborées de façon méthodique, qui contribuent pour une part importante à l'objectivation de la conscience que les intellectuels ont d'eux-mêmes et de leur société. Ces miroirs de la vie sociale et culturelle font d'ailleurs sentir leur influence au-delà des milieux cultivés directement lecteurs de cette production sociologique, et ont notamment reflété et soutenu l'accroissement de la demande de formation des familles et le développement quantitatif de l'accès à l'enseignement supérieur.

- En effet, ce n'est sans doute pas par hasard que ces travaux se sont penchés sur l'origine sociale et culturelle des étudiants : *Les Héritiers* (Bourdieu et Passeron) montrent à l'œuvre les phénomènes de reproduction sociale et le caractère limité de l'accès à l'enseignement supérieur. Baudelot et Establet s'efforcent de rendre compte de *L'École capitaliste en France,* R. Boudon de *L'Inégalité des chances,* tandis que Bourdieu se penche sur les phénomènes de *La Distinction* (1979), par lesquels chacun s'efforce de se distinguer, par le mode de vie et le goût, de ceux qu'il estime socialement inférieurs à lui-même, en un mimétisme de ceux qu'il estime immédiatement au-dessus de lui dans l'échelle sociale (ou de l'idée qu'il s'en fait). D'autres travaux se penchent sur *La Pensée pratique* (R. Hoggart), étudiant la culture de ceux qui n'ont pas accès à l'instruction livresque, ou sur les modalités d'exclusion sociale : *Asiles* de Edwig Goffman, *La Pratique de l'esprit humain* (1990) de Gladys Swain et Marcel Gauchet portent sur les institutions psychiatriques, tandis que Michel Foucault avait retracé l'histoire des pratiques pénales dans *Surveiller et punir.*
- Plus récemment, dans *La Misère du monde* (1993), c'est encore l'équipe de Bourdieu qui nous fait entendre la parole de ceux qui n'ont guère la parole : l'étude met notamment en évidence qu'à côté de ceux qui sont directement touchés par la misère économique, sociale et culturelle, les travailleurs sociaux, les éducateurs et les autres professions directement au contact et au service de ces populations voient le poids de leur travail et de leur expérience considérablement accru jusqu'à l'insupportable, particulièrement du fait d'un sentiment d'impuissance grandissant.
- Il faudrait sans doute ajouter à ces enquêtes la mention d'ouvrages aux perspectives plus ambitieuses, qui veulent être une relecture historique d'ensemble de l'évolution de notre société. Les travaux de René Girard sur le mimétisme de la violence (*Des choses cachées depuis la création du monde*) ont parfois irrité les spécialistes mais leur retentissement idéologique a été important, tandis que *Le Désenchantement du monde* de Marcel Gauchet décrit le mouvement de sécularisation (voir Partie II, fiche 22) et ses effets de transformation radicale des représentations que la société se fait d'elle-même et du pouvoir politique.

Bibliographie

Bourdieu, P., *La Distinction*, Paris 1979, Minuit.
Debray, R., *Vie et mort de l'image*, Paris 1992, Gallimard, Coll. Folio essais.
Donnat, O., Cogneau, D., *Les Pratiques culturelles des Français*, 1973-1989, Paris 1990, ministère de la Culture et de la Communication, La Découverte/La Documentation française.

▶ Voir Partie IX - texte 90 : « Il ne faut pas flatter les intellectuels », *Le Pouvoir intellectuel en France*, R. Debray.

FICHE 91

CONSCIENCE TRAGIQUE DE L'HISTOIRE ET ENGAGEMENT DE L'ÉCRIVAIN

La vision tragique de l'univers ancrée dans la conscience occidentale a été ravivée par les surprises et la violence de l'histoire au XXe siècle. Le rôle de l'écrivain témoin de son temps et défenseur des minorités opprimées, réaffirmé en termes « d'engagement » politique après 1945, a ouvert un débat difficile sur la place de la littérature dans son époque.

1. L'ANGOISSE DE L'OCCIDENT

A ~ Du tragique à l'absurde

- Posée en termes religieux par la tragédie grecque, laïcisée par le rationalisme des Lumières, la question des limites de l'action humaine a toujours eu une résonance douloureuse. Dans *La Tentation de l'Occident*, A. Malraux oppose le désir d'explication et d'action de l'homme occidental, et l'échec qui en résulte, à la sérénité de l'âme orientale.
- Le rapport à l'Histoire sous l'angle du *fatum*, sentiment antique du destin, dérision de la raison, devient une béance insupportable quand les deux conflits mondiaux du XXe siècle donnent à voir des actes situés dans l'inhumain.

  Les leçons de l'Histoire se voient remises en cause. Les *Regards sur le monde actuel* de Paul Valéry expriment la défiance à l'égard de l'Histoire devenue incapable de guider l'action politique : la mondialisation des conflits interdit la prévision et « la politique… se perd et perd son sens ».
- L'angoisse du XXe siècle devant un « cosmos » ramené au « chaos » n'est pas consolée avant, pendant et après le premier conflit mondial par les promesses idéologiques. Le pacifisme socialiste européen incarné par Jean Jaurès ou le romancier Romain Rolland ne touche qu'un nombre restreint d'intellectuels. Vécue par certains comme une « grande lueur à l'Est », la révolution russe d'octobre 1917 est moins ressentie comme une utopie constructive que comme le spectre sanglant de la Terreur réveillée.

B ~ Silence du monde, silence de Dieu

- Le tragique contemporain apparaît donc comme un renoncement plus ou moins amer à une interrogation de l'essence du monde. L'idée d'une réponse héroïque, individuelle ou collective, au « silence éternel des espaces infinis » disparaît, remplacée par l'expérience du vide.
- Le sentiment individuel de l'absurde né pour Jean-Paul Sartre de la contingence, c'est-à-dire de la « gratuité parfaite » de tout ce qui existe, ne dispense pas de l'action politique. Mais elle place l'individu dans une liberté douloureuse et solitaire : il doit inventer « la nécessité » de ses actes et l'assumer sans aucun recours à un principe organisateur : c'est Oreste dans *Les Mouches*.

- Cette vacuité angoissante qui traverse toutes les formes de l'existentialisme (voir Partie IX – fiche 92) se traduit chez Albert Camus par une forme plus poétisée. L'absurdité du monde lui-même est redoublée par le besoin de clarté et d'explication de l'homme. La conscience tragique s'éprouve dans le vide créé entre le « royaume » du sens invoqué par l'homme et l'« exil » du non-sens : « la tendre indifférence du monde ». L'action politique dans l'histoire est une lutte négative et sans soulagement contre le mal collectif.

2. Le cycle tragique

A ~ La généralisation pessimiste

- L'écart entre la grandeur des idéologies révolutionnaires et l'issue sanglante des régimes qui s'en réclament mine le discours humaniste du XXe siècle. La conversion en système politique du « socialisme libérateur » est vécue par Péguy (voir texte 91) comme une insupportable dégradation. Quand il se penche en 1911 sur *Notre jeunesse*, il convoque, dans une interpellation violemment polémique, tous ceux qui ont mis l'idéal républicain au service de l'innocence du capitaine Dreyfus pour une appréciation des résultats. Refuser d'être « dreyfusardiste » après avoir été « dreyfusard », c'est la manière personnelle qu'adopte Péguy pour échapper à une fatalité historique : l'avilissement de la « mystique » en « politique ».
- La division profonde et les calculs claniques qui ont dressé au moment de l'affaire Dreyfus une France monarchiste, militariste et cléricale contre une autre républicaine traversée par des courants divergents illustrent une loi destructrice. Le dépassement mystique qui inspire les idéologies chrétiennes ou athées, conservatrices ou libérales est condamné par l'action. Le virus de la barbarie menace constamment de contaminer la culture. Cette prise de position de Péguy est d'autant plus importante qu'elle se manifeste au moment où le mot « intellectuel » entre dans la langue et sanctionne la participation désormais permanente des écrivains au débat politique.

B ~ « Le retour du tragique »

- L'idée d'une « culpabilité de l'innocence » se dégage de ce cycle idéalisme-dégradation inscrit dans toutes les idéologies révolutionnaires et résumé par la formule fameuse de Saint-Just « Nul ne peut régner innocemment ». Jean-Marie Domenach la relie aux sources de la tragédie grecque dont les figures mythiques saturent la production théâtrale des années 30 et celle de l'après-guerre.
- *La guerre de Troie n'aura pas lieu* de Giraudoux, l'*Antigone* d'Anouilh ou *Les Mouches* de Sartre, dégagées de la pompe classique, s'emparent du désastre de l'histoire sur le mode métaphorique. Domenach voit dans cette reviviscence une perception cyclique de l'histoire. La conversion de l'idéal tolérant des Lumières en terreur fanatique, le stalinisme comme avatar monstrueux de l'utopie marxienne, le mirage pangermaniste résolu dans l'horreur pétrifiante du nazisme confirment cet ancrage européen du tragique historique.
- Les États-Unis semblent en effet échapper, malgré la violence de leur héritage esclavagiste et les soubresauts de leur gigantisme, à la culture du malheur. Dépositaires dans leur régime comme dans leurs mœurs de la religion des Lumières sur le mode optimiste, ils ne vivent ni les guerres ni le désastre social des Noirs comme une culpabilité tragique. Alors que l'héritage de la Révolution française, règlement de comptes entre le peuple, Dieu et le roi, est métaphysique,

celui de l'Indépendance américaine est dégagé de tout passé angoissant. La réponse au tragique historique par l'engagement politique de l'écrivain naît d'ailleurs en Europe dans les décombres d'un conflit mondial.

3. Écrivain « en situation » : écrivain engagé

A ~ De la tradition à la doctrine

- En pratique, l'engagement des écrivains a précédé de très loin la théorie. Le poète protestant Agrippa d'Aubigné défend sur le mode halluciné les protestants victimes des guerres de religion. En marge du combat mené par les Lumières contre l'esclavage, l'Inquisition, les jésuites, l'implication personnelle de Voltaire dans l'affaire Calas (voir Partie VII – fiche 71) est rappelée par Sartre dans *Qu'est-ce que la littérature ?*, en 1948, comme un acte fondateur.
- Il oublie, sans doute volontairement, l'imprégnation républicaine et sociale des romantiques, l'exil de Victor Hugo fustigeant le second Empire à distance et l'amorce de débat sur le statut de l'écrivain ouvert par la querelle de l'Art pour l'Art (voir Partie VIII – fiche 84). L'engagement politique des romantiques est cependant déterminé par une mystique et non par une « situation ».
- Aux sources de la littérature engagée, Sartre place évidemment après Voltaire l'éveil politique de Zola dans l'affaire Dreyfus et, plus près de lui, la dénonciation ponctuelle par André Gide (vers 1925-1926) du système colonial.

B ~ La position de l'écrivain

- Pas plus que l'être humain n'échappe à la contingence d'un monde sans cohérence, les écrits n'échappent à un sens qui peut être « fort loin de celui que l'auteur avait rêvé d'y mettre ». La « situation » de l'écrivain dans son époque fait de lui une caisse de résonance : qu'il se taise – ce que Sartre reproche à Gustave Flaubert à propos de la Commune en 1871 – ou qu'il s'exprime sur le contexte politique, sa responsabilité est engagée, sa liberté est un poids à assumer.
- La radicalisation théorique de la notion d'engagement est à la mesure des conflits de l'immédiat après-guerre. La condamnation à mort de certains écrivains collaborateurs n'apaise pas le malaise suscité par l'œuvre de Céline, par exemple, marquée à la fois par le génie littéraire et la haine antisémite. L'action politique dans la Résistance de Paul Éluard, de Louis Aragon ou de René Char signalait les apories du surréalisme : insurrectionnelle par vocation, la poésie peut-elle dans le même mouvement refuser l'ordre établi et faire un choix politique de parti ? À l'engagement majoritairement communiste des poètes de la Résistance a fait écho la dissidence bruyante de Benjamin Péret ou le silence de Char passant d'une ascèse, l'action clandestine, à une autre, l'ascèse de l'écriture.
- La question de l'engagement oppose en effet la dimension circonstancielle de l'action politique comme réponse à la contingence des événements et l'intemporalité visée et parfois atteinte par la littérature. L'écrivain, témoin de son temps, est peut-être condamné à devenir un journaliste d'opinion comme certaines figures d'intellectuels devenues leurs propres caricatures.

  Si Sartre a assumé jusqu'à sa mort (1980) les échecs et les contradictions de son compagnonnage avec diverses formes d'action révolutionnaire – le marxisme, la décolonisation en Algérie et à Cuba –, la plupart de ses grands contemporains, comme Malraux ou Camus, ont mis à distance spontanément ou douloureusement l'engagement.

4. La révolte humaniste et le refus d'engagement

A ~ L'art et la parole des humbles

- Le refus des extrêmes, l'absurdité de l'histoire, la résolution sanglante des révolutions et leur dégradation totalitaire expliquent les prises de position très contestées en leur temps de Camus. *L'Homme révolté* (1951) distingue nettement la révolution, minée selon lui par la menace du totalitarisme, d'un état de révolte permanent de l'individu et du citoyen, attentif à dire non au mal, à l'injustice, aux limites de l'homme. Cette vigilance qui revient d'abord à l'écrivain renonce à toute transformation totalisante de l'ordre du monde.
- Concrétisée pendant la guerre d'Algérie par la défense de victimes individuelles des deux camps, mais aussi par un refus solitaire, dans un climat très polémique, de soutien au parti révolutionnaire algérien, cette solution difficile est précisée comme un humanisme au quotidien dans le *Discours de Suède* (1957). Obsédé, comme le montre son œuvre romanesque et jusqu'à un inédit récent, par le mutisme des pauvres et de « ceux qui subissent l'histoire », Camus met au nombre des « devoirs difficiles » de l'écrivain celui de parler en leur nom et affirme : « L'artiste se forge dans cet aller-retour perpétuel de lui aux autres, à mi-chemin de la beauté dont il ne peut se passer et de la communauté dont il ne peut s'arracher. »

B ~ La dérision de l'engagement

- Pour la plupart des artistes, l'engagement n'est pas un principe. Nombre d'écrivains, avant que la désillusion historique n'ait discrédité bruyamment les mythes révolutionnaires de l'après-guerre, ont soigneusement séparé leurs prises de position politiques ponctuelles et leur travail d'écrivain sans nourrir la querelle.

  En dehors de la conjonction particulière d'un talent poétique et de racines douloureuses comme l'esclavage ou la « négritude » qui traversent la parole poétique d'Aimé Césaire ou de Léopold Senghor, l'engagement en tant que tel ne semble pas avoir inspiré de chef-d'œuvre. À l'opposé, les mouvements de recherche, de dépassement de la littérature par elle-même, qui ont alimenté les débats théoriques autour du Nouveau Roman ont paru un peu vains : l'écriture reste une aventure intemporelle et individuelle.
- Le débat sur l'engagement permet cependant de relire mieux les œuvres. Quand Marcel Proust écrit comme une révélation (voir texte 88) : « la vraie vie découverte et éclaircie… c'est la littérature », il indique le terme d'une initiation qui a intégré la conscience politique de son temps – l'affaire Dreyfus – sans tomber dans le piège de la littérature engagée. « Déchet de l'expérience, la réalité » ne fait pas l'œuvre, mais l'écrivain s'en nourrit.

Bibliographie

Sartre, J.-P., *Qu'est-ce que la littérature ?* in *Situation II*, Paris 1948, Gallimard.
Camus, A., *L'Homme révolté* (1951), *Discours de Suède* (1954), Paris, Gallimard.
Domenach, J.-M. , *Le Retour du tragique*, Paris 1967, Le Seuil, Coll. Esprit.
Péguy, C., *Notre jeunesse*, Paris 1951, réédition 1994, Gallimard, Coll. Folio.

▶ Voir Partie IX - texte 91 : « Mystique et politique », *Notre jeunesse*, C. Péguy.

LES EXISTENTIALISMES

L'existentialisme désigne moins une doctrine qu'un ensemble de thèmes communs à certains philosophes qui accordent une importance privilégiée à la subjectivité, à l'analyse concrète du vécu et sont attentifs à la question du sens de l'existence – ce qui les amène à faire de l'angoisse un sentiment révélateur de la condition fondamentale de l'homme. Chacun est en effet seul pour décider du sens qu'il donnera à sa vie.

1. PHILOSOPHIES EXISTENTIELLES

A ~ Essence et existence

- Être et exister peuvent sembler synonymes, mais dire d'une chose qu'elle est, c'est affirmer son existence, tandis que dire ce qu'elle est, c'est indiquer son essence. L'idée d'existence renvoie donc à l'idée que l'on peut ne pas exister, elle pose un fait et suppose une interrogation : le fait de l'existence pose la question du **néant**. De fait, les philosophes qui s'interrogent sur l'existence se confrontent à l'horizon de la **mort**, ainsi qu'au **sens** de l'existence, jamais donné d'emblée : pourquoi existons-nous ?
- D'une certaine manière, les choses sont, simplement, mais l'homme seul existe, c'est-à-dire se pose la question de son existence. Le caractère problématique du sens de l'existence est posé avec force par les philosophies existentielles et surtout par les courants existentialistes.

B ~ Kierkegaard (1813-1855)

- La distinction entre essence et existence est ancienne, mais saint Thomas la pose dans le cadre d'une réflexion sur la création : ce qui existe naît à partir de rien, ou plutôt de la seule volonté de Dieu. En revanche, les **angoisses de saint Augustin** sur le caractère irrémédiablement pécheur de l'homme avaient une résonance existentielle (interrogation sur sa propre existence) que nous retrouvons chez **Martin Luther** et surtout au XVIIe siècle chez **Blaise Pascal**.
- **Kierkegaard** est considéré comme le fondateur d'un existentialisme chrétien : cette fois, le thème de l'angoisse et le risque du désespoir orientent et organisent irréductiblement la réflexion philosophique. La pensée abstraite ne peut produire que des systèmes qui ne rendent pas compte de l'individu singulier, alors que l'angoisse et le désespoir sont des éléments moteurs de l'existence. Les questions fondamentales de l'existence sont sans réponse et le **désespoir** naît du décalage inévitable de la conscience : l'impossibilité d'être soi, accompagnée de l'impossibilité de n'être pas soi ; jamais nous ne coïncidons parfaitement avec nous-mêmes. Ces expériences douloureuses de la finitude de l'existence sont en même temps un appel à l'absolu.

- L'angoisse exprime pour Kierkegaard le décalage radical entre Dieu et l'homme, qui néanmoins doit faire par rapport à son existence un choix non seulement éthique, mais religieux. Car nous pouvons vivre notre existence selon trois modalités : la jouissance immédiate du **stade esthétique**, l'engagement du **stade éthique** (voir le mariage), le **stade religieux**, relation à l'éternité à partir de la conscience de la faute radicale de l'humanité qui peut toujours retomber dans ses errements. L'ironie est l'aspiration du stade esthétique à dépasser l'immédiat ; l'humour est la prise de distance avec le sérieux illusoire de l'éthique. Le passage au stade religieux implique un saut de la foi qui établit un rapport personnel avec le divin apparemment injustifiable.

2. L'EXISTENTIALISME

A ~ Jaspers

- Avec sa double formation médicale (psychiatrique) et philosophique, Karl **Jaspers** (1883-1969) centre la première partie de son œuvre sur la condition humaine. Il se définit lui-même comme un « philosophe de l'existence », mais le terme d'existence a ici le sens d'une qualité de vie possible, à laquelle « la vie peut se convertir ». Il faut pour cela un « éclairement du sens de l'être », qui débouche sur une transcendance. Mais la liberté existentielle reste bornée par ses limites irréductibles, naissance, mort et souffrance. Les vérités sont plurielles, irréductibles, la transcendance est cachée, mais la communication nous lie les uns aux autres, et la vérité n'est autre que ce dialogue entre les pensées et les traditions.

B ~ Heidegger : de l'*ek-sistence* à l'oubli de l'être

- ***L'Être et le Temps***

D'abord disciple de Husserl, Heidegger analyse, dans *L'Être et le Temps* (1927), les structures et les procédures par lesquelles l'homme, ou plutôt l'être-là (le *Dasein*), vit sa condition d'être jeté dans l'existence, toujours en situation, et pris d'angoisse devant ce devenir qui s'impose à lui. D'autant que le sentiment de la situation surgit particulièrement à partir des expériences de peur et d'angoisse, qui nous font prendre conscience de de notre précarité radicale. La proximité d'un danger nous révèle notre faiblesse et notre vulnérabilité permanente. L'angoisse est la prise en compte, même hors d'un risque immédiat, de cette être-pour-la mort qui caractérise notre *ek-sistence* (l'orthographe souligne le mouvement vers l'extérieur qui nous jette irrémédiablement dans la vie...).

L'angoisse est indépassable, mais on peut la fuir dans l'inauthenticité, par exemple dans l'impersonnalité du « on ». L'homme doit penser son existence dans l'horizon de la mort.

- ***La Kehre***

Mais Heidegger récuse les interprétations trop personnalistes et subjectivistes de son ouvrage. La *Kehre*, ou « tournant » de sa pensée, vise à lever les ambiguïtés, et surtout infléchit la réflexion heideggérienne : ce n'est plus l'expérience du *Dasein* qui est première, mais la façon dont l'existence du *Dasein* (de l'homme en tant qu'être en situation) est révélatrice de l'Être. Car l'homme se caractérise par sa capacité à s'interroger sur l'Être.

- ***La Lettre sur l'humanisme*** (1957)

Interrogé par Jean Beaufret, Heidegger prend position dans le débat sur l'humanisme. L'homme est « berger de l'Être », parce qu'il est l'être capable de se questionner sur l'être. Si l'humanisme est une conception qui prend l'homme comme centre de l'existence et mesure tout à son bien-être immédiat, alors la pensée heideggérienne ne revendique pas l'humanisme. Le critère est de ne pas confondre l'ontologique, la question de l'être, avec le plan ontique, celui des étants quotidiens, qui est aussi celui que *L'Être et le Temps* qualifiait d'inauthentique. Si l'on redéfinit l'humanisme comme réponse de l'homme à sa fonction d'ouverture à la question de l'Être, alors on peut considérer que Heidegger rétablit la véritable dimension de l'humanisme.

■ **La critique de la technique**

C'est mettre en cause le mode de vie et de pensée moderne, qui développe son rapport à la nature, par l'exploitation forcenée de ses ressources, en une attitude d'**arraisonnement**. L'attention à l'Être suppose au contraire que l'homme soit sensible à la vérité comme dévoilement et prenne au sérieux l'expérience de l'**habiter**. Habiter, ce n'est pas bâtir quelque chose pour se l'approprier, c'est tout l'art d'un demeurer, d'une familiarité et d'une présence...

■ **La critique de l'ontothéologie et la question de la métaphysique**

Relisant toute la tradition philosophique occidentale, Heidegger recherche comment la question de l'être a été occultée, depuis la philosophie grecque, remplaçant l'ouverture à l'Être (pourquoi y a-t-il quelque chose plutôt que rien ?, qui est la question fondamentale de la métaphysique) par la construction de systèmes de pensée, et fermant les questions par des réponses qui colmatent les brèches au lieu d'utiliser l'effort de la pensée pour maintenir l'interrogation ouverte. Toute la philosophie occidentale se présente ainsi comme une « onto-théologie », comme un système de réponses dogmatiques qui empêchent de rester attentif aux vraies questions. Il faut remonter jusqu'aux présocratiques, et notamment aux fragments d'**Héraclite**, pour retrouver quelque chose du jaillissement premier de l'étonnement philosophique.

■ **Acheminement vers la parole**

Heidegger développe alors une philosophie qui veut aider à entendre les paroles (la ***Dichtung***) des présocratiques et des poètes, et en particulier d'Hölderlin. L'homme est parole, et seule l'attention à ce que dit la parole peut réveiller la capacité de percevoir la question de l'Être, et la disponibilité qui amène le philosophe à se faire accusateur de l'oubli de l'être et témoin inlassable de l'interrogation qui surgit en l'homme à propos de son existence.

C ~ Sartre : *L'Être et le Néant*

La contingence absolue de l'existence ruine toute croyance en Dieu. Mais cette facticité contingente de l'être est aussi ce qui rend possible la liberté de l'homme, qui se fait par ses actes (voir Partie VI - fiche 62). Sans revenir sur les caractères de la liberté sartrienne, avec sa radicale responsabilité, précisons deux traits de cet existentialisme.

■ **L'être de la conscience est irréductible à l'en-soi**

La conscience ne coïncide pas avec son être, contrairement aux choses, qui sont ce qu'elles sont en elles-mêmes. Être conscient, c'est en effet se projeter vers l'avenir, et donc poser un décalage entre soi et soi-même. C'est être ce que l'on est, par exemple faire son métier, en sachant qu'il ne coïncide pas d'emblée avec notre personne, que je suis garçon de café, épicier ou professeur « sur le mode d'être ce que je ne suis pas », en ayant à me conformer à ce choix qui est le mien, que je ratifie ou plutôt rechoisis chaque jour en revenant travailler, mais qui est aussi une extériorité dans laquelle je fais entrer ma conscience. Il n'est pas de conscience qui soit pleinement ce qu'elle est, la franchise ne peut être son être, mais seulement son idéal, car il lui faut élaborer la coïncidence, toujours relative, avec elle-même. De même, le regard d'autrui me fige, déforme mon état de conscience, me fait par exemple ressentir honte ou culpabilité. Mais il n'est pas non plus de conscience hors du regard d'autrui. Et d'ailleurs, la conscience est elle-même témoin d'elle-même. Ainsi « la caractéristique de la conscience (...) c'est qu'elle est une décompression d'être ».

- **La néantisation, mouvement d'émergence de la subjectivité**

  Mais justement la présence à soi, la loi d'être du « pour soi », c'est-à-dire de la conscience, suppose cette fissure impalpable qui s'est glissée dans l'être, cette non-coïncidence qui rend possible d'être soi sans se confondre avec un en-soi qui ne ferait qu'exister de manière naturelle, en lui-même, et non de manière subjective « pour lui-même ». La présence à soi suppose la séparation, la distanciation interne, la « fissure ». La présence à soi est donc une dégradation de la coïncidence, mais elle est aussi le surgissement de la relation subjective à soi-même. Le négatif pur est ainsi rencontré dans ce mouvement où la conscience ne devient pour elle-même qu'en courant le risque de perdre son rapport à elle-même. Il n'est pas de subjectivité sans mouvement de « néantisation », car cette dimension du négatif, si elle est expérience d'angoisse, est aussi condition de la liberté : qu'est-ce qui sépare le sujet de lui-même, ce n'est **rien**. « **Rien** ne peut séparer la conscience (de) croyance de la croyance, puisque la croyance n'est **rien d'autre** que la conscience (de) croyance (...) La séparation qui sépare la croyance d'elle-même ne se laisse ni saisir ni même concevoir à part. Cherche-t-on à la déceler, elle s'évanouit : on retrouve la croyance comme pure immanence. Mais si au contraire on veut saisir la croyance en tant que telle, alors la fissure est là, paraissant quand on ne veut pas la voir, disparaissant dès qu'on cherche à la contempler. (...) Ce négatif qui est néant d'être et pouvoir néantisant tout ensemble, c'est le néant. (...) Ainsi, le pour-soi doit-il être son propre néant. L'être de la conscience, en tant que conscience, c'est d'exister à distance de soi comme présence à soi et cette distance nulle que l'être porte dans son être, c'est le Néant. Ainsi, pour qu'il existe un soi, il faut que l'unité de cet être comporte son propre néant comme néantisation de l'identique » (*L'Être et le Néant*, Gallimard, p.118-119).

D ~ L'existentialisme chrétien

- Malgré les affirmations tranchées de Sartre sur l'athéisme, un existentialisme chrétien s'est réclamé de lui. Pour **Emmanuel Mounier**, affirmer l'existence de Dieu n'est pas porter atteinte à la liberté humaine, ni poser d'emblée des valeurs absolues, puisque Dieu nous veut libres. Il développe sa pensée dans le sens d'un personnalisme qui n'est pas très éloigné de la conférence de Sartre, *L'existentialisme est un humanisme*, mais qui a beaucoup moins de rapport avec les analyses de la subjectivité développées dans *L'Être et le Néant*. L'héritage de **Gabriel Marcel** est sensible.
- La diversité des existentialismes ne fait que souligner la force prise au XXe siècle par les questions de l'existence, de la subjectivité et de la liberté.

Bibliographie

Froment-Meurice, M., *Sartre et l'existentialisme*, Paris 1984, Nathan, Coll. Les Intégrales de philo.
Heidegger, M., *Lettre sur l'humanisme*, Paris 1957, Aubier Montaigne.

▶ Voir Partie IX - texte 92 : « Le principe de l'existentialisme », *L'existentialisme est un humanisme*, J.-P. Sartre.

FICHE 93

LE STRUCTURALISME

Le ***structuralisme*** *est un courant de pensée qui suppose des structures à la base des faits linguistiques, psychiques, sociologiques, etc. Ce courant de pensée ne s'est pas constitué en école à proprement parler ; il s'appuie sur une méthode mise au point par Claude Lévi-Strauss, et reprise par des auteurs très différents comme Jacques Lacan en psychanalyse, Louis Althusser pour le marxisme, Roland Barthes pour la sémiologie, Michel Foucault pour l'histoire de la pensée. Lévi-Strauss ne s'est jamais reconnu comme le père d'un mouvement philosophique, mais les enjeux de sa méthode sont authentiquement philosophiques.*

1. La notion de structure

A ~ Définition

- Une **structure** est un agencement d'éléments entre eux, tel que la totalité des éléments et de leurs relations forme un système autonome. La particularité de cette organisation est que les éléments ne préexistent pas au système (alors que dans un organisme les composants chimico-physiques préexistent au corps vivant) ; ces éléments apparaissent avec leurs relations. On peut même observer que ce sont les relations qui révèlent les éléments.

B ~ Origine

- Lévi-Strauss s'est d'abord inspiré des structures phonologiques de Troubetzkoï. Par exemple, les phonèmes correspondant aux voyelles, en français, forment un triangle dont les sommets sont le « i », le « a » et le « ou ». Les autres voyelles n'apparaissent dans le langage de l'enfant que par différenciations successives à partir de ces sommets.
  Cette structure illustre clairement la formule de Saussure : « Dans la langue, il n'y a que des différences. »

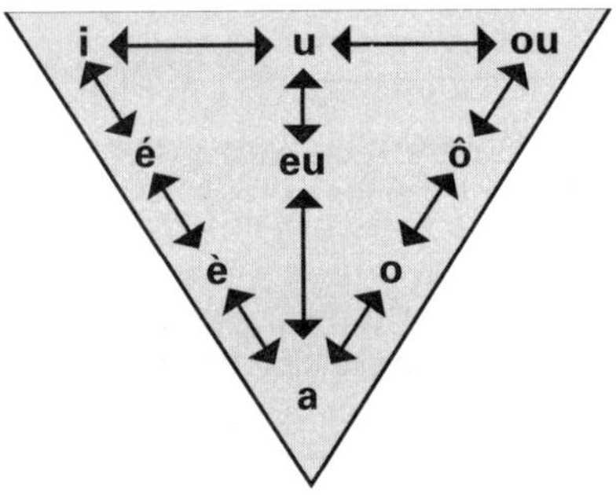

2. Les structures élémentaires de la parenté

A ~ La loi

- Lévi-Strauss a repris cette idée de structure pour rendre compte des rapports de parenté en ethnologie. Après quelques années d'études ethnographiques en Amazonie, il s'est attelé à mettre en évidence les structures élémentaires de la parenté. Ces structures ne s'obtiennent pas par l'étude des relations personnelles et affectives entre les sujets ; elles sont tirées des conventions sociales imposées aux individus ; par exemple, l'interdiction de placer côte à côte le mari et l'épouse à table sera notée comme une relation négative ; ou bien le choix de la robe de mariée par le frère de celle-ci sera noté comme une relation positive.
- La loi de la structure élémentaire de la parenté est la suivante : « La relation entre oncle maternel et neveu est, à la relation entre frère et sœur, comme la relation entre père et fils est à la relation entre mari et femme » (Lévi-Strauss, *L'Anthroplogie structurale*, p. 52).

  Soit ┌───┐ une relation de filiation, et ═══ une relation d'alliance ;

  Soit ▲ le père, **0** la mère, ▼ l'oncle, et ▼ le fils ; on obtient les quatre combinaisons suivantes :

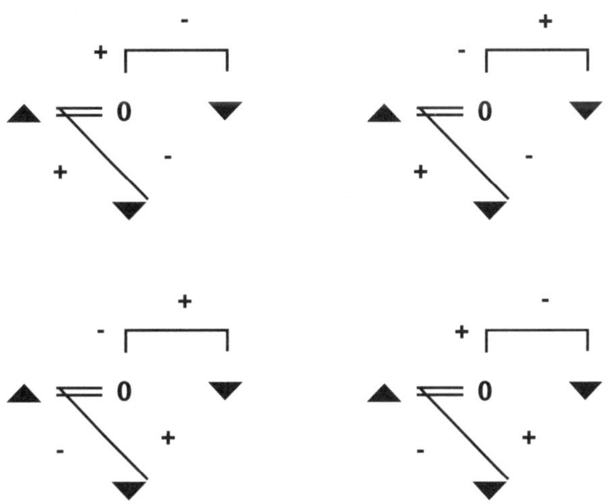

Ces quatre combinaisons sont les seules pratiquées ; on voit que ce qui importe, ce n'est pas l'élément dans son individualité, mais un équilibre d'oppositions binaires entre des relations parentales.

B ~ Les Nambikwaras

- Lévi-Strauss, en suivant ce modèle, a pu résoudre une énigme assez complexe, celle de la règle du mariage chez les indiens Nambikwaras (voir Partie IX - texte 93) : ces Indiens distinguent deux catégories de cousins, les cousins parallèles dont les parents de la même famille sont soit deux sœurs, soit deux frères, et les cousins croisés dont les parents de la même famille sont de sexes différents. Les cousins croisés ont le droit de se marier entre eux ; les cousins parallèles n'ont pas le droit de se marier entre eux. Pourquoi ? Les Indiens donnent des justifications d'ordre mythologique qui ne permettent pas de comprendre le sens véritable de cette règle.

■ Lévi-Strauss remarque que ces Indiens sont patrilinéaires et patrilocaux, à savoir que le nom est donné par le père et que le toit sous lequel vit la famille est celui du père. Un mariage se traduit donc concrètement par le départ de l'épouse, hors de sa famille vers la famille de son mari ; c'est une perte de femme pour sa famille et un gain de femme pour la famille de son mari ; il est donc nécessaire de tenir à jour une sorte de comptabilité de femmes, avec débits et crédits, dont le bilan doit être équilibré. À la première génération, le déséquilibre entre deux familles ne se remarque pas ; mais, à la seconde génération, des mariages entre cousins parallèles déséquilibreraient le bilan comme le montre le schéma :

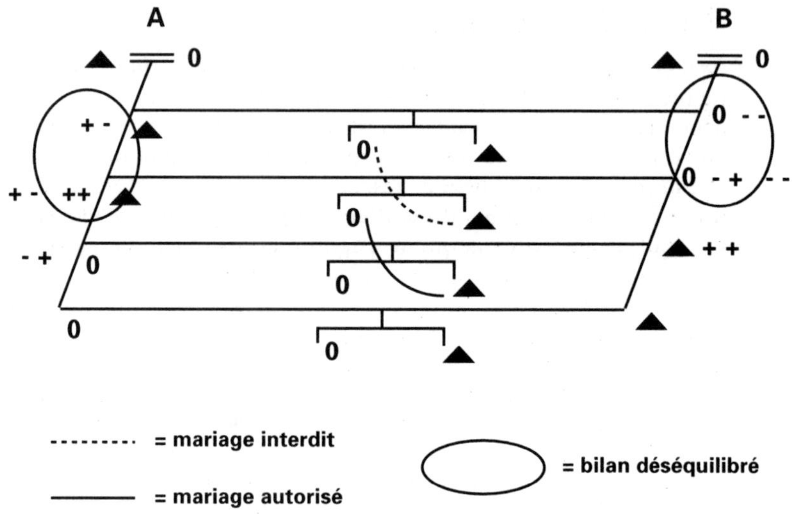

Une structure de parenté vise donc à assurer la circulation des femmes entre les groupes ; elle permet de réaliser l'exogamie, corollaire de la prohibition de l'inceste ; elle assure l'échange et la communication entre les groupes ; c'est une forme de langage.

3. Les enjeux philosophiques du structuralisme

A ~ La synchronie

■ Le structuralisme a d'abord mis fin à la domination de l'histoire dans les sciences humaines ; ce qui compte dans les faits humains, c'est ce qui se passe à un moment donné ; ce qui permet de les comprendre, ce n'est plus leur évolution, mais leurs relations réciproques dans une structure. La perspective historique ou évolutionniste recherche des causes aux phénomènes humains pour les expliquer ; la perspective structurale recherche des lois de fonctionnement pour les comprendre ; elle privilégie la synchronie sur la diachronie. On trouve avec le structuralisme la même révolution que celle qui s'est accomplie à l'époque moderne dans les sciences physiques (voir texte 93).

B ~ La nature des structures

■ La nature exacte des structures est difficile à saisir. On ne peut pas les réduire à de simples schémas de pensée parce qu'elles ont une efficacité réelle dans la vie des hommes ; on ne peut pas non plus leur attribuer une réalité matérielle puisque ce sont des relations entre éléments. Les structures doivent être prises comme des lois logico-mathématiques qui légifèrent le comportement humain. Elles sont inconscientes puisque les individus leur obéissent à leur insu, mais il ne s'agit pas d'un inconscient personnel, au sens de la psychanalyse ; c'est un inconscient impersonnel ; c'est une logique universelle qui nous détermine. On comprend alors pourquoi une brève mais vive polémique a opposé Lévi-Strauss et Jean-Paul Sartre qui ne pouvaient guère s'entendre sur la question de la liberté humaine.

C ~ La mort de l'homme

- Après la mort de Dieu annoncée par Nietzsche, les structuralistes annoncent la mort de l'homme. En effet, si ce sont des structures qui nous déterminent, toute action collective ou individuelle est réduite à des effets de structures (structures de la parenté, structures du langage, structures économiques) ; plus rien ne peut être attribué à un sujet humain responsable de son action. Mais, surtout, la notion d'homme en tant qu'entité unifiée n'a plus de sens ; les sciences humaines rendent compte des productions humaines, mais ne rattachent pas ces productions à une réalité unique qu'on appellerait l'homme.
- Cet homme, dont les philosophes des Lumières espéraient faire l'étude objective dans une vaste science synthétique qu'ils appelaient l'anthropologie, a été découpé par des approches diverses (la linguistique, la sociologie, la psychanalyse, l'économie, etc.). C'est pourquoi Lévi-Strauss a pu annoncer : « Les sciences humaines n'ont pas pour but de constituer l'homme, mais de le dissoudre » (*La Pensée sauvage*, p. 326). Michel Foucault fait observer à la fin de son œuvre, *Les Mots et les choses*, que la notion d'homme est somme toute une invention récente dont la disparition précoce n'est pas si étonnante : « L'homme est une invention dont l'archéologie de notre pensée montre aisément la date récente. Et peut-être la fin prochaine. (...) On peut bien parier que l'homme s'effacerait, comme à la limite de la mer un visage de sable » (voir texte 63).

Bibliographie

Pouillon, J., *L'Œuvre de Claude Lévi-Strauss*, in Cl. Lévi-Strauss, *Race et histoire*, Paris 1961, Gonthier-Denoël.
Foucault, M., *Les Mots et les choses*, Paris 1961, Gallimard.

▶ Voir Partie VI - texte 63 : « La mort de l'homme », *Les Mots et les Choses*, M. Foucault ; Partie IX - texte 93 : « Critique de l'universalisme occidental et défense des cultures traditionnelles », *Race et Histoire*, Cl. Lévi-Strauss.

LA PHILOSOPHIE ANALYTIQUE

*La philosophie analytique, anglaise (**Russel** (1872-1970) ; **Whitehead**), étudie les problèmes de la connaissance à partir d'une analyse logique du langage.*

1. Élucider le langage

A ~ La logique

- Ce courant naît du renouveau d'intérêt pour la logique. Gottlob **Frege** (1848-1925) soutient que le langage formel peut être un « formulaire de la pensée pure », une langue symbolique de l'enchaînement des idées. La philosophie devrait user d'un tel langage et **reformuler de façon rigoureuse et dépourvue d'ambiguïté** des problèmes mal posés par les langues naturelles, polysémiques et peu rigoureuses.

B ~ Ambiguïtés de la grammaire

- La structure des langues ne correspond pas à la logique. Dire qu'une lessive lave plus blanc que le blanc, par exemple, est logiquement dénué de sens. Un symbole linguistique peut avoir des usages ambigus, exprimer des fonctions différentes : le verbe être sert à attribuer une qualité à un sujet (« Pierre est grand », « Paul est antillais »), à exprimer une relation (« Paul est plus compétent que Pierre »), ou encore à indiquer une existence (« il est des situations désespérées »).

C ~ La philosophie

- La philosophie doit être une élucidation du langage : bien des problèmes, notamment métaphysiques, sont de faux problèmes « cousus d'une mauvaise grammaire » (Russell). C'est le point de départ de Ludwig **Wittgenstein** dans son *Tractatus logico-philosophicus*, et celui du positivisme logique du **cercle de Vienne**, formé en 1924 (voir Rudolf **Carnap**), qui se réclame de l'empirisme : tout savoir authentique est réductible à la logique ou à l'expérience. La métaphysique est le résultat d'un mauvais usage du langage.
- L'empirisme critique de l'américain **Quine** propose une définition comportementaliste de la signification qui est faite de l'approbation de l'entourage à l'emploi d'un terme dans une situation donnée.

2. Apports de la philosophie analytique

A ~ Le courant analytique comporte des traits spécifiques

- Il contribue à une **reformulation novatrice des théories de la connaissance :** la philosophie classique traitait des représentations ; la philosophie analytique met au premier plan le langage et la question de la signification. Elle formule des propositions simples, exprimant des faits élémentaires, qui permettront par déduction logique d'élaborer une représentation globale du réel. Russell appelle « atomisme logique » ce projet de reconstruction du langage.

- Dans le traitement des problèmes philosophiques, il utilise le **formalisme logique**, c'est-à-dire la présentation systématique d'un ensemble de propositions et de raisonnements dans une langue de symboles abstraits (pour mettre en évidence les relations structurelles permanentes, à l'exclusion de toute référence à des contenus intuitifs ou sensibles déterminés). Cette démarche renoue avec le projet – exprimé par Leibniz au XVIIe siècle – de fonder la connaissance sur une langue logique, une « caractéristique universelle ».
- Écartant toute spéculation métaphysique, il est très attentif aux travaux scientifiques contemporains et aborde les problèmes philosophiques avec prudence et rigueur. Ainsi, dans *La Notion d'esprit*, l'Anglais Gilbert **Ryle** (1900-1976) dénonce le mythe cartésien de la vie mentale intérieure (les rapports entre l'âme et le corps y sont conçus sur le modèle du « fantôme dans la machine »), et montre qu'il est possible de traduire les affirmations concernant l'esprit en termes de savoir-faire, de capacité et de comportement.
- P. F. **Strawson** (né en 1919) élabore une philosophie de l'esprit dégagée des présupposés métaphysiques. N. **Goodman** (né en 1906) s'interroge sur les relations des symboles avec les « mondes multiples » de la connaissance. Le positivisme logique continue donc les courants empiristes classiques, mais déplace ses pôles d'intérêt du sujet opérant et éprouvant l'expérience au formalisme du langage.

B ~ De la logique au langage ordinaire

La première philosophie analytique, avec Bertrand Russell (à Cambridge), examine le langage du point de vue de son traitement logique et en vue de sa capacité à dire la vérité. Ryle, Strawson et surtout Austin forment une deuxième génération (à Oxford) qui porte son attention sur le **langage ordinaire** : il est riche de sens et comporte des distinctions plus fines que l'approche logique.

– **Austin** montre, dans son livre *Quand dire, c'est faire* (1960), que le langage n'est pas seulement un moyen de connaître le monde, mais un acte impliquant un jeu de relations complexes entre interlocuteurs, des conditions de communication et d'action, toute une pragmatique. La promesse est un exemple de parole qui est en même temps l'acte même (parole performative), et tout acte de langage comporte ainsi une « force illocutoire », une dimension d'action sur l'autre.

C ~ Des états de chose aux jeux de langage

- **Wittgenstein**, parti des conceptions du *Tractatus*, dans lequel le langage doit décrire les « états de chose » et exclure les conceptions métaphysiques dénuées de sens, en vient à une évolution comparable. Il existe une multitude de « jeux de langage », ayant chacun leurs règles propres, qu'il s'agit d'élucider ; la pensée cognitive n'est qu'un jeu de langage parmi d'autres, sans valeur privilégiée.
- La pensée analytique s'intéresse aujourd'hui à l'esthétique et à l'éthique, analysant nos jugements de goût et nos jugements moraux.

FICHE 95

RICŒUR ET L'HERMÉNEUTIQUE

L'herméneutique (du grec herméneuein, *exprimer, expliquer) est une théorie générale de l'interprétation et l'herméneutique philosophique fait de l'interprétation le cœur de la réflexion philosophique.*

1. La notion d'herméneutique

A ~ Les conditions de la compréhension

- **À quelles conditions la compréhension est-elle possible ?** Telle est la question centrale. Sans un minimum de terrain commun, de précompréhension de base, l'explication donnée ne peut être comprise, l'idée ne peut être ni appréciée, ni discutée. Il existe un « cercle herméneutique », qui fait que je ne peux comprendre qu'à partir de précompréhensions antérieures qui m'ouvrent à ce qui est dit.

B ~ L'apparition de l'herméneutique

- Friedrich **Schleiermacher** (1768-1834) définit l'herméneutique comme art de comprendre, et en souligne les conditions psychologiques, notamment l'empathie. Wilhelm **Dilthey** (1833-1911) souligne la différence entre expliquer et comprendre et oppose les sciences de la nature aux sciences de l'esprit. L'herméneutique doit donner « une technique de l'interprétation des manifestations vitales fixées par écrit », indispensable à la compréhension des événements auxquels des documents écrits nous donnent accès.

C ~ Gadamer

- Pour **Gadamer** (*Vérité et méthode*, 1960), comprendre un texte, c'est être prêt à se laisser dire quelque chose par ce texte. Notre compréhension est toujours historiquement située, insérée dans une chaîne interprétative (l'histoire des effets de ce texte). La compréhension est une appropriation personnelle du texte, qui suppose un « horizon de fusion des horizons » entre l'auteur et le lecteur. Il ne peut y avoir de compréhension (saisie de l'intention explicite du texte) sans interprétation, car l'attente du lecteur guide sa façon de comprendre, qui est susceptible de se renouveler : relire fait apparaître des sens nouveaux.

2. Paul Ricœur (né en 1913)

A ~ Une réflexion sur la subjectivité

- Parti d'une réflexion sur le volontaire et l'involontaire, ainsi que sur le mal et la faute, Paul Ricœur est sensible au **conflit des interprétations** qui caractérise la pensée moderne. Il contribue à faire connaître la phénoménologie en France, et reste d'ailleurs fidèle à Descartes et à Husserl, par son intérêt constant pour la subjectivité – qui lui semble le chemin moderne de reprise des questions métaphysiques classiques. De 1950 à 1960, il élabore sa ***Philosophie de la volonté*** à partir de l'analyse du volontaire et de l'involontaire, menant une investigation précise sur la symbolique du mal, sur la faute et sur la culpabilité de « l'homme faillible ».

- Ricœur s'attache à la constitution d'une **herméneutique philosophique**, explorant les horizons opposés de la pensée moderne, intégrant aussi dans la culture contemporaine l'héritage biblique et la tradition de la pensée protestante.

B ~ Du texte à l'action

- Après des études méthodologiques sur l'interprétation dans les sciences humaines (*Histoire et vérité*, 1955 ; *De l'interprétation*, 1965, qui porte sur la psychanalyse), Ricœur met l'accent sur la créativité dont le langage est porteur. Il montre combien l'image vivante caractérise la dynamique du langage (*La Métaphore vive*, 1975), et s'intéresse de plus en plus aux procédés et aux effets de **la narrativité** (*Temps et récit*, trois volumes, 1983-1990), sans délaisser les rapports entre le texte et l'action : des études de philosophie politique interrogent l'articulation nécessaire entre l'économie, la politique et la morale.

C ~ Soi-même comme un autre

- Poursuivant un dialogue rigoureux avec la philosophie analytique anglaise, Ricœur montre dans *Soi-même comme un autre* (1990) que l'assignation de ses actes à un sujet et la « référence identifiante » (qu'est-ce qui fait l'identité d'un « soi » ?) ouvrent nécessairement à la question du sujet, à sa constitution narrative, à sa visée éthique, au tragique de l'action, et finalement à l'ontologie. La philosophie du sujet n'est pas une philosophie du Moi, et le terme « soi » indique bien le rapport indirect du sujet à lui-même. Par la lecture, nous vivons en fiction d'innombrables vies, et notre identité est faite de ces détours multiples qui nous ouvrent à nous-mêmes. Le sujet est narrativité.
- Il importe de libérer la question du sujet de l'impérialisme du « je ». Sous les mots identique ou identité, nous mettons deux significations différentes : l'identique, c'est ce qui ne change pas, c'est l'immuable. Or nous confondons l'idée d'un identique immuable et l'idée d'une identité du sujet. Ce qui fait l'identité d'un sujet, ce n'est pas qu'il ne change pas, au contraire, il change sans cesse, c'est que, malgré ces changements, il peut se maintenir dans la fidélité à une parole donnée, il se reconnaît dans la permanence d'une obligation. L'identité est caractérisée par le *ipse* latin (moi-même), plutôt que par le *idem* de l'identique à soi. La question « qui suis-je ? » oblige à dépasser l'identification exclusivement objective que la philosophie analytique appelle identité personnelle. L'ancrage de Ricœur est dans cette question de « l'ipséité », mais avec les ressources d'une philosophie du langage, d'une théorie du récit et d'une éthique de la responsabilité.

Bibliographie

Ricœur, P., revue *Esprit*, Paris, juillet-août 1988.

▶ Voir Partie IX - texte 94 : « Ricœur : autoportrait philosophique », *De la volonté à l'acte, Temps et récit en débat.*

FICHE 96

LA PHILOSOPHIE POLITIQUE CONTEMPORAINE

La plupart des grands philosophes développent une pensée et une action politiques. Rappelons les prises de position révolutionnaires de Sartre, l'éthique politique de Ricœur – mais aussi les ambiguïtés de Heidegger et les compromissions de Jünger ou de Carl Schmitt lors du nazisme. Cette fiche se limitera à des auteurs dont l'œuvre s'intéresse essentiellement au champ politique.

1. Permanence de la philosophie politique

A ~ L'héritage de Hegel

- Élève de Cassirer, **Eric Weil** (1904-1972) étudie la conception politique de Hegel, grand penseur de l'État moderne – lequel réunifie dans la sphère politique les intérêts dispersés dans la multiplicité de la vie sociale. L'État réalise ainsi l'universalisation des fins de chacun. Mais Hegel croyait pouvoir intégrer tous les moments de l'Esprit dans un discours englobant. Pour Eric Weil, la philosophie est au contraire sans prétention totalisante : la raison reconnaît la présence de son « autre », de ce qu'elle ne peut ni nier ni absorber, **la violence**.

B ~ Pour une idée rationnelle de l'État

- La société moderne enseigne aux individus l'« autonomie calculatrice » nécessaire à une organisation efficace. Mais elle laisse l'individu insatisfait ; l'État constitutionnel, où le pouvoir est réglé par la loi, propose une idée rationnelle de l'État : celle de la politique comme non-violence qui résout les conflits par la discussion publique, ce qui implique une éducation du citoyen.

2. Les conditions de la démocratie

A ~ S. Weil : la condition ouvrière

- **Simone Weil** (1909-1943), élève d'Alain, mène une réflexion sur le travail qui peut être l'exercice de la liberté lorsque conception et exécution ne sont pas séparées. Mais **la condition ouvrière**, où le travailleur s'épuise à simplement survivre, est l'exemple même du malheur.

B ~ H. Arendt : contre le totalitarisme

- Pour **Hannah Arendt** (1906-1975), la société moderne réduit la politique à la gestion et la vie humaine au travail et à la consommation. Or l'activité proprement humaine n'est pas le travail (*labor*), nécessaire, pénible et routinier, ni même l'œuvre (*work*), fabrication d'un monde humain peuplé d'objets, mais l'action politique conçue comme liberté et constitution d'un « espace public » humain.

- Le politique doit donc être un lieu de délibération, d'où émerge un pouvoir sans domination ni violence. Le pouvoir est action et liberté partagée, et non puissance ou souveraineté, il est contenu par la loi qui le stabilise, et se lie à la mémoire qui préserve l'autorité et la solidité du lien politique dont le contraire est la violence. Le totalitarisme (stalinisme, hitlérisme) est ainsi la négation du « politique » : en visant la domination totale, il détruit le tissu social et fait de la communauté une masse inerte.
  La société moderne connaît une crise de la culture et une perte du sens traditionnel de l'autorité qui destructure le rapport au politique.

C ~ Habermas : l'agir communicationnel

- D'abord héritier de l'école de Francfort, **Jürgen Habermas** (né en 1929) engage une réflexion sur les **formes de légitimation politique** d'un capitalisme qui essaie d'amortir l'effet idéologique des crises qu'il traverse. Sa critique de l'idéologie technocratique débouche sur le bien-fondé d'une pratique sociale démocratique et égalitaire : ***La Théorie de l'agir communicationnel*** (1981) est la voie d'une rationalité politique par la recherche des procédures d'accord. Habermas distingue l'**agir stratégique,** qui vise l'efficacité, et l'**agir communicationnel,** qui cherche l'intercompréhension et le consensus. La discussion est **construction rationnelle d'une vérité pratique,** capable d'universaliser les intérêts particuliers et de construire la communauté politique.

D ~ Rawls : théorie de la justice

- **John Rawls,** soucieux de répondre aux thèses libérales d'**Hayek** et de **Nosick**, élabore en 1971 une ample ***Théorie de la justice.*** Il s'agit de construire les conditions d'une société juste au sein d'un monde pluraliste, dans la ligne des philosophies du contrat social.
- La fiction du « **voile d'ignorance** » permet d'en penser les conditions fondamentales : quel est le type de société sur lequel se mettraient d'accord des citoyens qui ne sauraient pas d'avance quelle sera leur place, leur statut social et leur richesse personnelle ? Ils ne peuvent choisir une société injuste de peur d'en être les victimes. Si leur réflexion est rationnelle, ils répondront par la formulation de deux principes conjoints : chaque personne doit avoir un droit égal au système le plus étendu de libertés de base (position libérale : la liberté ne doit jamais être sacrifiée) ; les inégalités sociales doivent être organisées de façon qu'elles servent aussi à l'avantage de ceux qui ont les positions les moins favorables et qu'elles soient attachées à des positions et à des fonctions ouvertes à tous.
- Ainsi l'égalité des chances et l'utilité générale pour tous et chacun sont des régulateurs. Discutée, la réflexion de Rawls a relancé le débat sur les conditions de la démocratie.

Bibliographie

Récanati, F. (sous la direction de), *Ethique et philosophie politique,* Paris 1988, Odile Jacob.

▶ Voir Partie IX - texte 95 : « L'idéalisme américain, antithèse de la culture, critique et politique européenne », *Entretien au Magazine littéraire* n° 225, J. Baudrillard.

PENSER LA COMPLEXITÉ

1. Structure, système, réalité complexe

A ~ De la structure à la systémique

- La méthode cartésienne divisait les difficultés en une série d'éléments simples, et conduisait par ordre ses pensées du plus simple au plus complexe. L'étude structurale (structures de parenté, structures linguistiques) ne part plus des éléments du système : chacun d'eux n'est défini que par ses rapports avec l'ensemble.
- La systémique naît de l'étude organisationnelle des entreprises et prend appui sur un modèle cybernétique d'autorégulation interne emprunté à la physique. Bientôt, elle s'applique à d'autres processus, notamment aux modes de communication pathologique (Bateson) et s'intéresse aux possibilités d'introduire des modifications comportementales en agissant sur l'un des éléments du système relationnel, sans avoir besoin de connaître les processus psychiques sous-jacents (école psychiatrique de Palo Alto).
- La systémique est donc une pragmatique. Elle propose des modèles de fonctionnement qui, d'une part, s'autorégulent généralement (stabilité du système), d'autre part, connaissent des points de rupture en cas de tension trop forte. Mais la pensée du changement reste à élaborer.

B ~ Flux et interférences

- Or la réalité historique est en perpétuelle transformation. Si l'on ne peut plus penser les évolutions en termes de progrès linéaire, ni en termes de contradictions dialectiques simples, il importe de percevoir les flux et les résonances. Les rapprochements incongrus, sans égard aux filiations historiques, peuvent nous éveiller à une sensibilité nouvelle aux rapports entre les choses.
- Venu de l'épistémologie, sensible aux développements des systèmes ouverts, susceptibles de transformations importantes, **Michel Serres** (né en 1930) développe ainsi une pensée du « tiers instruit », pensée allusive formée par les détours, à partir d'une place tierce, qui jongle avec les temps, les époques et les systèmes. Les « anges » apportent les bonnes nouvelles de l'inattendu, et l'apparent illogisme est plus fidèle à la réalité des flux continus de transformation et des interférences perpétuelles entre éléments différents de la réalité que ne le serait une étude systématique, chronologique et scolaire. La raison ne se comprend vraiment qu'en se reliant aussi à l'obscur, en faisant place au désordre et à l'instable, en regardant la continuité ambiguë des transitions et pas seulement les formes nettes et tranchées. Dans cette voie, et sous l'impact des thèses de « l'écologie profonde » qui privilégient un rapport quasi sacré avec la nature, Michel Serres va jusqu'à l'idée d'un « contrat » avec la nature réinstaurant une solidarité de l'homme avec le cosmos.

2. Les instruments de la pensée complexe

A ~ Métamorphoses de la méthode

- Sociologue, **Edgar Morin** s'est intéressé aux incertitudes de l'homme sur sa propre nature (*Le Paradigme perdu : la nature humaine*, 1956) et s'est efforcé de rendre le public cultivé sensible à l'accroissement de la complexité de notre connaissance du réel et de notre rapport au monde. Dans son ouvrage sur *La Méthode*, il mène une réflexion sur la méthode scientifique et ses transformations : *La Nature de la nature, La Vie de la vie* et *La Connaissance de la connaissance* veulent mettre en évidence les complexités de la physique, de la pensée biologique et de l'épistémologie. « Ma recherche de méthode part non du sol ferme, mais du sol qui s'écroule. »
- Ce n'est pas la solidité des connaissances, mais leur transformation qui est le moteur de la méthode : « Les idées destructrices y deviennent les idées reconstructrices. Ainsi je suis parti, non de l'ordre, mais de l'irruption du désordre, non du principe simple d'explication, mais de sa ruine. La méthode de la complexité n'a pas pour mission de retrouver la certitude perdue. (...) Elle doit (…) constituer une pensée qui se nourrit d'incertitude au lieu d'en mourir. »

B ~ Une anthropologie renouvelée

- **Bruno Latour** constate l'impossibilité d'isoler les phénomènes de la nature des autres domaines de réalité que sont les rapports de pouvoir et le maniement du langage. Or la modernité s'était constituée sur la distinction critique entre les disciplines de pensée, ce qui permettait l'approche rationnelle – même si les interférences étaient constamment à l'œuvre, comme le montre l'histoire des sciences.
- La complexité actuelle des réseaux où sont imbriqués les divers domaines nous empêche désormais de penser selon la fiction (opératoire) qui a fondé la pensée moderne. Mieux vaut sortir des illusions classificatrices, et reconnaître que *Nous n'avons jamais été modernes* (1991) pour réfléchir à nouveaux frais aux liens complexes qui unissent sans cesse la connaissance et la politique, le langage et les pratiques.

C ~ La théorie des catastrophes

- Avec le mathématicien **René Thom** (*Paraboles et catastrophes*, 1980 ; *Apologie du logos*, 1990), ce sont les modèles mathématiques de la transformation brutale, les situations de chaos et les catastrophes, qui sont convoqués pour nous aider à penser phénoménologiquement les transformations déroutantes de la réalité. Les formes sont en saillance sur un fond, émergent et se déploient en singularités organisatrices caractérisées par leur prégnance, et peuvent s'effondrer dans une discontinuité brutale qui n'est compréhensible qu'en prenant en compte non seulement la perturbation survenue, mais le rapport entre l'organisation singulière et la continuité de son contexte.

Bibliographie

Serres, M., *Eclaircissements. Entretien avec Bruno Latour*, Paris 1992, Ed. Françoise Bourin.

▶ Voir Partie IX - texte 96 : « Nature, société et langage sont indissociables », *Nous n'avons jamais été modernes*, B. Latour.

FICHE 98

VALEURS ET VÉRITÉ

Le problème des rapports entre la valeur et la vérité est considérable et complexe. Ce qui me tient à cœur, ce qui m'importe est-il forcément vrai ? Ce qui est vrai a-t-il de la valeur pour moi ? Si c'est le cas, est-ce parce que c'est vrai, ou pour d'autres raisons ? Et il peut se produire que je ne veuille pas savoir une vérité qui dérange ou bouleverse mes valeurs...

1. Le problème des rapports entre la valeur et la vérité

Dans un premier temps, nous regarderons de façon formelle les réponses classiques à ce problème.

A ~ Équivalences entre valeur et vérité

- **Le dogmatisme pratique : la valeur est une vérité**

Le dogmatisme est l'affirmation d'une équivalence claire entre valeur et vérité, qui doit s'imposer à la pensée comme à la volonté, donc déterminer l'action.

Une vérité existe et nous est accessible : elle s'impose à notre pensée (dogmatisme : elle devient une doctrine irréfutable). Cette vérité ne relève pas seulement de la connaissance, mais suffit à justifier l'action, voire à l'imposer (dogmatisme pratique). Par exemple, pour Socrate, la vertu est une connaissance, et nul ne fait le mal volontairement. Ce n'est que parce que l'on se trompe sur le véritable bien que l'on commet le mal, en le prenant pour un bien. L'être et la valeur ont partie liée et relèvent du monde intelligible : l'être vaut, la valeur est. Depuis Platon, ce courant se reconnaît dans l'idéalisme ; le bien et la justice sont hors de ce monde. Si la valeur est une vérité, il faut que la vérité réside au-delà du monde.

- **Le pragmatisme sophistique : la « vérité » est une valeur**

Cela revient à dire que l'on va penser les vérités que l'on connaît sur le modèle de nos jugements de valeur. Or ceux-ci sont subjectifs, historiquement et socialement déterminés. La vérité l'est donc aussi et, à la limite, il n'y a pas de vérité. La **sophistique** récuse tout dogmatisme : il n'y a pas de vérité ou de valeur indiscutable à connaître, mais seulement des opinions. Parmi plusieurs opinions, il faut choisir, ce qui ne peut se faire que selon des critères de réussite ou d'efficacité : c'est un **relativisme pragmatique** qui peut rappeler celui des sophistes de l'Antiquité. Le vrai est ce qui est tenu pour tel et peut rassembler une majorité. Il n'y a de de valeur et/ou de vérité que par le langage, à partir d'un certain agencement du discours qui sait mettre en valeur son option et en persuader son auditoire.

B ~ Le rejet de toute relation entre valeur et vérité

- **Le relativisme sceptique :** il n'y a pas de vérités, ou du moins elles ne nous sont pas accessibles. Nos valeurs sont purement subjectives, trahissent nos désirs. La généralisation des sondages d'opinion, le reflux des doctrines constituées, le mélange d'individualisme et de libéralisme de notre époque correspondent à une résurgence de la pensée sceptique. La différence avec la sophistique, c'est que le choix et l'action ne s'imposent pas. Non seulement **la question de la vérité est caduque, mais il n'y a plus de valeurs non plus** (même relatives), seulement des préférences. Aux yeux des sceptiques, le dogmatisme est une arme et impose comme vérité ce qui est en fait la volonté de s'assurer des rapports de pouvoir.
- **Le cynisme** relève à première vue d'une confusion des genres entre dogmatisme et pragmatisme : au sens courant, est cynique l'affairiste sans vergogne ou le politicien dévoyé. Connaissant la vérité d'une situation, ils la nient ou la déforment pour en tirer pouvoir ou profit.

  Au sens philosophique, le cynisme (**Diogène**, mais aussi **Machiavel**) est tout autre chose :
  - il instaure la **séparation entre politique et morale :** pour Diogène, la vertu est tout, la puissance n'est rien. Mieux vaut vertu sans pouvoir que pouvoir sans vertu (cynisme moral). Pour Machiavel, la puissance est tout, la vertu n'est rien (cynisme politique) ;
  - il pose une **séparation entre valeur et vérité :** le réel et le bien, l'être et le devoir-être n'ont pas de lien nécessaire (cynisme généralisé).
- La position cynique n'est pas sceptique, car elle ne renonce pas à l'action, et ne nie pas qu'il y ait des vérités. Elle n'est pas dogmatique car elle n'impose pas les vérités comme des valeurs et ne prétend donc pas y contraindre les autres. Elle n'est pas sophistique, car non seulement elle renonce à démontrer que ses valeurs sont des vérités, mais elle n'a nul souci de la popularité ni de la reconnaissance par le grand nombre. Diogène (413-327 avant J.-C.) était même à cet égard nettement provocateur envers l'empereur Alexandre, comme envers le peuple. Et Machiavel (1469-1527) n'hésite pas à dire qu'il faut parfois se faire craindre plutôt que de se faire aimer.
- Mais on peut se demander si de tels comportements d'autonomie (suivre sa propre ligne quoi qu'en pensent les autres) ne sont pas en fait une nouvelle synthèse : il n'y a pas de lien préétabli entre valeur et vérité mais tout de même... la vérité passe avant bien des choses et redevient une valeur !

2. Les philosophies de la valeur aujourd'hui

Les dogmatismes traditionnels subsistent (voir le caractère sacré de la vie naturelle pour la pensée religieuse du catholicisme romain), voire se radicalisent (intégrismes). Mais il est plus intéressant de voir les courants nouveaux.

A ~ Le dogmatisme pratique de Popper (1902-1994)

- *La Logique de la découverte scientifique* (1934) est une étude épistémologique fondamentale menée dans l'horizon empiriste. Karl Popper montre notamment qu'une question scientifique doit être falsifiable, que l'échec d'une expérience peut prouver qu'il y a une erreur quelque part, mais que la réussite d'une expérience ne valide jamais définitivement un modèle.
- De cette réflexion, Popper dégage les caractères de la pensée scientifique. Or, si l'on suit ses critères, toutes les sciences humaines et la moitié au moins des pratiques scientifiques des sciences « dures » sont exclues du caractère de scientificité...

B ~ La philosophie éthique d'Emmanuel Lévinas (1906-1995)

- Le « silence bruissant » caractérise l'expérience de l'être, le « il y a » qui fait surgir l'angoisse du non-sens. Il **faut** donc développer une philosophie éthique et montrer que la relation à autrui, à partir de la vulnérabilité révélatrice de son visage, est le véritable fondement d'une existence qui m'assigne à la responsabilité, jusqu'à répondre d'autrui aux dépens de ma propre personne. Alors s'ouvre « la merveille de l'idée de l'infini » et la proximité (biblique) de « l'Absolument Autre ».
- Cette philosophie éthique, prescriptive, ne part pas d'un constat, d'une vérité ou d'une analyse. Au contraire, elle développe ses valeurs humanistes et spirituelles en réaction contre le non-sens qu'elle a d'abord perçu comme un fait. Les analyses viennent ensuite faire de la valeur (y compris celles de la tradition biblique juive) une vérité philosophique.

3. Mouvances sceptiques

A ~ En épistémologie : Paul Feyerabend

- Aux épistémologies rationnelles (Bachelard, Kuhn), s'ajoutent des études qui montrent le caractère parfois aléatoire et contingent des découvertes scientifiques, des orientations de la recherche et des pratiques des sciences. Edgar Morin présente des traits de scepticisme, même s'il les combat par le volontarisme, Feyerabend incarne explicitement ce pôle sceptique.

B ~ Scepticismes dogmatiques...

- L'expression est paradoxale, mais comment désigner autrement ceux qui, au nom du scepticisme, veulent interdire de discuter et de penser ? L'un des effets de l'autorité médiatique, c'est de donner audience à des intellectuels présentés comme des spécialistes, mais dont le travail est celui de la pression idéologique plutôt que de l'éveil à la réflexion.
- **L'interdit de la conviction**

  La fin des grands récits, la fin de l'histoire, l'illusion du progrès ou de l'égalité... Que de thèmes, notamment de l'héritage des Lumières, disqualifiés d'avance par les oracles de la pensée (post)moderne ! De préférence auprès d'un public qui répétera sans avoir lu. Au risque de voir le recul de toute pensée universalisante et le retour en force de la peur des différences et du rejet de l'étranger, comme de l'inconnu. L'autre n'est plus perçu comme semblable et devient bouc émissaire.
- **La rationalité comme violence**

  L'offensive a pu être plus précise, même si son impact est resté limité. La « nouvelle philosophie » voulait rompre avec le dogmatisme de la raison. Un argument rationnel, c'est une « violence » qui vous est faite, puisqu'il contraint votre pensée à se réinterroger, voire à changer de point de vue. Au nom du « chacun a bien le droit de penser ce qu'il veut », proclamation individualiste qui exclut justement... la pensée (pour ne garder que l'idée toute faite, le préjugé non interrogé), voici que même la justification de sa position est considérée comme illégitime, arriérée ou dogmatique. Mais n'est-ce pas justement exercer un terrorisme intellectuel encore plus virulent que celui que l'on récuse, puisque tout cela s'affirme au nom de sa seule autorité de personnalité, qui dédaigne naturellement d'argumenter pour justifier sa position...

4. MATÉRIALISMES ET CYNISMES

Modeste dans son audience, intéressant dans ses méthodes, parfois suggestif dans ses intuitions, le matérialisme philosophique non marxiste connaît un certain renouveau.

A ~ Rosset : pour une pensée tragique

■ **Clément Rosset** part d'une étude du tragique en philosophie (*Logique du pire*, 1971), et de la conscience que l'humanité a d'elle-même comme *Anti-nature* (1973 ; le livre s'oppose par avance au *Contrat naturel* de M. Serres...). Il développe une analyse de l'objet singulier, oppose l'appréhension du réel au platonisme. La vérité n'est pas confortable et nous heurte souvent : le monde semble comporter un principe de cruauté (1988) qu'il faut assumer au lieu de fuir dans les arrière-mondes de l'idéalisme.

B ~ Onfray : permanence de l'épicurisme

■ **Michel Onfray,** qui a commencé par une étude du comportement alimentaire des philosophes (*Le Ventre des philosophes*), s'intéresse aux questions du plaisir et a publié *Cynismes, Portrait du philosophe en chien* (1990) et *L'art de jouir* (1991).

C ~ Comte-Sponville : une morale matérialiste

■ **André Comte-Sponville** écrit un *Traité du désespoir et de la béatitude :* ***Le Mythe d'Icare*** (1984) relit la tradition philosophique dans une perspective où l'absence d'espoir est le juste chemin pour rompre avec les déceptions tout en affirmant sereinement son propre désir. Parcourant successivement les labyrinthes du Moi – et la perte de l'illusion d'un sujet unifié et transparent à lui-même –, les illusions de l'art et les limites de l'action politique, Comte-Sponville développe avec cohérence les déplacements et les remises en question que la pensée moderne a fait subir à la tradition philosophique. Au service d'une pensée éthique dés-abusée, mais rendue ainsi à la fois plus modeste et plus libre.

D ~ Deleuze : le désir et la différence

La Logique du sens (1969) de **Gilles Deleuze** n'est peut-être pas explicitement matérialiste. Mais attentif à la différence, à l'événement, soucieux d'une métaphysique de l'acte qui refuse le discours totalisant, Deleuze prône les relectures fécondes, créatrices, et critique ce qui n'est que répétition. Le désir est force d'invention et de différence tandis que la psychanalyse l'enferme dans la répétition œdipienne (*L'Anti-Œdipe*, écrit avec Félix Guattari, 1972).

■ Ces quelques vignettes sur la pensée philosophique actuelle montrent l'actualité du débat sur les rapports entre valeur et vérité. Inversement, les termes de ce problème peuvent nous aider à situer et à évaluer les œuvres nouvelles.

Bibliographie

Comte-Sponville, A., *Le Mythe d'Icare*, Paris 1984, Puf.

▶ Voir Partie IX - texte 97 : « Je ne suis que le lieu de mes désirs », *Le Mythe d'Icare, Traité du désespoir et de la béatitude*, A. Comte-Sponville.

LA POST-MODERNITÉ

Comment définir l'esthétique et la société post-modernes ?

1. Post-modernité artistique

A ~ Essais de définition

- La post-modernité relève du domaine de l'histoire de l'art. Il s'agit d'une esthétique « néo », « rétro » ou « post », dépassement, récupération ou nostalgie des modernités défuntes, réutilisant comme citation des lignes classiques (Bofill) ou tel moment de la modernité du XXe siècle, des années 20 à 60, dans le style piscine, paquebot, Amérique mythique des années 50-60.
- Le post-moderne dépasse la charge de rupture volontariste qui avait animé la modernité (Baudrillard, « Modernité », *Encyclopedia Universalis*).

B ~ Mise en scène et ironie post-modernes

- Elle est un art de la citation, pratique l'incongru, les collages, les juxtapositions inattendues, érige une pyramide dans la cour du Louvre. C'est une « mise en scène » éclectique, relativiste, « où règnent la dérision, le pastiche des styles précédents » (F. Torrès, *Post-modernité et Histoire*). Pour Umberto Eco dans *Apostille au nom de la rose* (voir texte 98/a), « post-moderne » est un « mot bon à tout faire », « épuisement des multiples avant-gardes, jusqu'au moment où le passé est revisité avec ironie ».

2. Pourquoi la post-modernité ?

Plus largement, la pensée post-moderne se définit en réaction contre les idéologies, ou ce que J.-F. Lyotard appelle des méta-récits qui s'auto-légitiment comme le marxisme, qui énoncent ce qui est et ce qui doit être, et qui se sont discrédités. « C'était le récit des Lumières, où le héros du savoir travaille à une bonne fin éthico-politique, la paix universelle » *(La Condition post-moderne, 1979).*

A ~ Épuisement de l'avant-garde et de la modernité

- Les désillusions du XXe siècle, la mise en cause des valeurs rationalistes, idéalistes et humanistes issues des Lumières, l'effondrement des grands récits idéologiques issus du XIXe siècle, le formalisme de l'avant-garde, expliquent ce mouvement. La volonté historique et politique a été supplantée par l'éphémère des modes, le vide des surfaces, la virtualité des images où Baudrillard et Debray voient l'antithèse de l'épaisseur de la mémoire historique.
- La post-modernité s'est manifestée à la faveur de la crise : fin de l'âge industriel, du productivisme, du « développement », de la morale du travail, avec de nouvelles tendances : relativisme, néo-individualisme hédoniste, déclin de l'espace public, réduction de la politique à la morale humanitaire, recherche de nouvelles appartenances en deçà ou au-delà de l'État-nation.

B ~ Crise des idéologies et attitudes nouvelles des intellectuels

- Les années 50 et 60 virent des engagements forts, à l'époque du débat Sartre-Camus. L'attrait de l'URSS puis de Cuba et la Chine était puissant. Issu de la « nouvelle gauche », Mai 68, mouvement avant tout socio culturel, égalitaire, libertaire, humanitaire, met paradoxalement un terme, avec son héritage, aux grands récits historiques révolutionnaires référés au peuple et au sens de l'Histoire, au profit d'un *corpus* nouveau à partir des années 75-80 : déclin des idéologies, options « morales », droits de l'homme et occidentalisme, consensus social, extinction des passions, bonheur individualiste rallié au marché. Avec les valeurs de bonheur et de plaisir, 68 aurait sonné le glas du politique, serait le « berceau de la nouvelle société bourgeoise » pour Debray comme pour Domenach. Ce dernier voit dans la culture libertaire et humanitaire, dans la mode de la communication, l'héritage de 68, un processus de conformation à la culture de masse américaine (*Esprit*, 1976). Les situationnistes avec Guy Debord (*La Société du spectacle*) ne pouvaient que désavouer cet héritage.
- C'est au milieu des années 70 que s'opère le tournant décisif avec les dissidents soviétiques, les *boat people* et les « nouveaux philosophes ». Bernard-Henri Lévy, André Glucksmann, sont tournés vers les médias. Les modèles du socialisme exotique et tiers-mondiste s'effondrent.

C ~ Dépression post-totalitaire et « mélancolie démocratique »

- La gauche se rallie au marché et la droite abandonne les modèles « autoritaires », d'où un nouveau consensus auteur de l'économie et de la morale : la *soft*-idéologie (F.B. Huyghe). La politique laisse la place à une morale relativiste et tolérante, les années 80 voient les initiatives humanitaires devenir part de l'idéologie dominante, avec le débat sur le droit d'ingérence. Un consensus se réalise autour des droits de l'homme, perspective universaliste, individualiste et idéaliste. Certains y voient l'expression du nouvel ordre mondial, occidental, américain et marchand, armé du juridisme et de la morale, face aux peuples et aux cultures traditionnels, aux puissances régionales.

  La politique polémique, figure du pouvoir « excessif », ne ferait plus recette. On ne contraint plus, on explique. Le pouvoir se veut séducteur et pédagogue (Gilles Lipovetsky, *Le Crépuscule du devoir*, 1993).
- Les comportements sociaux évoluent aussi. Les sociologues ont mis en évidence la tendance au néo-individualisme « autiste » : nouvelles technologies domestiques, sports de glisse, dispositifs sécuritaires multiples, indifférence à autrui, vie publique dévitalisée, dissolution de la mémoire collective, relativisme des valeurs, narcissisme, *cocooning* des jeunes, antithèse de l'« émancipation » des années 60.

3. L'individualisme de masse : nouvelle liberté ?

Face à leurs contemporains identiques et isolés, jugés souvent sans individualité, les intellectuels sont partagés.

A ~ Positions critiques

- Marcuse puis Baudrillard (*La Société de consommation*) ont dénoncé un « conditionnement passif » implicite dans le système démocratique, appuyé sur des droits et des libertés purement formels. La liberté est en fait mystificatrice, illusoire : faux choix, au sein d'un même système de consommation, « pensée unique » de la presse dans une société apparemment « à la carte », pesanteurs, méritocratie et « ascenseur social » en panne, dépossession des citoyens et pseudo-pouvoir du peuple face aux oligarchies technocratiques, administratives.

- Dans *La Reproduction*, Pierre Bourdieu accuse l'insuffisante « circulation » des élites. Le débat, la citoyenneté, l'éducation critique, l'association ne sont-ils pas remplacés par le « consensus mou », le conditionnement passif issu des modes et des médias, l'opinion normalisée, l'hégémonie du marché, l'image substituée au réel ? Mais la réaction sociale de 1995 accuse classe dirigeante et technocratie.
- Finkielkraut voit dans la culture de masse une menace pour la culture classique et humaniste issue des Lumières. Le relativisme ne saurait garantir l'émancipation, « la pensée est devenue aussi facultative et aussi légitime que le tiercé ou le rock'n'roll ». Domenach s'interroge : « Qu'est-ce qu'être français dans un *continuum* occidental dominé par la culture de masse américaine... la culture a été désacralisée, le corpus de l'enseignement disloqué, la province folklorisée » (*Europe, défi culturel*, 1990). Baudrillard oppose la « naïveté » du bonheur américain – de style Disney – à l'esprit politique, critique et historique européen (voir texte 95). Les idéologies seraient neutralisées, les contestations mineures récupérées, l'« intégration » devient le discours dominant. « Nous sommes tous concernés » : serions-nous tous semblables ? Edgar Morin regrette la relégation de l'intellectuel classique au profit du technocrate gestionnaire de la machine sociale de masse étendue aux domaines privés, efficace, expert soucieux des « vrais problèmes », acquis à l'économisme dominant (*Penser l'Europe*, 1987) et invoquant les « contraintes ». Ainsi, le pouvoir devient une domination technique exercée par la séduction et l'incitation.

B ~ Nouvelle chance démocratique ?

- Dans *Le Crépuscule du devoir* (1993), Lipovetsky analyse la montée du nouvel individualisme hédoniste, les obligations transformées en options (texte 99). Il y voit une chance démocratique dans *L'Ère du vide* (1987). Dans *La Pensée 68*, essai sur l'anti-humanisme contemporain, Ferry et Renault défendent l'humanisme occidental, le droit, le sujet, et dénoncent les philosophies d'inspiration heideggérienne ou nietzschéenne.
- Pour Lipovetsky, les nouveaux comportements dépassent les clivages traditionnels. L'idéal des années 90 est l'efficacité, mais sans se prendre au sérieux. Le rire populaire et traditionnel, les réactions véhémentes ont laissé la place à la décontraction sceptique, à la « convivialité », à l'ironie, à l'allusion qui dispense du face-à-face, dans une société désenchantée. On ne se contredit plus.

4. Post-modernité et emprise de l'image

La « communication » a succédé à l'âge de la rumeur – l'Ancien Régime –, de l'opinion publique – celui des Lumières –, de la presse naissante – au XIXe siècle –, de la propagande – les années 30 –, enfin de l'information officielle – les années 60.

A ~ « Prêt-à-penser » et critique des médias

- D'une part, elles forment un pouvoir autonome et oligarchique capable de conformer passivement, de normaliser la société de manière infiniment plus puissante que les pouvoirs du passé. « La presse crée aujourd'hui plus de mythes en un jour que la religion ne créait de croyances en un siècle » (Marx, *Lettre à*

Kugelman). Ne *fabrique*-t-on pas l'événement ? Avec les sondages, certains ne défendent-ils pas aujourd'hui une nouvelle « démocratie d'opinion » ? Les stratégies souples de séduction et d'incitation du système sont plus efficaces que l'autoritarisme « rustique » et personnel.

- Comme toute technique, les médias ne sont pas neutres : la technologie modèle le contenu, le message, impose ses découpages.

  Les implications sociales post-modernes des médias contemporains sont évidentes : déclin de la sociabilité traditionnelle, de l'espace public, lien de dépendance, antithèse de l'idéal d'autonomie antique, perte des repères historiques, illusion participative. D'un côté, contenu saturé, imaginaire convivial, interactif, euphorie médiatique, de l'autre, solitudes réelles, réalité vécue décevante. « Les communications peuvent rapprocher les membres des sociétés, aucune communauté n'est possible dans un monde où il ne reste que des semblables qui ne se regardent pas » (E. Mounier).

  Une nouvelle religion est célébrée, celle de la communication euphorique, comme idéologie scientiste salvatrice. Tout échec serait un « raté » de la communication dans les divers espaces sociaux, une mauvaise pédagogie, une politique « mal expliquée ».

B ~ Un monde virtuel

- C'est cette réflexion alternative que Régis Debray approfondit dans *L'État séducteur* (p. 107), de même que Baudrillard perçoit l'empire de l'image comme simulation et évidence, menace pour le souci intellectuel et critique du réel, pour le sens de la distance et de la transcendance (voir Partie IX – texte d'ouverture). Dans un monde virtuel d'images et de surfaces, la simulation devient réaliste, tient lieu de vécu, et la réalité apparence. Qui n'est pas sur l'agenda médiatique n'existe pas... Où sont alors les enjeux réels, culturels et communautaires ?
- Debray met enfin en cause l'hégémonie de l'humanitaire médiatisé, publicitaire et affectif, qu'il oppose à l'ordre du discours et de la politique. Sur le mode de l'évidence inattaquable, l'État sauve ainsi les apparences sans prendre parti. « Un million de RMistes ne vaudront jamais un corridor humanitaire. » Toutefois, « saint Vincent de Paul ne se faisait pas peindre avec les galériens ». Au passage, Debray met en cause l'ONU, « la démocratie mondiale indifférente aux peuples et aux cultures, et ses œuvres vertueusement inefficaces ».
- Faut-il conclure qu'aujourd'hui « le vrai libéral est un révolutionnaire » ? (J.-C. Rufin, *La Dictature libérale*). Face au technocrate expert et « objectif », aux stratégies de communication, aux multi-médias du contexte post-moderne, quelles seront les chances de l'intellectuel et de la culture pour demain ?

Bibliographie

Debray, R., *L'État séducteur*, Paris 1993, Gallimard.
Baudrillard, J., *Amérique*, Paris 1986, Grasset.

▶ Voir Partie IX - textes 98 : « La post-modernité : essai de définition », *Apostille au nom de la rose*, U. Eco ; *La Condition post-moderne*, J.-F. Lyotard.

FICHE 100

SCIENCES HUMAINES, IDENTITÉS CULTURELLES ET CULTURE DE MASSE

Les années 80 ont vu naître un débat opposant l'universalisme humaniste à la défense des identités culturelles. D'une forte influence sur les générations intellectuelles des années 50-60, les sciences humaines avaient renouvelé la définition de la culture. Jusqu'ici, celle-ci avait été le privilège de l'intellectuel classique et formait l'ordre du « cultivé ».

1. Culture et enracinement

A ~ Définition : le cultivé et le culturel

- Irréductible à un homme de métier, toujours soucieux des fins et des valeurs, l'intellectuel serait plutôt un « spécialiste de la non-spécialité », au sens de la culture générale, d'un savoir désintéressé. Il est porteur d'une réflexion intérieure, théorique, tourné vers le discours, l'universalité de la raison, et familier d'une attitude critique face aux opinions, « préjugés », évidences ; tout doit être mis en question.
- De leur côté, les sciences humaines ont privilégié le culturel, l'ensemble des modes de représentation, d'organisation, de transformation du milieu par les hommes. La culture est formée des repères spatiaux et temporels, de la structure des pouvoirs, des démarches fabricatrices : habitat, artisanat, cuisine (*Le Cru et le cuit* de Claude Lévi-Strauss), vêtement...

  D'abord, tous les hommes s'inscrivent dans une culture ; nul n'est barbare : « Le barbare, c'est celui qui croit à la barbarie » (Lévi-Strauss).

  Chaque homme est enraciné dans une culture. Avec l'ethnologie, on passe du mythe du bon sauvage ou de l'homme à l'état de nature, simple fiction normative (Lévi-Strauss, *Tristes Tropiques,* XXXVIII) à une connaissance concrète des cultures dans leur structure. Ensuite, les cultures sont diverses, relatives, également respectables. Il ne saurait y avoir de modèle dominant. Dans *Race et Histoire*, Lévi-Strauss dénonce l'ethnocentrisme, la tendance d'une culture particulière à se poser comme la civilisation. Il n'y a pas un seul type de développement humain. L'Occident s'est enfermé dans la représentation linéaire de l'Histoire, le mythe du Progrès, dans une culture productiviste et cumulative.
- La culture intellectuelle était théorique, critique, plutôt « élitiste », réfléchie, individuelle, universaliste, centrée autour des chefs-d'œuvre. Elle était issue du classicisme et des Lumières. De leur côté, les cultures populaires, ethnologiques définies par les sciences humaines sont plutôt historiques, communautaires, spontanées, traditionnelles, particulières et relatives.

B ~ Le débat universalisme - identités culturelles

- Pour Finkielkraut dans *La Défaite de la pensée* (1987), la culture au sens humaniste a été dépossédée de son universalité, a cédé devant le relativisme culturel. Faut-il accepter le tout culturel, conclure qu'« une paire de bottes vaut Shakespeare » ? D'abord le romantisme allemand a contesté l'universalisme des Lumières, plus tard un sentiment de culpabilité est apparu avec la décolonisation, l'ethnologie et l'étude des peuples « barbares » autrefois dominés.

D'où le débat universalisme - identités culturelles. Débat à la fois théorique et inscrit dans l'évolution récente des idées. Au nom des cultures particulières, l'universalisme peut être jugé déracinant ; inversement, le culte de l'enracinement induit la menace d'un enfermement, comme l'expliquent Pierre-André Taguieff ou Alain Finkielkraut dans la revue le *Débat* (texte 73).

Nous pouvons toutefois articuler universel et particulier. La particularité est souvent érigée en absolu, et l'absolu n'est peut-être qu'une particularité. Nous passons par des voies particulières à l'universel, à des références plus vastes, de la région à la nation par exemple et c'est à partir de l'universel que je perçois mieux la valeur du particulier.

- Jusqu'aux années 50-60, les intellectuels restent acquis à l'universalisme occidental, avec la colonisation issue des Lumières. Puis le tiers-mondisme, avec le pacifisme, les socialismes exotiques cubain et chinois inspirent la « nouvelle gauche » des « années Vietnam », ennemie de l'Occident « colonialiste et impérialiste ».

  À partir des années 75-80, les « nouveaux philosophes » s'inquiètent du tiers-mondisme suspecté d'enfermer les peuples dans leurs cultures et se détachent des engagements révolutionnaires, au nom des droits de l'homme et de l'universalisme occidental. L'anti-américanisme est alors répudié.

- Issu des sciences humaines, le thème des identités culturelles est alors repris par la « nouvelle droite » ou bien par la gauche alternative, l'écologie profonde, contre l'occidentalisme. Il semble que la tradition laïciste, universaliste, impérialiste française éprise d'assimilation et l'État jacobin n'aient pas intégré ce thème des identités des peuples et des cultures, à la différence des Anglo-Saxons peut-être plus respectueux de ces identités. « Nous voulions être une République de cent millions de Français interchangeables » (de Gaulle, cité par Peyrefitte, *C'était de Gaulle*). Après 1989 et la chute du Mur, la démocratie libérale s'invente des ennemis au Sud, nouveaux « empires du mal » diabolisés (J.-C. Rufin, *La Dictature libérale*, 1995).

C ~ Écologie profonde ou « environnementalisme »

- Parallèlement à la défense des identités culturelles, est né un mouvement d'écologie profonde, proche de Michel Serres. Déjà Heidegger avait contesté l'idéologie techniciste de l'Occident rationaliste et individualiste, distrayant l'homme de la question essentielle des fins de la métaphysique, du sacré, de l'imaginaire et du symbolique.

- Illustrée par A. Waechter (*Dessine-moi une planète,* 1990) et par E. Goldsmith (*Le Défi du XXI*e *siècle, une vision écologiste du monde*, Éditions du Rocher, 1995), l'écologie radicale et profonde se veut distincte d'une écologie de simple aménagement du système. Elle n'entend pas être neutralisée par le système comme simple gestion optimale des ressources, comme nouvelle bonne conscience. Elle estime nécessaire une autre conception du travail, une vraie démocratie participative, la défense des peuples et des cultures. Elle conteste le productivisme, le rationalisme, le mécanicisme et l'anthropocentrisme, la posture d'affrontement Homme-Nature, alors que l'homme serait légitimement une partie organique du cosmos.

  Les Anciens faisaient de la Nature une référence exclusive. L'écologie regrette que, depuis Descartes, les animaux soient trop souvent jugés sans réflexion, affectivité, sensibilité. Il faut sortir de l'humanisme, voire attribuer des droits à la

Nature, passer contrat avec elle. Par opposition, dans *Le Nouvel Ordre écologique* (1992), Luc Ferry montre que l'homme seul est l'auteur du droit et de la morale. Ce n'est que de là que découle en fait la nécessaire défense de l'univers animal.

2. La culture de masse

Une troisième définition de la culture complexifie le débat : la culture de masse.

A ~ Société et individualisme de masse

- Du XIXe siècle au XXe siècle, les sociétés occidentales ont connu des mutations conséquentes : industrialisation, urbanisation, salariat, lent déclin des communautés traditionnelles, irruption des médias, mondialisation des références, capitalisme financier plus que social (Michel Albert). On passe du XIXe siècle, âge de l'individu dominant exprimé à travers le roman balzacien (Robbe-Grillet, *Pour un nouveau roman*), à l'âge des foules puis des masses. L'individu, Bardamu du *Voyage au bout de la nuit* de Céline, est dépassé par une société de masse, de déraison, d'incommunicabilité. Anti-épopée, le *Voyage* démythifie l'Amérique et le Progrès, la colonisation « civilisatrice » issue des Lumières, l'espoir prolétarien.
- Vécue comme une absurdité, la guerre de 1914 – moderne et de masse – dément toute raison. Enfer matérialiste et inhumain, l'Amérique dément, quant à elle, le mythe libéral du « nouveau monde ». Puis l'Afrique n'est pas celle du glorieux colonial, mais un univers d'oppression où les cultures restent étrangères. L'universalisme de la civilisation, issu des Lumières, est mis en cause. Enfin, la banlieue est un monde de médiocrité, de haine et de conflits permanents. Le prolétariat ne peut sauver l'Humanité. La paix et le progrès sont étrangers au *Voyage*, où règne l'universelle décomposition. Les hommes sont « les mignons du roi Misère » et attendent dans la déréliction la mort, seule vérité de la vie.

  Les forces de la technique, de l'organisation rationnelle se réclamant de la modernité et du Progrès dépersonnalisent la société. Dans les années 30, Emmanuel Mounier mène une vive critique de la société de masse faite d'indifférence et de matérialisme, née des ruines des sociétés communautaires.
- La société devient donc égalitaire. Dès le XIXe siècle, Tocqueville avait prophétisé, dans *La Démocratie en Amérique*, l'avènement, au sein des sociétés libérales, du conformisme égalitaire, de la réduction à l'homogénéité, du matérialisme, de l'individualisme sans individualité ni sociabilité, définissant ainsi une pathologie sociale du « totalitarisme démocratique ». Le pouvoir, gestionnaire et bureaucratique, infantiliserait les citoyens. À la suite de Tocqueville, R. Aron (*Les Grandes étapes de la pensée sociologique*, Gallimard, Tel, page 226) comme J.-M. Donemach (*Approches de la modernité*, chapitre V) ont étudié la logique et les contradictions de la société démocratique. À la structure essentiellement hiérarchique des sociétés traditionnelles s'oppose l'ambiguïté de la démocratie : égalitarisme, mais aussi souci de la différence.
- Dans l'individualisme de masse entrevu par Mounier dans les années 30, les individus sont identiques mais isolés, par la rupture des communautés traditionnelles, la dissolution des identités culturelles. La société est atomisée, ensemble de « nous » supposés semblables. Selon J. Chesneaux dans *Modernité* (1983) et *Modernité-monde* (1989) le monde contemporain est un monde de déracinement et de mobilité, conformément à la logique libérale. Tout circule : capitaux, devenus lignes d'écran informatiques, marchandises, délocalisations

des entreprises, main-d'œuvre, images... les objets deviennent nomades (Attali, *Lignes d'horizon*). Les États-Unis sont un espace sans racines où tout est *easy* (Baudrillard, *Amérique*), antithèse de la culture européenne, fondée sur une vue-du-monde historique, critique, politique, tragique, voire héroïque, depuis la tragédie grecque. La civilisation occidentale de masse standardisée voit l'inflation des marchandises et des images, à l'enseigne de l'utilitarisme et du virtuel, et de l'idéologie du bonheur immédiat, à l'ère du divertissement, avec le déclin des secteurs non marchands.

B ~ Réactions des intellectuels

- Antithèse de la culture intellectuelle classique parée du prestige de la modernité, antithèse des cultures ethnologiques « archaïques » spontanées et non pas fabriquées, la culture de masse est jugée négativement par les défenseurs de l'humanisme, pour l'indifférenciation et le relativisme qu'elle implique. « Tout se vaut... tout d'emblée s'égalise : Mozart et Michael Jackson, Proust et la BD, le vidéoclip et la tragédie grecque. À chaque individu son opinion. Plus de valeurs, mais des phénomènes culturels, plus d'universel, mais des styles, des *feelings* » (Finkielkraut, *La Défaite de la pensée*, 1987). Nous sommes à l'âge des « tribus » qui ne communiquent plus (Maffesoli, Rufin). C'est l'indifférence et non la censure qui menace la culture. À la fin de son essai, Finkielkraut regrette le déclin du discours, le matérialisme de la culture « jeune » (« le clip a eu raison de la conversation »), tout comme Bloom dans *L'Âme désarmée*, Steiner avec *Le Château de Barbe-Bleue*, ou Fumaroli dans *L'État culturel*. Jugé à l'aune de la rentabilité, de la médiatisation, l'univers intellectuel lié à l'âge laïc de la raison et de l'État n'est plus attractif.
- Dans *L'État séducteur* (1993), où il plaide pour la politique et l'ordre du discours, Régis Debray montre que la « vidéosphère », où règnent le marché, les médias, les nouvelles technologies, la « démocratie d'opinion » consensuelle avalisant les sondages, tend à supplanter la « graphosphère », dominée par les clercs et les intellectuels.
- Aujourd'hui, Baudrillard comme Debray montrent que le pouvoir passe moins par la contrainte que par la pédagogie de séduction, le désir, le conformisme des modes et des médias, l'empire de l'image, le *look* et la marchandise (Baudrillard, *La Société de consommation, La Séduction, Le Système des objets*).

  Supérieur à la force, le conditionnement psychologique, du comportement comme du discours, l'abolition relative des différences et des identités à l'âge post-moderne, l'illusion participative et conviviale ont été mis en lumière par des auteurs originaux et critiques comme Jean Chesneaux, Jacques Ellul pour l'école et l'entreprise, Pascal Bruckner pour l'industrie des loisirs et des clubs de vacances. Tout passe par l'influence psychologique, le capital symbolique de crédit et de séduction. Ainsi est justifiée la métaphore de la société comme « machine » de pouvoir.

Bibliographie

Arendt, H., *La Crise de la culture*, Gallimard, Idées.
Roman, J., *Chronique des idées contemporaines*, Paris 1995, Bréal.

▶ Voir Partie IX - texte 99 : « De la morale du travail à l'hédonisme libertaire et néo-individualisme », *L'Ère du vide*, G. Lipovetsky ; texte 100 : « Peut-on parler d'un pouvoir du peuple ? », *Pièces et règles du jeu politique*, M. Edelman.

APPARENCES ET REPRÉSENTATIONS DU POUVOIR

Selon **R. Debray** *dans* **L'État séducteur**, *la « graphosphère » dominée à l'âge laïc par la culture, l'État, la politique a laissé la place à la « vidéosphère », où règnent le marché, les médias dans une « démocratie d'opinion », consensuelle, qui avalise les sondages.*

	LOGOSPHÈRE	GRAPHOSPHÈRE		VIDÉOSPHÈRE
IDÉAL TYPE	*MONARCHIE FÉODALE (PRÉ-RENAISSANCE)*	*MONARCHIE ABSOLUE 1650-1789*	*RÉPUBLIQUE 1900*	*DÉMOCRATIE 2000*
L'UN SYMBOLIQUE FONCTIONNE EN...	*ROI MAGICIEN (l'âge des miracles)*	*ROI MACHINISTE (l'âge des merveilles)*	*« ROI » MÉCANICIEN (l'âge des moteurs)*	*« ROI » TECHNOLOGIQUE (l'âge des montages)*
STATUT DU GOUVERNÉ	*LE FIDÈLE (SUPRAPOLITIQUE) assemblée : l'Église*	*LE SUJET (MÉTAPOLITIQUE) assemblée : le Royaume*	*LE CITOYEN (POLITIQUE) assemblée : la Nation*	*TÉLÉSPECTATEUR (INFRA-POLITIQUE) assemblée : le Marché*
NATURE DE L'IMAGERIE D'ÉTAT	*HÉRALDIQUE (armes, emblèmes, devis) l'écu fleurdelisé*	*ICONOGRAPHIQUE (galerie des figures) le portrait du ROI*	*ALLÉGORIQUE (personnification des idées) Marianne*	*SIGNALÉTIQUE (logos, badges, slogans) visuel*
PRESTIGE DU CHEF	*LA SACRALITÉ (lien direct avec le Christ : le roi est sacré)*	*LA MAJESTÉ (lien indirect, le roi est médiateur du sacré)*	*LA GLOIRE (lien indirect avec Raison et Progrès)*	*L'AURA (lien direct avec la population)*
LIEU IDÉAL D'EXALTATION	*L'AUTEL (l'Église)*	*LA SCÈNE (le théâtre)*	*L'ESTRADE (l'école)*	*L'ÉCRAN (la télé)*
RITUEL DE PRÉSENTATION	*LA LITURGIE (pour agenouiller)*	*LE CÉRÉMONIAL (pour émerveiller)*	*LE DISCOURS (pour convaincre)*	*L'ÉMISSION (pour séduire)*
NATURE DES FESTIVITÉS	*RELIGIEUSES (processions, cantiques)*	*ARISTOCRATIQUES OU MYTHOLOGIQUES (fête de cour : opéra, bal, concert)*	*UTOPIQUES OU COMMÉMORATIVES (fête de la Raison, 14 Juillet)*	*MÉDIATIQUES OU RÉCRÉATIVES (fêtes de la musique)*
LE FAIRE-SIGNE SOUVERAIN	*J'INTERPRÈTE (telle est la volonté de Dieu)*	*J'INDIQUE (tel est mon bon plaisir)*	*J'EXPLIQUE (telle est la vérité)*	*J'INFORME (telle est la réalité)*
L'OFFRE SYMBOLIQUE	*VOUS AVEZ LE DROIT DE TOUCHER (les écrouelles)*	*VOUS AVEZ LE DROIT DE REGARDER (la cour)*	*VOUS AVEZ LE DROIT D'APPRENDRE (l'école)*	*VOUS AVEZ LE DROIT DE RÉPONDRE (le sondage)*
TRANSFORMATION PAR L'IMAGE	*RELIGIEUSE (c'est un saint)*	*HÉROÏQUE (c'est un Apollon!)*	*PÉDAGOGIQUE (c'est un maître!)*	*PUBLICITAIRE (c'est une star!)*
MOYEN D'ALIÉNER	*PAR DÉVOTION*	*PAR ÉBLOUISSEMENT*	*PAR ENDOCTRINEMENT*	*PAR MANIPULATION*
TRANSPORT PHYSIQUE DU SIGNE	*CHEMIN/HOMME vitesse : cheval*	*ROUTE/HOMME vitesse : cheval, bateau*	*RAIL/FIL vitesse : vapeur, électricité*	*ÉLECTRON/SATELLITE vitesse : lumière*
APOTHÉOSE OÙ VA LE MORT ILLUSTRE ?	*À L'ÉGLISE Panthéon eschatologique*	*AU PALAIS Panthéon monarchique*	*AU MUSÉE MAIRIE OU PLACE Panthéon civique*	*À L'ÉCRAN Panthéon audiovisuel*
POSTURE DU MORT D'HONNEUR	*LE GISANT (prière des morts)*	*LA STATUE ÉQUESTRE (oraison funèbre)*	*LA STATUE EN PIED (panégyrique écrit)*	*LE POSTER (nécrologie)*
USAGE DU SPECTACLE	*ADORER*	*ENCHANTER*	*ILLUSTRER*	*DISTRAIRE*
TITRE DU BEST-SELLER	*LE POUVOIR ET L'IDOLE*	*LE POUVOIR ET DIEU*	*LE POUVOIR ET L'IDÉAL*	*LE POUVOIR ET LA VIE*
LA MYSTIQUE DU MOI RÉGNANT	*LE CHRIST, C'EST MOI Emblème : le phénix (XIIIe)*	*L'ÉTAT, C'EST MOI Emblème : le soleil (XVIIe)*	*LA NATION, C'EST MOI Emblème : le coq (XIXe)*	*LA MAJORITÉ, C'EST MOI Emblème : rien*
L'OPINION PUBLIQUE	*SANS*	*LA PAROLE POPULAIRE (rumeur, cri, écho, murmure)*	*LA PUBLICATION D'UN AVIS PRIVÉ (journaux, livres, pamphlets)*	*LA RÉPONSE À UNE ENQUÊTE SPÉCIALISÉE (sondages)*
SON SUJET	–	*LA POPULACE (opinion méprisée)*	*LE PUBLIC OU LES GENS INSTRUITS (opinion redoutée)*	*L'INDIVIDU (opinion mesurée)*
MANIFESTATION DE...	–	*LA DÉRAISON DES particuliers*	*LA RAISON universelle*	*LA LIBERTÉ individuelle*
CONTRÔLÉ PAR...	–	*ÉGLISE /ACADÉMIES*	*ÉCOLE /INSTITUTIONS*	*COMMUNICATION /ENTREPRISES*

Debray, R., L'État séducteur*, Paris 1993, Gallimard, pp. 74-75.*

Aubin Imprimeur, 86240 Ligugé. — D.L. juillet 2000. — Impr. L 60303